数字检察
办案实务指引

张雪樵◎主　编

翁跃强◎副主编

中国检察出版社

图书在版编目（CIP）数据

数字检察办案实务指引 / 张雪樵主编 ; 翁跃强副主编 . -- 北京 : 中国检察出版社 , 2023.12

ISBN 978-7-5102-3028-8

Ⅰ . ①数… Ⅱ . ①张… ②翁… Ⅲ . ①检察机关—工作—中国 Ⅳ . ① D926.3

中国国家版本馆 CIP 数据核字（2023）第 246386 号

数字检察办案实务指引

张雪樵　主编　翁跃强　副主编

责任编辑：鲜丹霞
技术编辑：王英英
美术编辑：天之赋设计室

出版发行：中国检察出版社
社　　址：北京市石景山区香山南路 109 号（100144）
网　　址：中国检察出版社（www.zgjccbs.com）
编辑电话：（010）86423769
发行电话：（010）86423726　86423727　86423728
　　　　　　（010）86423730　86423732
经　　销：新华书店
印　　刷：北京联合互通彩色印刷有限公司
开　　本：710 mm × 960 mm　16 开
印　　张：29.25
字　　数：388 千字
版　　次：2023 年 12 月第一版　　2024 年 1 月第二次印刷
书　　号：ISBN 978 - 7 - 5102 - 3028 - 8
定　　价：98.00 元

目　录

毒品案件漏犯漏罪类案监督

　　随着互联网和物流行业的发展，毒品犯罪手段日趋隐蔽，检察机关通过以往单纯个案阅卷的方式，已经难以发现监督线索。通过分析毒品案件规律，运用交易特点，比对转账记录和聊天记录等数据，发现异常的毒品交易线索。归集毒品案件人员身份、社交账号、金融账号、上下家关系等要素信息，构建涉毒人员信息基础库。将异常交易线索人员通过数据库比对真实身份，查实可能遗漏的贩毒人员。同时，由毒品案件监督向渎职、洗钱罪等关联犯罪监督延伸，融入寄递渠道社会治理，实现监督和治理双赢。

债权转让虚假诉讼逃避执行类案监督

　　运用民事裁判文书、执行信息数据，通过债权转让人与被执行人、债权转让时间与执行时间的关联碰撞，发现被执行人与他人恶意串通进行虚假债权转让，借受让人名义提起虚假诉讼、逃避执行的情况，同步锁定虚假诉讼与拒执犯罪线索。通过内部民刑一体化履职，外部公检法联合办案，精准监督虚假诉讼，纠正民事错误裁判，联动打击拒执犯罪，延伸发现律师帮助犯罪问题。以深层次类案监督推动司法标准统一和法院内部审判模式治理，助力法院解决执行难，切实维护法律权威和司法秩序。

金融资产执行领域司法工作人员职务犯罪类案监督

　　针对被执行人勾结执行法官在银行债权执行中滥用职权损害其他债权人利益的问题，构建大数据法律监督模型，筛查"被执行人""资产购买人"关联关系、律师"两边代理"情况，锁定重点异常案件，通过"四大检察"一体履职深挖案件背后司法工作人员职务犯罪线索，以检察侦查这一最具刚性的监督手段，严惩司法腐败，促进金融资产执行领域乱象治理，彰显法律监督价值与权威。

行政机关未依法征收城市基础设施配套费类案监督

提取规划许可面积、征收标准、减免缓政策等数据要素特征，计算行政机关对房地产开发单位项目的应当征收金额，与实际征收金额碰撞比对，发现其未依法征收配套费公益诉讼案件批量线索，制发类案检察建议，督促行政机关依法追缴"未征"配套费。坚持诉源治理，推动完善征收监管规范机制，保障国有财产安全，促进行政机关依法履职。

督促依法监管超范围、超量采矿等涉矿类案监督

借助无人机、激光雷达和OCR（光学字符识别）等技术，分类梳理辖区各类涉矿信息要素，通过对涉案主体矿产储量年报、炸药使用量、缴纳税款等数据进行关联分析，确定相关矿山企业的矿产实际开采数量以及面积，发现超范围超量采矿、偷逃税款以及相关行政机关履职不规范等线索，综合运用审查、调查、侦查手段，有效查明违法事实，融合刑事、行政和公益诉讼检察职能开展监督，依法督促行政机关强化履职、完善制度机制，助力实现矿产资源领域全方位、全链条、深层次系统治理。

知识产权恶意诉讼类案监督

模型针对知识产权恶意诉讼问题，结合最高人民检察院在全国检察机关开展"依法惩治知识产权恶意诉讼专项监督工作"的要求，将知识产权案件生效裁判文书、行政裁决、知产舆情、IPO数据、平台恶意投诉等海量离散性信息转化为结构化数据，通过数据的整理汇集、碰撞比对、验证加权后，确定恶意诉讼案件线索。检察机关对案件线索依法行使调查核实权，综合履行知识产权刑事、民事、行政和公益诉讼检察监督职责，防止通过恶意诉讼而形成产业化现象，坚决斩断灰色"产业链"，维护正常经济社会秩序，切实保护广大人民群众和中小微企业合法权益。

在校学生异常电话卡法律监督

目前，帮信罪已成为"第三大罪名"，并且低龄化、大量学生涉案特征明显。检察机关在办理未成年人电信网络诈骗犯罪案件时，要根据其网络化、隐蔽化、欺骗性强、预防措施要及早化等特点，充分发挥大数据赋能法律监督优势，精准发现未成年人异常办卡情况，加强《刑法》《刑事诉讼法》《治安管理处罚法》《预防未成年人犯罪法》等法律衔接，督促公安机关及相关部门对未成年人涉电信网络诈骗犯罪线索进行分类处理、对涉案的未成年人进行分级干预和矫治，以检察履职助推预防未成年人涉电信网络诈骗犯罪工作。要通过个案办理发现未成年人涉电信网络诈骗犯罪案件反映出的社会治理突出问题，灵活运用联席磋商、检察建议、情况反映等方式，督促家庭、学校及相关部门整治整改并建立长效机制，规范未成年人入网行为，切实预防未成年人涉电信网络诈骗犯罪。

机动车驾驶证吊销类案监督

通过解析个案、构建模型，依托公安部门驾驶员及车辆注册管理系统、交通运输部门道路运输从业资格管理等系统中的行政处罚决定书等数据信息，与检察业务应用系统中的危险驾驶、交通肇事等案件中当事人等信息比对，筛查出上述机动车驾驶证应当吊销／暂扣未吊销／暂扣机动车驾驶证、应当撤销从业资格证未撤销线索、应当吊销机动车驾驶证未吊销、被处罚人持证驾车造成严重后果，公安交管部门相关工作人员渎职犯罪线索，全面开展行政检察监督、职务犯罪案件查办等工作，监督公安交通管理等相关部门严格规范执法，查找管理机制漏洞，推动完善处罚信息衔接机制，实现源头治理。

土地违建执行类案监督

针对非法占地行政处罚案件中普遍存在的退还土地、拆除违法建筑物"裁而不执"监督线索发现难的共性问题，构建数字监督模型，通过土地行政执法数据、司法裁判数据、卫星遥感监测数据筛查、碰撞、比对，有效挖掘法院裁定准予执行后，应强制执行退还土地、拆除违法建筑物而未执行完毕的监督线索，制发检察建议督促法院和属地政府依法启动执行程序。实现以智能化数据处理，降低检察机关调查核实所需的人力、财力和时间成本，有效推动解决"退还土地"和"拆除违法建筑物"执行难问题。

"涉安全生产的特种作业操作证"类案监督

针对建筑工地大量持有伪造特种作业操作证上岗作业存在重大安全隐患问题，提取住建部门施工现场人员管理服务信息平台中从事电气焊作业的现场施工人员信息，与应急管理部门的公开验证平台中合法有效"焊接与热切割"特种作业操作证的信息，以姓名、身份证号码、工种等关键词进行比对碰撞，能够高效发现正在参与现场施工的持假证人员线索，推送给行政执法机关依法核查，检察机关能动开展行刑衔接工作。通过扫描假证上的二维码，发现为假证提供"网上验证"的假冒官方网站，移送公安机关依法查处。通过归集假冒官方网站登录人员、购买或使用假证人员的微信、支付宝信息等，深挖制假售假违法犯罪黑色产业链，对安全生产和网络空间进行溯源治理。

刑事诉讼环节虚假立功类案监督

针对一些犯罪分子勾结司法工作人员，制造虚假立功，逃避刑事打击，损害司法尊严、妨碍司法公正的问题，检察机关通过解析个案，提炼类案规则，从刑事案卡数据和刑事判决书中提取认定立功的关键要素，构建大数据法律监督模型，通过数据关联、碰撞比对锁定涉嫌虚假立功线索，综合运用审查、调查、侦查手段，监督纠正立功认定错误等刑事诉讼活动违法问题，深入查办背后司法工作人员渎职犯罪，推动完善制度机制，建立健全法律法规，严格规范立功认定，维护司法公正。

违法抽取地下水公益诉讼类案监督

针对屠宰、商砼、洗涤等高耗水行业违法抽取地下水行为，获取"企业生产经营规模""行业用水标准""自来水抄表用水量""许可取水量"等数据，将企业理论用水量与实际支付用水量进行比对，分析差值推送企业违法抽取地下水线索，核查水务、税务等部门是否存在未依法履职情形，有效解决水资源保护公益诉讼线索发现难、取证难等问题。综合运用诉前检察建议、提起行政公益诉讼、多部门会签协作机制等职能，督促整治企业违法抽取地下水行为，促进高耗水行业合法用水系统治理，为"统筹水资源、水环境、水生态治理"提供检察保障。

"长江船舶污染治理"类案监督

针对最高检长江船舶污染专案发现的办案难题，结合国家"区块链＋检察"试点，依托区块链数据安全可靠、结果透明公信的技术特性，对海事部门的"长江干线船舶水污染物联合监管与服务信息系统"和"中国海事协同管理系统"中的船舶油污水和洗舱水电子联单信息、船舶行程信息等数据，进行规模化筛选、碰撞，构建基于区块链的智能模型，智能推送应洗舱未洗舱、未经预处理跨市转运等船舶污染监督线索。运用公益诉讼、社会综治类检察建议等督促规范船舶污染物监管，堵塞执法漏洞，实现"个案办理—类案监督—系统治理"的跨越，所涉数据来源于海事部门全国通用的数据平台，经验可复制可推广，有效实现以数字化、智能化赋能检察履职，高效保护长江经济带绿色发展。

消防技术服务机构出具虚假检测报告类案监督

从个案中提取机构项目量显著异常、注册工程师签字量显著异常、合同金额显著异常、服务时长显著异常、"换马甲"经营、社保缴纳异常等要素特征，发现弄虚作假的消防技术服务机构和从业人员，再根据不同的研判规则，发现批量提供虚假证明文件罪等刑事立案监督线索和恶意逃避监管、注册工程师挂证等行政检察、公益诉讼检察监督线索，推动消防安全领域的诉源治理。

涉"两卡"案件漏犯漏罪大数据类案监督

由于关联案件办理割裂、反诈大数据平台功能限制等原因，"两卡"案件漏犯漏罪现象突出。检察机关将捕诉、提前介入等案件中上下游人员姓名、微信号等关键身份信息录入模型数据库，以涉案人员关键身份信息在模型中存在重复为碰撞规则，对新办案件与既有案件开展碰撞，自动筛选出上下游团伙、跨区域案件、漏犯漏罪线索，引导公安机关深挖彻查收贩卡人员，解决案件串并侦查和漏犯漏罪难题。对电信网络诈骗犯罪产业链开展溯源治理，以检察建议、公益诉讼、座谈磋商等融合履职方式督促开卡机构和监管部门履行法定职责，实现治罪与治理、监督与治理相结合。

审前未羁押被告人判处实刑后未交付执行类案监督

针对被告人在审前未采取强制措施或被采取取保候审、监视居住等非羁押强制措施，判处实刑后，审判机关未及时交付执行，或者审判机关送达执行法律文书后公安机关未及时执行的问题。检察机关通过构建大数据法律监督模型，关联检察机关移送审查起诉案件数据、法院判决及决定逮捕数据以及看守所出入所数据进行碰撞比对，筛查发现法院未及时送达执行或公安机关未及时执行的监督线索，制发纠正违法通知书或检察建议监督纠正，确保刑罚的正确实施。

非法占用海岸线类案监督

非法占用海岸线可能造成海洋环境污染、生态功能减损、抗自然灾害风险能力降低等海洋生态问题。模型汇聚国家部委有关部门海岸线督察巡查发现线索、行政处罚案件、"裁执分离"行政案件、12345群众投诉举报、2012—2023年卫星遥感地图、海域使用权属等数据信息，建立关系型结构化模型数据池，运用自然语言处理、图像特征匹配等技术，从海量数据信息中，根据关键词、特征要素筛查规则，筛选出关键词匹配程度高、特征要素准确性好、线索可查性高的涉海岸线数据信息，再抽取其中地点特征要素，与卫星遥感地图、海域使用权属数据进行匹配比对，筛查出涉嫌非法占用海岸线线索。再将该线索与行政处罚、"裁执分离"案件数据信息进行碰撞比对，发现行政机关怠于查处、怠于申请强制执行、怠于强制执行等三类违法行使职权或者不作为问题。检察机关通过公益诉讼、行政、刑事检察融合监督等方式，督促行政机关依法履职，切实保护海洋生态环境。

福建省平潭综合实验区人民检察院 / 257

侦查监督与协作配合机制下侦查活动全流程监督

提取公安机关受案、刑事立案、提请批准逮捕、移送审查起诉等数据，与检察机关受理审查逮捕、审查起诉案件等数据进行比对分析，批量发现公安机关受立案审查超期等异常案件线索，市、县两级侦查监督与协作配合办公室上下一体，对发现疑似线索逐条核查分析，根据不同违法情形采用《督办函》《侦查活动监督通知书》《纠正违法通知书》《检察建议书》等八类文书分层分策开展立案监督和侦查活动监督。与公安机关形成大数据监督合作机制，共享监督模型，推动检察监督与公安机关内部监督有效融合。

山西省太原市人民检察院 / 272

非法改装货车监管违法及立案监督

收集交通类行政处罚、交通肇事判决，以因非法改装被反复行政、刑事处罚为条件，筛选未及时整改的问题货车；调取改装货车检测数据，排查涉嫌提供虚假证明文件的检测站；以再次发生伤亡事故，挖掘监管渎职犯罪线索。公益诉讼督促整改隐患货车，刑事立案监督检测站人员，检察侦查渎职交警，综合整治交通运输行业乱象。

浙江省杭州市西湖区人民检察院 / 296

特种病领域骗取医保基金立案监督及公益诉讼监督

特种病参保人员须定期配药、用药量稳定，若超出合理用药量则为异常。根据历年特种病药品门诊结算数据，以年度、姓名、报销金额、药品名称等要素，统计年度结算总额异常且相邻年度报销增额异常数据，筛出用药异常的可疑参保人员。根据特种病参保人员交易流水数据，剔除合理收入后，确立多个参保人员账号从同一账号处频繁收款为异常，筛出可疑参保人员和药贩线索，再反向倒查可疑药贩账户资金去向，筛出其他可疑涉罪线索。人工核查可疑线索，精准实现对参保人员—医药代表—职业倒卖人全链条打击，推动开展医保诈骗专项整治，构建行刑衔接机制，强力维护医保基金安全。

森林防火道违规建设公益诉讼监督

通过叠加森林防火道项目规划矢量图和建设项目的多时相卫星遥感影像，筛查出森林防火道疑似违规建设项目，再与行政机关相关数据碰撞，筛查监督线索，打击破坏林地、非法采矿等违法犯罪行为，修复受损公益，并推动森林防火道建设专项整治，守护绿水青山。

"行刑衔接"涉税领域立案监督

针对行刑衔接不畅导致大量涉税案件线索流失，税收损失巨大的问题，通过归集互联网涉税行政处罚公开数据和检察机关统一业务系统涉税案件数据等内外部数据，建立大数据法律监督模型，比对行政机关移送线索后公安机关收立案时间及是否立案等内容，发现检察监督线索，开展刑事、行政检察融合监督，推动完善涉税领域行刑衔接机制，促进税务部门、公安机关依法履职。

高标准农田建设质量及建后管护领域类案监督

党中央、国务院高度重视高标准农田建设，连续 12 年在中央一号文件中作出部署。习近平总书记多次强调："要坚定不移抓好高标准农田建设，提高建设标准和质量，真正实现旱涝保收、高产稳产。"针对高标准农田建设质量差、建后管护不到位问题，检察机关可以通过 12345 政府服务热线平台的投诉举报数据与高标准农田建设项目数据、卫星遥感影像等比对，发现行政机关未全面履行高标准农田监管职责的公益诉讼案件线索。通过检察公益诉讼履职，推动农业农村等部门对高标准农田问题进行排查，修复农田及设施，核减虚增工程款，出台建设及管护实施细则，切实提高建设质量和管护水平；对于案件中发现的其他公益诉讼线索或职务违纪违法等线索的，依法移送有管辖权单位。

KTV 被诉侵犯著作权批量恶意诉讼类案监督

部分商业主体利用著作权登记和法院裁判规则漏洞，将音乐作品上传 VOD 云曲库后在全国范围内进行大规模恶意诉讼，甚至伪造权属证据进行虚假诉讼，众多 KTV 场所因败诉财产被执行，大量音乐作品被下架失去传播渠道，严重扰乱版权市场秩序。检察机关对裁判文书网（KTV 侵犯著作权裁判文书中著作权来源情况）、天眼查系统（原告公司成立时间及诉讼情况）进行数据碰撞可确定恶意诉讼原告公司，再比对涉诉音乐作品和网络音乐平台公开发表音乐作品权利人署名，即可确定虚假诉讼线索。检察机关依法开展民事审判监督、刑事检察监督、司法工作人员渎职犯罪侦查，通过检察建议帮助完善裁判规则和推动版权治理工作。

"涉黑恶线索"类案监督

针对涉黑恶犯罪分子跨区域违法犯罪在司法实践中未能有效串并，可能存在"漏网之鱼"问题，检察机关主动运用大数据，对涉黑恶违法犯罪分子惯常实施的故意伤害等刑事案件及治安案件办案数据进行碰撞，及时发现可能存在的重点人员及职务犯罪监督线索，制发社会治理类检察建议，推动常态化扫黑除恶走深走实。

外卖小哥利用跑腿平台漏洞贩卖国家管制精神药品类案监督

从国家管制精神药品配药记录信息中，以姓名、药品名称等数据要素为特征，筛选出一定时间内配药量明显大于实际可服用量的人员信息名单，与本地跑腿平台外卖小哥身份信息碰撞，发现外卖人员超量配取国家管制精神药品涉毒犯罪线索。健全侦查监督与协作配合机制，通过提前介入引导侦查，夯实以药当毒的主观故意，严厉打击贩卖毒品犯罪。立足检察职能溯源治理，法治保障寄递新业态发展。

未成年人"笑气"滥用监管融合履职类案监督

针对个案反映出的未成年人滥用"笑气"（化学名称一氧化二氮）苗头性问题，在加强个案研判、提炼规律的同时，对涉"笑气"刑事案件、行政处罚案件进行汇总分析，提取吸食主体、地点、运输方式等关键要素信息，进行数字画像，精准揭示"笑气"监管过程中的薄弱环节。在此基础上构建数字监督模型，挖掘"笑气"刑事案件下行、非法寄运、娱乐场所管理薄弱、管控级别低等突出问题，充分发挥融合履职优势，开展精准监督、分类治理，并将检察实践转化为立法成果，促进"笑气"合法规范管理使用，根治未成年人滥用问题。

虚增医用耗材骗保类案监督

医保基金是人民群众的"保命钱"，嵊州市人民检察院转变以医保数据调查骗保行为的传统模式，通过解析、碰撞小微医用耗材销售公司和下游受票方医疗机构的税务数据、银行流水等，锁定虚开医用耗材销售公司和下游受票方骗保医疗机构，进一步确定以虚开增值税发票为基础进行医疗报销的，均为骗保行为，结合医疗报销数据，确定骗保金额等。

非法采矿类案监督

物流是包括非法采矿在内等诸多涉重型货物运输无法回避的关键环节，嵊州市人民检察院通过解析重型货车（含牵引车）轨迹数据，主动检索特定区域内曾停留的重型货车，并倒查涉案车辆来源或追踪去向，可视化展示涉案车辆来源或终点，辅助检察机关办理涉重型货车物流刑事、公益诉讼等案件。

加快推进数字检察战略
助推高质效办好每一个案件

数据是数字经济时代的基础性资源和关键生产要素。随着大数据、云计算、区块链、人工智能等技术加速创新，人类社会已经进入了"数化万物""万物皆数"的数字时代。党的十八大以来，以习近平同志为核心的党中央敏锐把握世界科技革命和产业变革先机，作出一系列重大决策部署，擘画数字中国建设的宏伟蓝图。党的二十大报告要求，加快建设数字中国、加快发展数字经济。数字化建设日益成为推进国家治理体系和治理能力现代化的重要支撑。

党中央高度重视数字化、大数据在法治建设中的重要作用。《法治中国建设规划（2020—2025 年）》强调"推进法治中国建设的数据化、网络化、智能化"。《中共中央关于加强新时代检察机关法律监督工作的意见》要求"运用大数据、区块链等技术推进公安机关、检察机关、审判机关、司法行政机关等跨部门大数据协同办案"。数字化建设正在深刻影响和改变着法治建设、检察履职的工作方式。

数字检察是数字中国的重要组成部分，是推进检察工作现代化的重要引擎。最高检党组认真贯彻落实党中央决策部署，专门召开数字检察工作会议，明确提出实施数字检察战略，驱动新时代法律监督提质增效。回望检察机关与大数据偕行的历程，数字检察经历了"自下而上"和"自上而下"两个阶段。"自下而上"阶段，浙江等地检察机关率先探索大数据法律监督，积累了丰富经验。"自上而下"阶段，最高检带动各级检察机关积极投身数字检察火热实践，推动数字检察广泛应用。各地检察机关围绕执法司法、社会治理、公益保护等方面的普遍性、深层次问题，创建、运用一批可复制、可推广的大数据法律监督模型，为提升履职效能提供了有力支撑。数字检察由浅入深、从局部发展到整体发展，已经成为一张亮丽的新时代检察名片。

习近平总书记反复强调，努力让人民群众在每一个司法案件中感受到公平正义，要求所有司法机关都要紧紧围绕这个目标来改进工作。为了实现这一目标要求，最高检党组提出让"高质效办好每一个案件"成为新时代新征程检察履职办案的基本价值追求。数字检察充分、深度运用大数据，最大限度释放数据要素价值，促进检察办案更加公正、检察管理更加科学、检察服务更加精准，正是以"数字革命"推动高质效履职办案加"数"前行。求木之长者，必固其根本。作为一项新工作，数字检察行稳才能致远。最高检出台了数字检察建设规划，旨在进一步加强整体规划，建立健全"业务主导、数据整合、技术支撑、重在应用"的数字检察工作机制，把"四梁八柱"立稳立好。"业务主导"是前提，要坚持"从业务中来，到业务中去"，坚持需求导向，立足检察履职，树立业务部门"出题"，数字检察建设"答题"的思路，切实发挥数字技术对业务的支撑和推动作用。"数据整合"是基础，要用足用好内部数据，深度挖掘检察数据价值，让更多"沉睡数据"充分激活和利用。同时，要拓展和合理使用外部数据，坚持"不求所有，但求所用"，推动数据共享共用。"技术支撑"是关键，要加快推进法治信息化工程，坚持整体谋划、一体推进，做到一网运行、一网通办、一网赋能，逐步实现一网运维，推动检察信息化升级转型。"重在应用"是目的，要充分发挥数据要素效能，聚焦"高质效办好每一个案件"，以数字检察辅助监督办案、优化检务管理、助力检察为民、深化诉源治理，更好助力以检察工作现代化服务中国式现代化。

　　法律监督应用模型是数字检察的一个重要突破口，是数字检察在检察履职中的重要应用形式、实现形式之一，也是当前数字检察建设的一个重点方面。如果说信息化系统和基于信息化的数据化是数字检察的主干和根系，那么主干上的藤条和果实就是平台模块和法律监督应用模型等，这是数字检察工作落地见效的重要体现。要树立大数据思维，在办理重大典型个案中发现和总结规律，组织研发法律监督应用模型，批量发现监督线索，推动法律监督由点到面、由个案到类案、由一域到全域拓展，促进系统治理。当前，要立足检察履职，围绕对诉讼活动的制约监督，以及社保、医保、公积金等民生重点领域，生态环境、安全生产等事关国家利益和社会公共利益的重点领域等，加强法律监督模型的研发和应用。应用模型的研发重在务实管用、经济实用，可推广、可复制、能共享，不仅要在本地实现类案监督，还要在更大范围内推动类案治理、诉源治理、社会治理。

推进数字检察战略是一项系统工程，积极构建数字检察工作大格局，整合资源融合力量，才能系统推进、系统深化。要坚持上下一体，检察机关各层级、各部门、各条线一体推进、全面贯通、高效协调，凝聚纵向合力。要坚持内外联动，主动融入数字政府、数字政务建设，打通共享交流平台，凝聚横向合力。各级检察机关要把数字检察作为"一把手"工程，加强组织领导、主动思考谋划、狠抓部署落实，协调解决重点难点堵点问题。要引导全体检察人员切实树立数字理念、增强数字思维、提升数字能力，努力培养更多讲政治、精业务、懂数字的高素质复合型人才，夯实数字检察工作长远发展的队伍基础。

新时代新征程，各级检察机关要坚持以习近平法治思想为指引，深入学习贯彻党的二十大精神，聚焦法律监督主责主业，围绕"高质效办好每一个案件"，求真务实、担当实干，努力把数字检察这个"关键变量"，转变成检察机关为大局服务、为人民司法、为法治担当的"重要增量"，努力为强国建设、民族复兴贡献更大检察力量！

骗取出口退税类案监督

◇ 天津市人民检察院　滨海新区人民检察院

📖 关键词

出口退税　监管漏洞　融合履职　国财保护

📖 要旨

针对骗取出口退税案件发现难、查处难、治理难等特点，深度解析骗取出口退税常见手法、类案特征、作案流程、关联犯罪。精准提取报关货物品名、订舱货物品名、退税货物开票时间、收汇结汇时间、金额等数据；筛查锁定报关货物品名与订舱货物品名不一致、结汇地与出口地不一致、境外货款一笔结算等异常数据；批量发现犯罪线索，开展融合履职，依法严厉打击骗取出口退税犯罪行为，助推海关等行政机关堵塞监管漏洞，挽回国家税款损失，为税收领域国有财产安全保驾护航，维护国家利益。

📖 基本情况

天津市滨海新区人民检察院在办理公安部督办的天津首例骗取出口退税案件中，发现天津海关存在监管漏洞和数据壁垒。滨海新区检察院刑事和公益诉讼检察部门通过联合调研发现海关存在对大量实货与申报不符的情况仅作行政处罚的问题；税务机关也存在办理出口退税后未严格履行核验职责的问题，且各行政机关对出口货物管理流程脱节，特别是跨地区、跨部门的数据交换存在壁垒，缺乏不同监管数据之间的共享、融通、综合分析，引发骗取出口退税犯罪滋生，导致该类犯罪发现难、查处难、治理难，造成出口经济数据失真，影响国家重大决策，严重扰乱经济秩序。为扩大公益诉讼调查成效，履行刑事检察监督职能，充分发挥检察一体化办案优势，设计研发了骗取出口退税类案监督模型。

为解决数据来源问题，滨海新区检察院与属地税务、海关、人民银行、外汇等部门签订合作备忘录，建立数据共享机制。通过对报关数据、订舱数据、收汇结汇数据、退税发票明细等数据进行清洗、梳理、碰撞、运算，发现诸多异常点，并通过运用偏差关系分析、盈利关系分析、BP 值分析 ① 等算法生成可疑线索列表。通过模型对全市 50 家外贸企业近三年退税数据进行分析碰撞，即发现异常数据 38726 条。半年内，即发现涉嫌骗税企业 13 家，占比 26%，并将线索同步推送给公安机关，已立案侦查 12 家，批捕 9 人，正在审查起诉 6 人；将模型碰撞发现的 42 个地下钱庄账户、147 个虚开增值税专用发票、12 个非法买卖外汇犯罪线索，推送给公安、税务、外汇等部门进一步查处，实现对骗取出口退税行为的全链条打击，监督效果向打击上下游犯罪充分延伸。

📖 线索发现

天津市滨海新区人民检察院在办理郑某某等人骗取出口退税案中发现，海关在对出口货物开箱查验时，对某企业多次申报与实货不符的情况每次均仅作行政处罚，且进一步调研发现海关对某企业出口的货物未

---

① 银行为鼓励出口企业在本银行结汇而给予出口企业一定优惠返点，对该返点进行分析计算。

开箱验货情况下，海关系统内该企业订舱数据和报关数据不符的情况达200余次，海关内部并未将数据进行整合比对，存在监管漏洞，致使骗税分子利用海关抽检率低及监管漏洞不断骗取国家出口退税款。

📖 数据分析方法

数据来源

1. 出口退税数据（源于税务稽查局）；

2. 出口商品报关数据、出口商品订舱数据（源于海关缉私局）；

3. 收汇数据、结汇数据（源于外汇局）；

4. 出口企业银行流水（源于人民银行）。

数据分析关键词

通过对海关报关数据、船公司订舱数据、外汇管理局收汇结汇数据、税务机关退税明细等数据进行清洗、梳理；提取出口企业主体信息、上游工厂主体信息、出口货物报关单号、出口货物订舱单号、退税发票信息、收汇结汇金额、时间等数据要素。

数据分析步骤

第一步：将报关数据和订舱数据进行分析碰撞，筛选出报关品名和订舱品名不一致的数据，锁定涉嫌以"买单配票"形式骗取出口退税的出口企业。

第二步：将报关数据与收汇数据进行碰撞，筛选出一次性收汇金额与申报金额一致的数据。

第三步：将收汇数据和结汇数据进行分析碰撞，筛选收汇当日即结汇的数据，并提取付款企业所在国家（地区）、结汇金额、结汇时间等信息。

第四步：将收汇数据与报关数据进行碰撞，筛选出付款地与收货地不一致的数据，并同步沉淀境外地下钱庄账户数据库。

思维导图

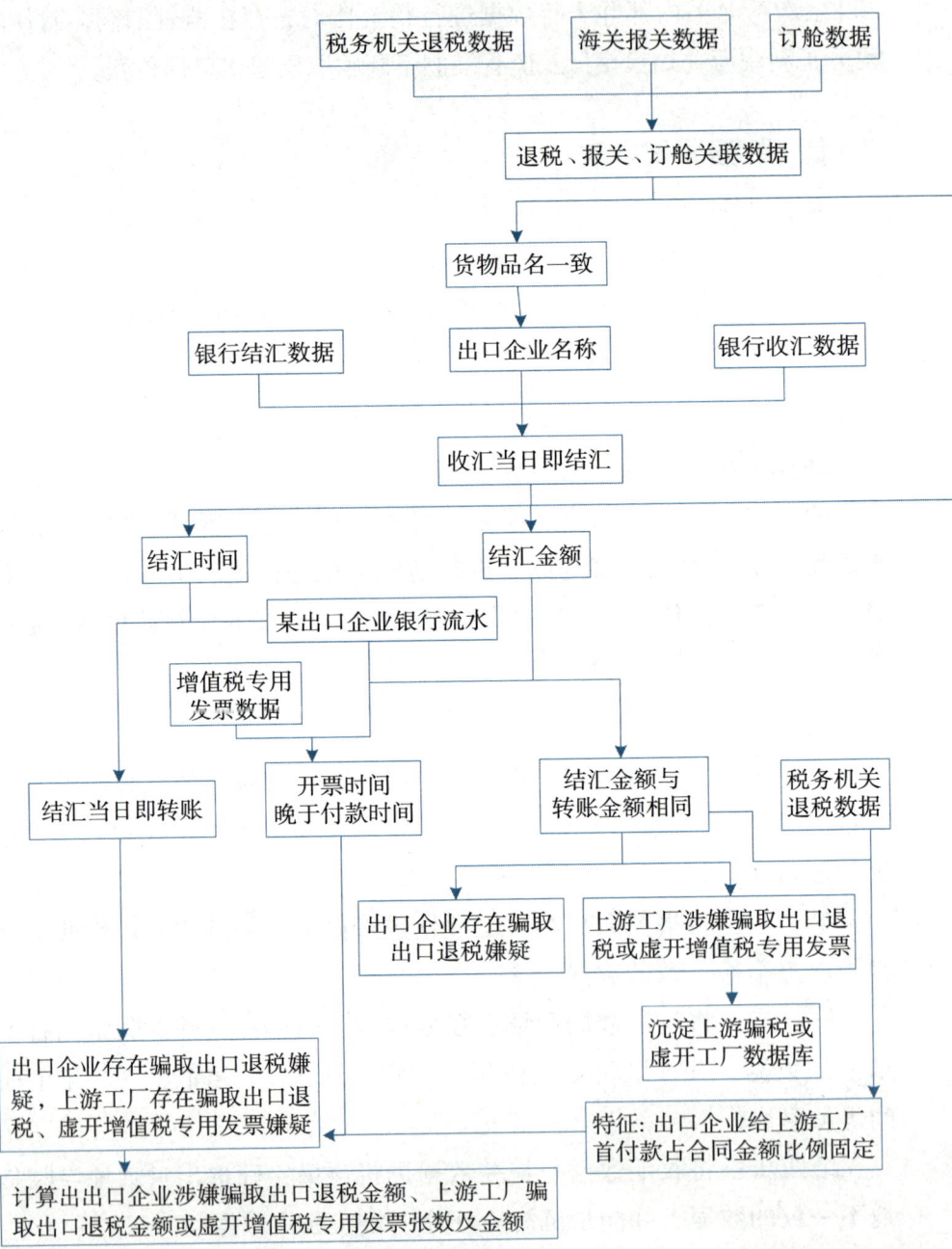

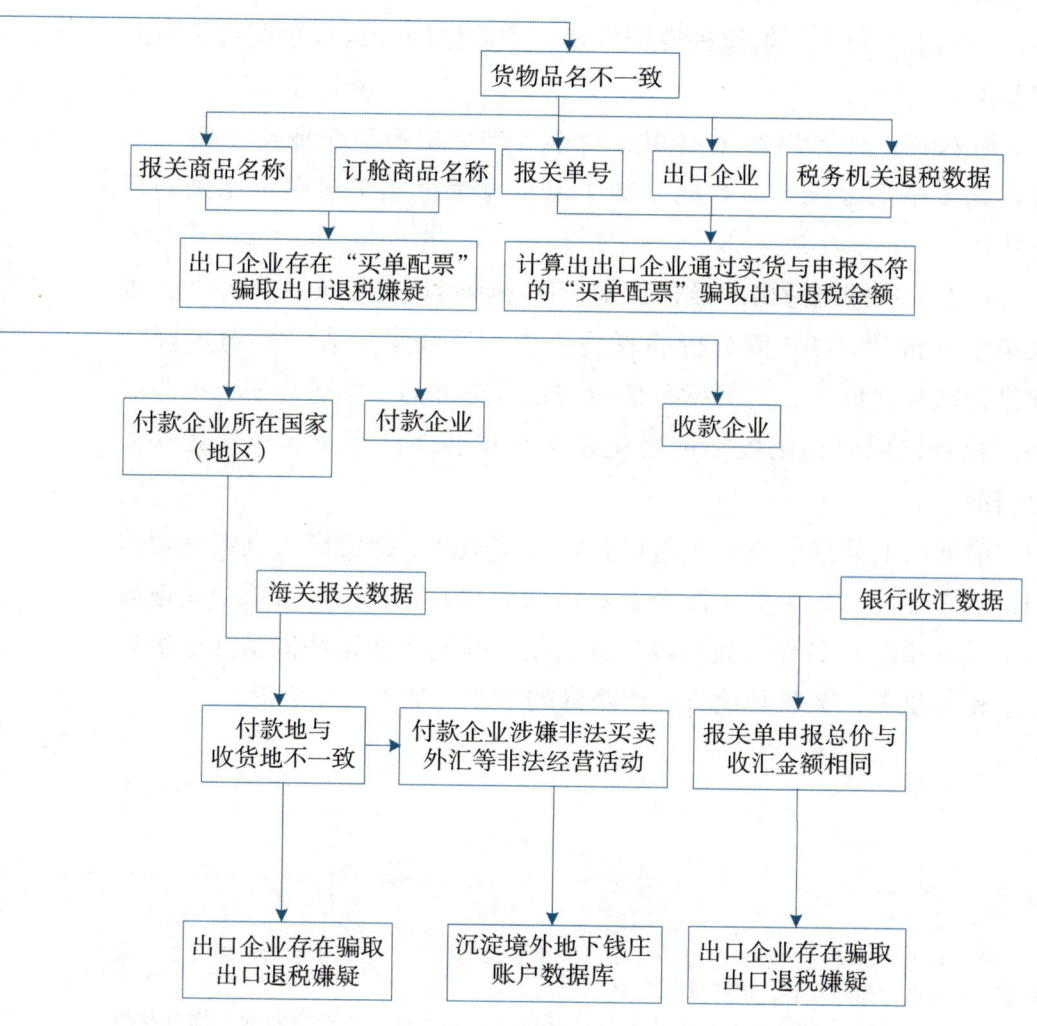

第五步：将结汇数据与银行流水数据进行碰撞，筛选出结汇金额与转账金额一致的数据，并同步沉淀上游骗税或虚开工厂数据库。

第六步：将结汇数据与银行流水数据进行碰撞，筛选出结汇当日即转出的数据，并同步沉淀上游骗税或虚开工厂数据库。

第七步：将出口企业银行流水数据与税务机关退税数据进行碰撞，筛选出上游工厂增值税专用发票开票时间晚于出口企业付款时间的数据。

第八步：计算出口企业扣点费率，推导出出口企业给上游工厂首付款（结汇金额）与合同金额（退税发票金额）成固定比例的显著特征。

对以上步骤碰撞出的异常数据，进一步运用偏差关系分析[①]、盈利关系分析[②]、BP 值分析等算法生成可疑线索列表，并对可疑线索进行赋分评价[③]，对异常分值达到预设标准的，推送公安、税务等部门核查，同时运用数字可视化技术直观展现涉案企业异常数据汇总情况。

根据以上数据形成涉案出口企业数字画像，能清晰、直观展现涉嫌给该企业虚开发票的上游企业具体名称和数量，涉嫌给该企业虚假结汇的外币账户名称及数量等异常数据；并同步将这些信息推送给外汇、税务机关，关联其他有骗税嫌疑的企业，加大查处力度。

---

① 在上下游资金链条中，因手续费、汇率等原因造成资金链条中的金额存在一定偏差，进而进行相关运算，进行最优匹配。

② 对涉嫌骗取出口退税企业在进行虚假出口过程中所产生的利润分配进行分析计算。

③ 对"报关品名和订舱品名不一致"异常点赋值 60 分，其他异常点各赋值 20 分，大于等于 60 分的线索即生成为可疑线索。

📖 检察融合监督

公益诉讼检察监督

针对海关系统中订舱数据与报关数据存在数据壁垒问题，天津滨海新区检察院向属地海关制发检察建议：一是将订舱数据与报关数据打通，及时发现"买单配票"当中订舱与申报不符的情况，防止犯罪嫌疑人利用海关监管漏洞，骗取出口退税；二是加大对出口退税率为13%的货物的抽查力度，发现抽查货物与报关不符时，不能只以申报不符做行政处罚，应进行进一步调查核实，发现骗税线索及时移送至公安机关。

刑事检察监督

在履行公益诉讼检察职能的同时，发现刑事犯罪线索。通过模型导入全市50家外贸企业近三年退税数据进行分析碰撞，即发现异常数据38726条。半年内，即发现涉嫌骗税企业13家，占比26%，我们将线索同步推送给公安机关，已立案侦查12家，批捕9人，正在审查起诉6人。

📖 社会治理成效

推动开展专项行动

天津市滨海新区人民检察院针对办理相关案件中发现的出口退税领域执法问题专门制发了检察建议。一是针对多部门执法过程中存在数据壁垒问题，检察机关建议建立执法数据共享机制，进一步将订舱数据与报关等业务数据打通，及时发现"买单配票"等利用数据不畅通漏洞实施骗取出口退税的违法犯罪行为。二是针对政出多门，执法配合不到位问题，检察机关强化融合履职，发挥刑检与公益诉讼检察的监督作用，建议相关执法部门建立联合执法和执法信息通报机制，并进一步建立完善行刑衔接机制，杜绝"以罚代刑"现象，强化对出口退税全流程监管。滨海新区人民检察院将利用该模型碰撞发现的 42 个地下钱庄账户、147 个虚开增值税专用发票、12 个非法买卖外汇犯罪线索，推送给公安、税务、外汇等部门进一步查处，实现对骗取出口退税行为的全链条打击，监督效果向打击上下游犯罪充分延伸，有力维护了关税金融秩序稳定。

建立联合执法司法机制

天津市滨海新区人民检察院以案件办理为契机，牵头联合天津市税务局稽查局、天津海关缉私局、滨海新区人民法院、滨海新区公安局、中国人民银行滨海新区分行、国家外汇管理局滨海新区分局七个部门共同签署《打击涉税、涉汇、涉关、洗钱等违法犯罪行为合作备忘录》，强化检察机关与上述行政执法部门的合作，建立关税领域执法司法衔接、互动、补充机制。建立长效惩处机制，推动形成出口退税领域骗税问题的治理闭环。

推动溯源治理

巨大的经济利益诱惑和法治意识欠缺是绝大多数企业甘冒风险实施骗税违法犯罪行为的动因，天津检察机关通过办理案件和模型应用，系统分析了此类犯罪根源，并针对性开展溯源治理工作，将犯罪防治工作从涉案人员外部行为推进内心深处，开展大量以案释法、警示教育、行业宣传等活动，联合相关行业主管部门深入涉案企业调研走访，推动组建第三方评估机构，对涉案企业进行合规整改，督促企业守法经营，凝聚各方面的监管合力，形成全社会知法守法的良好氛围。

📖 法律法规依据

1.《中华人民共和国刑法》第二百零四条 以假报出口或者其他欺骗手段，骗取国家出口退税款，数额较大的，处五年以下有期徒刑或者拘役，并处骗取税款一倍以上五倍以下罚金；数额巨大或者有其他严重情节的，处五年以上十年以下有期徒刑，并处骗取税款一倍以上五倍以下罚金；数额特别巨大或者有其他特别严重情节的，处十年以上有期徒刑或者无期徒刑，并处骗取税款一倍以上五倍以下罚金或者没收财产。

第二百零五条 虚开增值税专用发票或者虚开用于骗取出口退税、抵扣税款的其他发票的，处三年以下有期徒刑或者拘役，并处二万元以上二十万元以下罚金；虚开的税款数额较大或者有其他严重情节的，处三年以上十年以下有期徒刑，并处五万元以上五十万元以下罚金；虚开的税款数额巨大或者有其他特别严重情节的，处十年以上有期徒刑或者无期徒刑，并处五万元以上五十万元以下罚金或者没收财产。

单位犯本条规定之罪的，对单位判处罚金，并对其直接负责的主管人员和其他直接责任人员，处三年以下有期徒刑或者拘役；虚开的税款数额较大或者有其他严重情节的，处三年以上十年以下有期徒刑；虚开的税款数额巨大或者有其他特别严重情节的，处十年以上有期徒刑或者无期徒刑。

虚开增值税专用发票或者虚开用于骗取出口退税、抵扣税款的其他发票，是指有为他人虚开、为自己虚开、让他人为自己虚开、介绍他人虚开行为之一的。

2.《最高人民法院关于审理骗取出口退税刑事案件具体应用法律若干问题的解释》（法释〔2002〕30号）第六条 有进出口经营权的公司、企业，明知他人意欲骗取国家出口退税款，仍违反国家有关进出口经营的规定，允许他人自带客户、自带货源、自带汇票并自行报关，骗取国家出口退税款的，依照刑法第二百零四条第一款、第二百一十一条的规定定罪处罚。

3.《人民检察院检察建议工作规定》第十一条 人民检察院在办理案件中发现社会治理工作存在下列情形之一的，可以向有关单位和部门提出改进工作、完善治理的检察建议：

（一）涉案单位在预防违法犯罪方面制度不健全、不落实，管理不完善，存在违法犯罪隐患，需要及时消除的；

（二）一定时期某类违法犯罪案件多发、频发，或者已发生的案件暴露出明显的管理监督漏洞，需要督促行业主管部门加强和改进管理监督工作的；

（三）涉及一定群体的民间纠纷问题突出，可能导致发生群体性事件或者恶性案件，需要督促相关部门完善风险预警防范措施，加强调解疏导工作的；

（四）相关单位或者部门不依法及时履行职责，致使个人或者组织合法权益受到损害或者存在损害危险，需要及时整改消除的；

（五）需要给予有关涉案人员、责任人员或者组织行政处罚、政务处分、行业惩戒，或者需要追究有关责任人员的司法责任的；

（六）其他需要提出检察建议的情形。

4.《中华人民共和国行政诉讼法》第二十五条第四款　人民检察院在履行职责中发现生态环境和资源保护、食品药品安全、国有财产保护、国有土地使用权出让等领域负有监督管理职责的行政机关违法行使职权或者不作为，致使国家利益或者社会公共利益受到侵害的，应当向行政机关提出检察建议，督促其依法履行职责。行政机关不依法履行职责的，人民检察院依法向人民法院提起诉讼。

5.《最高人民法院最高人民检察院关于检察公益诉讼案件适用法律若干问题的解释》第二十一条　人民检察院在履行职责中发现生态环境和资源保护、食品药品安全、国有财产保护、国有土地使用权出让等领域负有监督管理职责的行政机关违法行使职权或者不作为，致使国家利益或者社会公共利益受到侵害的，应当向行政机关提出检察建议，督促其依法履行职责。

行政机关应当在收到检察建议书之日起两个月内依法履行职责，并书面回复人民检察院。出现国家利益或者社会公共利益损害继续扩大等紧急情形的，行政机关应当在十五日内书面回复。

行政机关不依法履行职责的，人民检察院依法向人民法院提起诉讼。

6.《人民检察院公益诉讼办案规则》第六十七条 人民检察院经过对行政公益诉讼案件线索进行评估，认为同时存在以下情形的，应当立案：

（一）国家利益或者社会公共利益受到侵害；

（二）生态环境和资源保护、食品药品安全、国有财产保护、国有土地使用权出让、未成年人保护等领域对保护国家利益或者社会公共利益负有监督管理职责的行政机关可能违法行使职权或者不作为。

办案心得体会

出口退税政策本是国家为鼓励出口企业增加出口，促进国际贸易发展而采取的措施。有利于降低企业成本、增加产品出口、扩大国内就业、增强商品国际竞争力。但不法分子却在巨大利益驱动下，不惜以身试法，用各种手段疯狂骗取出口退税，不仅严重损害正常的经济秩序、破坏税收公平、威胁到国家财政税收安全，还使出口数据失真，影响国家决策。天津市滨海新区人民检察院在走访海关时，敏锐捕捉异常，主动作为、能动履职，成立数字办案专业团队，利用大数据法律监督模型批量发现骗取出口退税犯罪线索，精准打击骗取出口退税犯罪、非法经营犯罪、虚开增值税专用发票犯罪。

一、办案经验

（一）利用数据碰撞发现犯罪线索

数据是模型的基础，是发挥作用的前提。深度解析骗取出口退税典型案例特征，对比正常外贸流程与异常外贸流程，设置模型运行规则，调取报关、订舱、收汇、结汇、退税发票明细等数据导入模型，经清洗、梳理、碰撞、运算，筛选出大量问题数据，发现问题是骗取出口退税案件法律监督的第一个关键环节，在此基础上将相关线索推送给公安机关进行侦查，才能取得实在成效。比如，公安机关根据线索已立案侦查的郑某某骗取出口退税案中犯罪嫌疑人通过购买他人实际出口的报关单、购买无对应业务的增值税专用发票，联系地下钱庄进行虚假结汇，骗取国家出口退税款2000余万元。李某某骗取出口退税案中犯罪嫌疑人通过虚构外商、以次充好、低值高报、虚假结汇，货物到达境外后扔掉的方式，骗取国家出口退税款1.2亿余元。

（二）经梳理线索进一步查证异常行为

模型设计过程中总结提炼了实践中常见的骗取出口退税的犯罪手段、行为方式等，并将线索进一步查证后与出口退税行为类型进行比照分析，锁定行为人的异常行为，进一步确定犯罪嫌疑人，其中的重难点包括：

1.买单配票骗税数额认定

公安机关对推送犯罪线索初查后立案，该院提前介入，主动发挥检察主导作用，引导公安机关侦查。如经公安机关梳理，李某某涉嫌以"买单配票"形式骗取出口退税款2000余万元，涉及274票货物，但李某某辩解有部分货物出口、部分"买单配票"，骗取税款数额没有那么多。根据数据碰撞出的274票中只有91单货物是订舱与实货不符，其余183票货物订舱与实货相符。如何认定李某某的骗税数额，成为了难点。为此，该院引导公安机关核实犯罪嫌疑人所控制企业的生产能力，183票货物对应的发票是否为虚开，是否有其他真实卖主等。经调查核实，发现犯罪嫌疑人实际生产的货物均内销，并没有出口，其出口的货物都是通过"买单配票"，只不过有的报关单上订舱品名和报关品名一致，有的不一致。至此，将全部274票货物骗取的2000余万元税款认定为李某某的骗税数额。

2."假自营真代理"行为的认定

"假自营真代理"的企业是否构成骗取出口退税罪，应当以其是否明知他人意欲骗取国家出口退税款为条件。所谓明知包括知道和应当知道，但"假自营真代理"企业出于自保会说自己不知道，这就需要推定其是否应当知道。"四自三不见"业务是国家明令禁止的业务，如果在从事"四自三不见"业务时出现了其他不合常理的情况，而有进出口权的企业还继续坚持业务合作，造成国家税款损失，则可推定企业主观上明知他人意欲骗税的故意，构成骗取出口退税罪。如在办理某企业"假自营真代理"骗取出口退税案中，得知某犯罪团伙利用该企业对外出口，34次因申报与实货不符被海关行政处罚，13次因发票异常被税务机关通知，多次被银行通知收到的境外钱款账户被香港列为黑名单账户，且钱款进入国内后被冻结等各种异常点，说明该企业主观明知被代理企业骗取国家出口退税，而其仍为获取不法利益，以"假自营真代理"方式帮助被代理企业骗取国家退税款。

（三）全面取证排除犯罪嫌疑人辩解

通过大数据监督模型获取的犯罪线索和进一步查明的异常行为，仅从客观方面揭示了犯罪的可能性，但不排除其中存在其他可能性，更需要排除犯罪嫌疑人的辩解，使主客观证据相互印证，达到确实充分的标准。如通过大数据筛查，发现李某某通过某出口企业以订舱与报关不符的"买单配票"形式出口货物5票，有货物出口或订舱与报关不符的买单配票形式出口货物1301票。犯罪嫌疑人对骗取出口退税行为拒不交代，并辩称"其一共出口1300余单，有5单订舱与申报不一致，是报关人员工作失误导致，其没有骗取出口退税"。该院与公安机关一同讯问犯罪嫌疑人、询问证人，并发现案件关键性线索，确定帮助犯罪嫌疑人对接业务的内勤明某某、报关员周某某有重大嫌疑且知晓关键信息。该院积极与公安机关沟通，引导其迅速派员赴安徽芜湖、广东深圳等地调查取证，三日内将上述二人抓获归案，并从该二名关键人员处得知李某某利用具有出口资质企业对外出口货物，通过虚构外贸合同、以次充好、低值高报、虚增产品数量等方式，进行骗取出口退税，借助地下钱庄将虚假"结汇款"从境外公司转入有出口资质的企业，佯装支付货款。再通过虚增产品价值、产品数量等手段进行报关，将数量不足的劣质产品出口至无实际业务的境外。货物到达境外指定仓库后，犯罪嫌疑人均借口无法与提货外商取得联系，指示货代公司将产品扔掉或自行处理。据此批准逮捕犯罪嫌疑人李某某。

二、模型构建经验

（一）加强协作配合，实现双赢多赢共赢

为解决数据来源问题，该院与属地海关、税务、银行、外汇等部门签订了合作备忘录，建立数据共享机制，加强协作，促进执法司法一体化；并将利用模型发现的异常信息反向推送给各行政机关，形成治理合力；在检察机关内部，强化刑检、公益诉讼、技术等部门通力合作，坚持发挥检察一体化办案优势，加强协同监督，形成工作合力。

（二）强化应用检验，坚持应用与开发同步推进

始终坚持以"业务主导、数据整合、技术支撑、重在应用"为导向，在研发设计过程中坚持边应用边开发，通过办案不断更新完善该模型，密切服务办案实际；不断扩大应用领域和规模，不仅向天津全域推广使用，还向中欧班列、陆地边境口岸等领域推广使用。

（三）建立健全机制，打造出口退税全流程监督体系

进一步强化对出口退税领域的司法保护力度，建立出口退税全流程数字化监管体系；针对各行政机关对出口货物管理流程脱节，特别是跨地区、跨部门的数据交换存在壁垒等问题，充分利用公益诉讼检察建议等手段，明确各部门在治理出口骗税中的职责，建立齐抓共管的治理体系。从刑事、行政、公益诉讼等多个方面强化联动，强化两法衔接，促

进外贸出口企业合规建设，形成一体化办案和法律监督大格局，促进社会治理能力、治理水平现代化。

案件承办人：

　　杨　光　国　佳（天津市滨海新区人民检察院）

案例撰写人：

　　何家栋　陆　旭　康　赞（天津市人民检察院）

　　杨　光　国　佳　李东博（天津市滨海新区人民检察院）

案例审核人：

　　王　磊　陈　辉（天津市人民检察院）

网络销售伪劣消防灭火器
危害公共安全类案监督

◇ 安徽省淮北市人民检察院　烈山区人民检察院

关键词

网络销售　伪劣消防灭火器　明显低价　公共安全　融合监督

要旨

针对网络销售伪劣灭火器发现难、监管难的问题，调取灭火器线上、线下销售数据以及相关行政处罚决定书、裁判文书等数据，从明显低于市场价格的灭火器入手，结合行政处罚、裁判文书中明确为伪劣灭火器的型号等数据，筛查生产、运输、销售、使用等环节案件线索。检察机关依法能动履职，以检察建议、磋商协作、提起诉讼等方式，督促行政机关依法履行灭火器监管职责，同时将涉嫌犯罪线索移送公安机关立案侦查；对违法经营者，适时提起民事公益诉讼或支持起诉。同时推动消防部门、市场监督管理部门、邮政部门建立灭火器监督管理协作机制，有效解决与灭火器管理相关部门信息不畅的数据壁垒问题。

基本情况

由于火灾发生概率较低，灭火器往往未使用就被更换，导致伪劣灭火器发现难、监管难，不法商家存在严重的侥幸心理，一旦发生火灾后果不堪设想。针对网络销售手提式干粉灭火器价格偏低现象，淮北市人民检察院和下辖烈山区人民检察院收集网络销售灭火器店铺及商品信息、销售信息等数据，市场行情数据，相关刑事判决、行政处罚数据，专业机构检验检测数据等，进行碰撞分析，发现伪劣灭火器销售店铺及生产厂商线索、快递企业违规揽收线索、重点场所购买使用线索等，通过检察融合监督，促进消防灭火器产业综合治理。

📖 线索发现

近年来火灾事故频发，因灭火器不合格导致"小火情"酿成"大事故"的悲剧时有发生。如 2022 年，浙江宁波一居民楼电瓶车着火，虽然每层楼都配备了干粉灭火器，但由于灭火药剂不达标，未能有效阻止火势蔓延，造成 7 人遇难。调研发现，近年来，仅淮北市涉伪劣灭火器刑事案件就多达 20 余起，给人民群众生命财产造成重大损失。加强监管，刻不容缓。

淮北市检察机关接到人民群众关于网购的手提式干粉灭火器存在质量问题的情况反映后，立刻展开深入调研。向市场监督管理、消防等部门咨询灭火器生产、销售、使用情况，走访调研 30 余家生产、销售企业，摸清合格灭火器市场行情，汇集网络销售灭火器店铺及商品信息 2000 余条、短视频 30 余条，委托专业机构检验检测，研究分析相关行政处罚、裁判文书中已明确生产销售伪劣灭火器的行政案件 30 余件、刑事案件 20 余件。

经梳理分析，网络销售灭火器主要存在以下问题：

1. 网络销售价格明显偏低的灭火器普遍存在质量问题。从调查结果来看，网络销售平台上价格明显低于市场行情的灭火器较大概率存在不合格情况。经江苏省产品质量监督检验研究院检测，组织送检的 7 组网购手提式干粉灭火器的灭火剂主要成分磷酸二氢铵的含量均不合格，最低仅有 0.7%，远低于国家标准 ≥ 75% 的要求。

2. 网络销售平台准入把关失守、监管不足。2022 年，国家市场监督管理总局《全国重点工业产品质量安全监管目录（2022 年版）》将灭火器材纳入重点监管目录。但网络销售平台缺乏严格的上架核查准入把关制度，有关部门监管力度及覆盖面不够，对于灭火器这一特殊商品与普通商品采取相同监管措施。

3. 快递企业存在违规揽收灭火器情形。根据《禁止寄递物品管理规定》，手提式干粉灭火器属于"压缩和液化气体及容器"，严禁通过快递途径运输。调查发现网络销售灭火器存在通过快递方式发货情形，且涉及多家快递公司。

4. 公共场所采购伪劣灭火器存在重大安全隐患。从获取的网络销售数据来看，教育机构、医疗机构、养老服务机构、餐饮娱乐、商超旅馆等重点公共场所均存在购买伪劣灭火器的情况，存在重大公共安全风险。

📖 数据分析方法

由于 4 公斤手提式干粉灭火器既可家用又可商用，且网络销售量最大，因此本模型围绕 4 公斤手提式干粉灭火器进行设计。通过走访调研摸清灭火器的成本构成，了解到每具合格灭火器出厂价格至少 40 元，市场价格至少 45 元；并征求市场监督管理部门、物价部门、消防部门等意见，综合确定低于市场价 20% 的灭火器疑似为伪劣产品，可以作为判别伪劣产品的主要参考条件。

数据来源

1. 网络购物平台相关店铺、商品数据（源于互联网或向平台调取）；

2. 线下市场行情价格信息（源于实地调研收集）；

3. 检查抽检数据、行政处罚数据（源于市场监督管理部门或互联网）；

4. 消防检查、处罚数据（源于应急消防等部门或互联网）；

5. 刑事裁判文书（源于中国裁判文书网或法院）；

6. 相关机构或平台检测数据（源于互联网或向相关机构获取）。

数据分析关键词

关键词 1：网络平台销售价格。以网络平台销售价低于线下市场行情底价 45 元的 20% 以上，即"低于 36 元"，作为价格筛选范围，发现疑似销售伪劣灭火器线索。

关键词 2：伪劣灭火器品牌型号。以刑事裁判文书、行政处罚数据、相关检测数据中提取的"伪劣灭火器品牌型号"与网络平台数据碰撞比对，发现销售伪劣灭火器的商家线索。

数据分析步骤

第一步：确定伪劣灭火器的筛选价格。通过走访调研 30 余家生产、销售企业，摸清灭火器成本构成，了解到每具合格灭火器出厂价格至少 40 元，市场价格至少 45 元；并征求市场监督管理、物价、消防等部门的意见，综合确定低于市场价 20% 的灭火器疑似为伪劣产品。

第二步：筛选网络销售价格明显偏低的商家。以低于市场价 20% 为条件，筛选网络平台商品数据，发现疑似销售伪劣灭火器店铺线索 318 条。

第三步：筛选已实际销售伪劣灭火器的商家。将网络平台数据与相关刑事裁判、行政处罚文书、检测报告中明确为伪劣产品的品牌型号数据进行碰撞，筛选店铺线索 73 条。

第四步：汇聚销售数量。将第二步、第三步发现的店铺线索合并，通过网络平台汇聚销售数量达 513 万具。

综合上述筛选线索，根据管辖原则，移送落地核查。通过分析商家进货信息、发货信息，发现生产厂家及仓储线索 30 条、快递企业违规揽收线索 7 条，发现淮北市辖区内教育、医疗、养老机构等重点公共场所购买使用伪劣灭火器线索 1796 条。

思维导图

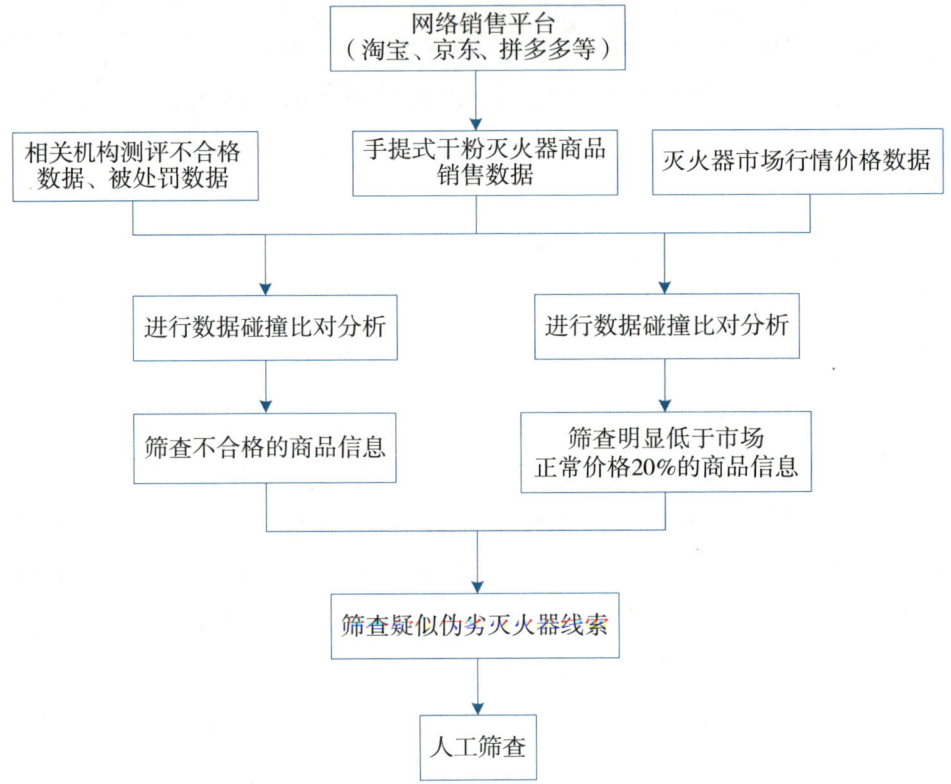

📖 检察融合监督

公益诉讼检察监督

公益诉讼检察方面，向有关行政机关制发多份诉前检察建议，督促其依法履行灭火器监管职责。对符合起诉条件的，坚决提起行政公益诉讼，以诉的确认，体现司法价值引领；并适时提起民事公益诉讼或支持起诉，探索提出召回、赔偿损失、惩罚性赔偿等诉讼请求。借力大数据模型，基于蚌埠区域案件数据筛查全国、全省范围内教育、医疗、养老机构等重点公共场所购买使用伪劣灭火器的线索，经上报安徽省人民检察院后，移送相关各地办理，其中贵州立案 2 件，浙江正在开展侦查、四川正在对线索进行研判。

刑事检察监督

在履行公益诉讼检察职能的同时，发现刑事犯罪线索 12 条并向淮北市公安机关移送，并提前介入，引导侦查。仅蚌埠区域刑事案件就涉及省份 27 个，涉案人员 63 人，采取刑事强制措施 19 人，查实销售伪劣灭火器 450 万具，涉案金额高达 1.49 亿元，已扣押涉案款 899 万元。同时将相关线索移送贵州、四川、江西、浙江等地。公安部领导就刑事案件批示"加强该类案件办理，消除安全隐患"，公安部七局专门致电表扬。

📖 社会治理成效

党的二十大报告提出，要"提高公共安全治理水平"。习近平总书记强调，"公共安全是最基本的民生"。在检察机关的有力监督下，相关部门各司其职、密切配合，切实消除伪劣灭火器带来的公共安全隐患。公安机关深入挖掘侦查、办理生产、销售伪劣灭火器刑事犯罪案件；消防部门积极开展灭火器安全专项检查活动；市场监督管理部门加大对灭火器生产、销售企业检查力度；邮政管理部门依法查处违规揽收行为等。其他相关各地对移送的线索，迅速行动，成效显著。为促进灭火器产业溯源治理、系统治理、综合治理，检察机关加强与有关机关沟通协作，构建灭火器监督管理协作机制，长治长效，切实守护好人民群众生命财产安全，将"为大局服务，为人民司法，为法治担当"的要求，落到实处。

📖 法律法规依据

1.《中华人民共和国刑法》第一百四十条　生产者、销售者在产品中掺杂、掺假，以假充真，以次充好或者以不合格产品冒充合格产品，销售金额五万元以上不满二十万元的，处二年以下有期徒刑或者拘役，并处或者单处销售金额百分之五十以上二倍以下罚金……销售金额二百万元以上的，处十五年有期徒刑或者无期徒刑，并处销售金额百分之五十以上二倍以下罚金或者没收财产。

2.《中华人民共和国消防法》第二十四条第一款　消防产品必须符合国家标准；没有国家标准的，必须符合行业标准。禁止生产、销售或者使用不合格的消防产品以及国家明令淘汰的消防产品。

第二十五条　产品质量监督部门、工商行政管理部门、消防救援机构应当按照各自职责加强对消防产品质量的监督检查。

第六十五条第二款　人员密集场所使用不合格的消防产品或者国家明令淘汰的消防产品的，责令限期改正；逾期不改正的，处五千元以上五万元以下罚款，并对其直接负责的主管人员和其他直接责任人员处五百元以上二千元以下罚款；情节严重的，责令停产停业。

3.《禁止寄递物品管理规定》第四条　邮政管理部门应当监督指导提供寄递服务的企业（以下简称寄递企业）落实收寄验视制度，督促企业加强寄递安全管理；监督指导寄递企业加强对从业人员的安全教育和培训；依法对寄递企业实施安全监督检查，查处违法收寄禁寄物品行为。

4.《消防产品监督管理规定》第十八条　消防产品销售者应当建立并执行进货检查验收制度，验明产品合格证明和其他标识，不得销售应当获得而未获得市场准入资格的消防产品、不合格的消防产品或者国家明令淘汰的消防产品。

销售者应当采取措施，保持销售产品的质量。

办案心得体会

综观党的二十大报告，"人民"是贯穿始终的鲜明主线。坚持人民至上是习近平新时代中国特色社会主义思想的根本政治立场。在办理诸如灭火器等发生在群众身边、事关群众生命财产安全的案件中，坚持"从政治上着眼，从法治上着力"，敏于、善于从政治、民生上审视考量，落实习近平总书记关于"公共安全是最基本的民生"的要求，秉持"法律监督是检察机关的立身之本"，着力以数字化赋能、一体化履职、系统化治理，努力以数字革命驱动法律监督质效整体提升，切实将为大局服务、为人民司法、为法治担当融入检察监督办案全过程。

一、精心对接需求，推动个案办理向类案监督延伸

2023 年 5 月，一名消费者在网上采购消防灭火器后，朋友提醒网购的灭火器可能是假冒伪劣产品，但不具备鉴别能力，想到检察院守护公共利益，于是向淮北市人民检察院公益诉讼部门反映。市院公益诉讼部门获悉烈山区人民检察院也收到过类似反映，敏锐意识到网络销售的灭火器如果普遍存在伪劣现象会严重威胁社会公共安全，遂决定由市院指导、烈山区院承办，并请信息技术部门协助进行进一步鉴别和数据收集、分析。初步调查研判表明网络销售的低价灭火器在生产、销售、运输和使用等环节均存在诸多问题，遂将发现的线索移送相关科室或部门办理。案件办理过程中，摒弃就案办案、机械办案思维，借助大数据筛选，加强分析研判，依法能动履职，推动个案办理向类案监督延伸。刑事检察部门一方面督促本地公安机关对涉案销售公司、生产厂家立案侦查；另一方面对外省的涉案线索，建议并督促本地公安机关向四川、贵州、浙江、江西等地移送犯罪线索 6 条。鉴于涉案灭火器已销售至安徽省 16 个地市，市院及时将案件情况向安徽省人民检察院报告，省检察院将涉案公司销售信息根据区域推送至省内其他地市院，各地公益诉讼部门积极行动，立刻进行深入摸排，督促有关行政机关积极履职。

二、精确研判数据，凝聚业务主导与技术支撑合力

市院信息技术部门收到业务部门的技术协作要求后，认真研究需

求、广泛收集数据。调研内容包括合格产品的市场行情、网络销售灭火器店铺及商品信息、监管部门检查处罚数据、检验鉴定机构检验结果不合格数据以及涉及伪劣灭火器刑事案件、相关视频等信息。技术团队进行深入梳理研判后发现网络销售价格明显偏低的灭火器伪劣嫌疑较大，结合商品销量、评价和处罚、检验等数据，筛查出可疑店铺信息作为线索移送业务部门，由业务部门研判后向行政主管部门、公安部门移送。同时信息技术部门与业务部门无缝对接、全程深度参与，对办案过程中获取到的数据第一时间进行分析并向办案人员反馈，为办案人员提供有力支撑。在此过程中进行提炼挖掘，打造法律监督模型，筛查出销售至全省乃至全国的伪劣灭火器相关线索，进一步扩大办案战果。

三、精细协作配合，发挥一体履职和融合监督功效

牢固树立"四大检察""十大业务"全面协调充分发展理念，将以办案为中心的要求融入"四大检察"全面协调充分发展的大格局，推动办案和监督齐抓共管，齐头并进，实现法律监督一体推进。一是横向一盘棋。树牢检察融合监督理念，依托法律监督线索移送协作机制，刑事检察部门与公益诉讼检察部门加强沟通协调，互相配合，借助信息技术部门的数字赋能，有效提升检察监督质效。二是纵向一股劲。树牢检察一体化履职理念，省、市、区三级院高度重视，省院积极调度指导督促案件办理，市院检察长主动协调公安机关解决实际困难，区院检察长一线指挥精准引导公安机关办案，公益诉讼和刑事检察部门上下联动形成合力。三是内外一张网。秉持双赢多赢共赢理念，与其他执法、司法部门构建良性互动工作关系。密切侦查监督与协作配合，市院刑事检察部门骨干与基层院检察人员提前介入引导侦查取证，与公安机关办案人员共同商讨解决思路、研究办案方向、固定关键证据，共同推动案件顺利侦破。通过检察建议、磋商协作等方式督促有

关行政机关积极履职，全市公益诉讼部门加强与消防部门的密切沟通，督促在全市范围内开展灭火器质量检查专项活动，构筑共建共治共享的社会治理格局。

四、精准对症施策，促进个案治罪和综合治理并重

针对案件暴露出灭火器这一事关公共安全的特殊产品，在生产、销售等环节质量监管存在突出问题与薄弱环节，提出切实可行的治理建议，扎实做好司法办案"后半篇文章"。灭火器网络销售的虚拟性、跨地域性等特点，给监督管理、执法管辖、案件调查、证据固定等带来较大挑战。向有关部门建议出台《灭火器网络销售管理办法》，从灭火器网络销售企业、第三方平台、负有监管责任的行政机关等方面进行规范，确保灭火器网络销售有法可依、执法必严、违法必究，通过"以网管网"，发挥互联网在保障灭火器质量安全方面的突出优势。联合市场监管、消防、公安等部门加强开展消防安全教育、消防产品实物展示、真假消防产品鉴别及消防产品功能演示等活动，提高消费者对消防产品的识别判断能力和消防意识。

五、借鉴意义

以法律监督理念引领检察高质量发展。法律监督理念是引领检察监督办案的灵魂，也是推动检察工作现代化建设最根本的问题。应勇检察长要求"不断更新法律监督理念、完善法律监督机制，以更高质效法律监督维护司法公正"。近年来，最高检提出了一系列法律监督新理念，司法实践应注重领悟背后所折射出的战略考量、理念指引以及所体现的情怀、精神、标准，并切实转化为落实的政治自觉、思想自觉、行动自觉。在灭火器案件办理过程中，把"坚持能动司法，实现双赢多赢共赢，坚持政治效果、社会效果、法律效果相统一，'四大检察'一体履职全面协调充分发展，在办案中监督、在监督中办案，治罪与治理并重"等理念落到实处，着力克服单纯业务观点，推动灭火器案件办理实

现从个案监督到类案监督再到社会治理的跨越。

以人民至上作为检察工作的理想情怀。应勇检察长强调，"为人民司法，让人民满意是一切检察工作的出发点和落脚点"。在灭火器案件办理中，敏锐发现网络购物销售伪劣消防灭火器的生产、流通、销售、使用等环节安全问题和隐患较大，监管和治理刻不容缓，努力以法治的更高标准、人民群众满意的更高目标监督办案，通过监督公安机关立案侦查、提前介入引导侦查，向有关行政机关提出治理建议等方式督促履职，推动个案办理向类案监督延伸、个案惩治与行业根治转变等方式，不断推进质量、效率、效果有机统一于公平正义。

以大数据运用赋能监督办案。在灭火器案件办理中，牢固树立数字意识和数字思维，认真落实最高检、省院"检察大数据战略"部署要求，坚持"一把手挂帅"，成立刑事检察、公益诉讼检察、信息技术部门人员组成的工作专班，各司其职，密切配合，有效推进技术与办案双融双促，着力打磨精品检察监督模型。

案件承办人：

　　王　静（安徽省淮北市人民检察院）

　　尹　成　谢　鹏（烈山区人民检察院）

案例撰写人：

　　吕　慧　张志强　田春雷　谢　飞　韩　恒

　　（安徽省淮北市人民检察院）

案例审核人：

　　赵　杰　樊　静（安徽省人民检察院）

毒品案件漏犯漏罪类案监督

◇ 浙江省湖州市吴兴区人民检察院

📖 关键词

毒品案件　涉毒人员　法律监督　综合治理

📖 要旨

随着互联网和物流行业的发展，毒品犯罪手段日趋隐蔽，检察机关通过以往单纯个案阅卷的方式，已经难以发现监督线索。通过分析毒品案件规律，运用交易特点，比对转账记录和聊天记录等数据，发现异常的毒品交易线索。归集毒品案件人员身份、社交账号、金融账号、上下家关系等要素信息，构建涉毒人员信息基础库。将异常交易线索人员通过数据库比对真实身份，查实可能遗漏的贩毒人员。同时，由毒品案件监督向渎职、洗钱罪等关联犯罪监督延伸，融入寄递渠道社会治理，实现监督和治理双赢。

📖 基本情况

吴兴区人民检察院在办理贩卖毒品案过程中，毒品交易具有以下特点：一是只与熟客及熟客推荐的下家交易，下家之间存在关联性；二是采取非实名联系，但在微信聊天记录中存在下家性别、电话、微信号等碎片化信息；三是使用专门收款账户，人货分离交易，转账有规律。毒资转账时间与埋藏毒品至指定位置时间均当日完成，间隔较短，不存在赊账购买情况。部分下家购毒频率和数量明显超出正常吸食频率和数量。通过将该案中多次购买、转账金额高的下家信息与以往案件中涉毒人员信息进行比对，确定疑似贩卖毒品人员身份。结合手机勘查记录、银行转账记录，查实毒品去向。

吴兴区人民检察院通过个案，总结类案规律，针对毒品案件交易对象交叉混杂、身份隐匿等特点，集中采集、录入贩毒、吸毒等涉毒人员身份信息、社交账号信息、交易账号信息、上下家关系信息四大要素搭建涉毒人员信息基础库，并通过获取吸毒人员行政处罚数据、强制隔离戒毒人员数据库等，建立并不断补充涉毒人员其他信息数据，编制涉毒人员关系网，将涉毒人员碎片化信息共享归集，发挥数据集聚效应，实现精准确定涉毒人员身份、精准挖掘涉毒犯罪线索、精准开展法律监督，目前吴兴区院已立案监督和追诉 84 人。

📖 线索发现

吴兴区检察院在办理李某某等人贩卖毒品案过程中，发现该团伙对外统一代号，通过手机即时通讯软件与购毒人员在线上达成毒品交易合意。贩毒人员在收取毒资后，发送埋藏毒品的地点，由购毒人员自取毒品实现毒品交易。经过勘查涉案电子数据，发现微信中相关涉毒人员的非实名信息，因其具有贩毒前科故曾在前案中出现；同时，该团伙在固定辖区内以小额散货方式进行频繁、非接触式交易，埋藏毒品的聊天记录和转账记录之间时间差较小，通过时间比对可以进行精准匹配。通过筛查手机所存储电子数据，并与涉毒人员的数据库进行碰撞，查实下游贩卖毒品人员身份及毒品交易去向，监督成效较为显著。

📖 数据分析方法

数据来源

1. 办理涉毒人员手机电子数据（源于审查起诉案件涉案手机）；

2. 涉毒人员信息（源于已办涉毒案件）；

3. 刑事判决、吸毒行政处罚、强制隔离戒毒人员信息（源于公安机关、司法局等）。

数据分析关键词

结合到案人员手机所存储的电子数据，还原毒品交易环节，发现异常毒品交易行为。通过提炼毒品案件四大要素，即所有涉毒人员身份信息（如绰号等）、社交账号信息（如微信等）、金融账号信息（如支付宝等）、上下家关系信息等构建涉毒人员信息基础库。将异常毒品交易行为中的人员身份要素到涉毒人员信息基础库中比对，确定尚未到案的贩卖毒品犯罪嫌疑人。

数据分析步骤

第一步：勘查到案犯罪嫌疑人的手机，排查疑似毒贩的犯罪事实。即通过手机聊天记录和毒资转账记录，根据交易用语、交易金额、交易时间和交易数量等特征，分析出异常毒品交易事实。

第二步：搭建涉毒人员信息基础库，绘制上下家层级概况。通过提炼毒品案件四大要素特征，本市涉毒案件人员身份信息（如绰号等）、社交账号信息（如微信等）、金融账号信息（如支付宝等）、上下家关系信息等构建涉毒人员信息基础库，用于后期身份比对。

获取本市吸毒人员名单、强制隔离戒毒人员名单，用于涉毒人员身份完善。

第三步：检索涉毒人员真实身份。即根据身份线索碰撞比对，将疑似毒贩身份要素（昵称、微信名、联系方式等），输入涉毒人员信息库，检索同一人的真实信息记录。

第四步：综合分析研判，分类监督。

思维导图

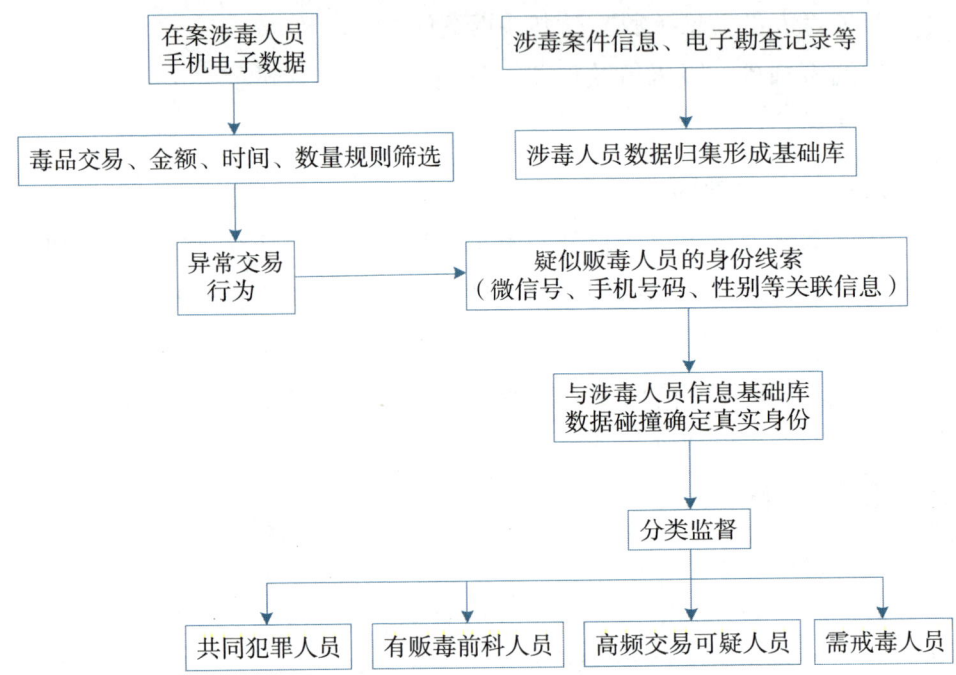

📖 检察融合监督

涉毒刑事案件监督

从个案线索发现，到向类案监督延伸，通过勘查手机存储的电子数据，依托搭建涉毒人员数据库，进行深入排查线索。以贩毒、洗钱双向审查的模式，一方面全面排查涉毒犯罪，深挖贩毒人员监督线索；另一方面精准打击洗钱犯罪，着力查实涉毒人员非实名账户收取毒资线索。重点梳理出贩卖毒品刑事犯罪监督线索100余条，立案监督和追诉84人，5人被判处十五年以上有期徒刑，发现洗钱犯罪2件。

自侦犯罪线索移送

涉毒案件侦查的特殊性，使得禁毒民警和涉毒人员之间可能存在一定的越界行为。在办理毒品案件过程中，对于明显存在下游涉毒人员却未被立案，而检察机关已多次督促仍怠于履职情形，初步判断存在渎职等违规违法犯罪线索。吴兴区检察院发现1件线索，及时移送检察侦查部门，查实禁毒民警徇私枉法犯罪。

📖 社会治理成效

参与禁毒工作，实现闭环监督

吴兴区检察院通过涉毒案件的类案监督，拓展禁毒工作的开展路径。对于经分析研判属于购毒自吸人员的，结合辖区内吸毒人员数据库比对结果可判断购毒自吸人员，进一步跟踪吸毒人员的处理，落实戒毒工作有效开展。

切断寄递渠道，助力常态治理

梳理辖区内发生的寄递毒品案件，向邮政管理部门发出检察建议，督促其严格落实"收寄验视、实名收寄、过机安检"三项制度，及时制定行业规范、标准。吴兴区邮政管理部门对此开展专项整治活动，全面提升辖区寄递渠道禁毒工作水平，制定《禁止寄递物品管理规定》，企业内部也采取自查通报、采集证据等措施和机制，并根据线索协助公安破获1起新型毒品寄递案件。

📖 法律法规依据

1.《中华人民共和国刑法》第一百九十一条　为掩盖、隐瞒毒品犯罪、黑社会性质的组织犯罪、恐怖活动犯罪、走私犯罪、贪污贿赂犯罪、破坏金融管理秩序犯罪、金融诈骗犯罪的所得及其产生的收益的来源和性质，有下列行为之一的，没收实施以上犯罪的所得及其产生的收益，处五年以下有期徒刑或者拘役，并处或者单处罚金；情节严重的，处五年以上十年以下有期徒刑，并处罚金：（一）提供资金账户的……（三）通过转账或者其他支付结算方式转移资金的……

第三百四十七条　走私、贩卖、运输、制造毒品，无论数量多少，都应当追究刑事责任，予以刑事处罚；走私、贩卖、运输、制造毒品，有下列情形之一的，处十五年有期徒刑、无期徒刑或者死刑，并处没收财产：（一）走私、贩卖、运输、制造鸦片一千克以上、海洛因或者甲基苯丙胺五十克以上或者其他毒品数量大的……走私、贩卖、运输、制造鸦片二百克以上不满一千克、海洛因或者甲基苯丙胺十克以上不满五十克或者其他毒品数量较大的，处七年以上有期徒刑，并处罚金。走私、贩卖、运输、制造鸦片不满二百克、海洛因或者甲基苯丙胺不满十克或者其他少量毒品的，处三年以下有期徒刑、拘役或者管制，并处罚金；情节严重的，处三年以上七年以下有期徒刑，并处罚金。

第三百九十九条第一款　司法工作人员徇私枉法、徇情枉法，对明知是无罪的人而使他受追诉、对明知是有罪的人而故意包庇不使他受追诉，或者在刑事审判活动中故意违背事实和法律作枉法裁判的，处五年以下有期徒刑或者拘役；情节严重的，处五年以上十年以下有期徒刑；情节特别严重的，处十年以上有期徒刑。

2.《人民检察院检察建议工作规定》第十一条　人民检察院在办理案件中发现社会治理工作存在下列情形之一的，可以向有关单位和部门提出改进工作、完善治理的检察建议：

……（二）一定时期某类违法犯罪案件多发、频发，或者已发生的案件暴露出明显的管理监督漏洞，需要督促行业主管部门加强和改进管理监督工作的……

办案心得体会

毒品犯罪危害人民群众生命安全和身体健康，危害社会秩序稳定。习近平总书记多次作出重要指示，要坚持厉行禁毒方针，打好禁毒人民战争。检察机关在办理涉毒刑事案件的同时，要利用好数字化思维，通过"类案数据集成""信息检索提炼""数字画像监督""延伸链条打击"有效开展涉毒案件法律监督工作，对于精准打击涉毒犯罪、提升办案质效、促进司法公正、提升司法公信力具有十分重要的意义。

一、涉毒案件监督的现实困境

一是理念上畏难。由于检察机关侦查手段有限，无法深入开展刑事监督，对于非实名人员往往束手无策，在毒品监督案件办理中存在畏难情绪。

二是线索发现难。无论是在审查逮捕还是审查起诉阶段，案件均已经过一段时间再展开侦查，相关材料、程序也均经过侦查机关的过滤、筛选，单纯通过对个案的阅卷已经难以发现监督线索。

三是证据固定难。毒品犯罪本身具有交易方式隐蔽，行为人反侦查意识强等特点，诸如"蝙蝠软件""飞机软件"等新型通讯工具层出不穷，人货分离的"埋雷"式交易、虚拟币交易、以网店为幌子交易等新型交易方式不断涌现。犯罪嫌疑人到案后，不配合侦查的情况也是屡见不鲜。这些都可能导致对涉毒案件监督最后无法取得成效。

四是信息不共享。同一名涉毒人员在被不同侦查机关处理时，因讯问侧重、内容的不同，产生的碎片化信息无法及时共享，难以发挥集聚效应。

五是定罪标准不同步。部分侦查人员对于涉毒人员认定贩卖毒品数量把握标准未及时更新，忽视有吸毒情节贩毒人员一般应当按照购买毒品数量认定的规定。

二、涉毒案件数字化监督的探索

（一）涉毒案件开展数字化监督的可行性

一是虽然交易非实名化，但是下游交易人员在一定辖区内范围稳定，仍然有迹可循。一般涉毒人员能够进行交易必然基于双方的可信任性，因此往往采用介绍、引荐等方式互相沟通购毒渠道，使得涉毒人员身份信息互相交织。例如，一个案件中的下家可能是另一个案件的上家，一个案件的证人在另一个案件中可能以犯罪嫌疑人身份出现，不同人员和涉毒人员关系的远近，对于该人信息了解存在差异，但均有痕迹可寻。

二是交易数据虽然庞杂，但交易行为有规律可查。常见毒品交易模式是现金交易，现金来源往往需要追溯到交易之前，具体时间段无法统一界定，涵盖区间宽泛，无法精准判断，但是特大贩毒团伙在固定辖区内以小额散货方式交易，一般是通过微信等聊天软件确定交易数量，进行操作转账。之后再告知毒品埋放地点，时间差较小，有比对的可能性。

三是辖区内各侦查机关涉毒案件汇总于检察机关，检察机关有将碎片化信息归集、筛选、比对，进行"数据画像"的条件。针对毒品交易案件中对象交叉混杂、身份隐匿特点，可以集中采集、录入吸毒、贩毒等涉毒人员信息和绰号，创立毒品信息数据库。

（二）涉毒案件数字化监督的着力点

一是树立主动监督、自行补充侦查的办案意识和理念。对于案件事实、证据、法律和程序应有明确的认知和态度，做到心中有经纬、有尺度。针对侦查机关消极回应、怠于抓捕、取证不到位等不利情形，要有理性平和的立场，积极寻求其他途径予以解决。可以联合技术部门对手机存储的电子数据开展实体审查，通过反查电子数据进一步论证犯罪事实，通过对多名前科劣迹人员开展提讯，突破零口供案件，以自行（补充）侦查方式提高监督案件的成案效果。

二是归集碎片化信息，突破数据共享壁垒。毒品案件一大难点在于真实身份的确认，但涉毒人员往往重复作案，在本辖区或者全市范围内被标记为重点吸毒监管人员或者具有贩毒前科、相关案件关联人员的可能性较大。因此运用集中采集、录入所有涉毒刑事案件中吸毒、贩毒人员信息四要素，即身份信息（如绰号等）、社交账号信息（如微信等）、金融账号信息（如支付宝等）、上下家关系信息等，借助涉毒人员执法司法信息共享，建立涉毒案件信息数据库。在信息采集的基础上，按照一人一词条的方式进行集中输入，对于同一人可能涉及多次行政处罚或者贩毒前科的，在其本人词条中附注录入，这样就会使得同一涉毒人员的"数字画像"基本显现。

三是利用信息分析检索工具，发挥数字化提质效应。重视对毒品上游犯罪人员电子数据的勘查，通过检索工具检索，例如，"东西""1个""茶叶"等关键词，批量筛选疑似毒品的交易聊天记录。比对相近时间段内上下家间的转账记录，确定疑似交易情形。通过特定支付或者聊天工具的昵称、账号，在涉毒人员信息库内筛选，确定嫌疑人身份信息。例如，有贩毒前科的A通过微信转账向上家频繁购买毒品，对于其微信昵称在A前罪案件中已经采集录入，通过检索即可以明确其身份；又如，无前科记录的B向上家购买大量毒品，B如果在其他案件中作为证人接受过询问，提及其微信或者支付宝信息，通过检索也同样可以明确其身份。换言之，身份库内信息越完善，涉毒人员涵盖越广，可以检索出真实身份的可能性就越大。

（三）数字化监督需要优化和完善数据归集路径

目前，不同地区不同部门归集数据方式各自为战，无法实时同步更新。在每次检索后，需要重新上传数据，无法直接增加系统数据后进行操作，因此需要进一步探索完善程序和打破地区屏障。可以参照公安机关"犯罪人员DNA数据库"建立全省涉毒人员信息库，由全省检察干警实时、同步录入信息，突破地域和信息重复上传的困难，进一步扩大数据库人员，增加涉毒人员信息汇集的数量，实现非实名人员库内身份落地的可能性。

三、案件办理的借鉴意义

吴兴区检察院顺应和落实全省数字化改革需求和相关会议精神，深入探索涉毒犯罪数字化监督，利用大数据赋能，构建"一库数据管理、一键应用分析、一体协同办案、一案辐射延伸、一端融合治理"的"五个一"毒品类案数字化办理体系，实现精准类案监督和融合式监督。

（一）以监督理念与办案模式双转变，开辟毒品监督新路径

坚持"问题导向＋主动监督＋数据赋能"理念，通过深入研判毒品犯罪形势，突破传统办案模式，探索监督办案路径，建立毒品专案模式，以大数据分析作为主要手段，及时将毒品案件的重点从个案办理转变为类案分析研判。

（二）以信息技术和数字赋能双支撑，提升毒品监督质效

运用技术手段，根据关键词，自动采集信息，自动分析比对，从个案查扣的涉毒人员社交软件中检索所有疑似参与贩毒人员。

（三）以类案办理与社会治理双辐射，推动监督集群效应

由毒品监督向关联性犯罪监督延伸，深入全链条犯罪打击，形成贩毒人员、渎职人员、洗钱人员全方位监督，同时拓展禁毒工作路径，强化吸毒监管行政衔接，融入寄递渠道治理，赋能社会治理实现双赢共赢。

案件承办人：

　　叶　玲　徐秋燕（浙江省湖州市吴兴区人民检察院）

案例撰写人：

　　徐秋燕（浙江省湖州市吴兴区人民检察院）

案例审核人：

　　陈乃锋（浙江省人民检察院）

债权转让虚假诉讼逃避执行类案监督

◇ 江苏省苏州市人民检察院　常熟市人民检察院

📖 关键词

债权转让　虚假诉讼　拒不执行判决裁定　刑民融合履职

📖 要旨

运用民事裁判文书、执行信息数据，通过债权转让人与被执行人、债权转让时间与执行时间的关联碰撞，发现被执行人与他人恶意串通进行虚假债权转让，借受让人名义提起虚假诉讼、逃避执行的情况，同步锁定虚假诉讼与拒执犯罪线索。通过内部民刑一体化履职，外部公检法联合办案，精准监督虚假诉讼，纠正民事错误裁判，联动打击拒执犯罪，延伸发现律师帮助犯罪问题。以深层次类案监督推动司法标准统一和法院内部审判模式治理，助力法院解决执行难，切实维护法律权威和司法秩序。

📖 基本情况

常熟市人民检察院立足检察监督主责主业，聚焦《民法典》实施过程中债权转让、民事法律行为效力等适用难点，发现被执行人与他人恶意串通进行虚假债权转让，提出受让人提起虚假诉讼，通过申请执行等方式要回款项后再返还被执行人，从而逃避执行的类案发现思路，以此构建债权转让虚假诉讼逃避执行监督模型。

模型构建以来，已推送虚假诉讼线索 84 条，在办案件 27 件，涉及金额 5000 余万元，已提出再审检察建议 6 件，促使当事人主动履行债务 700 余万元；已有 9 名拒执犯罪被告人被追究刑事责任；推动公安机关立案侦查虚假诉讼犯罪案件 1 件 3 人，涉及民事案件 19 件。挖掘出一名律师构成拒执共同犯罪，已提起公诉。

线索发现

2022 年 7 月，常熟市人民检察院民事检察部门在梳理虚假诉讼常见行为模式时发现，部分被执行人通过虚假转让债权实施虚假诉讼进而逃避执行的情况时有发生，在实践中却常被忽略。由于法院审判程序与执行程序的割裂，人民法院在审查涉及债权转让的民事诉讼时，难以发现背后可能隐藏的虚假诉讼，给不法分子可乘之机。民事检察部门立即依托苏州市检察院大数据法律监督平台，对涉及债权转让的民事案件进行初步筛查，发现有继续调查的价值和数字建模的可能性，遂将相关材料汇总整理后向苏州市人民检察院汇报。

数据分析方法

数据来源

1. 裁判文书，通过苏州政法平台共享实时获取。

2. 执行信息，通过企查查定向获取。

没有上述渠道的，也可以通过中国裁判文书网、中国执行信息公开网等公开渠道获取。

数据分析关键词

主要是"行为""人物""时间"三要素。"行为"指债权转让行为，涉及债权转让合同纠纷民事案由的数据要素，以及债权转让、转让债权等关键词；"人物"是指债权转让人、债权受让人（民事诉讼原告）、被执行人等数据要素；"时间"指"债权转让时间"和"执行时间"要素，其中"执行时间"包括失信被执行人时间、执行案件立案时间、执行依据裁判文书作出时间、执行依据裁判文书立案时间、执行案件立案前一年时间等五种时间。

数据分析步骤

第一步："行为"提取，筛选目标案件。通过"债权转让行为"的民事案由和关键词检索，筛选出涉及债权转让的裁判文书，形成基础数据合集。同时，运用人工智能"开放式信息抽取"技术，将隐藏在裁判文书主文中的"债权转让人""债权转让时间"等信息提取出来。

第二步："人物"关联，锁定关键对象。将筛选出案件中提取的"债权转让人"形成"债权转让人"信息库，与"被执行人"信息关联，找到债权转让人同时是被执行人的数据。

第三步："时间"碰撞，推出疑点线索。此类虚假债权转让的动机是逃避执行，模型将提取到的"债权转让时间"与"被执行时间"碰撞，找到"债权转让时间"在"被执行时间"之后的线索。为了区分正当处分财产与恶意转移财产，模型围绕"被执行时间"设置了失信被执行人时间、执行案件立案时间、执行依据裁判文书作出时间、执行依据裁判文书立案时间、执行案件立案前一年时间等 5 个时间节点，分别与"债权转让时间"碰撞，赋予不同风险等级。其中，债权转让发生在失信被执行人时间之后的线索风险等级最高，以此类推。

为了直观展现案件疑点，模型内设置了"时间轨迹分析"图，点开线索列表后，执行案件立案时间、列为失信被执行人时间、债权转让时间、提起民事诉讼时间等信息一目了然。

第四步："异常"画像，分类办理线索。充分利用民事裁判文书、企查查企业股权信息等在手的数据资源，对线索案件中的人物关系进行数据核查和深入挖掘，进一步发现债权转让人和受让人之间可能存在的异常关系，分别是基础债权债务关系异常、债权转让对价异常、身份关系异常、代理人异常。按照异常情形越多、疑点程度越高的规则进行线索分类和风险度赋值，优先办理疑点程度更高的线索。"异常"画像也为之后的调查核实、监督履职打下基础、指明方向。

思维导图

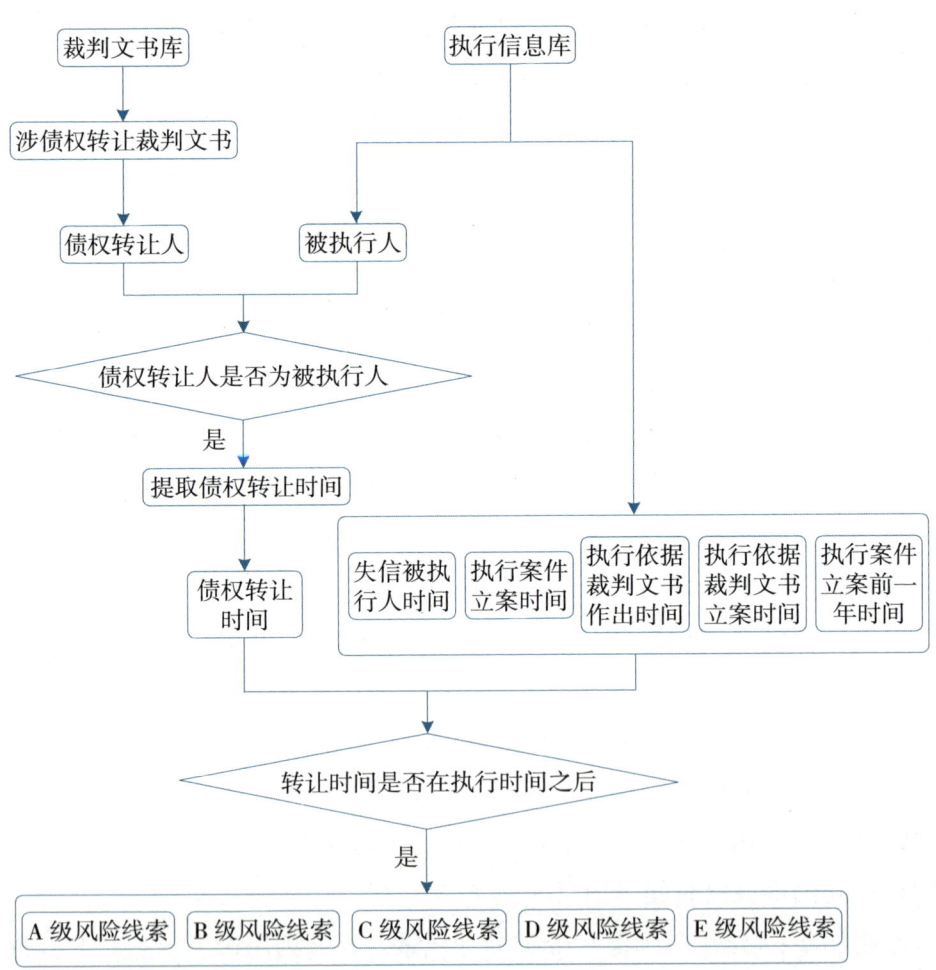

📖 检察融合监督

民事检察监督

一是针对债权受让人提起的虚假诉讼开展民事裁判结果监督。债权受让人本身与被执行人的债务人并无任何法律关系，甚至双方都不认识，出于帮助被执行人，配合被执行人虚构债权转让，使其自身产生诉权，向法院提起虚假诉讼。通过对模型推出的线索进行调查核实，民事检察部门揭开债权受让人台前的虚假"面具"，以再审检察建议、抗诉等方式向法院提出监督意见。二是针对虚假诉讼关联的执行案件开展民事执行监督。获得裁判文书后，多数案件债权受让人会申请法院强制执行，执行到款项后再将款项私下回流至被执行人手中。对此，我们向法院执行局提出检察建议，建议对以虚假诉讼方式获得的裁判文书停止执行，在执行阶段进一步及时截断双方串通逃避执行的路径。

刑事检察监督

对于模型推送的拒执犯罪线索，刑检部门及时介入全程引导侦查，以刑事侦查有效弥补民事检察调查手段单一、刚性不足的困境。邀请人民法院、公安机关对相关问题进一步会商，达成一致后，以拒不执行判决、裁定的犯罪线索同步移送人民法院、公安机关。调集民刑业务骨干，组建民刑交叉办案团队，双方以模型为基础根据拒执犯罪以及虚假诉讼的不同侧重共同拟定询问、讯问提纲。公安机关收到材料后进行立案侦查，取证固证，民刑检察团队同步进行引导侦查，及时跟进案件办理，实时通报案件进展，共同解决办案中的疑难问题。

📖 社会治理成效

一是推动虚假诉讼多元防范与联合共治。针对模型发现的债权转让领域虚假诉讼高发的问题，向人民法院提出类案检察建议，建议法院在涉债权转让民事案件的审判中细化标准、加强审查、主动调查、慎重调解，建立强制检索、适时通知第三人参加诉讼等制度。同时，与人民法院就虚假诉讼惩治形成信息共享、线索移送、协调惩治等工作机制，推进司法标准统一和法院审判模式的治理，将事后监督推向事前预防。

二是推动"执行难"问题综合治理。向地方党委政府专题汇报拒执工作推进情况，在市委政法委组织领导下，启动为期两年的集中打击拒执犯罪专项行动，将打击拒执犯罪工作纳入地方板块法治建设监测评价内容。针对办案中发现的被执行人逃避执行的金融机构债权占比较高，相关案件已终本执行，造成不良贷款增加，累积金融风险，通过模型办案，追回被转让的债权供法院案件执行，督促被执行人主动履行执行义务。同时，以座谈会等方式提出执行案件终本建议，为服务保障经济社会高质量发展提供有力司法保障。

三是推动律师行业作风纪律建设，规范执业行为。针对律师教唆帮助、共同实施违法犯罪情况，深入司法行政机关、律师协会开展多次实地调研，向司法行政机关、律师协会，提出社会治理检察建议，参加司法局、律师协会举办的青年律师训练营，就虚假诉讼、拒执犯罪等法律法规开展主题宣讲，警示教育。推动市司法局、律师协会召开全市法律服务行业作风纪律建设大会，聚焦行业管理和执业中重点领域、关键环节、执业纪律开展学习教育、自查自纠、集中整治、总结提升，进一步推动律师行业作风纪律建设，助力打造风清气正行业生态。

📖 法律法规依据

《中华人民共和国刑法》第一百九十一条 为掩饰、隐瞒毒品犯罪、黑社会性质的组织犯罪、恐怖活动犯罪、走私犯罪、贪污贿赂犯罪、破坏金融管理秩序犯罪、金融诈骗犯罪的所得及其产生的收益的来源和性质，有下列行为之一的，没收实施以上犯罪的所得及其产生的收益，处五年以下有期徒刑或者拘役，并处或者单处罚金；情节严重的，处五年以上十年以下有期徒刑，并处罚金：（一）提供资金账户的……

（三）通过转账或者其他支付结算方式转移资金的……

第三百四十七条　走私、贩卖、运输、制造毒品，无论数量多少，都应当追究刑事责任，予以刑事处罚。走私、贩卖、运输、制造毒品，有下列情形之一的，处十五年有期徒刑、无期徒刑或者死刑，并处没收财产：（一）走私、贩卖、运输、制造鸦片一千克以上、海洛因或者甲基苯丙胺五十克以上或者其他毒品数量大的……走私、贩卖、运输、制造鸦片二百克以上不满一千克、海洛因或者甲基苯丙胺十克以上不满五十克或者其他毒品数量较大的，处七年以上有期徒刑，并处罚金。走私、贩卖、运输、制造鸦片不满二百克、海洛因或者甲基苯丙胺不满十克或者其他少量毒品的，处三年以下有期徒刑、拘役或者管制，并处罚金；情节严重的，处三年以上七年以下有期徒刑，并处罚金。

▐ 办案心得体会 ▐

债权转让领域的虚假诉讼隐蔽性很强，危害性却很大。债权转让虚假诉讼逃避执行监督模型紧紧立足民事虚假诉讼监督主责主业，坚持双赢多赢共赢理念，从线索发现、调查核实、监督治理各方面都需要依靠模型，吃透模型，才能办好虚假诉讼及背后犯罪案件，维护法律权威和司法秩序。

一、如何通过数字模型构建破解监督难题

1.虚假债权转让逃避执行的行为模式

司法实践中，一些被执行人出于逃避执行的目的通过虚假转让债权隐匿财产。具体来说，被执行人（债权转让人）明明有到期债权可供法院执行，但不向法院如实申报，而是虚假转让给关系人（债权受让人），关系人以债权人身份（即民事诉讼原告）提起诉讼、实现债权，最后关系人将钱款回流至被执行人手中。由此，被执行人得以隐在幕后逃避执

行。此行为不仅侵害了真实债权人的合法权益，更是损害了司法权威和公信力，人民群众对此反映强烈。其中，关系人（债权受让人）以捏造的债权提起的民事诉讼是虚假诉讼的表现形式之一；被执行人逃避执行的行为涉嫌构成拒执犯罪。打击该环节中虚假诉讼和拒执犯罪，是检察机关监督履职的应有之义。

2. 数字建模的必要性

在此行为模式下，仅依靠当事人申请、案外人举报等被动方式，检察机关能发现的涉债权转让虚假诉讼线索非常有限。虚假债权转让系双方合谋制造，仅有债权受让人在台前提起诉讼，具有相当的隐蔽性。另外，由于司法审判与执行工作的割裂，单独审查民事诉讼这一环节很难发现其中的异常。检察官要想在海量的民事案件中仅依靠人工审查主动识别虚假诉讼，难度极大。如果运用大数据模型将债权转让人、债权受让人、被执行人、执行时间、债权转让时间等信息要素提取出来并进行串联，就能编制出捕捉虚假诉讼信息的大网，大大缩小数据范围。

3. 数字建模的思路

具体的建模思路上，我们牢牢抓住行为模式的整个链条，以链条中"提起民事诉讼"这一环节为切入口，反向关联出疑点人物和疑点案件。具体来说，模型聚焦"行为""人物""时间"三大要素，构建研判规则：

一是提取"行为"，判断案件中是否存在"债权转让行为"。关系人以债权人身份（民事诉讼原告）提起民事诉讼、意图实现债权的环节中，民事裁判文书中一般会提到民事原告的债权来源，据此，我们想到可以从民事裁判文书出发，先找到涉及"债权转让"的民事案件。模型通过检索"债权转让"的民事案由（要素提取）和关键词（债权转让或转让债权等关键词），在50余万份民事裁判文书中，筛选出涉及"债权转让"的文书8559份，形成目标案件合集。

二是关联"人物"，判断"债权转让人"是否系"被执行人"。整个行为模式的链条中，被执行人明明有到期债权可供法院执行但不如实申报，而是虚假转让给关系人。据此，我们找到涉及"债权转让"的文书后，还要重点筛查出"债权转让人"的信息，看他到底是不是"被执行人"，如果不是"被执行人"的就排除疑点，是"被执行人"的要纳入下一步排查范围。由于"债权转让人"在民事诉讼中通常不以当事人身份出现，传统的关键词检索和要素提取方式很难提取到"债权转让人"信息。我们的模型运用了人工智能"开放式信息抽取"技术，将隐藏在裁判文书主文中的"债权转让人"信息提取出来，与"被执行人"信息关联，筛查出债权转让人同时是被执行人的信息906条。

三是碰撞"时间"，判断"债权转让时间"是否在"被执行时间"之后。"债权转让人"信息与"被执行人"信息关联后，还需要进一步比对时间的先后，如果债权转让发生在被执行之前很久的，那很有可能是正当的处分财产行为，就要排除疑点；如果债权转让时间与被执行时间相近，或者发生在被执行时间之后的，那么疑点很大，很有可能是恶意转移财产的行为，就要作为线索推送。据此，我们同步将执行案件的信息与涉及"债权转让"的民事裁判信息关联起来，从中提取出"列为失信被执行人时间""执行案件立案时间""执行案件立案时间前一年"等时间节点，分别与"债权转让时间"比对，计算出债权转让时间在执行时间之后的线索，并赋予不同的风险等级。经过模型层层过滤，线索范围缩小到629条。其中，债权转让时间在列为失信被执行人时间之后的最高等级线索有84条。

二、如何借助数据资源开展线索分类与线索挖掘

一是根据异常程度确定线索疑点等级。对于推送的疑点线索，为更好地开展调查核实工作，办案人员可以充分利用现有裁判文书数据，检索发现转让人和受让人之间可能存在的四大异常，分别是：基础债权债务关系异常、对价异常、身份关系异常、代理人异常。由此进行线索分类，异常情况越多，风险度就越高。具体办案中可以根据时间、人力、精力情况按照顺序依次办理。

首先，债权转让一般是有原因的，要么是基于基础债权债务关系的转让，要么是支付对价的转让，在裁判文书中可以查找债权转让人与受让人之间有无基础债权债务关系或有无约定债权转让对价，如果无基础债权债务关系也未约定债权转让对价，或者虽约定债权转让对价但明显偏低的，均属于异常情况。

其次，根据虚假诉讼恶意串通的本质，转让人和受让人之间一般具有亲近关系，通过查询转让人和受让人所涉及的其他裁判文书以及企查查等信息，有助发现债权转让人与受让人之间的关系。比如，在丁某良诉赵某忠案件中，通过其他民事裁判文书中检索出债权转让人丁某良与受让人丁某龙系父子；另外，在顾某诉蔡某案件中，通过企查查查询发现转让人潘某与受让人顾某是总公司负责人与分公司负责人的关系，进一步调查后发现二人是兄弟。债权转让具有一定的专业性门槛，普通群体突然实施债权转让行为本身就有一定疑点，而这背后可能会有律师"出谋划策"的身影。我们通过查询民事案件可以发现债权转让人与受让人的共同代理人，比如，在陆某诉汪某案件中，检索发现受让人陆某的代理人郑某曾经是转让人林某作为被告案件的代理人，因此串通共谋的可能性极大，后续查实了律师郑某帮助违法犯罪的事实，构成拒执共同犯罪，现已提起公诉。

二是逆向筛查扩大线索范围。行为人犯案往往不是个例，可以将转让人、受让人、代理人三个信息返回到民事裁判文书中再次筛查，以人找案找到其他线索。比如，将债权转让人放回到民事裁判文书的数据库里进行检索，可以检索出该债权转让人的其他民事案件，重点关注民间借贷等虚假诉讼常见领域，进行进一步审查。审查中仍然是按照"四大异常"的排查思路确定线索等级。比如，我们在审查模型推出的一个债权转让纠纷的裁判文书后，通过该案原告某小贷公司涉及的其他民事裁判案件的检索，又发现了一批民间借贷虚假诉讼线索，现已推动公安机关立案侦查虚假诉讼犯罪 1 件 3 人。

三、如何以刑民融合履职推动调查核实

一是审查调查，移送线索。民事检察调查核实权缺乏强制力，要么找不到人，要么找到人不接受调查，要么接受调查但不如实陈述，严重制约虚假诉讼案件的审查办理。为避免打草惊蛇，造成串供可能，民事检察部门不急于接触当事人，而是先行通过调取案卷、收集信息、调查身份、流水等方式获取外围客观证据，比如有对价的，我们调取银行流水，查证对价是否实际支付以及有无回流；同时到公安机关调查转让人与受让人身份信息，以排查是否存在亲近关系，以此形成初步审查报告，向检察长汇报后，将其中的犯罪线索移送刑事检察部门。

二是集中研讨，求同存异。线索移送后，首先遇到的问题就是罪与非罪，罪名竞合问题。在检察长的主持下，召开案件研讨会。模型紧紧抓住逃避执行的本质构建，推出线索涉及拒执罪的部分较为明确，完全符合相关法律司法解释规定，因此，对于被执行人隐藏转移财产逃避执行的定性没有争议。关于是否构成虚假诉讼罪，因为立法层面不甚明确，司法实践中也无先例，民刑检察对于该类虚假诉讼是否属于"无中生有型"存在不同的观点。为了快速推进办案进度，加快成案，两部门搁置争议，一致决定仅以拒执犯罪向法院、公安移送线索。

三是组建团队，提前介入。达成共识后，检察长决定组建民刑联合办案团队，民事检察将模型设计里的法律思维及法律依据进行详细讲解介绍，双方以此为基础根据拒执犯罪以及虚假诉讼的不同侧重共同拟定询问、讯问提纲。除此之外，拒执犯罪以及虚假诉讼案件涉及大量民事审判、执行法律规范，隐蔽性、主观性较强，相较于传统刑事案件办案难度较大，需要民事检察力量共同提前介入侦查，增强公安机关对民事法律规范的理解与运用能力。引导公安机关从主观口供、客观证据两方面进行调查，突破口供，取得证据，形成完整证据锁链。

四、如何加强公检法协作配合实现双赢多赢共赢

一是与公安机关通力合作，推动案件侦办。在组建刑民办案团队

的基础上，我们以刑事案件提前介入为推手，引导公安侦查取得突破。如，我院在办理其中一起拒执案件中，公安机关传唤犯罪嫌疑人到案后，因其始终否认虚假诉讼、逃避执行的事实，讯问一度陷入瓶颈。检察官建议侦查人员提取其随身使用的手机，并进行手机内电子证据的调取、固定。随即侦查人员提取到了犯罪嫌疑人与一名律师的通话录音。以此作为突破口再次讯问，最终犯罪嫌疑人供认了其违法犯罪情况。

二是与审判机关信息共通，实现精准打击。对模型推送的线索，我们先行移送法院执行局，对涉及的执行信息、执行案件情况进行进一步核实梳理，形成案卷材料共同移送公安机关。同时，公检法三机关联合构建惩治拒执犯罪联动配合机制，及时对接案情、总结提炼事实、明确证据审查要点。在凝聚共识的基础上出台《拒不执行判决、裁定犯罪办案指引》，指导基层实践办案，推动拒执犯罪立得住、诉得出、判得了。

五、如何以类案监督推动法院审判模式治理

综观此类案件，当事人、代理人之所以能够得逞，法院之所以没有发现，主要是因为审判与执行工作割裂产生的漏洞。法院在审判过程中只关注债权转让案件的表面情况，忽视背后债权转让的原因，更不重视关联分析相关执行案件。检察机关建模的目的重在深层次类案监督，模型发现的债权转让虚假诉讼逃避执行的行为模型就是此类案件的共性问题，模型的数据分析思路实际也是审判机关预防、发现此类虚假诉讼的方法。依据模型的设计思路及司法实践，我们向法院提出了具体建议：

第一，强制检索。《最高人民法院、最高人民检察院、公安部、司法部关于进一步加强虚假诉讼犯罪惩治工作的意见》明确规定对于作为被执行人的自然人、法人和非法人组织的财产纠纷案件人民法院应当重点关注。因此，在涉及债权转让案件的审理中，审判人员应当对债权转让人是否为被执行人进行强制检索，及时发现转让人异常情况。

第二，适时依职权追加第三人。《最高人民法院关于防范和制裁虚假诉讼的指导意见》规定，"对于与案件处理结果上存在法律上利害关系的，可适当依职权通知其参加诉讼"。因此，法院发现损害他人合法权益的案件，依案情可以通知利害关系人参加诉讼。具体到涉及债权转让案件审理中，建议法院将债权转让人追加为第三人，从幕后拉到前台，对债权转让的具体事实及转让双方的关系情况进行审查。

第三，主动调查，慎重调解。债权转让人未履行生效法律文书确定的义务，其在法院有大量被执行案件，已经成为被执行人，之后又转让债权，明显侵害他人合法权益，逃避履行法律文书确定的义务。在此情况下，审判机关应当慎重适用调解制度，严格审查核实证据，主动进行调查。

第四，加强民事制裁和犯罪线索移送。当事人、代理人之所以敢于冒险，还在于对拒执犯罪、虚假诉讼打击力度不足。要加大对虚假诉讼妨害民事诉讼行为的处罚力度，及时将审理、执行阶段发现的涉嫌犯罪的线索移送公安机关、检察机关，从民事制裁、刑事惩治两方面对虚假诉讼形成强大震慑。

第五，强化配合，形成机制。与人民检察院、公安局等政法单位建立虚假诉讼案件信息共享、线索移送、协调惩治等工作机制，共同维护司法权威，保护当事人利益。

六、如何推动"执行难"问题综合治理

"执行难"问题不仅是困扰法院工作的突出问题，也是人民群众反映强烈的社会问题，需要综合治理。检察机关立足自身职能优势，充分行使各项职权，以实际行动帮助、支持人民法院执行工作，促进执行难问题的切实解决。

一是以拒执犯罪打击形成强大威慑。模型运用之后，我们不仅发现了被执行人逃避执行的虚假诉讼手段，而且挖掘了批量拒执犯罪线索。在此之前，因本市司法机关对拒执罪的证据标准理解上未达成一致，每

年拒执罪追诉人数寥寥无几。在模型推送涉嫌拒执犯罪的线索之后，亟待一份凝聚司法共识且具有实操性的办案指南解决案件办理困境。据此，常熟市检察院牵头，联合公安、法院一边办案一边总结，出台苏州地区首份《拒执案件办案指引》，靶向指导案件办理。《指引》围绕罪名事实审查要点、证据审查要点、案件办理协作机制三个方面，供我市公安、检察、法院在办理拒执案件时参照执行。通过精准挖掘线索、公检法联合开展专项行动、出台《拒执案件办案指引》等举措，促进拒执罪使用率提升，以常熟检察院为例，2022年常熟市拒执犯罪打击人数跃居全省县级市首位，形成对逃避执行的巨大威慑。

二是穿透式审查挖掘律师犯罪，助推行业治理。通过债权转让方式逃避执行这样"专业"的犯罪方式，其背后往往有律师参与的身影，我们对模型线索进行分类时，针对"四大异常"中的代理人异常情况进行深入分析后，可以挖掘到律师帮助、教唆被执行人进行虚假诉讼逃避执行，涉嫌违法犯罪的线索。目前已发现1名律师在明知其当事人系失信被执行人之后，仍积极帮助当事人伪造协议并提起民事诉讼，虚假债权转让债权620万元，该律师因涉嫌拒执犯罪被提起公诉。针对律师违法犯罪问题，我院与司法行政机关、律师协会召开主题座谈并制发《检察建议书》，推动召开全市法律服务行业作风纪律建设大会，开展为期半年的行业纪律整顿，规范律师执业行为，助力打造风清气正行业生态。

案件承办人：

    吕军鹏　徐　芳（江苏省常熟市人民检察院）

案例撰写人：

    吕军鹏　朱怡童（江苏省常熟市人民检察院）

    卞　叶（江苏省苏州市人民检察院）

金融资产执行领域
司法工作人员职务犯罪类案监督

◇ 浙江省绍兴市人民检察院 柯桥区人民检察院

📖 关键词

民事执行领域 金融资产 司法工作人员职务犯罪 一体履职

📖 要旨

针对被执行人勾结执行法官在银行债权执行中滥用职权损害其他债权人利益的问题，构建大数据法律监督模型，筛查"被执行人""资产购买人"关联关系、律师"两边代理"情况，锁定重点异常案件，通过"四大检察"一体履职深挖案件背后司法工作人员职务犯罪线索，以检察侦查这一最具刚性的监督手段，严惩司法腐败，促进金融资产执行领域乱象治理，彰显法律监督价值与权威。

📖 基本情况

在金融领域，银行出于降低坏账率的考虑，会将难以实现的贷款债权作为不良资产打包出售给资产管理公司，有的"资产包"再经过二三手交易转至其他投资者，最终通过向法院申请执行等方式变现。

近年来，绍兴市柯桥区检察院在工作中发现，在一些金融资产执行案件中，被执行人用土地等作为抵押物向多家银行贷款，贷款逾期不还后，有的银行向法院申请执行，但法院却长期执行不到位，债权就被作为不良资产处置。此时，有的被执行人利用与自己利益捆绑的关联公司，比如，家族企业、集团公司等，购买自身债权"资产包"，摇身一变成为申请执行人，再通过请托执行法官，向其他银行债权人故意隐瞒执行情况或颠倒分配顺位，违法优先占得抵押物的执行款，严重侵害其他银行债权人的利益。还有的被执行人通过请托执行法官，违法采用少评估、不评估等方式，恶意做低抵押物价值，再利用关联公司作为资产买受人低价买回高价值抵押物。

经分析，这些方法是金融领域被执行人逃废债的常见"套路"，利用银行普遍不关注债权执行情况的特点，通过与执行法官内外勾结，最终将银行巨额贷款占为己有，严重损害司法公正。根据这一规律，经汇报绍兴市检察院，决定建立专项大数据法律监督模型，集中挖掘相关案件线索。通过模型排查，对绍兴地区 5 年来 58 万余份民事裁判文书进行大数据分析，锁定全市自侦案件线索 58 条。通过自侦部门进一步调查核实，先后以执行判决、裁定滥用职权等罪名对全市 12 名法院执行人员立案侦查。

📖 线索发现

绍兴市柯桥区检察院在工作中发现，辖区法院某执行人员在办理某甲公司名下土地被执行案中，申请执行人某乙公司、被执行人某丙公司与买受人某丁公司均为同一人实际控制，且某乙公司的委托代理律师短期内也曾代理过某丙公司，即存在律师"两边代理"的情况。经调查，该案被执行人通过向法院执行人员请托，借助法院执行人员职务之便，最终成功利用关联公司低价购回被法院处置的资产，实现逃废债的目的。

📖 数据分析方法

数据来源

1. 裁判文书数据（源于中国裁判文书网民事案件裁判文书、执行文书、调解书等，提取文书中的原告、被告、申请执行人、被执行人、买受人、律师等的身份信息、住址等作为要素信息）。

2. 司法网拍数据（源于司法拍卖网，包括拍卖公告、租赁合同、相关执行文书等，提取拍卖物评估价、拍卖价、拍卖注意事项"带租拍卖、设置隐性限制条件、评估范围异常等"、资产买受人等作为要素信息）。

3. 主体关系数据（源于"天眼查"等第三方提供的数据接口，该数据可查询人与人、人与企业、企业与企业之间是否存在关系以及存在什么样的关系）。

数据分析关键词

以"金融借款纠纷"为案由，筛选文书，重点分析文书中的申请执行公司、被执行公司、资产买受公司、代理律师信息等。

数据分析步骤

第一步：以绍兴地区 5 年来 58 余万份民事裁判文书作为模型排查范围。以"金融借款纠纷"为案由，筛选出 27800 余份文书。

第二步：从上述文书中再次筛选出明确包含申请执行公司、被执行公司、资产买受公司、律师等要素信息的文书 6800 余份，并提取这些要素信息，作为排查关联关系的基础数据。

第三步：排查关联关系。

一是接入"天眼查"等系统提供的数据接口，通过股权穿透，自动筛查出申请执行公司、被执行公司、资产买受公司之间存在关联关系的案件 220 余件。

二是比对同一律师代理案件的当事人，筛查出存在"两边代理"情况的案件 130 余件。

思维导图

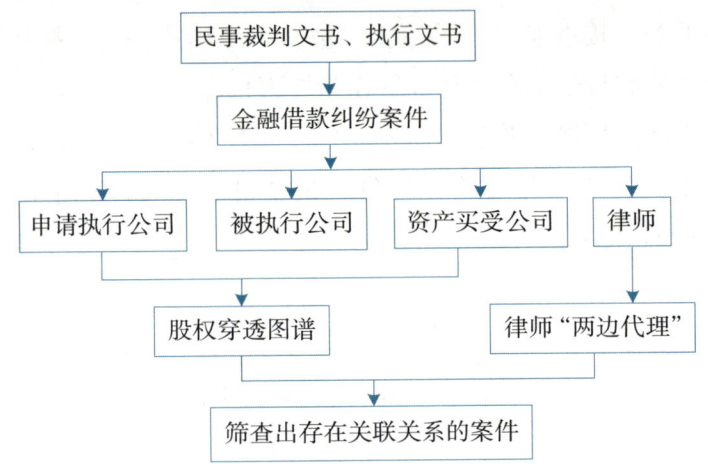

📖 **检察融合监督**

司法工作人员职务犯罪侦查

绍兴市检察机关在市院的统一部署下，先后以执行判决、裁定滥用职权等罪名对全市 12 名法院执行人员立案侦查。截至目前，已有 7 名执行人员因渎职犯罪被判处有期徒刑三年以上，其中被判处有期徒刑五年以上的有 3 人，查明多名执行人员从中共非法获利多达 3000 万余元，配合被执行人"逃废债"将近 3 亿元。

民事检察监督

绍兴市检察机关充分发挥检察一体化优势，在成功办理法院执行人员系列渎职案后，针对民事执行领域的司法腐败，以"执行回转"为着力点，依托数字侦查工作专班，全面研判涉罪执行人员名下的民事执行案件，深入调查取证，精准挖掘执行回转线索 120 余条。借助刑民一体化履职手段，强化复合型线索的分流处置方式，在打击犯罪的同时深挖细查可供执行的财产，目前已发现并追回损失2亿余元，切实提升融合监督质效。

刑事检察监督

针对法院执行人员渎职案件中暴露的逃废债人员，检察侦查部门主动对接公安机关移送拒不执行判决、裁定案件线索，查处相关拒不执行判决、裁定犯罪人员，及时查封、扣押、冻结涉案人员实际控制财产，助力追赃挽损。目前已移送公安机关刑事立案10件15人。

📖 社会治理成效

该系列案件的办理对全省民事执行领域形成强大震慑，对于类案中发现的法院执行领域存在制度性漏洞问题，制发类案检察建议，并获采纳，促使法院全面开展涉重大事项讨论案件专项督查，进行"自我体检"，同时促进绍兴地区召开检法"两长"联席会议，并就执行领域检察监督达成共识，建立法院执行工作常态化接受检察监督工作机制，全面堵塞民事执行领域司法腐败漏洞，共同维护司法权威，促进司法公正。

📖 法律法规依据

1.《中华人民共和国刑事诉讼法》第十九条第二款　人民检察院在对诉讼活动实行法律监督中发现的司法工作人员利用职权实施的非法拘禁、刑讯逼供、非法搜查等侵犯公民权利、损害司法公正的犯罪，可以由人民检察院立案侦查。

2.最高人民检察院《关于人民检察院立案侦查司法工作人员相关职务犯罪案件若干问题的规定》　人民检察院在对诉讼活动实行法律监督中，发现司法工作人员涉嫌利用职权实施的侵犯公民权利、损害司法公正的犯罪案件，可以立案侦查。

3.《中华人民共和国刑法》第三百一十三条 对人民法院的判决、裁定有能力执行而拒不执行，情节严重的，处三年以下有期徒刑、拘役或者罚金；情节特别严重的，处三年以上七年以下有期徒刑，并处罚金。

单位犯前款罪的，对单位判处罚金，并对其直接负责的主管人员和其他直接责任人员，依照前款的规定处罚。

第三百九十九条第三款 在执行判决、裁定活动中，滥用职权，违法采取诉讼保全措施、强制执行措施，致使当事人或者其他人的利益遭受重大损失的，处五年以下有期徒刑或者拘役；致使当事人或其他人的利益遭受特别重大损失的，处五年以上十年以下有期徒刑。

办案心得体会

新时期检察机关办理司法工作人员职务犯罪案件，应当善于运用数字化监督手段从海量的数据中抓取关键点，发现异常个案，探索从个案中寻找类案线索，从类案中找规律，再将规律转换为有效、实用的大数据分析模型，通过数据比对，分析数据之间的异常联系，从而发现案件线索，解决传统办案模式下犯罪线索来源稀缺、质量较差、成案率不高的问题。

一、分析提炼，确定模型设计精准抓点

数字检察模型的本质问题是违法犯罪的数据特征问题。违法犯罪往往有规律性的行为表现，由于这种规律性，在大数据的场景下，同一类型的违法犯罪也会产生具有相同特征的数据。于是就可以在大数据中筛查具有某种特征模式的数据，从而发现具有相同模式的违法犯罪类案线索。因此，数字检察模型设计的关键就是要精准抓住违法犯罪的数据特征点。违法犯罪数据特征点怎么抓？要点在于把握好违法犯罪的发生规

律。在本案中，我们抓住的规律就是当事人利用执行人员的职权，在金融资产处置时违法操作，实现其逃废债的非法目的，即执行人员职务犯罪和当事人逃废债高度相关、相互绑定的规律。职务犯罪行为较为隐秘，而当事人逃废债的特征相对外露，因此我们就可以通过排查金融资产处置领域的逃废债进而发现职务犯罪线索。那么问题又转换为资产处置领域的逃废债有什么特征？从实际发生的案件来看，逃废债的行为表现具有多样性，但万变不离其宗的是通过关联公司交易。资产通过司法处置过户到另一家公司，与负债累累的被执行人脱离关系，达到转移财产的目的，而且通过关联公司低价购买资产，还能进一步逃废债。因此，当事人之间系关联公司就是关键的特征点，抓住了这一点，就能排查执行领域的逃废债，然后进一步排查职务犯罪线索。

二、科技应用，提高海量数据排查效率

关联公司的排查实际上是计算两家公司之间是否存在投资关系，是否存在相同股东、相同高管等情况。如果仅仅是个别核对，检察人员使用一些企查查、天眼查之类的应用查询就可以达到目的，但大规模地开展则不现实。天眼查等应用提供了公开的 API 接口，调用这些接口就可以大规模地进行筛查。因此检察机关仅需要收集、计算是否有关联关系的企业，也就是被执行人、申请执行人、资产买受人的信息，然后调用 API 接口，就可以核对每一起案件中的当事人之间有无关联关系，并将有关联关系的案件筛查出来。另外，律师既担任过被执行人的委托代理人，又担任过申请执行人的委托代理人，这种"两边代理"的现象，实际上是双方公司有关联关系的另一种表现。绍兴市人民检察院开发的检察监督平台中有计算律师"两边代理"的功能，使得海量的排查同样可以轻松完成。于是，通过科技赋能，使得快速从海量数据中挖掘出异常关联公司变成了现实。

三、综合履职，高效协同形成办案合力

我院充分发挥最高检确立的"省指导、市为主、县参与"检察一体化办案机制优势，整合内部资源，高效协同推进。成立数字侦查工作领导小组，由检察长担任组长一手抓，抽调刑事、民事等检察部门业务骨干组建数字侦查工作专班，积极探索构建"侦查业务骨干＋民事业务骨干＋数字技术骨干"的联合办案模式，实现多轮驱动，互为支撑。在对法院民事执行案件日常法律监督中发现异常后，自侦、数字检察部门迅速同步介入与民事检察部门成立专项监督小组，实施民事监督与线索初查工作同步推进方案，通过共同研判后确定以法院执行系统金融资产处置领域为突破口，以资产买受人信息、申请执行人、被执行人信息是否存在关联关系等要素作为关键点，建立数据监督模型。汇报至绍兴市检察院后，统一对绍兴地区近5年内的民事裁判文书进行全面分析，筛选出一批重点监督案件。随着进一步挖掘，侦查人员通过走访调查相关当事人、关联重点人员资金往来账户、数据分析比对等方式，发现相关法院执行人员与资产买受人、申请执行人及被执行人均有通话记录，且部分案件存在银行资金往来，这些高度关联点均将线索挖掘方向指向目标案件。在绍兴市院统一指挥部署下，两级院联动协作，最终绍兴市检察机关先后以执行判决、裁定滥用职权等罪名对12名执行人员立案侦查。

四、建章立制，促进执行工作规范透明

该批执行人员渎职系列案件背后均体现出一些制度性和机制性的缺失和漏洞，检察机关监督办案依法打击犯罪的同时，应通过案件办理推动相关领域问题治理。本案检察机关通过监督办案精准发现漏洞，推动法院建章立制，填补相应机制漏洞。实践中，绍兴市检法两家以此为契机，召开法检联席会议，针对金融资产执行领域中出现的机制漏洞、廉政风险等问题，深化良性互动、凝聚更强共识。会签《关于在执行领域

加强法检协作配合的工作意见》，强化检察机关对法院执行案件的全流程、常态化监督，探索建立执行人员履职问题发现、容错、问责、纠错机制，促进金融资产执行领域工作规范化、公开化、透明化。

案件承办人：

　　钱昌夫　周　骥　王金金　陶东樑
　　（浙江省绍兴市柯桥区人民检察院）

案例撰写人：

　　周　骥　王金金　赵少岸（浙江省绍兴市柯桥区人民检察院）

案例审核人：

　　陈乃锋（浙江省人民检察院）

行政机关未依法征收城市基础设施配套费类案监督

◇ 山东省潍坊市潍城区人民检察院

📖 **关键词**

城市基础设施配套费　房地产业　未依法征收　国有财产保护

📖 **要旨**

提取规划许可面积、征收标准、减免缓政策等数据要素特征，计算行政机关对房地产开发单位项目的应当征收金额，与实际征收金额碰撞比对，发现其未依法征收配套费公益诉讼案件批量线索，制发类案检察建议，督促行政机关依法追缴"未征"配套费。坚持诉源治理，推动完善征收监管规范机制，保障国有财产安全，促进行政机关依法履职。

📖 **基本情况**

城市基础设施配套费（以下简称"配套费"）是政府以非税形式征收的用于城市基础设施建设的专项资金。潍坊市潍城区检察院在履行监督职责中发现，由于行政机关监管不力、履职不当，导致配套费未依法征收问题发生，国有财产遭受损失。为实现对这类案件的全面监督、精准监督，解决数据比对工作量大、部门信息存在壁垒、类案线索难以穷尽的难题，经梳理配套费"未征"问题的共性特征，研发行政机关未依法征收城市基础设施配套费监督模型。该模型立足于公益诉讼国有财产保护职能，以督促行政机关依法追缴"未征"配套费为监督点，调取2014年至今的涉配套费征收数据，运用模型碰撞分析，发现行政机关在征收89个房地产开发单位项目的配套费中，有27个单位存在实征金额小于应征金额的情形。经调查核实，潍城区检察院制发类案检察建议办理公益诉讼案件12件，督促区自然资源和规划分局追缴配套费9684万元，受到区委通报表扬。

📖 线索发现

2022年6月，潍城区检察院在个案办理中发现，区自然资源和规划分局未征某房地产开发单位某项目配套费159万余元，该项目已于2022年4月办理竣工验收手续。根据潍坊市《关于进一步规范城市基础设施配套费征收使用管理的通知》（潍财综〔2016〕59号）规定，经潍城区政府办公会议决定，该项目配套费延期至竣工验收时缴清。上述开发项目已过缓征政策有效时间，区自然资源和规划分局未足额征收配套费，造成国有财产流失，可能存在怠于履职行为。经综合研判，因配套费征收涉行政部门众多、征收周期长、政策适用不统一，行政机关未依法征收配套费在房地产领域内具有普遍性，有必要建立大数据模型开展类案监督。

📖 数据分析方法

数据来源

1. 建筑工程规划许可证发放明细数据（源于区自然资源和规划分局）；

2. 配套费征收"减免"数据、缓征数据（源于区政府办事机构）；

3. 建设工程施工许可证发放明细数据（源于区行政审批服务局）；

4.建设工程竣工验收明细数据（源于区住房和城乡建设局）；

5.配套费入账财政国库明细数据（源于区财政局）。

数据分析关键词

从规划许可证发放明细数据提取开发单位项目名称、规划许可面积、配套费征收标准，计算理论应征金额。从配套费征收"减免"数据提取减免金额，计算应征金额。从配套费入库明细数据提取配套费入库金额数据，计算理论未征金额。从建设工程竣工验收明细数据提取竣工验收项目名称、竣工验收日期，从施工许可证发放明细数据提取计划竣工时间，判断缓征政策适用情况，得出未征金额。

数据分析步骤

第一步：计算理论应征金额。按"开发单位项目规划面积 × 配套费征收标准"得出行政机关对开发单位项目的理论应征金额。

第二步：计算应征金额。理论应征金额扣除配套费"减免"金额得出行政机关对开发单位项目的应征金额。

第三步：计算理论未征金额。将应征金额减去财政部门入库的实征金额，得出行政机关对开发单位项目的理论未征金额。

第四步：得出未征金额。比对行政机关未征情形的开发单位项目的竣工时间、计划竣工验收时间，判断缓征政策是否有效，得出未征金额，表明该项目存在行政机关未征配套费问题，为公益诉讼案件监督线索。

经上述步骤，模型一键推送行政机关未依法征收配套费项目线索。

思维导图

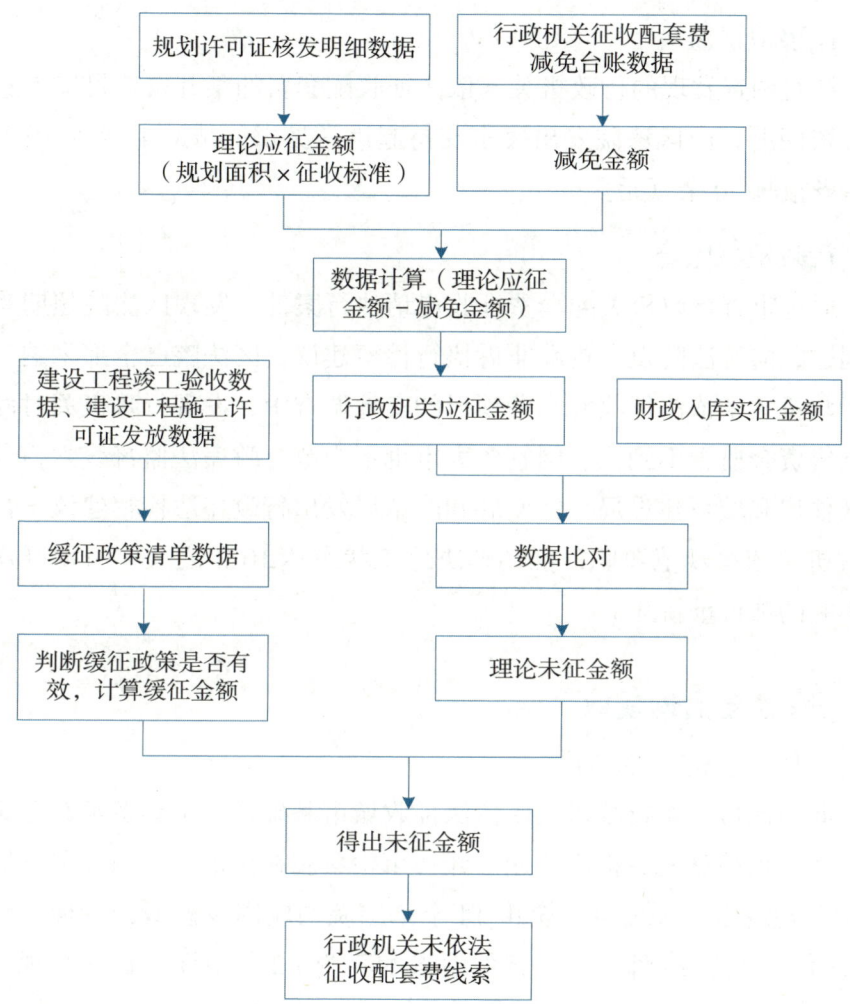

📖 **检察融合监督**

公益诉讼检察监督

在办理配套费行政公益诉讼案件的同时，发现行政机关未依法征收配套费的项目还存在农民工工资保证金未及时缴纳问题，一体办理农民工工资保证金行政公益诉讼案件6件，进行类案整体性纠偏，督促行政机关依法追缴保证金 1120 万元，有效保障了农民工合法权益。

民事检察监督

针对调查发现的行政机关未依法征收配套费的某开发项目拖欠农民工工资问题，向区法院发出民事支持起诉意见书，帮助 15 名农民工追回劳务报酬 30 余万元。

行政检察监督

通过审查行政机关配套费征收申请执行案件，发现区法院超期受理的问题，向区法院发出行政非诉执行检察建议，区法院已全部采纳。在对行政机关未依法征收配套费项目的实地调查中，发现行政机关对商品房预售资金监管不到位、网签备案审批不规范行政违法监督线索，分别向区住房和城乡建设局、区发展和改革局发出行政违法检察建议，督促行政机关依法规范履职，推动解决停工状态达 10 年之久，引发群众信访不断的项目重新开工。

📖 社会治理成效

一体履职促全域监督

潍城区检察院行政机关未依法征收城市基础设施配套费类案监督模型在潍坊市检察机关推广应用。潍坊市检察院在全市范围内部署开展配套费公益诉讼专项监督，全市 14 个基层院均应用该模型，发现监督线索 41 件，成案 29 件，累计督促追缴配套费 1.2 亿余元，真正实现"办理一案、治理一片"。

府检联动促诉源治理

在办案基础上，潍坊市检察机关推动相关部门出台了规范城市基础设施配套费征收使用管理的意见，从源头上堵塞配套费监管漏洞；推动完善配套费征收信息共享机制，实现涉配套费征收数据的全链条贯通。坚持府检联动，向市政府提出关于规范行政机关缓征类收费的工作建议，推动全市范围内行政缓征收费类问题的解决，促进行政机关依法规范履职、社会治理效能提升。

拓展应用促监督延伸

该模型数据积累功能形成的数据池，积累了 2014 年至今的潍坊城区房地产领域数据，为监督行政机关加强对该领域的监管提供了有效数据支持。遵循应征金额比对实征金额的规则，将此监督模型拓展应用于单一税费征收领域，解决了该领域案件线索发现难的问题。全市检察机关将该模型应用于监督行政机关收缴土地出让金，截至目前，全市共监督行政机关收缴土地出让金 3.3 亿余元，有力保障了国有财产安全。

📖 法律法规依据

1.《中华人民共和国行政诉讼法》第二十五条第四款　人民检察院在履行职责中发现生态环境和资源保护、食品药品安全、国有财产保护、国有土地使用权出让等领域负有监督管理职责的行政机关违法行使职权或者不作为，致使国家利益或者社会公共利益受到侵害的，应当向行政机关提出检察建议，督促其依法履行职责。行政机关不依法履行职责的，人民检察院依法向人民法院提起诉讼。

2.《最高人民法院　最高人民检察院关于检察公益诉讼案件适用法律若干问题的解释》第二十一条　人民检察院在履行职责中发现生态环境和资源保护、食品药品安全、国有财产保护、国有土地使用权出让等领域负有监督管理职责的行政机关违法行使职权或者不作为，致使国家利益或者社会公共利益受到侵害的，应当向行政机关提出检察建议，督促其依法履行职责。

行政机关应当在收到检察建议书之日起两个月内依法履行职责，并书面回复人民检察院。出现国家利益或者社会公共利益损害继续扩大等紧急情形的，行政机关应当在十五日内书面回复。

行政机关不依法履行职责的，人民检察院依法向人民法院提起诉讼。

3.《政府非税收入管理办法》第十二条 执收单位应当履行下列职责：……（二）严格按照规定的非税收入项目、征收范围和征收标准进行征收……并对欠缴、少缴收入实施催缴。

4.《财政部关于城市基础设施配套费性质的批复》（财综函〔2002〕3号）第二项 城市基础设施配套费是城市人民政府有关部门强制征收用于城市基础设施建设的专项资金，其征收主体与征收对象之间不存在直接的服务与被服务关系；同时，收益者与征收对象也没有必然的联系，与各级政府部门或单位向特定服务对象提供特定服务并按成本补偿原则收取的行政事业性收费有明显区别。因此，城市基础设施配套费在性质上不属于行政事业性收费，而属于政府性基金。

办案心得体会

城市基础设施配套费（以下简称"配套费"）是政府以非税形式征收的用于城市基础设施建设的专项资金，监督行政机关依法征收配套费，保护国有财产是公益诉讼检察的传统法定领域。但长期以来，该领域公益诉讼办案受制于线索发现方式单一、社会治理效果不佳等难点。为此，我们以"用好数字检察，高质效办好每一个案件"的理念建立监督模型，由实地走访变为数据归集，进而重塑监督模式、提升监督质效。在构建和运用数据模型的过程中，我们经过了磨砺，倾注了心血，融入了思考。从一颗种子到硕果累累，颇多感悟。

个案办理，勾勒模型建立图纸。模型的起点源于个案的办理。最初，我们发现潍城区某房地产开发项目欠缴配套费，区自然资源和规划分局作为征收部门存在怠于履职的行为。于是，我们依法发出公益诉讼诉前检察建议，督促行政机关整改落实。这一起案件的办理，为国家挽回经济损失 159 万余元。

案子办结，思考仍在继续。通过对一个项目实征金额和应征金额进行比对，能够发现一个案件线索。那么，如果调取到全区房地产开发项目的应征金额和实征金额等相关数据，是不是就能梳理出此类案件更多的线索？是不是就可以以我所能，监督行政机关依法征收配套费，筑牢国有财产的安全屏障？我们把构建配套费监督模型的思路向检察长汇报后，检察长当即决定，从全院调集会办案、善思考、肯吃苦的干警成立数字专班，对大数据监督模型的架构和研发进行专题研究，力求通过建立模型助力检察办案，实现由个案办理到类案监督的飞跃。这个数字专班，在一年的时间里，从初期的三人发展壮大为由院领导牵头、有七名固定成员的数字检察办公室，从萤萤微光至漫天星河，这其中，倾注了所有成员的心血。

夯实基础，完善比对碰撞思路。建模的过程也是一个自我修正、自我提升的过程，而这一切的基础便是确定准确的比对碰撞思路。行政机关未依法征收城市基础设施配套费模型构建初期，我们想得很简单。用应当征收的数额减去实际征收的数额，这样简单的减法运算就可以一步得出行政机关还没有征收的数额。但很快我们发现，这个看似无懈可击的公式并不能涵盖城市基础设施配套费征收不足的全部情形。基于项目是否有缓征政策，配套费征收的时间节点不同；探究未征行为发生的原因，可能由于房地产公司刻意规避和行政机关监管漏洞等；按照项目手续办理情况，用到的行政机关的数据不尽相同。这些陌生又烦琐的问题像一座高山矗立在我们面前，亟待我们不畏险阻，翻山越岭。

解决监督点和监督路径问题，深入了解配套费征收流程。为此，我们抽丝剥茧，从建设工程项目入手，分部门、分阶段地进行梳理，从建设工程的施工条件到许可证办理流程，从行政机关职权分工到证件记载事项，不断归纳出哪个阶段可能存在哪些问题，监管应当如何完善。从最初构想的一步运算思路到"漏征"和"缓征期满未征"的两种情形再到最终确定的督促行政机关依法追缴"未征"配套费的监督点，模型经历了无数次的建构、修正、试错再修正，分析步骤从两步到九步再到四步，我们团队也经过了无数次的研究、争论、反思和总结。

调取数据，突破模型建立瓶颈。大数据监督模型建立的基础是海量的数据支撑，模型从思考建立到应用推广，前提是数据来源的问题。调取哪些行政部门的数据、通过什么方式调取数据成为横亘在我们面前的又一个困惑。为了保证调取数据准确性和全面性，提升后续案件办理质效，我们以监督为切入点，以服务大局为落脚点进行部署落实。一方面，检察长发挥主导作用，既"挂帅"又"出征"。积极争取党委政府支持，与辖区自规局、住建局、审批局、财政局等行政机关负责人举行联席会议，明确执法司法工作目标完全一致。另一方面，注重方法、讲究策略地调取数据。鉴于行政机关对我们的监督行为存在顾虑，为提高数据调取的配合度，我们优化调取顺序，从不具有征收职责的住建局开始，逐一突破，分批次获取有效数据。

解决了数据来源和数据调取的问题，行政机关未依法征收城市基础设施配套费监督模型的构建从虚无缥缈的概念转变为对数据的整合分析。行政机关根据其职能分工的不同，原始数据记载各有侧重，记录标准和方式也不尽相同。为了将比对碰撞思路转换为计算机运行需要的算法程序，需要将所有的数据加以规范和整理，将表格中项目、公司或规划许可面积等要素统一为以项目为内容，项目名称与开发单位相关联，使其在构建的数据库中具有唯一性。这个看似简单的工作，不仅需要对调取到的近5000条数据分类分析，了解其内在逻辑和关联性，更需要严谨细致，在数据迁移汇总过程中不出任何差错。历时一个月，我们实现了所有数据从公司—项目名称—规划面积—竣工面积—缓征面积—计划竣工时间等数据集的一一对应，建立起关系数据库。当将治理后的数据导入监督模型，模型自动运算规则，监督线索一键输出。我们曾经幻想中的海市蜃楼终于成为现实。

应用模型，服务社会发展大局。所有的付出和努力都要汇聚到提升办案质效这一主题。对于模型比对碰撞出来的结果，我们逐一进行实地调查核实，并且按照法定程序调取了项目的原始审批证据，以确保监督更加规范、更加精准。最终，我们针对 12 个项目向行政机关发出类案检察建议，追缴配套费 9684 万元。来之不易的成绩背后，是不畏困难地分析试错，是不知疲倦地挑灯夜战，是不遗余力地现场核实，更是作为检察人的担当和使命。

行政机关对检察建议的采纳整改并不意味着这一段征程到达终点，我们的思考和努力一直在路上。良好的办案效果恰恰反映出配套费征收过程中存在着问题和漏洞，如何监督行政机关规范足额征收配套费，如何保障政府财政收入按时颗粒归仓，成为我们想要写好的"后半篇文章"。为此，我们提出了规范行政机关履职的工作建议，探索相关问题更有力、更精准的解决途径，力求将事后监督转变为"抓前端、治未病"，更高质量地服务经济社会发展大局。我们的建议得到了政府部门的高度重视，在我们不懈努力推动下，相关部门出台关于进一步规范城市基础设施配套费征收使用管理的实施意见，监管漏洞从源头得到了堵塞。在智慧和责任的浇灌下，终于让一个种子生根、发芽，最终结出累累硕果。

随着模型数据池中的数据不断增加，我们会将模型应用于更多的监督场景，模型输出线索的精准性会持续提升，监督范围会不断扩大。我们将深入落实"业务主导、数据整合、技术支撑、重在应用"的工作机制，用检察大数据模型实现高质效办好每一个案件的基本价值追求。

案件承办人：

　　王飞鹏　于　瑶（山东省潍坊市潍城区人民检察院）

案例撰写人：

　　王飞鹏　于　瑶（山东省潍坊市潍城区人民检察院）

督促依法监管超范围、超量采矿等涉矿类案监督

◇ 广东省清远市人民检察院

📖 关键词

矿产资源　违法开采　融合履职　类案监督　诉源治理

📖 要旨

借助无人机、激光雷达和 OCR（光学字符识别）等技术，分类梳理辖区各类涉矿信息要素，通过对涉案主体矿产储量年报、炸药使用量、缴纳税款等数据进行关联分析，确定相关矿山企业的矿产实际开采数量以及面积，发现超范围超量采矿、偷逃税款以及相关行政机关履职不规范等线索，综合运用审查、调查、侦查手段，有效查明违法事实，融合刑事、行政和公益诉讼检察职能开展监督，依法督促行政机关强化履职、完善制度机制，助力实现矿产资源领域全方位、全链条、深层次系统治理。

📖 基本情况

非法采矿不仅破坏国家矿产资源及其管理秩序，也极易造成生态环境破坏，引发地质灾害、安全事故，影响经济社会高质量发展。然而

由于矿区偏远,超范围超量开采行为隐蔽;行政单位间存在涉矿数据信息壁垒;行政机关人员怠于履职、与矿山企业存在利益链条等原因,导致矿产资源领域违法行为发现难、取证难、查处难。为有效破解以上难题,督促行政机关依法履职,清远市检察院强化数字赋能,先后在清远市佛冈县、连州市、英德市、阳山县等地成立工作专班,以融合式办案、团队式研判打破四大检察固有分工,形成跨部门、跨条线、全流程的一体化监督办案优势。通过与行政机关的信息共享机制,发挥侦查监督与协作配合办公室、生态检察联络站、"两法衔接"等信息共享平台以及全国检察业务应用系统的作用,调取各类数据 150 余万条并进行碰撞比对,全市检察机关共发现非法占用农用地、超量超范围开采矿产资源、漏缴耕地占用税等监督线索 5378 条,共立案 948 件。同时,梳理深挖批量案件背后的社会治理漏洞,制发检察建议,监督行政机关依法履职、完善制度机制,助力实现矿产资源领域治理体系和治理能力现代化。

📖 线索发现

2022 年 7 月,清远市检察院和佛冈县检察院在履职中发现,佛冈县某石场有限公司存在越界开采、超量开采、偷税漏税和未足额缴纳土地复垦费用等违法行为。同时期,连州市检察院、英德市检察院、阳山县检察院也相继在办案中发现辖区内部分矿山企业存在越界、超量开采等违法行为。清远位于粤北生态发展区,矿产资源丰富,全市共有矿山 237 个,上述矿产资源领域违法违规案件的发生、行政机关的怠于履职情形并非个例。经综合研判,清远市检察院认为有必要开展大数据法律监督,进行集约化建模,并创建了涉矿类案监督模型,包括超量开采检察监督、非法占用农用地刑事立案监督、遗漏处罚事项行政检察监督和偷税漏税公益诉讼检察监督等四个监督点。

督促依法监管超范围、超量采矿等涉矿类案监督模型

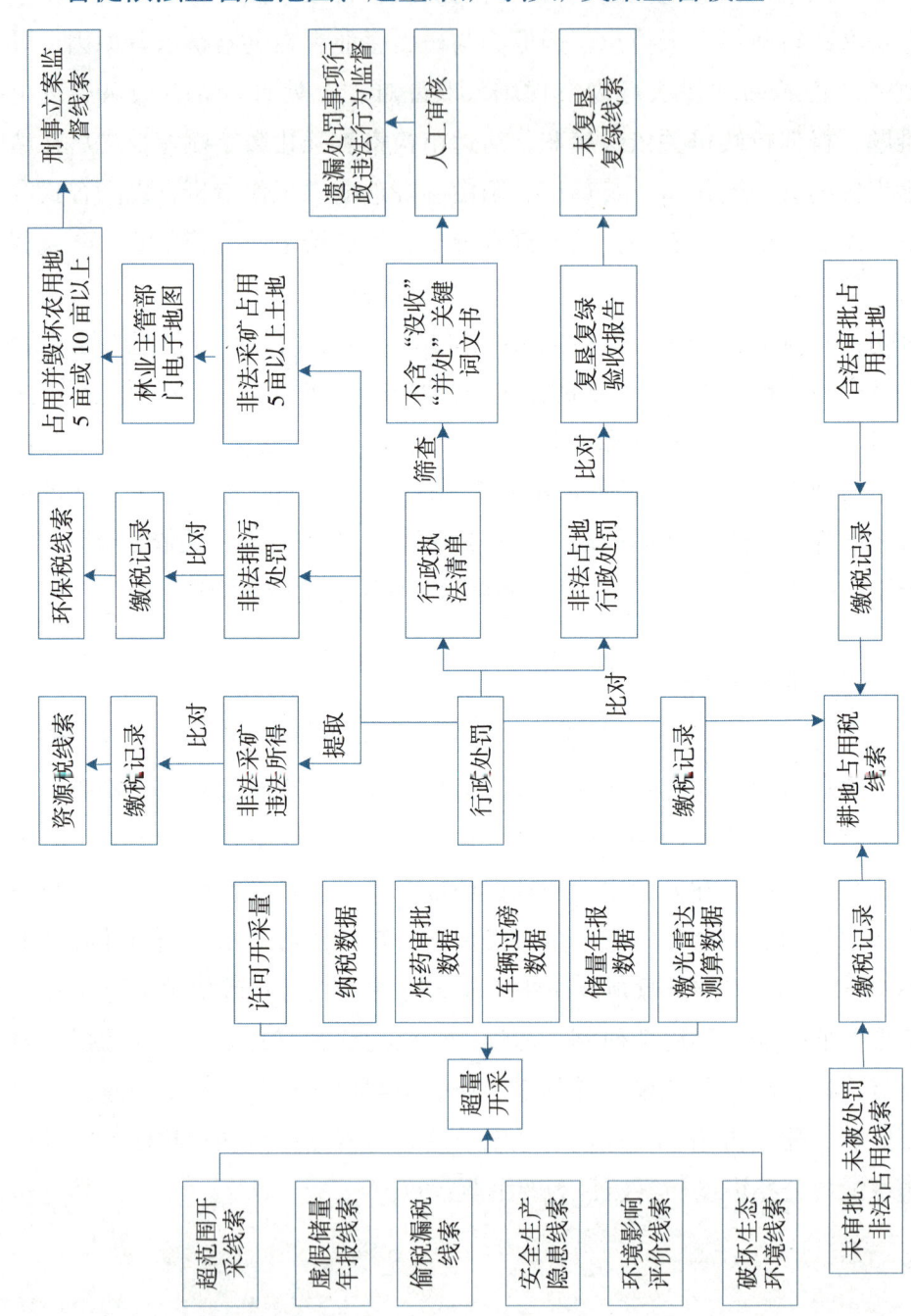

📖 数据分析方法

（一）监督点一：超量开采检察监督

数据来源

1. 矿山企业采矿许可证、矿山储量年报、开发利用方案（源于自然资源主管部门）；

2. 矿山企业自行申报资源税等纳税数据（源于税务部门）；

3. 矿山企业炸药使用量（源于公安机关）；

4. 矿山企业治超车辆过磅数据（源于交通运输主管部门）；

5. 激光雷达测算采矿量数据（源于第三方公司测量）。

数据分析关键词

汇总矿山企业申报销售矿产品数量、炸药审批使用量、治超系统车辆过磅数据、年度开采储量报告、开发利用方案、激光雷达测算矿山开采量等多项数据，与采矿许可证上的采矿许可量进行关联分析，发现上述数据远超过采矿许可证上的采矿许可量，为涉嫌超量开采矿产资源线索。

数据分析步骤

第一步：数据归集，建立基础数据库。

向自然资源主管部门调取采矿许可证 166 份，通过文字识别软件提取许可开采量清单，确定矿山企业生产规模，形成基础数据库。

第二步：数据清洗，形成信息比对库。

从税务部门获取全市矿山企业纳税数据 3.9 万条，利用表格筛选功能，统计出历年矿产品的申报销售数量，形成比对库一。

经分析，同一地区同一类矿产品开采条件相似，产出每吨矿产品所需炸药量也相近。从自然资源主管部门和公安机关分别调取矿产量和炸药使用量数据共 13311 条，将本地区某类矿产品全年的矿产量，除以该类矿产品全年的炸药使用量，得出该类矿产品每公斤炸药的出矿率，确定一个平均值。随后，以上述出矿率乘以各矿山企业炸药使用量，推算各矿山企业的采矿量，形成比对库二。

从交通运输部门调取矿山企业运输车辆卡口过磅数据150余万条，以"企业名称"和"矿产品名称"为关键词进行筛查，对开采量进行求和，核实各矿山企业每种矿产品开采量，形成比对库三。

从自然资源主管部门调取矿山储量年报和开发利用方案136份，提取矿山企业历年矿产开采量，形成比对库四。

运用无人机搭载激光雷达，构建矿山三维模型，结合空天院卫星遥感监测数据及矿山历史地形数据，测算出矿山企业开采量，形成比对库五。

第三步：碰撞对比，发现异常线索。

运用表格函数，将五个比对库与基础数据库进行关联分析，若以上某一项对比库数据大于基础库数据中的许可开采量，则存在超量开采的案件线索，并进一步开展检察监督：一是矿山企业涉及超范围、超量开采矿产资源达到刑事立案标准的，依法进行刑事立案监督；二是超范围、超量开采矿产资源，未达刑事立案标准的，依法督促自然资源主管部门对非法采矿、未复垦复绿、虚报储量年报等行为进行处罚；三是漏缴资源税、环境保护税、耕地占用税的，依法督促税务部门追缴税款；四是未按开发利用方案进行采矿造成安全隐患的，依法督促应急管理部门对矿山企业进行处罚；五是未依法重新报批或者报请重新审核环境影响评价文件的，依法监督生态环境主管部门进行处罚；六是造成生态环境损害的，依法提起民事公益诉讼。

思维导图

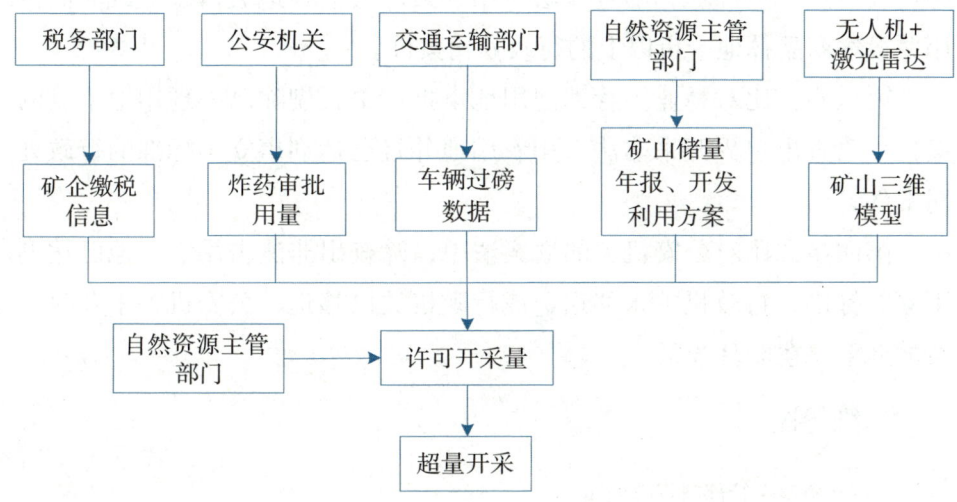

（二）监督点二：非法占用农用地刑事立案监督

数据来源

1. 对非法采矿、非法占用农用地违法行为的行政处罚案件数据（源于自然资源主管部门）；

2. 林地类性质及占地亩数（源于林业主管部门）；

3. 非法占用农用地立案数据（源于公安机关）。

数据分析关键词

非法占用并毁坏公益林地五亩以上或非法占用并毁坏商品林地十亩以上的，已达刑事立案标准，可开展刑事立案监督。

数据分析步骤

第一步：向自然资源主管部门调取违法行为人因越界开采被行政处罚的案件清单，以"占地面积""开采面积"为提取要素，汇总非法采矿开采面积五亩及以上的非法占地主体、占地面积，并提取违法占地范围的矢量坐标。

第二步：将矢量坐标输入林业主管部门电子地图，核实占用林地的种类及占用林地面积，筛查非法占用并毁坏公益林地五亩以上或非法占用并毁坏商品林地十亩以上的行政处罚案件。

第三步：比对林业主管部门用地审批清单，剔除已办理用地手续的案件，筛查出越界开采非法占用农用地并且已达刑事立案标准的行政处罚案件。

第四步：比对公安机关的立案清单，筛查出非法占用农用地已达刑事立案标准，行政机关未移送，或行政机关已移送，公安机关未及时立案的刑事立案监督线索。

思维导图

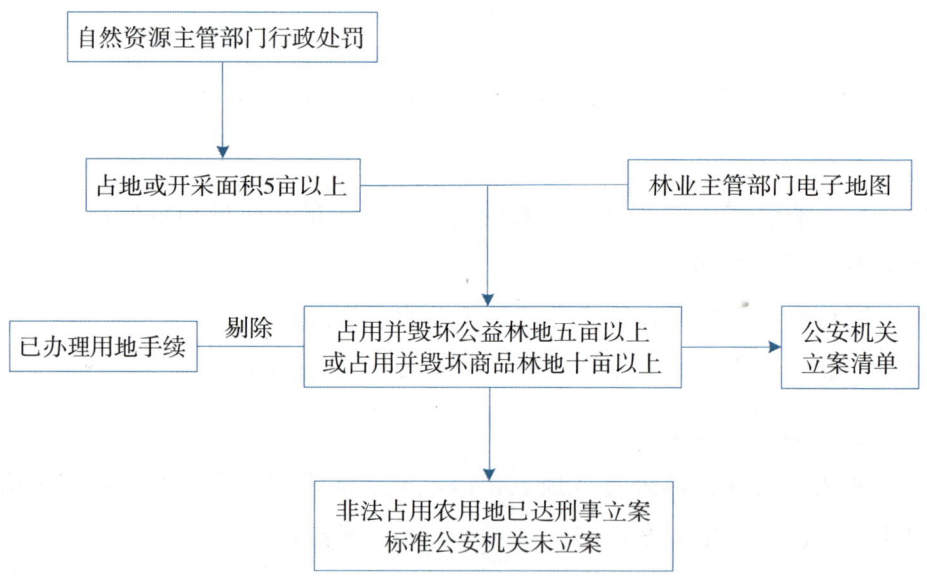

（三）监督点三：遗漏处罚事项行政检察监督

数据来源

1. 涉矿行政处罚卷宗、清单（源于自然资源主管部门）；

2. 涉砂行政处罚卷宗、清单（源于水行政主管部门）；

3. 涉林行政处罚卷宗、清单（源于林业主管部门）。

数据分析关键词

本类案件普遍存在非法开采矿产品，而行政机关在作出行政处罚时遗漏行政处罚事项，未作出"没收"决定。根据涉矿、涉砂、涉林行政处罚清单，筛查出不含"并处""没收"等关键词的案件。

数据分析步骤

第一步：根据涉矿、涉砂、涉林行政处罚清单，筛查出不含"并处""没收"等关键词的案件文号，调取卷宗。

第二步：通过 OCR 软件和文本检索功能，在卷宗中筛查出案件证据中有非法采出矿产品或违法所得，但行政机关未作出没收采出矿产品或违法所得的案件线索，依法进行监督。

思维导图

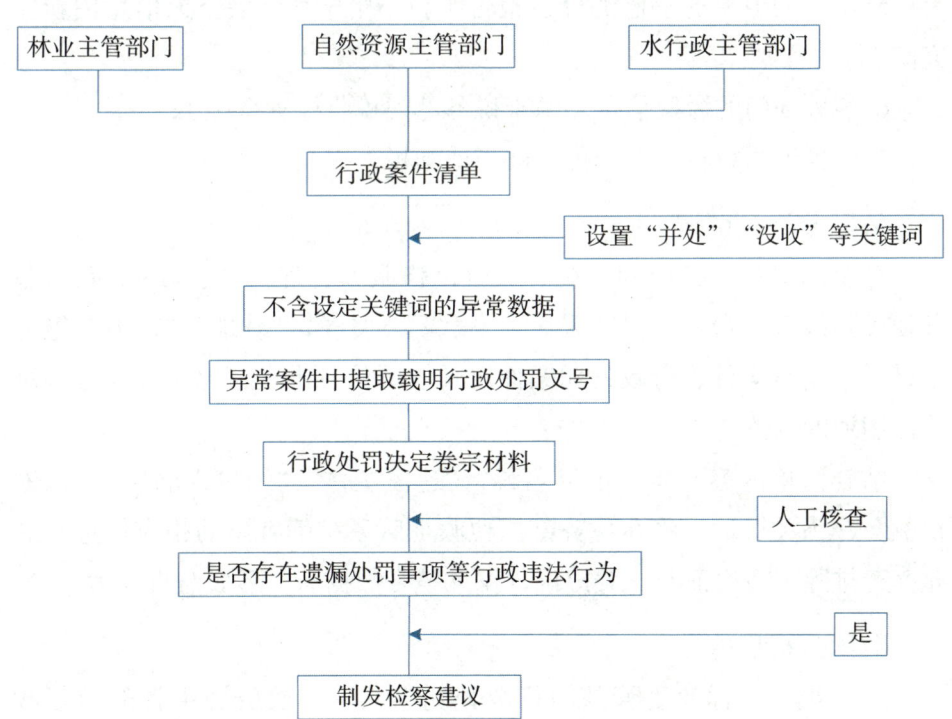

（四）监督点四：偷税漏税公益诉讼检察监督

数据来源

1. 涉矿类非法占用农用地罪刑事案件信息（源于全国检察业务应用系统）；

2. 涉矿类非法占用农用地网格员巡查数据、12345 平台数据（源于综合网格服务管理平台、12345 政务服务便民热线平台）；

3. 自然资源主管部门涉矿类非法占地行政处罚案件信息，以及涉矿山企业用地审批信息（源于广东省行政处罚信息公示平台、政府信息公开网、自然资源主管部门）；

4. 林业主管部门涉矿类非法占地行政处罚案件信息、矿山企业地类性质信息（源于广东省行政处罚信息公示平台、政府信息公开网、林业主管部门）；

5. 矿区的卫星遥感监测分析报告（源于中国科学院空天信息创新研究院）；

6. 税务部门的缴税信息（源于税务部门税收征管系统）；

7. 免税证明材料（源于税务部门或纳税人提交）。

数据分析关键词

在全国检察业务应用系统、综合网格服务管理平台、12345 政务服务便民热线等平台上，以"采矿""复绿""复耕""林地""耕地"等为关键词在刑事案件、行政处罚案件以及投诉信息中进行比对，筛查涉嫌违法用地的主体清单。

结合清单内容，将"项目名称""违法主体""纳税人名称""入库税额"作为关键词，将在税务部门税收征管系统筛查出的相应信息与之碰撞，排除"免税证明"关键词数据并整合数据后，形成监督线索。

数据分析步骤

第一步：从林业主管部门行政处罚卷宗、自然资源主管部门行政处罚卷宗、全国检察业务应用系统、综合网格服务管理平台、清远市12345政务服务便民热线平台以"非法占用""复绿""复耕""林地""耕地"等关键词进行检索。梳理出相关企业、个人非法占地面积、时间，形成清单一。

第二步：从自然资源主管部门提供的审核用地信息中，梳理出相关企业、个人合法审批用地面积、时间，形成清单二。

第三步：使用卫星遥感监测，获取企业、个人实际占地的面积。将该面积减去合法审批占地面积，再减去已被刑事、行政处罚的非法占地面积，所得的用地面积为未合法审批、未被处理、未发现的非法用地信息，形成清单三。

第四步：根据从税务部门调取的数据，梳理出耕地占用税缴税主体、涉税土地面积、缴税时间。

第五步：将清单一、二、三的主体、用地面积、时间分别与耕地占用税的主体、涉税土地面积、时间比对碰撞，并进行人工研判，剔除已缴纳耕地占用税或具有"免税材料"的线索，剩余用地主体等因素不相匹配的为占用土地未缴纳耕地占用税的案件线索。

第六步：根据应缴未缴人员名单进行线索分类，分别督促税务部门及时追缴税款，督促自然资源主管部门或林业主管部门及时对未处理违法用地事实进行核查处理，并同步抄送给税务部门。

思维导图

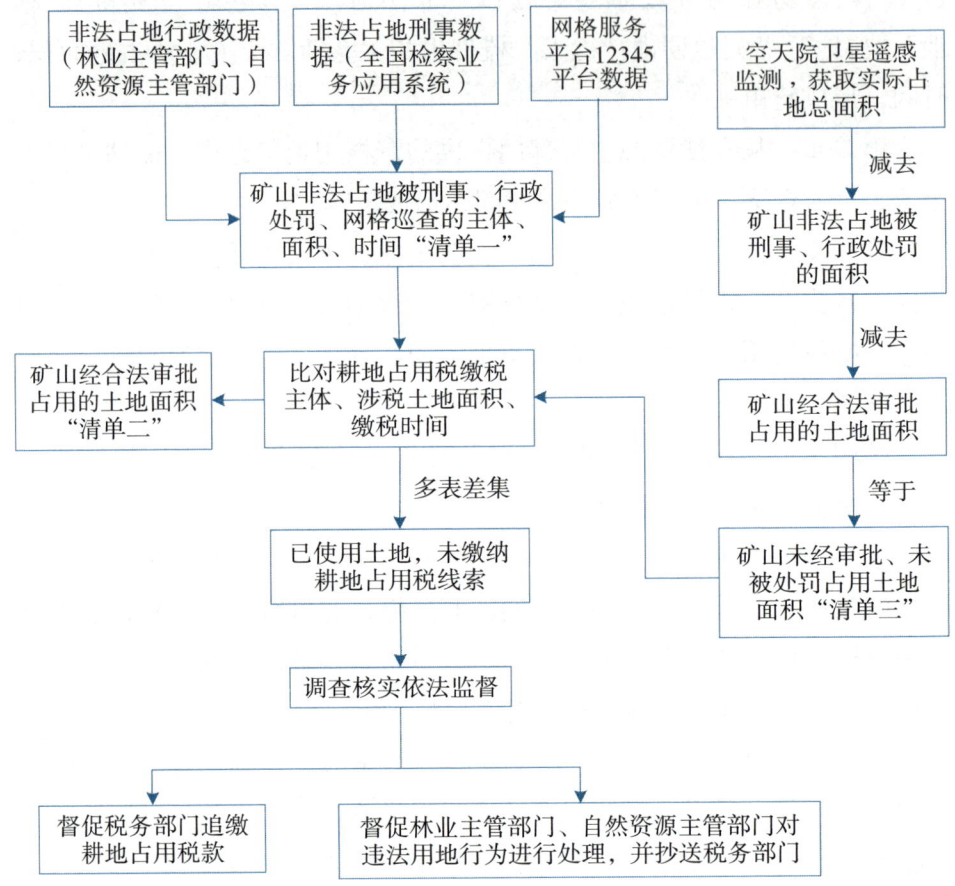

📖 检察融合监督

刑事检察监督

刑事检察部门针对在矿区非法占地已达刑事立案标准，但因公安机关、行政机关之间执法信息不畅通，导致部分涉嫌刑事犯罪人员未被追究刑事责任等问题，确立非法占用农用地刑事立案监督点，刑事检察部门通过案件清单比对、案卷研判等方式，共发现刑事立案监督案件线索25件，已监督行政机关移送刑事案件7件，监督刑事立案18件；对立案后未及时调查取证且超期未侦查终结的 26 宗刑事挂案向公安机关发函 4 份，发出纠正违法类检察建议 2 份；办理刑事执行检察案件 36 件，发出检察意见书 13 份，促进各相关单位在非法采矿活动的查处上形成信息共享、案件移送、处置反馈等方面的有效衔接，确保有力打击非法采矿等破坏环境资源类犯罪。

行政检察监督

行政检察部门充分发挥检察机关与自然资源、交通运输、住房城乡建设等行政执法机关加强衔接工作意见的作用，借力检税合作机制、"网格 + 检察"大数据监督模式，在调取、搜集等方式获取相关部门行政许可、行政处罚数据的基础上，将相关处罚情况"标签化""表格化"，重点排查相关部门是否存在违反自由裁量标准、降低罚款标准进行处罚、未申请强制执行、遗漏计算滞纳金等情形。共办理行政检察案件 826 件，发出检察建议 326 份。同时，推动完善行刑反向衔接机制，办理案件 4 件。通过制发类案检察建议，有效推动自然资源主管部门开展各类检查 100 余次，针对部分矿山违法行为，以联合调查、挂牌督办、立案查处等方式推动整改。

公益诉讼检察监督

公益诉讼检察部门通过类案监督深挖系统漏洞，聚焦矿产资源领域偷税漏税问题，筑牢国有财产保护"屏障"。针对发现的涉漏缴耕地占用税以及涉非法占地、水土流失防治责任范围 600 余万平方米等情况，制发诉前检察建议及磋商函 61 份，督促税务部门向 268 个纳税主体追缴税款 1.2 亿余元，目前已追缴到位 2900 万余元。发现涉超量开采矿产资源 1327 万余吨、涉及土地面积 595 万余平方米，督促行政机关依法进行查处。同时，针对非法采矿行为严重破坏生态环境、存在安全隐患等问题，制发检察建议，督促消除矿山安全隐患 68 个，并提起刑事附带民事公益诉讼，追偿生态修复费用 4500 余万元。

职务犯罪案件办理

在"四大检察"融合办案中深化违法违纪案件线索发现和查处，通过监检衔接机制，将排查出的公职人员涉嫌犯罪线索移送纪检监察机关，纪检监察机关现已立案 3 件 3 人。

📖 社会治理成效

推动行业系统治理

通过制发检察建议，全市在加强矿产资源日常执法、加强衔接配合、建章立制、复绿治理等工作上取得良好治理成效。建章立制推动源头治理。市自然资源局下发《矿产资源违法行为查处自查自纠工作的通知》《关于加强自然资源行政执法与刑事司法衔接配合工作的通知》，在全市开展矿产资源领域自查自纠工作，全面加强矿产资源管理、涉税信息共享、行政执法和刑事司法衔接等工作。加强监管护航发展安全。将办案发现的安全意识不强、安全生产责任落实不到位等隐患和风险梳理形成清单 73 项，立案 11 件，发出监督文书 7 份，有效推动检察机关与应急管理等安全生产相关职能部门的沟通配合，健全常态化协作机制，形成安全生产公益保护合力。修复治理推动绿色发展。矿山综合治理联席会议制度得到进一步落实，生态修复专项资金支出持续增长，2022 年清远矿山石场完成治理复绿面积超过 40 公顷，任务完成率达 162.21%。清远市检察院就办案中发现的矿产资源管理问题向自然资源主管部门制发的检察建议获评全国检察机关优秀社会治理检察建议。

建立多部门长效协作机制

清远市检察院撰写《关于开展非法采矿大数据专项监督行动的报告》报送市委，获得市委主要领导的批示肯定。英德市检察院、连州市检察院、佛冈县检察院、阳山县检察院将开展非法采矿法律监督工作报告同步报送当地党委，均获得当地主要领导批示肯定。在党委政府的统一领导下，公安机关、自然资源主管部门、水行政主管部门、林业主管部门等积极发挥职能作用，完善协作机制，对矿产资源领域进行联合治理。如推动英德、连州、佛冈、阳山自然资源主管部门与当地税务部门建立《检税沟通协作机制工作意见书》等信息共享机制，全市检察机关均已与税务部门建立检税合作机制。

📖 法律法规依据

1.《中华人民共和国刑法》第三百四十二条　违反土地管理法规，非法占用耕地、林地等农用地，改变被占用土地用途，数量较大，造成耕地、林地等农用地大量毁坏的，处五年以下有期徒刑或者拘役，并处或者单处罚金。

第三百四十三条　违反矿产资源法的规定，未取得采矿许可证擅自采矿，擅自进入国家规划矿区、对国民经济具有重要价值的矿区和他人矿区范围采矿，或者擅自开采国家规定实行保护性开采的特定矿种，情节严重的，处三年以下有期徒刑、拘役或者管制，并处或者单处罚金；情节特别严重的，处三年以上七年以下有期徒刑，并处罚金。

2.《中华人民共和国矿产资源法》第三十九条第一款　违反本法规定，未取得采矿许可证擅自采矿的，擅自进入国家规划矿区、对国民经济具有重要价值的矿区范围采矿的，擅自开采国家规定实行保护性开采的特定矿种的，责令停止开采、赔偿损失，没收采出的矿产品和违法所得，可以并处罚款；拒不停止开采，造成矿产资源破坏的，依照刑法有关规定对直接责任人员追究刑事责任。

第四十条　超越批准的矿区范围采矿的，责令退回本矿区范围内开采、赔偿损失，没收越界开采的矿产品和违法所得，可以并处罚款；拒不退回本矿区范围内开采，造成矿产资源破坏的，吊销采矿许可证，依照刑法有关规定对直接责任人员追究刑事责任。

3.《最高人民法院关于审理破坏森林资源刑事案件适用法律若干问题的解释》（法释〔2023〕8号）第一条第二款第一、二项　实施前款规定的行为，具有下列情形之一的，应当认定为刑法三百四十二条规定的"数量较大，造成耕地、林地等农用地大量毁坏"：

（一）非法占用并毁坏公益林地五亩以上的；

（二）非法占用并毁坏商品林地十亩以上。

4.《中华人民共和国森林法》第四十七条　国家根据生态保护的需要，将森林生态区位重要或者生态状况脆弱，以发挥生态效益为主要目的的林地和林地上的森林划定为公益林。未划定为公益林的林地和林地上的森林属于商品林。

第四十八条第一款　公益林由国务院和省、自治区、直辖市人民政府划定并公布。下列区域的林地和林地上的森林，应当划定为公益林：

（一）重要江河源头汇水区域；

（二）重要江河干流及支流两岸、饮用水水源地保护区；

（三）重要湿地和重要水库周围；

（四）森林和陆生野生动物类型的自然保护区；

（五）荒漠化和水土流失严重地区的防风固沙林基干林带；

（六）沿海防护林基干林带；

（七）未开发利用的原始林地区；

（八）需要划定的其他区域。

公益林划定涉及非国有林地的，应当与权利人签订书面协议，并给予合理补偿。

5.《中华人民共和国行政诉讼法》第二十五条第四款　人民检察院在履行职责中发现生态环境和资源保护、食品药品安全、国有财产保护、国有土地使用权出让等领域负有监督管理职责的行政机关违法行使职权或者不作为，致使国家利益或者社会公共利益受到侵害的，应当向行政机关提出检察建议，督促其依法履行职责。行政机关不依法履行职责的，人民检察院依法向人民法院提起诉讼。

6.《中华人民共和国耕地占用税法》第二条第一款　在中华人民共

和国境内占用耕地建设建筑物、构筑物或者从事非农业建设的单位和个人，为耕地占用税的纳税人，应当依照本法规定缴纳耕地占用税。

办案心得体会

一、"人人都是建模者，全员都是数字员"是模型切口找小找准的重要基础

在清远市检察机关，大数据法律监督模型体现的是一个思维导图，模型的实质就是对于案件办理思路的总结。模型的构建必然是源于办案实践，服务办案质效关键在于每名检察干警的数字思维的形成。精准识别大数据法律监督模型的监督点，就是要找准大数据法律监督模型所依托的、具有普遍性的"小切口"。"小切口"源自检察官日常办理的个案当中，通过检察官敏锐挖掘个案背后可能存在的共性问题，运用数字思维、数字方法，从个案中梳理分析出所需的具体数据和碰撞方向。从探索数字检察之初，清远市检察院就要求两级院全员参与，让业务人员接触技术、了解技术、运用技术，最后自主建模、用模，而不是空想建模思路、坐等技术支撑。

模型紧跟业务，建模必定成案，比如，清远市检察机关在办理的某矿山企业违规采矿公益诉讼案中，发现该企业长期越界开采，占用大量林地、耕地用于堆放物料、废渣和矿石加工设备等，造成矿区外生态破坏；同时也没有严格按照有关技术规范编制矿山储量年度报告，相关责任人虚假申报开采数量等问题。检察官通过对典型个案的"解剖"，根据数据需求和碰撞方向，依托实证分析等平台，对以往发出的相关领域检察建议和撰写的调研报告进行特性分析、挖掘共性问题，发现"数据壁垒""机制不畅"是难以对相关犯罪及时形成打防链条的核心要点。一方面，行政主管部门与司法机关之间衔接机制不畅。自然资源主管部门、税务部门等行政机关与司法机关在非法采矿等活动的查处上，相互

之间未能在信息共享、案件移送、处置反馈等方面有效衔接，加上证据意识薄弱，未形成有效监督合力，导致非法采矿行为难以进行全流程、全方位监管，致使非法采矿违法活动屡禁不绝。另一方面，行政主管部门因可调动的数据资源有限，无法将实际矿产开采范围、开采数量、运输数量、销售数量、应缴税费等全面汇总分析，导致大数据分析研判精准度低，对异常信息的辨识能力弱。清远市检察机关经综合研判后认为，有必要进一步提炼涉矿类案件数字要素，遂着手建立相关模型，发挥大数据法律监督模型的规模效应，推动监督办案质效提升。

二、"办案—数据—办案"循环往复的数据采集是不断扩充"数据仓库"的重要方法

如何获取数据是检察机关开展数字检察工作过程中均要解决的一道问题。一方面，清远市检察机关注重加强外部联动，打破"数据壁垒"。充分发挥市院与市司法局、市自然资源局等单位联签加强衔接工作意见的作用，用好侦查监督与协作配合办公室、生态检察联络站以及"两法衔接"等信息共享平台，先后发出卫星遥感监测申请、调取行政处罚、缴税信息、过磅数据、辖区矿山企业年报、矿区卫片图等各类信息 150余万条。另一方面，清远市检察机关利用 OCR、爬虫等软件技术自行结构化处理业务数据、全方位采集公开数据 4000 余万条，实现"立足办案找数据—数据反哺办案"的良性循环，为矿产资源领域问题大数据法律监督提供有力支持、筑牢坚实基础。同时，检察官充分发挥天眼查、话单账单数据分析软件等辅助办案工具的作用，将电脑系统技术与法律监督办案相结合，大幅提升办案质量，同时推动数据的清洗、挖掘，快速获取法律监督线索，提高监督成效，让"小工具"发挥"大作用"。

三、"专项推动，专家带动，专班行动"是迅速推动数字检察落地落实的重要途径

清远市检察机关聚焦党委政府关注、人民群众关切的重点领域开展

专项监督，抽调各条线骨干组建办案团队，在经验提炼、模型构建、调查核实、线索办理、延伸治理等方面形成合力，挖掘、培育、总结典型案例和亮点经验，及时推广，为后续探索数字检察工作提供了重要的实践样本。一方面，通过抽调基层检察院精英骨干组建办案团队，清远市检察院派驻专人督导、指导办理非法采矿案件，推进团队式研判、融合式办案，切实解决办案困难，排除办案阻力干扰，形成两级院"上下一盘棋""兵团作战"的最优办案模式。专班充分发挥一体化办案机制优势，打破"四大检察""十大业务"固有分工，集中力量抓重点、抓进度、抓成效，明确工作推进的时间表、路线图，建立健全目标任务、重点项目、数据需求、存在问题等清单，强化工作协同，紧盯任务进度，确保任务按时保质落实到位，从而实现"纵向指挥有力、横向协作紧密、整体联动高效"的目标，切实提高监督办案效率，以大数据法律监督"实战"促"实效"。另一方面，专班以审查、调查、侦查"三查融合"的思维和方法贯穿办案全过程和各方面，对问题线索开展全面、深入、高效的核查，克服行政机关职能分散、办案人员流动、卷宗保存不善、系统记录不全等办案阻力。如专班发现部分矿山和砂场存在非法采矿的案件线索，先后向中国科学院空天信息创新研究院发出卫星遥感监测申请，对比5000余条税务部门缴税数据，综合15万余条交通运输部门过磅数据、辖区矿山企业年报、矿区卫片图等，估算矿山企业运输矿产总量、矿产销项总量，精准分析非法采矿物流轨迹，快速锁定超量开采行为。

四、"从个案延伸类案促进治理"是检验数字检察具体成效的重要标准

清远市检察机关在探索推进数字检察工作过程中，始终坚持以服务大局为主线，通过总结个案背后的深层次原因、归纳执法司法不规范、社会治理不完善的同类普遍性问题，利用大数据监督模型发现批量监督线索，开展系统性、深层次的类案监督，推动"一案一事整改"向"一类问题治理"拓展，促进一个行业、领域突出问题综合治理，达到以深

化诉源治理促进社会治理的目标。一方面，针对自然资源主管部门未作出没收违法所得、没收采出的矿产品以及未向税务部门移送行政处罚信息等导致国有资产流失的行政违法行为，专班制发检察建议督促行政机关建立行政处罚信息共享机制、规范执法行为。同时，专班融合刑事、民事、行政、公益诉讼检察职能，对筛查发现非法占用农用地的案件线索，既监督立案追究责任人刑事责任，又运用行政公益诉讼督促行政机关依法履行复垦复绿监管职责，同时还督促税务部门及时征收耕地占用税，通过"三责同追"，实现打击犯罪、修复生态、综合治理良好效果。另一方面，针对专项工作中发现的问题，通过撰写专项工作报告服务当地党委政府决策。在党委领导、政府主导下，各相关行政执法部门在各自职能范围基础上，建立健全联动执法、日常监管、信息共享、线索移送机制，重点强化矿业审批许可、矿石流通领域的监督管理，掐断非法矿石的销售渠道，着力从源头上严厉打击矿产资源领域违法违规活动。

案件承办人：
　　吴国奇　张嘉伟　李伟璇（广东省清远市人民检察院）

案例撰写人：
　　吴国奇　张嘉伟　李伟璇（广东省清远市人民检察院）

知识产权恶意诉讼类案监督

◇ 北京市人民检察院第四分院

关键词

知识产权　商标　专利　著作权　恶意诉讼　恶意注册

要旨

模型针对知识产权恶意诉讼问题，结合最高人民检察院在全国检察机关开展"依法惩治知识产权恶意诉讼专项监督工作"的要求，将知识产权案件生效裁判文书、行政裁决、知产舆情、IPO 数据、平台恶意投诉等海量离散性信息转化为结构化数据，通过数据的整理汇集、碰撞比对、验证加权后，确定恶意诉讼案件线索。检察机关对案件线索依法行使调查核实权，综合履行知识产权刑事、民事、行政和公益诉讼检察监督职责，防止通过恶意诉讼而形成产业化现象，坚决斩断灰色"产业链"，维护正常经济社会秩序，切实保护广大人民群众和中小微企业合法权益。

基本情况

一、知识产权恶意诉讼子模型

知识产权恶意诉讼是指表面上拥有合法权利外观的当事人以获取非

法或者不正当利益为目的，故意提起事实上或法律上无根据的恶意诉讼。在司法实践中，基于知识产权的私权属性和无形性等特点，加之全国范围司法、行政数据交互不畅，造成个案中很难发现恶意诉讼线索。在专利领域，存在非执业实体（NPE）申请、购买、被许可使用专利，不以实际使用为目的，而是向法院提起专利权纠纷诉讼，以诉讼影响企业生产经营、上市、融资等为要挟，与被诉方签订专利实施许可合同、和解协议等，迫使被诉方交付高昂的和解费或专利许可使用费，换取其撤诉或不再主张专利权（"专利蟑螂"）。在商标领域，存在抢注他人在先使用商标，对不同主体提出众多商标侵权诉讼，并获得赔偿的案件。著作权领域，亦存在以虚假著作权登记为权利基础或者没有事实上的法律关系或者涉案"作品"并不构成著作权法意义上的作品，行为人批量提起诉讼，利用法院诉前调解程序和国有企事业单位不愿涉诉的心态，获得不正当利益的情况。

恶意诉讼监督子模型结合知识产权恶意诉讼的构成要件（行为人提起知识产权诉讼无事实或者法律依据；行为人提起诉讼主观上具有恶意；行为人恶意提起知识产权诉讼给他人造成了损失）运用大数据监督模型，通过多源数据集成分析，提取当事人信息、涉案权利状态、IPO企业、法院裁判结果、起诉时间、涉案数量等要素，筛选出涉及"专利蟑螂"、商标、著作权恶意诉讼案件，涉及违法犯罪的向公安机关移送线索，涉及法院在先判决支持（部分支持）原告诉讼请求的案件，通过提出再审检察建议、提请抗诉等方式予以纠正，达到打破权利屏障，平等保护各方当事人权利，依法打击恶意诉讼的效果。

二、恶意注册、囤积商标子模型

针对行为人不以使用为目的的恶意注册、囤积商标，代理机构明知或应知被代理人存在恶意注册仍代理其商标注册业务等行为，由模型根据要素逻辑设计，在"以其他不正当手段取得注册"的案件中，给"商标数字"字段赋值，并按大小设置"预警级别"。红色、橙色预警级别的商标注册申请人为恶意注册、囤积商标的当事人。将黄色预警级别以上的商标注册号与国家知识产权局商标综合查询数据进行碰撞，查询代理机构名称，同一机构出现 10 次以上的，预警显示红色，该代理机构可能存在代理恶意申请行为。在注册的商标被法院生效裁判认定为"有害于社会主义道德风尚或者有其他不良影响"的案件中，申请人和代理机构均可能存在恶意注册商标行为。

📖 线索发现

随着国家知识产权保护力度不断加强，诉讼已经成为知识产权保护和纠纷解决的重要途径。但我们在办案中发现，一些人不以实际使用为目的，利用实用新型、外观设计专利不经过实质审查的制度，将现有技术申请为专利，故意提起无事实依据或无法律依据的恶意诉讼，以获取高额赔偿，这些人俗称"专利蟑螂"。更为恶劣的是，在拟上市公司IPO 的关键时间点，提起专利侵权诉讼。他们的行为损害他人利益，浪费司法资源，破坏了公平的市场竞争秩序和法治化营商环境，同时在著作权、商标领域也存在类似问题，为此检察机关总结共性规律，打通多源数据，创建模型，提升知识产权恶意诉讼问题的深层次法律监督能力。

📖 数据分析方法

数据来源

知识产权恶意诉讼法律监督模型在实际研判过程中使用的数据主要来自以下渠道（途径）：

1. 知识产权裁判文书（源于裁判文书网）；

2. 知识产权行政裁决数据（源于政府信息公开数据）；

3. 知识产权行政注册数据（源于政府信息公开数据）；

4. 知识产权行政口审公告数据（源于政府信息公开数据）；

5. 知识产权行政处罚数据（源于政府信息公开数据）；

6. 知识产权行政商标评审数据（源于政府信息公开数据）；

7. 知识产权行政复审数据（源于政府信息公开数据）；

8. 司法行政数据（源于北京大数据平台申请）；

9. 知产舆情数据（源于互联网舆情数据）；

10. 恶意诉讼案件线索数据（源于北京律师协会）；

11. 恶意诉讼投诉线索数据（源于互联网协会）；

12. 上市公司数据（源于公开数据库）。

数据分析关键词

侵害专利权纠纷、确认不侵害专利权纠纷、侵害商标权纠纷、侵害作品信息网络传播权纠纷、驳回复审（商标）、不予注册复审、异议复审、无效宣告（商标）、撤销复审、恶意提起知识产权之诉、专利抵触申请抗辩成立、多次、专利无效、IPO、有害于社会主义道德风尚或者有其他不良影响的、以其他不正当手段取得注册、诉争商标、注册人、注册号、商标代理机构。

数据分析步骤

（一）知识产权恶意诉讼监督子模型

该模型中建立"知识产权恶意诉讼监督"案件，筛选专利、商标、著作权恶意诉讼案件，特别是在拟上市公司 IPO 进程中通过提起诉讼获取不正当利益后，撤诉或调解结案的案件。

1. 专利恶意诉讼模块

第一步：数据汇集及数据整理。

查找裁判文书、调解书分类为"民事诉讼"，全文中包含"侵害专利权纠纷""发明专利临时保护期使用费纠纷""侵害发明专利权纠纷""侵害实用新型专利权纠纷""侵害外观设计专利权纠纷""确认不侵害专利权纠纷"，或分类为"行政诉讼"，裁判全文中包含"专利权无效行政纠纷"，筛查以上文书中同一原告出现多次的，且判决支持（部分）原告诉讼请求的裁判文书，形成同一原告出现多次的专利权纠纷文书数据表（以下简称"表1"）；

查找专利状态显示为无效或撤销的国家知识产权局行政裁决公开数据，生成行政无效裁决数据，将行政无效裁决数据与专利无效行政纠纷数据中法院判决撤销的裁判文书中的专利号进行碰撞，去除法院判决撤销专利无效裁决的数据，形成未被法院撤销的行政无效裁决数据表（以下简称"表2"）；

筛查"确认不侵害专利权纠纷"的裁判文书中同一被告出现多次，且判决败诉的裁判文书形成同一被告出现多次的不侵权之诉文书数据表（以下简称"表3"）；

第二步：数据碰撞比对。

将表1与表2中的专利号进行碰撞，获取专利号重合的裁判文书形成依据无效专利提出诉讼且法院支持诉讼请求的数据核实表（以下简称"表4"）；

将表1中原告信息与表3中被告信息进行碰撞，生成涉权利对抗专利恶意诉讼监督线索。

第三步：数据验证加权。

将表4中原告信息与法院另案认定恶意提起知识产权之诉判决被告败诉的案件中原告信息、法院另案认定专利抵触申请抗辩成立的案件中被告信息进行碰撞，如有结果提取相应裁判文书，增加恶意诉讼监督线索权重（重要）。若无结果则生成恶意诉讼监督线索（一般）。

第四步：核实线索开展监督。

核实以上监督线索涉及案件的执行情况，对于尚未执行完毕的案件，形成恶意诉讼执行监督线索。上述线索经进一步调查核实形成依职权监督案件，涉及刑事犯罪的移送相关案件线索。

2. 涉 IPO 专利恶意诉讼模块

第一步：数据汇集及数据整理。

查找裁判文书、调解书分类为"民事诉讼"，全文中包含"侵害专利权纠纷""发明专利临时保护期使用费纠纷""侵害发明专利权纠纷""侵害实用新型专利权纠纷""侵害外观设计专利权纠纷"或"确认不侵害专利权纠纷"，或分类为"行政诉讼"，裁判全文中包含"专利权无效行政纠纷"，筛查以上文书中同一原告出现多次的且判决（部分）支持原告诉讼请求的裁判文书形成数据表；获取上市公司公开数据，提取上市年份字段。

第二步：数据碰撞比对。

提取同一原告出现多次数据表当事人公司名称，在上市公司列表中进行查询，提取裁判文书文号年份小于等于涉案公司上市年份的文书，若查询结果文书为调解书，以调解结案的，或查询结果裁判文书中"裁判结果"包含"撤回起诉"字段，则提取对应裁判文书中的上市公司名称。

第三步：数据验证加权。

将上述上市公司名称与知产舆情中遭受专利狙击然后导致 IPO 终止、中止的公司名称进行验证，增加恶意诉讼监督线索权重（重要）。

第四步：核实线索开展监督。

上述线索经进一步调查核实形成依职权监督案件，涉及刑事犯罪的移送相关案件线索。

3. 商标、著作权恶意诉讼模块

数据分析方法与专利恶意诉讼模块相似。

思维导图

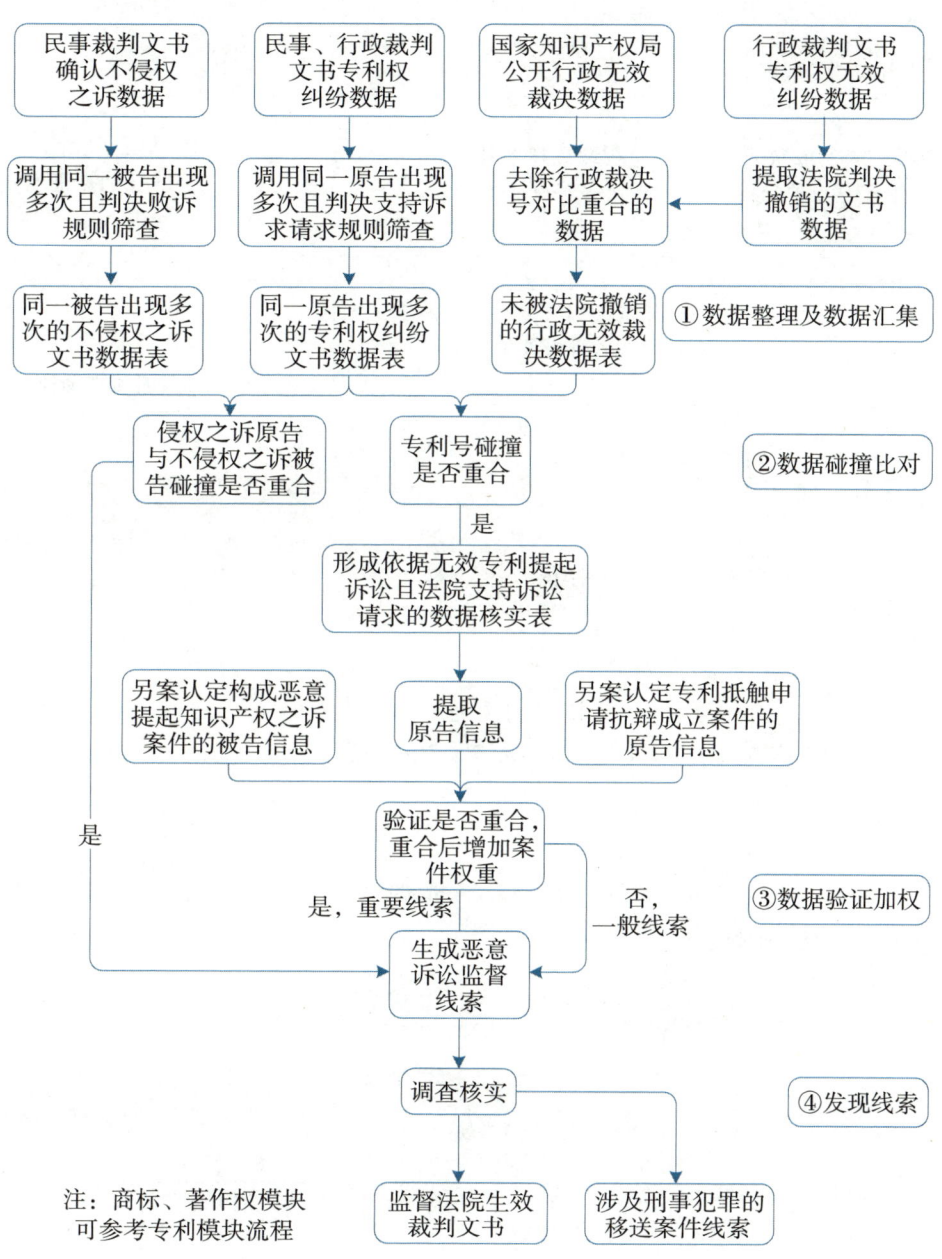

注：商标、著作权模块
可参考专利模块流程

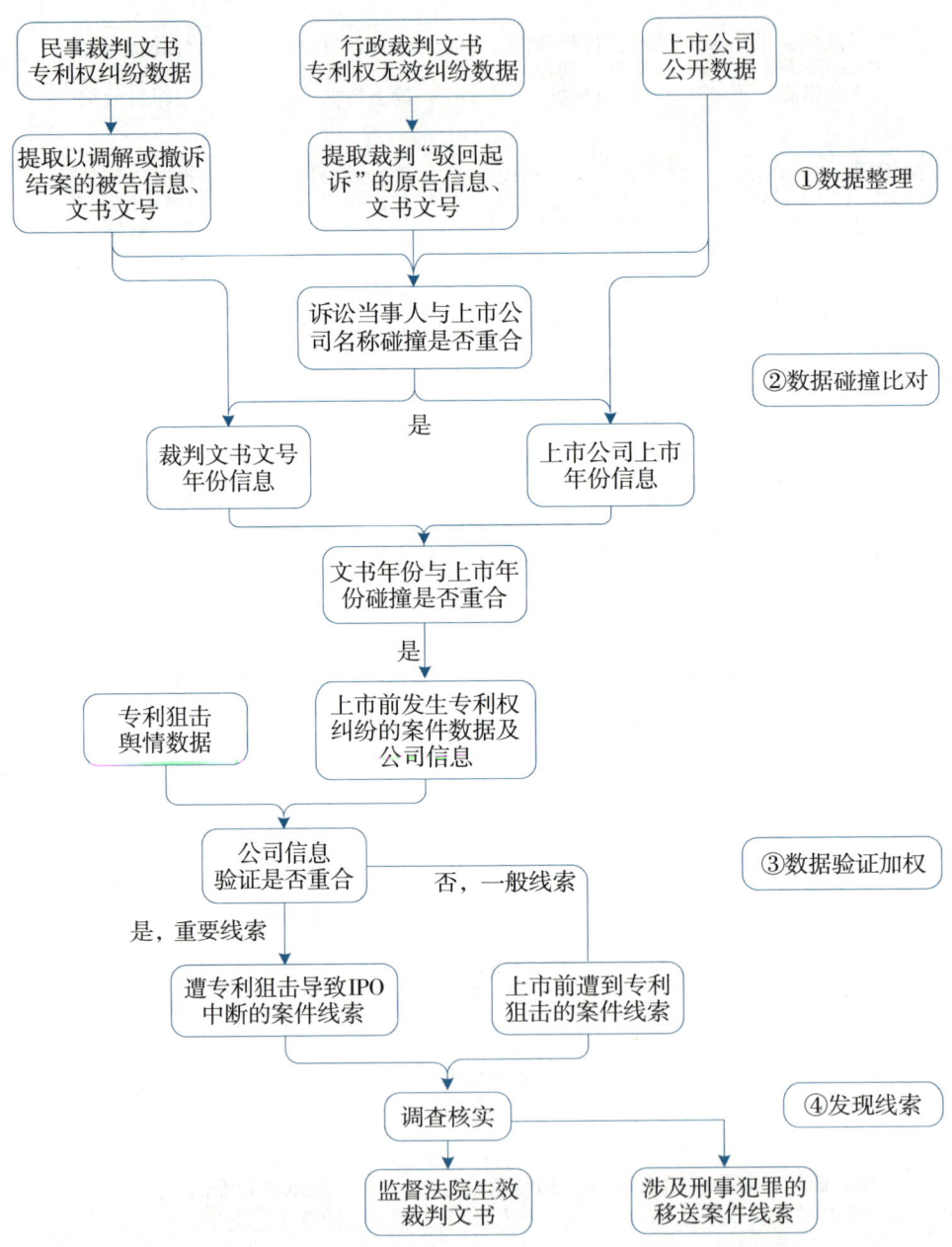

（二）知识产权商标恶意注册监督子模型

第一步：数据汇集及数据整理。

查找裁判文书、调解书分类为"行政诉讼"，裁判全文中包含"驳回复审（商标）""不予注册复审""异议复审""无效宣告（商标）""争议"或"撤销复审"字段；

提取文书中本院认为部分包括字段"有害于社会主义道德风尚或者有其他不良影响的""违反了"及"商标法第十条第一款第八项"的文书，提取文书中本院认为部分包括字段"构成"及"以其他不正当手段取得注册"的文书。

第二步：筛选元素形成表格。

将使用"有害于社会主义道德风尚或者有其他不良影响的"规则筛选出文书中的以下元素形成表格，"案号""原告""被告""第三人"、一审审理查明部分中的"诉争商标""注册人""注册号"、本院认为部分中含有"有害于社会主义道德风尚或者有其他不良影响的"的自然段；

形成表格 1 表头如下：

案号	原告	被告	第三人	诉争商标	注册人	注册号	本院认为	代理机构

将使用"以其他不正当手段取得注册"规则筛选出文书中的以下元素形成表格，"案号""原告""被告""第三人"、一审审理查明部分中的"诉争商标""注册人""注册号"、本院认为部分中含有"以其他不正当手段取得注册"的自然段、"以其他不正当手段取得注册"自然段中存在的数字赋值给"商标数字"字段。

形成表格 2 表头如下：

案号	原告	被告	第三人	诉争商标	注册人	注册号	本院认为	商标数字	代理机构	预警级别

第三步：设置预警反填表格。

按照表格 2 商标数字大小设置"预警级别"，大于等于 1000 为红色，大于等于 500 小于 1000 为橙色，大于等于 100 小于 500 为黄色，大于等于 50 小于 100 为蓝色，提取规则六中黄色预警级别以上的商标注册号查询其代理机构名称，补充在表格 2 "预警级别"列后，在查询出的代理机构结果中，同一机构出现 10 次以上的，预警显示红色。

第四步：核实线索开展监督。

表格 2 中商标恶意注册人及代理机构监督线索，结合实际情况进行对外线索移送、类案情况通报、制发社会治理类检察建议等方式，对法院、行政主管部门、代理机构进行监督。

提取表格 1、表格 2 中所有商标注册号，与"侵害商标权纠纷"、判决"停止侵权"关键词文书进行碰撞，符合结果进一步调查核实形成依职权监督案件。

思维导图

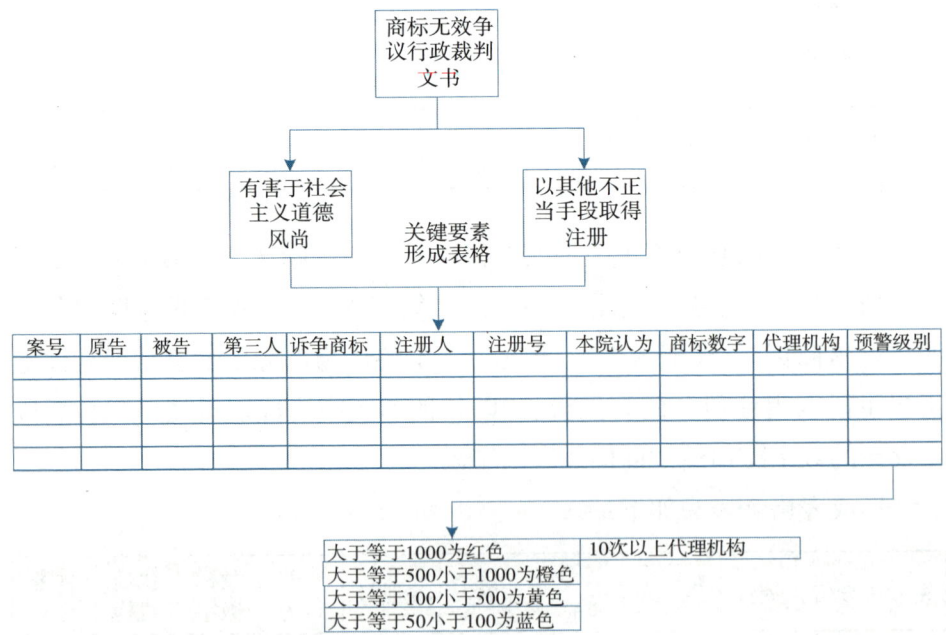

📖 检察融合监督

民事检察监督

北京市检四分院依法行使调查核实权,查明案件事实,根据《人民检察院民事诉讼监督规则》第三十七条第一款第六项的规定,人民检察院在履行职责中发现民事案件存在"具有重大社会影响等确有必要进行监督的情形",应当依职权启动监督程序,对83件案件依职权启动检察监督。

侵害外观设计专利权纠纷系列案件,检察机关认为,东莞市某公司以违反诚实信用的不正当手段获得了涉案专利权,并以损害他人正当权益为目的,在全国范围内提起389件专利侵权诉讼,大部分案件获赔后撤诉或法院判决胜诉,损害大量销售商合法利益的情况构成恶意诉讼。对法院支持东莞市某公司诉讼请求的案件,提请抗诉。对全国其他省市的300余件案件,进行线索移送。

北京某图片公司与北京某互联信息服务有限公司侵害作品信息网络传播权纠纷系列案件77件,检察机关认为,北京某图片公司已授权汉华某公司分销其摄影作品,但仍向已与汉华某公司签订年度合作协议的前述某互联网信息服务有限公司提起诉讼进行索赔。汉华某公司在本案与另案诉讼中,基于几乎相同事由,出具两份完全相反的回复函。上述两公司的行为,存在浪费司法资源、扰乱正常的图片市场经营秩序和司法秩序的情形。检察机关对其中74件二审生效案件,向法院提出再审检察建议,法院全部采纳。

对300余件刘某某与某信息网络公司以及国有企事业单位侵害作品信息网络传播权纠纷案件进行审查,发现刘某某在法院认定其主张的涉案文字不构成作品后,仍重复起诉,利用国有企事业单位不愿涉诉的心理以及法院诉前调解程序,获取不正当利益后撤诉。将相关情况向北京知识产权法院通报,提醒法院注意,妥善处理刘某某后续诉讼案件。

行政检察监督

就大数据法律监督模型发现的专利授权确权中存在的问题，建议专利行政机关加大非正常申请专利处罚力度，以及《实用新型专利检索报告》《专利权评价报告》的审慎审查。

向恶意注册、囤积商标的注册申请人及代理公司发送检察建议，抄送行政主管机关及商标协会，并向行政机关移送涉嫌商标恶意代理申请的案件线索。

将图片信息网络传播权案件存在的问题，形成图片行业恶意诉讼治理议题，提交北京市行政司法协同治理工作会议，与10余家成员单位共同协商治理措施。

刑事检察监督

在办理侵害外观设计专利权纠纷系列案件过程中，深入调查系列诉讼案件原告、关联公司以及委托的律师事务所存在的异常诉讼行为，涉嫌犯罪，移送公安机关。

公益诉讼检察监督

对案件中发现的某图片公司涉嫌滥用诉权、影响图片市场竞争秩序的行为，开展公益诉讼线索初查工作。

📖 社会治理成效

恶意诉讼现象的成因复杂，单一举措往往难以达到全面应对效果。依法惩治恶意诉讼不仅要有严厉的惩戒手段，还需要多部门协同有针对性的溯源治理，才能达到全链条防止行为人恶意诉讼的最终目标。

一、构建长效机制，形成打击合力

依托与法院、行政机关建立的长效沟通机制，与法院、行政机关共享1.3万条非正常申请数据，移送1500多家非正常申请人及代理机构。

与中国互联网协会、北京市律师协会、互联网平台企业，分别建立依法惩治恶意诉讼线索移送机制，打造多元共治最大"同心圆"。

二、推动溯源治理，护航创新发展

检察机关在办案中发现，行为人不当取得权利基础的问题非常突出，需要多部门协同共治。为此，制发社会治理检察建议 13 份，规范知识产权代理行为，促进代理行业健康发展，共同从源头斩断恶意诉讼灰色"产业链"，助推溯源治理、系统施治。通过知识产权恶意诉讼检察监督研讨会，开展普法宣传等多种形式，引导全社会形成知识产权诚信取得、诚信行使的法治氛围。

三、加强数据共享，推进技术共建

检察机关与司法、行政机关、高校、互联网企业在大数据理论、方法及关键应用技术等方面共同展开探索。采取政产学研用相结合的协同创新模式，实现数据归集、数据清洗、数据分析发掘、数据可视化、信息安全与隐私保护等领域关键技术突破，形成知识产权大数据保护体系，提升知识产权数据分析处理能力、发现能力和辅助决策能力。

知识产权恶意诉讼治理是一个系统工程，数字检察为检察机关能动履职提供了更高效的手段、更广阔的视野，检察履职也应当回馈以更有效的治理，形成"个案办理—类案监督—系统治理"的闭环，将办案质效最大化，实现从治理到预防的目标，让知识产权制度发挥激励创新的作用，助力营造公平透明可预期的市场竞争环境。

📖 法律法规依据

1.《中华人民共和国商标法》第十条　下列标志不得作为商标使用：

（一）同中华人民共和国的国家名称、国旗、国徽、国歌、军旗、军徽、军歌、勋章等相同或者近似的，以及同中央国家机关的名称、标志、所在地特定地点的名称或者标志性建筑物的名称、图形相同的；

（二）同外国的国家名称、国旗、国徽、军旗等相同或者近似的，但经该国政府同意的除外；

（三）同政府间国际组织的名称、旗帜、徽记等相同或者近似的，但经该组织同意或者不易误导公众的除外；

（四）与表明实施控制、予以保证的官方标志、检验印记相同或者近似的，但经授权的除外；

（五）同"红十字""红新月"的名称、标志相同或者近似的；

（六）带有民族歧视性的；

（七）带有欺骗性，容易使公众对商品的质量等特点或者产地产生误认的；

（八）有害于社会主义道德风尚或者有其他不良影响的。

第四十四条 已经注册的商标，违反本法第四条、第十条、第十一条、第十二条、第十九条第四款规定的，或者是以欺骗手段或者其他不正当手段取得注册的，由商标局宣告该注册商标无效；其他单位或者个人可以请求商标评审委员会宣告该注册商标无效。

第四十七条第二款 宣告注册商标无效的决定或者裁定，对宣告无效前人民法院作出并已执行的商标侵权案件的判决、裁定、调解书和工商行政管理部门作出并已执行的商标侵权案件的处理决定以及已经履行的商标转让或者使用许可合同不具有追溯力。但是，因商标注册人的恶意给他人造成的损失，应当给予赔偿。

第四十八条 本法所称商标的使用，是指将商标用于商品、商品包装或者容器以及商品交易文书上，或者将商标用于广告宣传、展览以及其他商业活动中，用于识别商品来源的行为。

2.《中华人民共和国专利法》第四十七条第二款 宣告专利权无效的决定，对在宣告专利权无效前人民法院作出并已执行的专利侵权的判决、调解书，已经履行或者强制执行的专利侵权纠纷处理决定，以及已经履行的专利实施许可合同和专利权转让合同，不具有追溯力。但是因专利权人的恶意给他人造成的损失，应当给予赔偿。

3.《中华人民共和国著作权法》第三条　本法所称的作品，是指文学、艺术和科学领域内具有独创性并能以一定形式表现的智力成果，包括：

（一）文字作品；

（二）口述作品；

（三）音乐、戏剧、曲艺、舞蹈、杂技艺术作品；

（四）美术、建筑作品；

（五）摄影作品；

（六）视听作品；

（七）工程设计图、产品设计图、地图、示意图等图形作品和模型作品；

（八）计算机软件；

（九）符合作品特征的其他智力成果。

4.《商标代理监督管理规定》第二十九条　有下列情形之一的，属于商标法第六十八条第一款第二项规定的以其他不正当手段扰乱商标代理市场秩序的行为：（一）知道或者应当知道委托人以欺骗手段或者其他不正当手段申请注册，或者利用突发事件、公众人物、舆论热点等信息，恶意申请注册有害于社会主义道德风尚或者有其他不良影响的商标，仍接受委托的……（五）知道或者应当知道转让商标属于恶意申请的注册商标，仍帮助恶意注册人办理转让的……

┃办案心得体会┃

根据国家知识产权局发布的《中国知识产权保护状况》，2017 年至 2022 年，全国法院受理的知识产权民事一审案件从 201039 件增长到

526165件。可以看出，随着国家知识产权保护力度不断加强，诉讼已经成为知识产权保护和纠纷解决的重要途径。但是一些人在利益的驱动下，采取专业化、商业化、产业化的批量维权，甚至形成知识产权恶意诉讼的"灰色产业链"。知识产权恶意诉讼将众多末端销售者、中小微经济体强行拉入门槛较高知识产权竞争规则之中，背离了知识产权保护和激励创新的初衷，破坏了公平竞争的市场秩序和法治化营商环境。北京市检四分院在总结知识产权检察办案经验的基础上，提炼出知识产权恶意诉讼的发现与识别规则，借助大数据手段从海量数据信息中筛查案件线索，再运用侦查思维对维权人的行为进行调查分析，进而通过知识产权检察集中统一履职推动行业综合治理，助力营造知识产权诚信取得、诚信行使的法治氛围和有利于创新创造的知识产权保护格局。

一、聚焦监督需求，从检察实践中提炼模型规则

北京市检四分院自2014年12月起履行对北京知识产权法院的法律监督职责，九年来办理知识产权民事、行政诉讼监督案件数百件，在检察实践中积累了大量办案经验。在此基础上，总结提炼出知识产权恶意诉讼的常见模式和数据碰撞过程中能够识别出的矛盾点，进而形成模型的核心规则。

针对商标、专利、著作权等不同领域恶意诉讼表现形式的共性与差异，形成不同的子模块。如针对恶意注册、囤积商标类案件，主要通过生效裁判文书筛选出"以其他不正当手段取得注册"或"有害于社会主义道德风尚或者有其他不良影响"的申请人或商标代理机构，按照数量级别分级预警。针对著作权和专利领域的恶意诉讼主要将同一原告多次起诉维权与行政机关或司法机关认定其权利基础无效或不存在进行碰撞，从而筛选出明知无权利基础仍提起知识产权侵权之诉的行为人。规则的提炼源于对已有办案经验的总结，但又不止于对办案经验的提炼，还需要通过不断的数据检索、数据碰撞、数据验证进行修正，实

现准确度的提升。这个过程的完成既要求检察机关对知识产权案件的普遍规律有深刻的认识，还要求检察机关对能动履职的方向有清晰的判断，才能实现监督的闭环，提升案件办理质效，充分发挥和彰显出数字检察的效能。

二、运用侦查思维，提高线索甄别能力

我国现行法律并没有给恶意诉讼一个相对明确的概念，随着依法惩治恶意诉讼工作的开展，理论界和实务界基本形成一致认识。在大数据模型运用过程中，要严格审查、甄别行为人明知其知识产权权利基础存在瑕疵或者以限制竞争对手经营为目的，恶意对他人提起知识产权侵权诉讼的行为。

（一）明确恶意诉讼的构成要件

知识产权恶意诉讼通常具有以下特点：一是行为人提起大量知识产权维权诉讼；二是行为人提起知识产权诉讼无事实或法律根据，通常表现为其权利基础的取得不具有正当性；三是行为人主观上具有恶意，通常表现为行为人企图从中牟取不正当利益；四是行为人恶意提起知识产权诉讼的行为给他人造成了损失，且损失与行为之间具有因果关系。

恶意诉讼的主观状态应限定为恶意。诉权是知识产权权利人的基本权利，恶意诉讼中的"恶意"认定，必须要求行为人除了"故意"之外具有违反诚实信用原则的心理状态和侵害他人权益的动机。如果不具有这种心态的过失，即便是重大过失，也不宜认定行为人具有恶意。

另外，行为的违法性在于行为人的诉讼行为缺乏事实依据和法律依据。提起诉讼本身并不是违法行为，知识产权恶意诉讼是借助合法的诉讼形式达到非法的目的，故行为的违法性往往源于行为人的案外行为。例如，明知市场上已有相关技术或者外观设计，仍申请并取得专利，并对他人提起专利权侵权诉讼；明知专利权或者商标权部分或者全部无效，仍对他人提起侵权诉讼；在法院已判决其无权主张知识产权相关权

利或者已判决相关主体不侵犯知识产权的情况下，仍就同一权利或者同一行为对他人提起知识产权侵权之诉；明知缺乏事实依据，利用对方当事人正在申请上市等重要节点提起侵权诉讼等。

（二）区分恶意诉讼与正当维权

加大知识产权司法保护力度，有效遏制侵犯知识产权行为，保障知识产权权利人依法充分行使诉权维护自己的合法权利，依然是司法机关的主要职责。只要诉讼权利的行使符合法律规定，就应当依法予以保护，不能因为存在滥用诉权的可能而限制权利人依法行使诉权。但同时知识产权权利行使要有边界，要正确划分恶意诉讼与正当维权的界限，达到保护权利与防止权利滥用的平衡。

（三）坚持客观认定的原则

在具体案件中，行为人的诉讼行为与诉讼策略表现形式多种多样，行为人究竟是合法行使诉权，还是恶意诉讼，需要进一步甄别。特别是在恶意诉讼行为人的主观心态的举证方面，要以客观事实为依据，比如，权利依据方面，行政审查决定中无效的事由可作为重要的参考，如将普遍公知的技术方案申请为专利，或故意抄袭他人专利，或在确权过程中通过修改限缩了保护范围，但在侵权诉讼中并未相应地变更主张；诉讼策略方面，在被告提出合法来源抗辩成立后，仍然仅起诉销售者，或在缺乏必要性和紧迫性的情况下随意申请并启动保全等临时措施，干扰对方的正常经营活动，或出现败诉风险就申请撤诉；诉讼范围方面，短时期内在全国范围，以商业化维权的模式提起批量诉讼；诉讼主体方面，授权其他非执业实体，委托固定的律师事务所，向同行业竞争者发起诉讼；损害结果方面，在实体裁判结果尚未明确前，相对人就因陷于诉讼遭受明显损失。

三、融合监督手段，推动知识产权行业综合治理

数字检察的目标不仅仅是发现众多个案监督线索，其最终目标是通

过个案监督撬动系统治理。过去知识产权恶意诉讼监督线索发现难，治理难。在数字检察模式下，检察机关发现线索的主动性大大增强，知识产权检察集中统一履职模式也为融合多种监督手段推动行业综合治理提供了得天独厚的优势。检察机关积极倡导权利正确行使，推动行业综合治理，督促专利、商标代理机构严格遵守法律法规，诚实守信经营。开展知识产权恶意诉讼相关调研，挖掘背后深层次原因，推动实现溯源治理，节约司法资源，平等保护各类市场主体的合法权益。

案件承办人：

　　常国锋　段晓雁（北京市人民检察院第四分院）

案例撰写人：

　　段晓雁　王　莹　吴　竞（北京市人民检察院第四分院）

案例审核人：

　　张艳青　董倚铭（北京市人民检察院）

在校学生异常电话卡法律监督

◇ 内蒙古自治区鄂尔多斯市人民检察院　东胜区人民检察院

📖 关键词

在校学生　未成年人　帮信罪　电话卡　犯罪预防　综合保护

📖 要旨

目前，帮信罪已成为"第三大罪名"，并且低龄化、大量学生涉案特征明显。检察机关在办理未成年人电信网络诈骗犯罪案件时，要根据其网络化、隐蔽化、欺骗性强、预防措施要及早化等特点，充分发挥大数据赋能法律监督优势，精准发现未成年人异常办卡情况，加强《刑法》《刑事诉讼法》《治安管理处罚法》《预防未成年人犯罪法》等法律衔接，督促公安机关及相关部门对未成年人涉电信网络诈骗犯罪线索进行分类处理、对涉案的未成年人进行分级干预和矫治，以检察履职助推预防未成年人涉电信网络诈骗犯罪工作。要通过个案办理发现未成年人涉电信网络诈骗犯罪案件反映出的社会治理突出问题，灵活运用联席磋商、检察建议、情况反映等方式，督促家庭、学校及相关部门整治整改并建立长效机制，规范未成年人入网行为，切实预防未成年人涉电信网络诈骗犯罪。

📖 基本情况

由于职能部门监管缺位、在校学生法律意识淡薄等因素交织影响，在校学生为微利大量办理、出售电话卡，被发展为"卡农""卡商"，沦为网络诈骗犯罪分子"工具人"。以整合数据为突破口，筛选身为在校学生、社会关系简单，却同时持有 3 张甚至 5 张以上非生活所需的电话卡数据，从源头阻断在校学生犯罪风险。用力虽小，效果甚优，更有利于立足法律监督主责主业，填补网络犯罪预防漏洞，助推提升政、校、企、司落实保护未成年人健康成长工作任务，提升检察机关参与社会治理的能力和水平。

依托数字模型，鄂尔多斯市检察机关通过数据比对，联合公安、工信、教体部门敦促注销已经发现的 5590 张异常电话卡；督促公安机关落实未成年人罪错行为分级干预矫治措施，对涉嫌电信网络诈骗犯罪且达到刑事责任年龄的 3 名未成年人以诈骗罪刑事立案，对涉嫌电信网络诈骗犯罪但不满法定刑事责任年龄的 3 名未成年人予以罚款、拘留等行政处罚，对仅实施办卡行为情节轻微的 11 名未成年人予以批评教育。同时，联合电信主管部门、教育主管部门、电信运营商等签订《通讯数据调取以及线索移送联席会议纪要》，引导电信主管部门、移动、联通、电信等运营商出台《在校学生办卡程序规范》，健全和细化办卡审核制度，规范未成年人入网行为，做实预防未成年人犯罪和诉源治理工作。

📖 线索发现

2023 年 2 月，公安部下发了鄂尔多斯市东胜区在校学生名下电话号码涉嫌电信诈骗侦查线索。经侦查发现，东胜区某科技公司法定代表人康某为谋求非法利益，招聘在校学生帮助其收购电话卡再行转卖，其转卖的部分电话卡已经被用于实施犯罪。东胜区检察院在办理康某涉嫌侵犯公民个人信息罪一案过程中，经系统梳理未成年人涉嫌电信网络诈骗行为发现，在校学生办理、出售电话卡的情况较为普遍；了解到仅东胜区已陆续有 10 余名学生因出售电话卡等行为可能涉嫌犯罪而被外地公安机关调查。检察机关认为康某案件已经反映出在校学生涉嫌帮信罪的手段、行为等类型化问题，而这一类型化问题可以利用数字检察的方法，助力检察官在最短的时间内快速整合证据，精准地发现其他潜在参与的学生。结合上述思考，鄂尔多斯市人民检察院指导东胜区人民检察院搭建"在校学生异常电话卡法律监督模型"。

📖 数据分析方法

数据来源

1. 本地区 14 周岁至 20 周岁在校学生名单（源于市教体局、各学校）；

2. 本地区近三年 14 周岁至 20 周岁人员办理电话卡明细（源于中国移动、中国联通、中国电信鄂尔多斯分公司）；

3. 反诈平台号码信息数据（源于公安机关、反诈中心）。

数据分析关键词

本地区 14 周岁至 20 周岁在校学生姓名、身份证号码；本地区近三年 14 周岁至 20 周岁人员办理电话卡明细，信息字段包括姓名、身份证号码、实名办理的电话卡号码、开卡时间、开卡网点、电话卡状态等。

数据分析步骤

第一步：将从教体局、学校调取的本地区 111103 名 14 周岁至 20 周岁在校学生数据整合为"学生数据库"，"学生数据库"有效字段包括姓名、身份证号码、就读学校。

第二步：将从中国移动、联通、电信调取的 50909 条本地区近三年 14 周岁至 20 周岁人员办理电话卡明细整合为"电话卡数据库"，"电话卡数据库"有效字段包括姓名、身份证号码、电话卡号码、开卡时间、开卡网点、电话卡状态等。

第三步：将"学生数据库"与"电话卡数据库"进行碰撞比对，生成"在校学生办卡情况一级数据库"，有效字段包括姓名、身份证号码、就读学校、电话卡号码、开卡时间、开卡网点、电话卡状态轨迹、电话卡数量等。

第四步：从"在校学生办卡情况一级数据库"中筛选出同一身份证号码办卡数量三张及五张以上的人员信息名单，并按照姓名、身份证号、办卡数量、电话卡号码等关键字段进行排序，生成"办卡情况异常二级数据库"，有效字段包括姓名、身份证号码、电话卡数量、电话卡号码、开卡时间、开卡网点、电话卡状态等，取得"办卡情况异常二级数据库"。

第五步：将"办卡情况异常二级数据库"中的电话卡号码与公安机关反诈平台号码信息数据进行比对，生成"异常号码重点关注三级数据库"，取得"异常号码重点关注三级数据库"。

思维导图

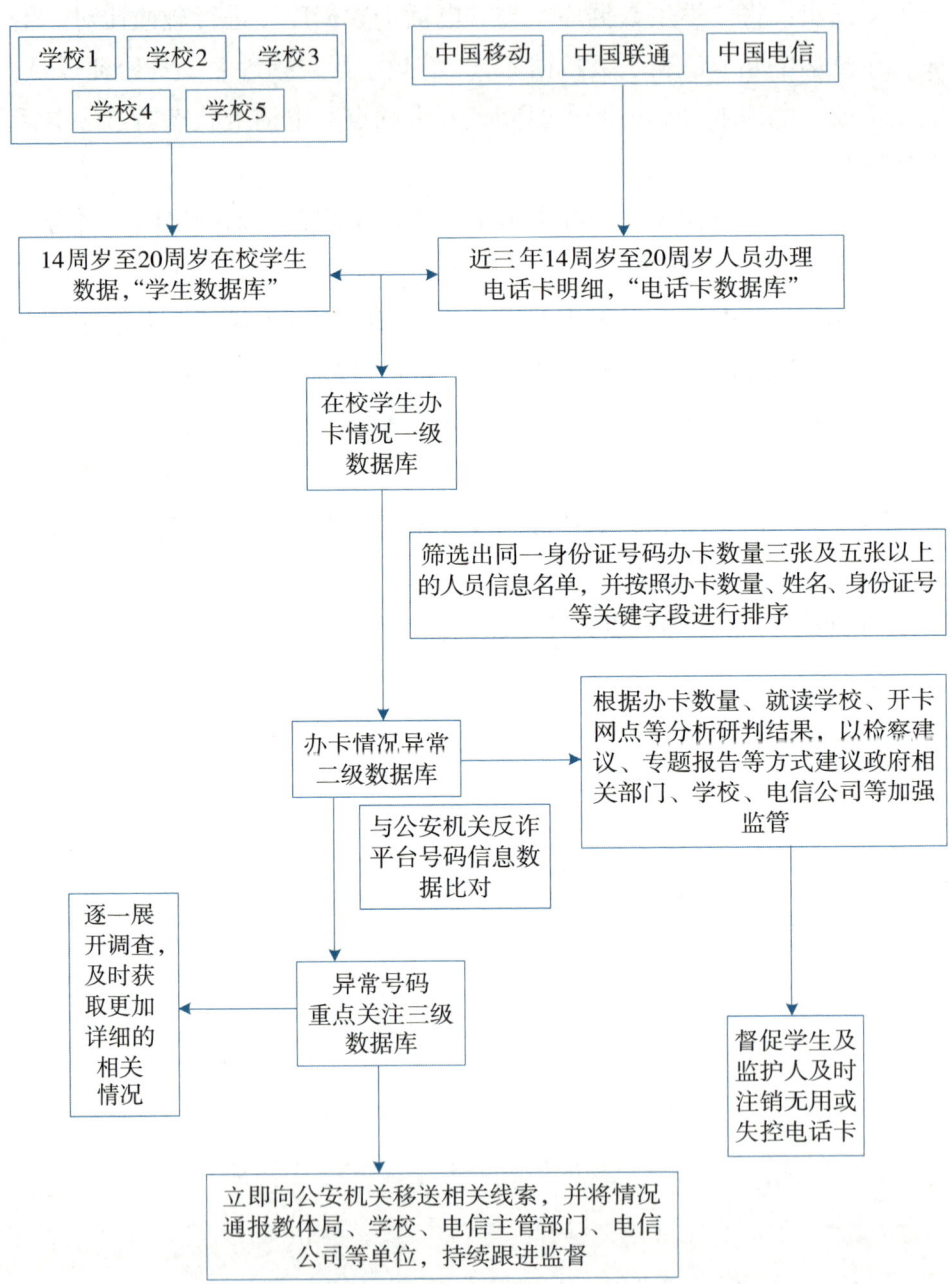

📖 检察融合监督

刑事检察、未成年人检察监督

通过数据比对，排查出 2014 名 14 周岁至 20 周岁人员办理三张以上电话卡，726 人办理五张以上电话卡，其中在校学生 463 名，5590 张电话卡存在严重异常，经与反诈平台数据进一步比对分析，发现 17 人名下电话卡已显示涉案。检察机关将线索移送至公安机关，公安机关高度重视组成专案组推进核查，并对外发布通报敦促相关人员及时注销失控卡码，截至目前 5590 张异常卡均已督促注销完成，成功预防了发案可能，对在校学生未涉案前加以保护成效显著，此举获得了地方党委、教育、电信主管部门、电信网络运营商以及学生和家长的高度认可。

向侦查机关移送涉嫌犯罪线索 7 条。截至目前，捣毁电信网络诈骗窝点 2 个，刑事立案 9 人（其中包括武某飞涉嫌侵犯公民身份信息案、张某祥涉嫌电信诈骗案、康某旗涉嫌电信诈骗案等），缴获电诈工具"无线语音网关"等工具多套。对未达刑事责任年龄的在校学生，由公安机关进行训诫教育。全市有 6 个地区特定电信运营商网点工作人员可能涉案，正在进一步侦查中。

综合司法保护强化未成年人网络犯罪预防。针对未成年人大量办卡、卖卡甚至涉嫌犯罪，监护人对于未成年人办卡情况并不知情或者不认为涉嫌犯罪的问题，依托东胜区人民检察院联合东胜区教育体育局、东胜区妇女联合会、东胜区团委等多家单位成立的"守护娜荷芽家庭教育指导站"，对涉案监护人开展家庭教育指导；充分发挥未检职能，制发督促监护令 71 份，要求监护人实时掌握未成年人电话卡办理情况，特别注意是否存在异常通话等问题。针对学校在预防学生实施电信网络诈骗犯罪方面存在提醒不及时、法治宣传不到位的问题，督促东胜区教育体育局向全体师生发放"出租出借出卖电话卡风险提示函"；盯紧入学、毕业等关键节点，由法治副校长组织电信网络诈骗犯罪主题班会，以身边案例对在校学生进行警示教育；将法治教育列入学校就业指导日常规划中。

行政检察监督

向电信网络主管部门及联通、移动、电信等主要电信业务公司制发检察建议，并集中宣告送达。经数据模型筛查发现，本地区各电信业务公司网点、营业厅未执行相关规定，在相关监督管理职责履行不到位的情况下，为大量在校学生办理明显从特殊身份及持有必要性上分析存在异常的电话卡，导致违法行为长时间存在但未能发现。本地区各检察机关向电信业务主管部门制发检察建议，要求其加强监督检查；同时向各电信业务公司制发检察建议，建议其严格按照规定执行，加强对网点、营业厅的管理，加强日常监测检查，对识别出的异常卡码及时采取有效措施限制使用。检察建议制发后，各电信运营商积极响应，开展多种形式宣传引导，对检测排查出 1095 个高风险账户予以全部关停。同时，移动通讯公司针对性制定出台了《鄂尔多斯分公司关于加强涉诈号码治理的通知》，进一步规范工作管理。

公益诉讼检察监督

行为人非法买卖、出售、提供公民身份信息的行为构成犯罪，被追究刑事责任的同时，该行为也损害了众多公民个人信息，侵害了社会公共利益，依法应当承担相应的民事责任，检察机关作为公共利益的代表，对侵权人可以依法提起刑事附带民事公益诉讼。公益诉讼部门收到相关线索后，立即立案并发布公告，通过刑事附带民事公益诉讼方式引导加强公民个人信息保护。

📖 社会治理成效

建立"政、校、企"协同治理机制。针对在办案件反映出的未成年人在校学生办卡卖卡等实际情况和突出问题，形成调研报告，报送党委政府及相关部门，由政府牵头联合东胜区反诈中心、鄂尔多斯市公安局东胜区分局、东胜区工信和科技局、东胜区教育体育局及中国移动、联通、电信鄂尔多斯分公司下发《未成年人通讯数据调取以及线索移送联席会议纪要》，明确专人专管定期调取未成年人通讯数据，工信部门要加强未成年人办卡监督检查，发现问题及时将线索移送公安机关，公安机关根据核查情况作出处理并反馈工信部门和检察机关，建立协同治理机制。

能动履职促进诉源治理，推动形成未成年人入网规范。立足法律监督职责，审慎选择检察建议、联席磋商等方式督促东胜区工信和科技局以及中国移动、联通、电信鄂尔多斯分公司出台办卡规范、加强网点、营业厅管理，助推行业治理。东胜区工信和科技局出台《电话卡办理程序规范指引》，进一步规范电信运营商电话卡办理工作。对于未成年人特殊群体，要求监护人、合适成年人在场并同意的情况下方可申请入网。严格审查监护人、合适成年人真实身份，重点关注批量开卡用户，短期内反复开卡、注销、补卡等异常用户。中国移动、联通、电信鄂尔多斯分公司下辖的全市各电信业务公司网点、营业厅严格执行入网标准动作，对未成年人等特殊群体加强问询、反诈告知及加大异常卡复核力度、停机力度等方面加强整治和整改，并在营业厅、人员密集的网点针对未成年人开展反诈宣传。东胜区人民检察院还联合鄂尔多斯市公安局东胜区分局，中国移动、联通、电信鄂尔多斯分公司嵌入未成年人办理电话卡前置程序，要求未成年人办理电话卡的，必须首先扫描二维码，实时动态掌握办卡人信息及办卡情况，发现办卡数量异常等情况的，能及时反馈运营商限制办卡。

目前，模型已经在内蒙古检察系统全面适用，并在"2023年度全国电子政务建设经验交流会"上进行分享交流，也被湖南省教育厅认可，推广运用到全省在校学生的犯罪预防。

📖 法律法规依据

1.《中华人民共和国预防未成年人犯罪法》第二条　预防未成年人

犯罪，立足于教育和保护未成年人相结合，坚持预防为主、提前干预，对未成年人的不良行为和严重不良行为及时进行分级预防、干预和矫治。

第三十条　公安机关、居民委员会、村民委员会发现本辖区内未成年人有不良行为的，应当及时制止，并督促其父母或者其他监护人依法履行监护职责。

第三十一条　学校对有不良行为的未成年学生，应当加强管理教育，不得歧视；对拒不改正或者情节严重的，学校可以根据情况予以处分或者采取以下管理教育措施：

（一）予以训导……

第四十一条　对有严重不良行为的未成年人，公安机关可以根据具体情况，采取以下矫治教育措施：

（一）予以训诫……

第六十一条　公安机关、人民检察院、人民法院在办理案件过程中发现实施严重不良行为的未成年人的父母或者其他监护人不依法履行监护职责的，应当予以训诫，并可以责令其接受家庭教育指导。

2.《中华人民共和国反电信网络诈骗法》第三十一条　任何单位和个人不得非法买卖、出租、出借电话卡、物联网卡、电信线路、短信端口、银行账户、支付账户、互联网账号等，不得提供实名核验帮助，不得假冒他人身份或者虚构代理关系开立上述卡、账户、账号等。

对经设区的市级以上公安机关认定的实施前款行为的单位、个人和相关组织者，以及因从事电信网络诈骗活动或者关联犯罪受过刑事处罚的人员，可以按照国家有关规定记入信用记录，采取限制其有关卡、账户、账号等功能和停止非柜面业务、暂停新业务、限制入网等措施。对上述认定和措施有异议的，可以提出申诉，有关部门应当建立健全申诉渠道、信用修复和救济制度。具体办法由国务院公安部门会同有关主管部门规定。

第三十八条　组织、策划、实施、参与电信网络诈骗活动或者为电信网络诈骗活动提供帮助，构成犯罪的，依法追究刑事责任。

前款行为尚不构成犯罪的，由公安机关处十日以上十五日以下拘留；没收违法所得，处违法所得一倍以上十倍以下罚款，没有违法所得或者违法所得不足一万元的，处十万元以下罚款。

第四十四条　违反本法第三十一条第一款规定的，没收违法所得，由公安机关处违法所得一倍以上十倍以下罚款，没有违法所得或者违法所得不足二万元的，处二十万元以下罚款；情节严重的，并处十五日以下拘留。

3.《中华人民共和国治安管理处罚法》第二十一条　违反治安管理行为人有下列情形之一，依照本法应当给予行政拘留处罚的，不执行行政拘留处罚：

（一）已满 14 周岁月不满 16 周岁的……

4.《中华人民共和国民法典》第一百一十一条　自然人的个人信息受法律保护。任何组织和个人需要获取他人个人信息的，应当依法取得并确保信息安全，不得非法收集、使用、加工、传输他人个人信息，不得非法买卖、提供或者公开他人个人信息。

办案心得体会

数字检察是数字中国的重要组成部分，是推进检察工作现代化的重要引擎。依托信息化系统，充分、深度运用大数据，最大限度释放数据要素价值，赋能检察机关法律监督是数字检察的魅力所在。作为一个新事物，其所应用的技术必须是高精尖的吗？其所涉及的领域必须是法律监督盲区吗？日常办案工作是否能够找到数字赋能点……诸如此类的问题，在推进数字检察工作中，绕不开、避不过。在创建在校学生异常电话卡法律监督模型的实践中，我们对于上述问题形成较为系统、直观的认识，也加深了对于数字检察的理解。

一、日常办案——"业务主导"的源泉活水

该模型创建思路来源于检察机关办理的一起刑事案件。在审查案件过程中，侦查人员向承办检察官反映，已陆续有10余名学生被外地公安机关带走接受调查，均是因卖卡行为可能涉嫌犯罪。如何利用一种方法，助力检察官在最短的时间内快速整合证据，精准发现其他潜在参与学生，在未涉案前采取有效的措施最大程度加以保护，是搭建该模型的初衷。以建模为突破口，通过运用"三查融合"工作机制，针对性解决检察履职、社会综合治理、行业监管等领域存在的问题，推动各单位各部门健全机制和细化制度，取得了实实在在的监督成效。在这一工作过程中，充分印证了深度挖掘检察业务工作对于推动数字检察工作持续健康发展的重要性。员额检察官是一线办案人员，最直接接触案件，最了解案件情况。员额检察官善于从个案办理中发现异常现象、异常数据，梳理出一般特征、数据需求和碰撞方向等规律性认识是"业务主导"的基本规律。为了落实好"业务主导"要求，我们还要必须解决好"如何发现个案"这个问题。通过审查个案发现个案监督点是一个途径。这种工作做法属于对原有工作模式的延续。如不做扩展或不积极主动与其他检察业务相衔接，极易就案办案，导致监督效果受限；通过结合某一项检察业务的工作特征，有意识地去收集、整理数据，利用整理好的数据去发现个案监督点是更有效的途径。按照这一途径，可以将个案监督扩展为类案监督，进而提出高质量的社会治理类建议。法律监督工作点多线长面广。随着"四大检察"监督水平的逐步提升，检察机关在提升社会治理能力和治理水平方面应当有更大的作为。在校学生异常电话卡法律监督模型紧扣未检业务开展工作，监督的事项均是法律监督主责主业，更好地回应了社会关切，有效提升了对未成年人涉电信网络诈骗的罪错行为进行分级、分类干预的能力和水平。

二、返璞归真——"数据整合""技术支撑"可以简便易行

建立法律监督应用模型，汇聚、整合、管理、应用数据是基础性工作。数据获取容易、整合方便是必须要考虑的问题。好的模型离不开海

量数据。海量的数据呈现方式可以非常简单。运用简单、易得的数据去回应检察业务需要，更具有实践价值。在构建在校学生异常电话卡法律监督模型时，仅需要获取教体局、所有学校的在校学生数据，和移动、联通、电信三大运营商实时办理的电话账户明细，就可以整合成学生数据库和电话卡数据库作为模型基础。在数据库内，比对规则非常简单、结果异常清晰。我们以身份证号码、办卡时间、办卡数量等关键词进行碰撞比对，筛选出身为在校学生、社会关系简单，却同时持有3张甚至5张以上非生活所需的电话卡数据，即可快速锁定已经涉罪和潜在高风险未成年人，精准预防犯罪。在推进数字检察工作时，我们要正视数据整合、技术支撑带来的挑战。但是，成功的"业务主导"会帮助技术人员提升锁定数据、攻克技术的效率、效果。有效的检察业务与信息化技术的互动一定是建立在检察机关与其他单位、部门可以实现双赢多赢共赢基础上的。在校学生异常电话卡法律监督模型充分证明，数字检察工作起步较晚、信息化技术相关落后的地区也可以利用简单快捷的技术手段，有效解决传统办案方式无法发现的法律监督线索、社会治理等问题。对于技术要求高的非结构化数据、需求数据量大的法律监督模型，在有业务支撑的情况下，可以拿出时间和精力去突破。在能力有限的情况下，数字赋能法律监督工作还有广阔的空间需要我们去探索。

三、以"小切口"融入"大治理"——"重在应用"落实落地

推进数字检察的目的是提升法律监督能力和水平。通过构建在校学生异常电话卡法律监督模型的实践，我们对于"三查融合"办案机制、对于提升检察机关的贡献度有了更深层次的认识。一是构建数据模型直观快速查证，对未成年人涉电信网络诈骗犯罪精准预防。电信网络诈骗犯罪非接触性、涉众性、传播广域性的特点导致其存在查证难、隐蔽化等问题，检察机关可以将多方数据库资源进行碰撞比对，把未成年人身份信息、电话卡办理情况及电话卡轨迹进行串联，快速锁定已经涉罪和潜在高风险未成年人，直观展现未成年人涉嫌电信网络诈骗犯罪

的"路线图"和"关系网"，实现快速查证、及时保护。由于未成年人心智不成熟、从众心理强，部分成年人利用这一特点对其进行欺骗引诱；同时，此类犯罪一旦案发即可能涉罪，对未成年人涉案的预防措施一定要及早化。检察机关可以充分发挥大数据筛查的优势，精准发现办理多张电话卡等异常情况的未成年人，在未成年人可能涉嫌电信网络诈骗犯罪前就采取敦促注销电话卡等手段，及时有效予以拦截，斩断未成年人违法犯罪的实现路径和发案可能，实现提早阻断、精准预防。预防措施真正落到"人"这一基本单位上，实现对于"人"的精准预防，才能真正达到预防的目的，也才能真正实现保护未成年人的要求。二是加强法法衔接，根据《刑法》《刑事诉讼法》《治安管理处罚法》和《预防未成年人犯罪法》对未成年人涉电信网络诈骗罪错行为进行分级分类干预。检察机关在办理涉未成年人案件时，要充分发挥法律监督职能，根据未成年人的行为严重程度及参与情况、日常表现及生活环境等，加强法法衔接，督促并联合公安机关及相关部门，提早预防、分级干预、及时矫治，构建性质不同、递进衔接、能够覆盖所有适用对象和行为并且可以互通转化的教育矫治体系。对于未成年人涉嫌申信网络诈骗犯罪的线索，检察机关要根据《刑事诉讼法》规定及时移送公安机关刑事立案，严格落实未成年人刑事案件特别程序，对未成年人犯罪坚持教育感化挽救的方针；对于涉嫌电信网络诈骗罪，因未达刑事责任年龄，按照刑法规定不予处罚的，检察机关要积极推动行刑衔接，根据《预防未成年人犯罪法》，对构成严重不良行为的未成年人，适用第四十一条、第四十三条、第四十四条规定的矫治教育、专门教育等措施。对于受欺骗引诱，仅实施参与办卡行为的未成年人，检察机关要根据《预防未成年人犯罪法》督促家庭、学校切实履行好监护教育职责，及时制止不良行为，杜绝发展为犯罪，并联合公安、工信、教育行政等相关部门依法敦促注销失控电话卡。三是通过个案办理和类案预防，推动建立和完善未成年人入网规范。未成年人涉嫌电信网络诈骗犯罪行为，往往从办理多张非必要电话卡为发端，检察机关可以统筹运用检察建议、联席磋商、情况反映等方式，联合相关部门探索建立和完善未成年人入网规范机制。未成年人心智不成熟，容易被引诱、欺骗，在民法上是限制行为能力人或无行为能力人，督促电信网络服务运营商严格执行未成年人入网须监护人或合适成年人知悉并同意，严格审查监护人或合适成年人真实身份；督促行业主管部门切实加强对未成年人入网工作的监督检查，为未成年人提供安全、健康用网环境；督促未成年人父母或者其他监护人，加强对未成年人入网行为的引导和监督。四是聚焦网络犯罪多发、高发难题，研发规则广泛适用多个社会群体，具备极强的成长性。应用模型的研发要注重实用，还要在更大范围内推动类案治理、系统治理、诉源治理。鉴于网络犯罪的共同特征，模型所蕴含的规则、规律、机制可以在更大范围内实现共享。只要将甄别的对象从在校学生延伸到老年人、失业人员等特定群体或职业，筛选的领域拓展至银行卡、微信、QQ、抖音等，即可大幅提升预防电信网络诈骗犯罪水平。

在校学生异常电话卡法律监督模型以电话卡小切口和"1+N"开放性模式相结合，在实现未成年人综合保护方面作出了积极有益的探索，并经实践检验具有强大的生命力。在深化数字赋能，全力跑出法律监督加速度方面，我们还要继续努力。

案件承办人：

　　任　婵　张海艳　张　鹏　尹桂君（参与模型创建）

　　（内蒙古自治区鄂尔多斯市东胜区人民检察院）

案例撰写人：

　　杨世林　尹桂君（内蒙古自治区鄂尔多斯市人民检察院）

案例审核人：

　　张向晖（内蒙古自治区人民检察院）

机动车驾驶证吊销类案监督

◇ 湖北省人民检察院

📖 **关键词**

机动车驾驶证吊销　道路运输从业资格证撤销　道路交通安全
公安交管人员渎职犯罪　类案监督　行业治理

📖 **要旨**

通过解析个案、构建模型，依托公安部门驾驶员及车辆注册管理系统、交通运输部门道路运输从业资格管理等系统中的行政处罚决定书等数据信息，与检察业务应用系统中的危险驾驶、交通肇事等案件中当事人等信息比对，筛查出上述机动车驾驶证应当吊销／暂扣未吊销／暂扣机动车驾驶证、应当撤销从业资格证未撤销线索、应当吊销机动车驾驶证未吊销，被处罚人持证驾车造成严重后果，公安交管部门相关工作人员渎职犯罪线索，全面开展行政检察监督、职务犯罪案件查办等工作，监督公安交通管理等相关部门严格规范执法，查找管理机制漏洞，推动完善处罚信息衔接机制，实现源头治理。

📖 **基本情况**

2020 年 7 月，湖北省枣阳市人民检察院在办理郭某交通肇事案时发现，郭某于 2014 年因犯交通肇事罪被判处有期徒刑三年，缓刑三年，但其驾驶证件当年未被依法吊销。郭某于 2019 年 10 月再次发生交通事故致一人死亡。该院分析研判认为案件背后可能存在司法工作人员相关职务犯罪，同时存在类案监督的可能，随即将线索上报襄阳市院，该院对该案中涉嫌渎职犯罪的王某某立案侦查。

📖 线索发现

近年来，湖北省检察机关在办案中发现，不少危险驾驶、交通肇事、毒品案件行为人受到刑事处罚后，本应吊销机动车驾驶证、撤销道路运输从业资格证而未吊销、撤销，仍持证驾车或从事营运活动，甚至再次发生交通事故造成严重后果，经综合分析研判，此类未吊销机动车驾驶证、未撤销营运从业资格证案件绝非个案，很可能批量存在，反映出相关部门违法行使职权或者不行使职权，甚至存在渎职犯罪，损害了执法公信力，给道路交通安全带来不应有的隐患和危害。为更好履行法律监督职能，有必要利用大数据进行线索筛查，通过数字化法律监督集中开展专项整治。

📖 数据分析方法

数据来源

1. 全国检察业务应用系统 1.5（源于检察机关）；

2. 全国检察业务应用系统 2.0（源于检察机关）；

3. 湖北省两法衔接平台（源于检察机关）；

4. 驾驶员注册管理系统（源于公安机关）；

5. 机动车注册管理系统（源于公安机关）；

6. 禁毒信息综合应用系统（源于公安机关）；

7. 互联网道路运输便民政务服务系统（源于交通运输部门）；

8. 全国道路运输从业资格管理平台（源于交通运输部门）。

数据分析关键词

关键词1：应当吊销驾驶证人员。需要重点关注酒驾被行政处罚、交通肇事被相对不起诉、判处交通肇事罪、危险驾驶罪等应当吊销驾驶证人员信息。

关键词2：驾驶证被吊销/暂扣。需要核实应当吊销/暂扣驾驶证人员的驾驶证是否被公安交管部门吊销/暂扣。

关键词3：道路运输从业资格证被撤销。需要核实应当撤道路运输从业资格人员的从业资格证是否被交通运输部门撤销。

关键词4：再次持证驾车造成严重后果。需要确认应当吊销驾驶证人员再次持证驾车造成严重后果。

数据分析步骤

第一步：筛查出应当吊销驾驶证人员。基于以上数据，用"酒精含量""酒驾""吸毒"等关键字从118万余件行政处罚案件中，筛查出4.5万余件酒驾、吸毒行政处罚案件，用相关罪名作为关键字从75万余件刑事案件中，筛查出14万余件危险驾驶罪、交通肇事罪案件；同时利用"百度智能云"平台解析上述案件中行政处罚决定书、判决书、驾驶证查询单、行政强制措施凭证等文书和证据材料17.9万余份，筛查出酒驾、醉驾、吸毒、犯交通肇事罪、逃逸、驾驶营运车辆等情形，确定应当吊销驾驶证人员。

第二步：筛查出应当吊销驾驶证未吊销的违法违规线索。将应当吊销驾驶证人员数据中当事人、交通违法犯罪行为、违法犯罪时间等信息，与驾驶员注册管理系统中驾驶证状态、相关时间等信息关联碰撞，筛查出应当吊销驾驶证未吊销，以及应当吊销驾驶证未吊销当事人再次持证驾车违法犯罪等情形。同时，模型还将应当吊销驾驶证人员数据中当事人、交通违法犯罪行为、违法犯罪时间以及车辆注册管理系统中车辆使用性质等信息，与道路运输从业资格管理系统中从业资格证状态、相关时间等信息关联碰撞，筛查出应当撤销从业资格证未撤销，以及应当撤销从业资格证未撤销当事人再次持证驾驶营运车辆违法犯罪等情形。

第三步：筛查出应当吊销驾驶证未吊销再犯罪并造成重大损失案件的相关承办人渎职犯罪线索。将应当吊销驾驶证未吊销信息与交通肇事罪信息关联碰撞，筛查出当事人仍持证驾车再次交通肇事并致使公共财产、国家和个人利益遭受重大损失情形，推送给公安交管部门相关承办人渎职犯罪线索。

思维导图

监督点一：应当吊销 / 暂扣机动车驾驶证未吊销 / 暂扣

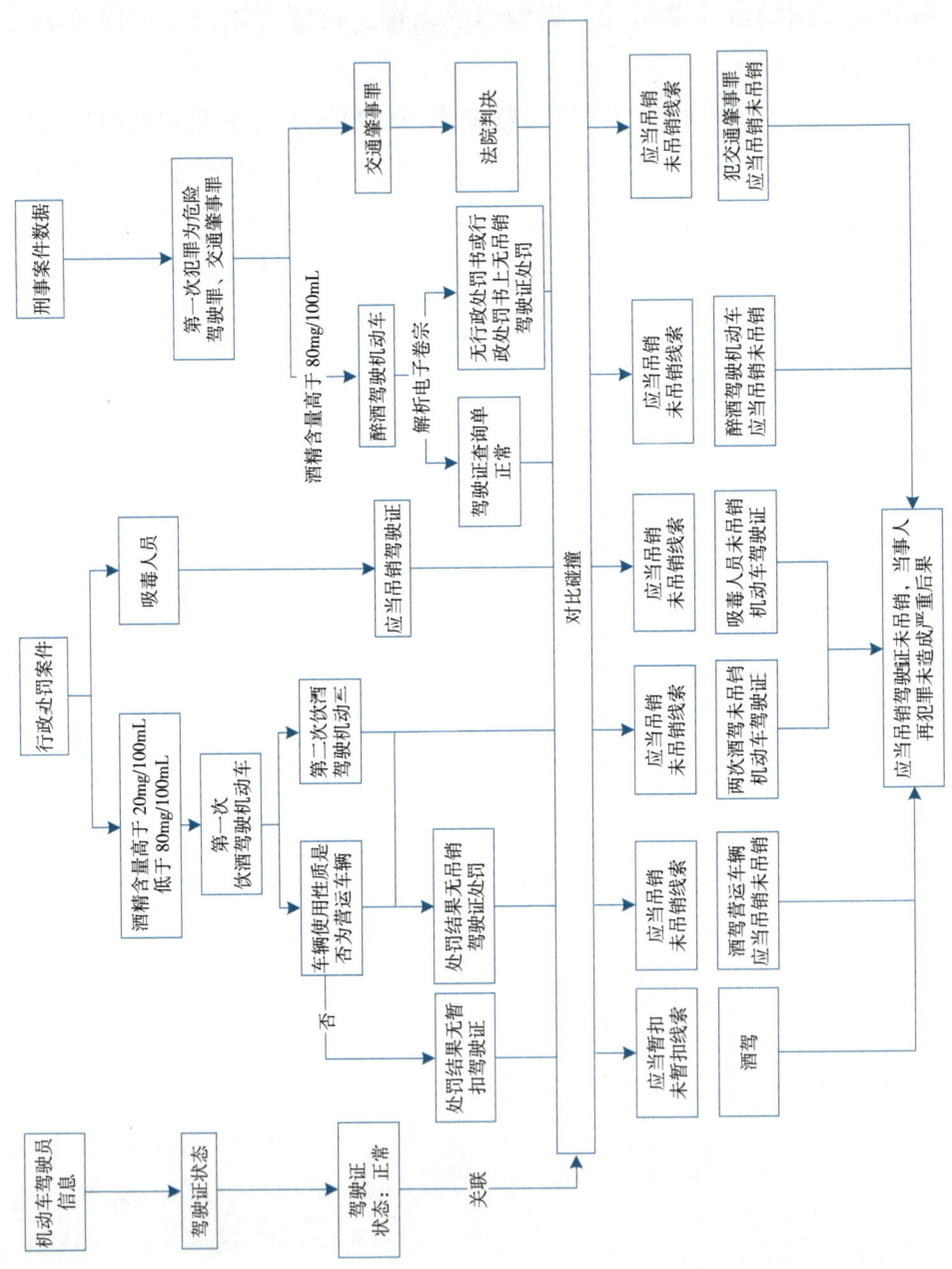

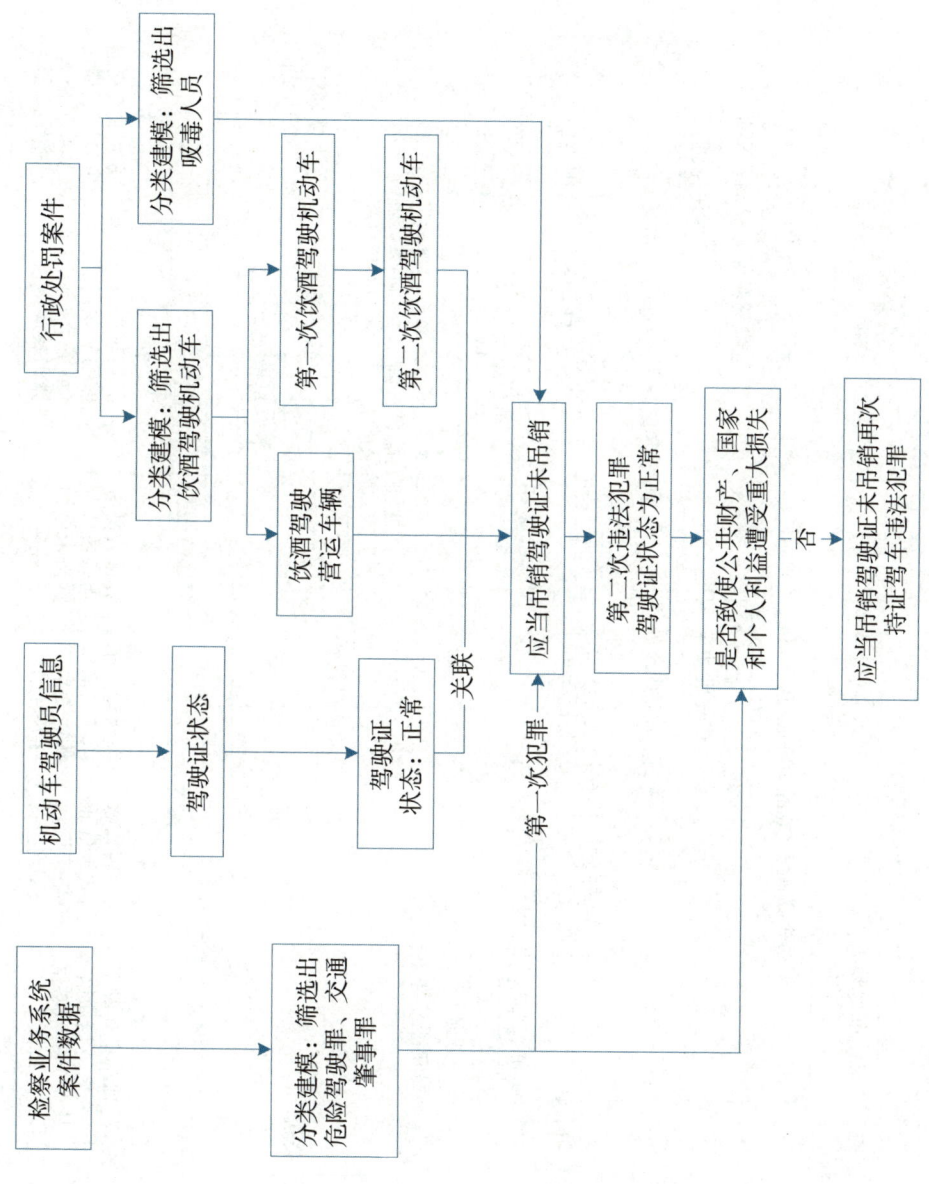

监督点二：应当撤销道路从业资格证未撤销

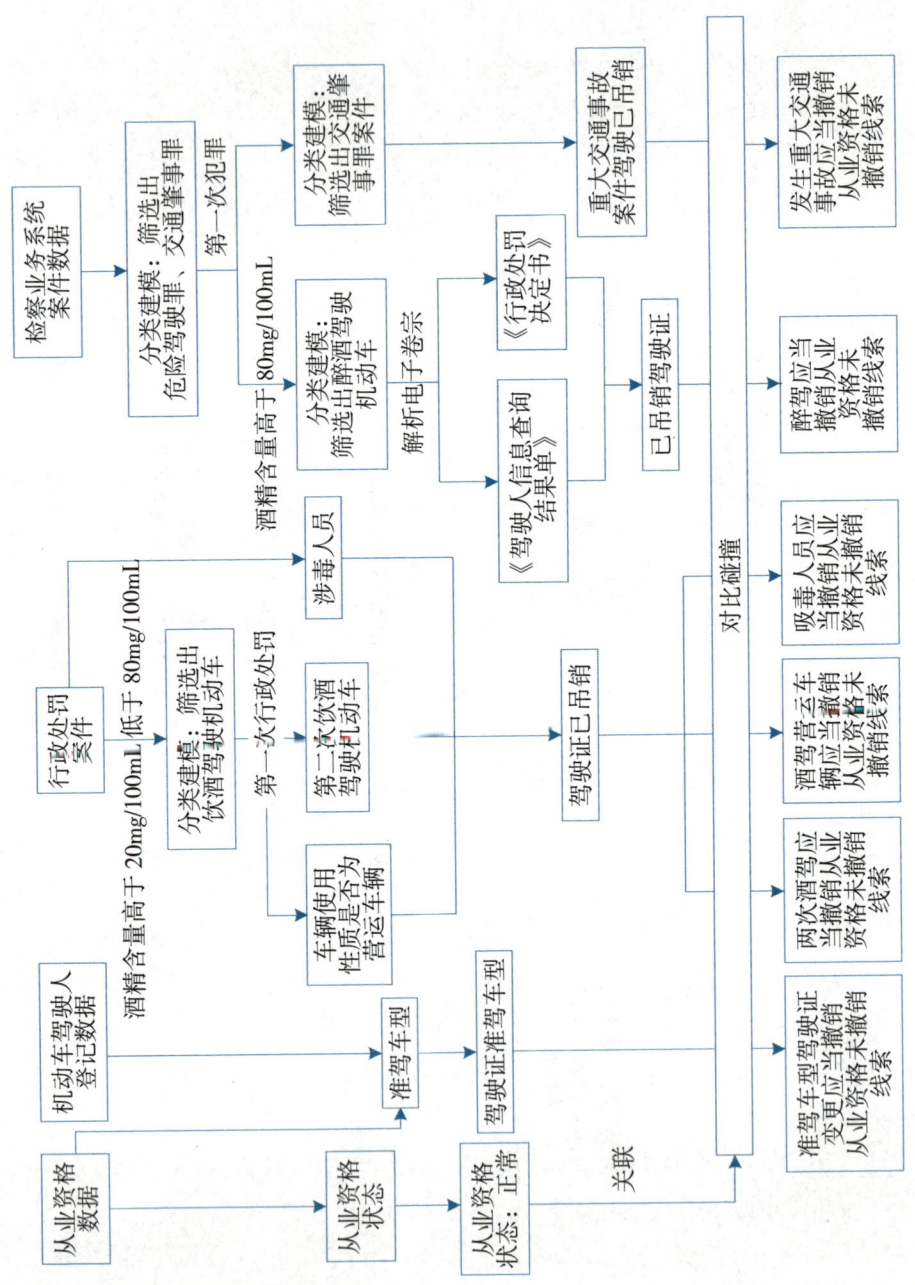

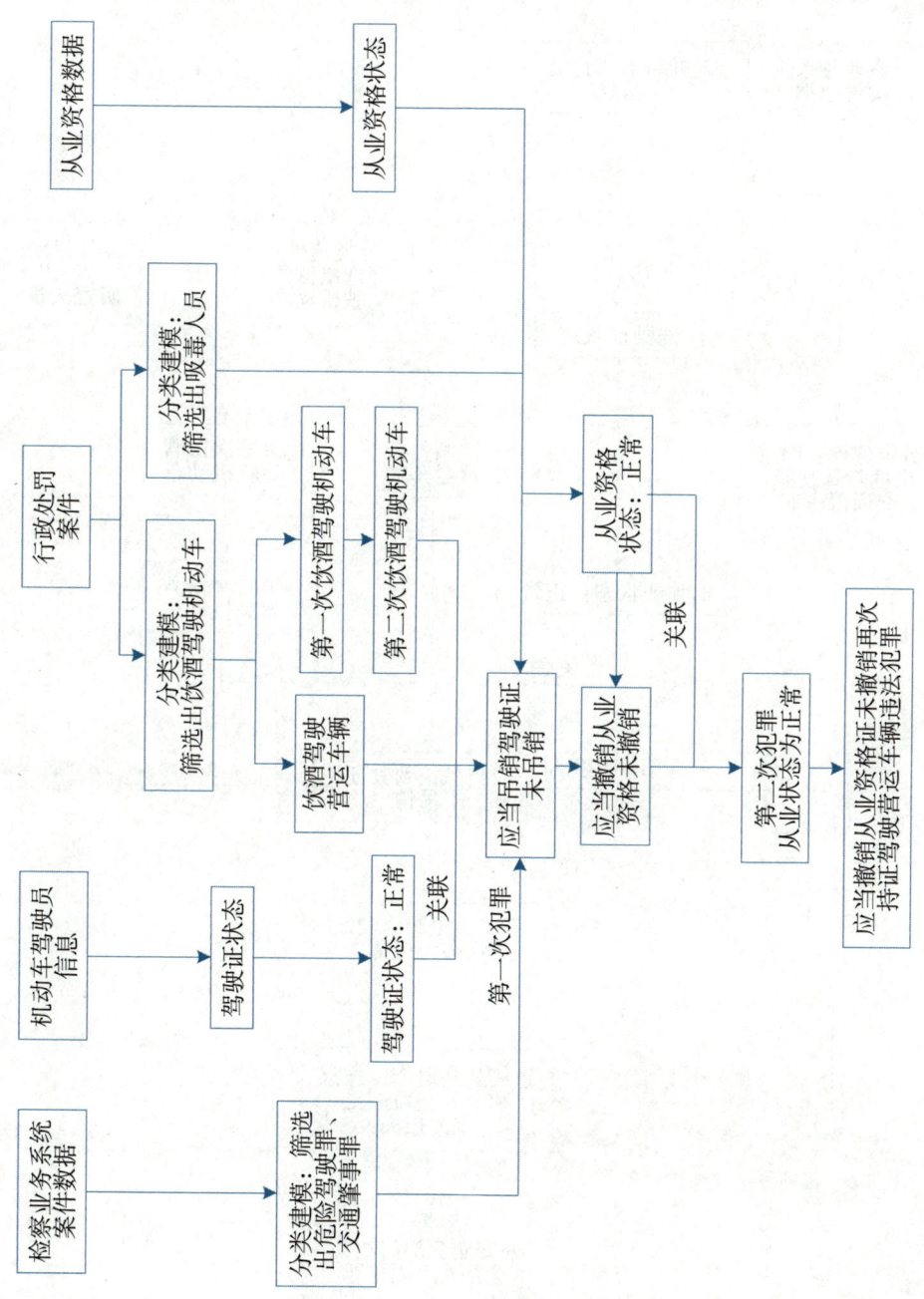

监督点三：公安交管部门相关工作人员渎职犯罪

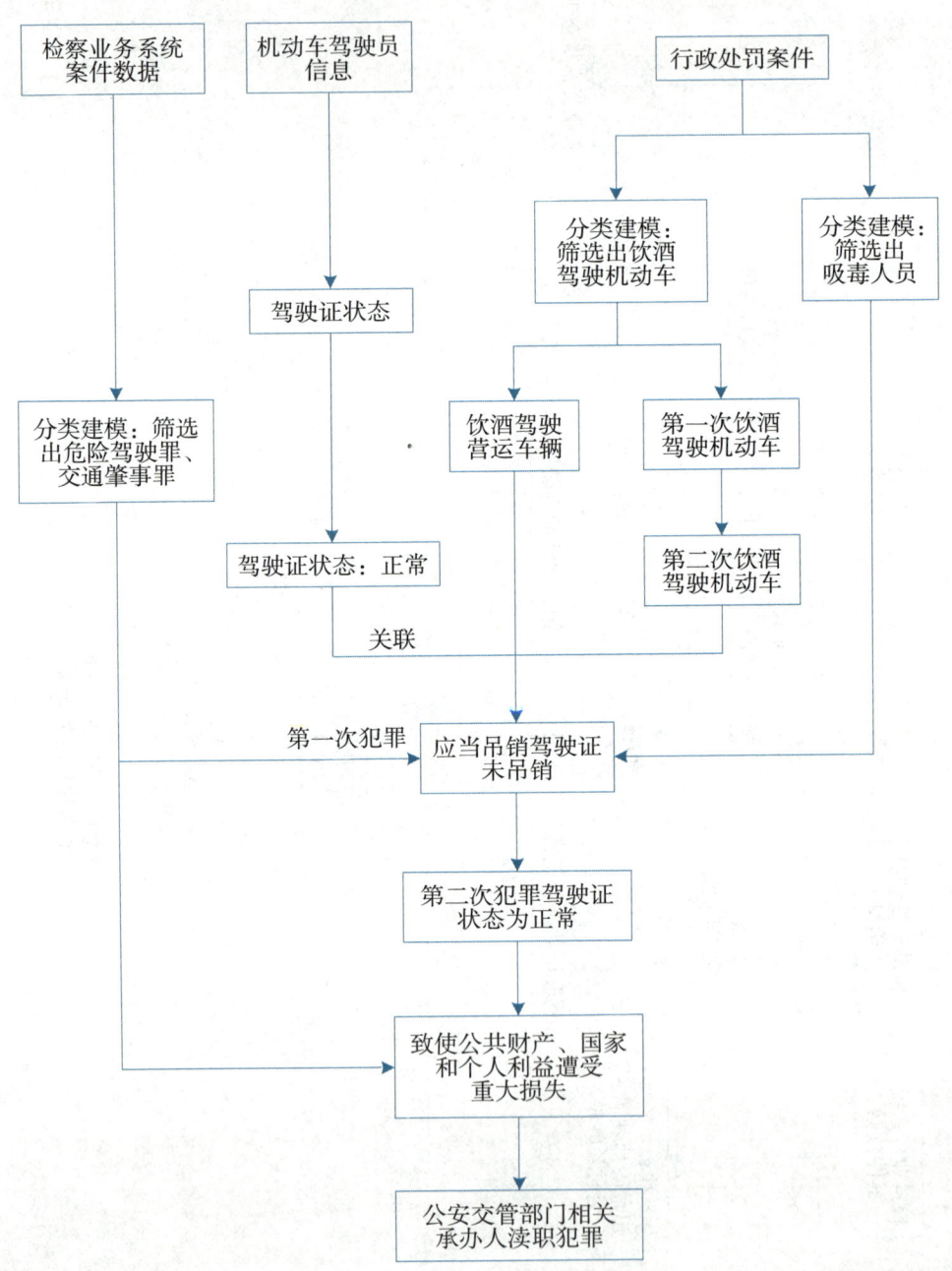

📖 检察融合监督

职务犯罪侦查

模型推送出公安交管部门相关工作人员渎职犯罪线索 16 条，即应当吊销驾驶证未吊销人员再次交通肇事并致使公共财产、国家和个人利益遭受重大损失，公安交管部门相关工作人员涉嫌渎职犯罪线索，上述线索由省院数字办会同省院第五检察部初步研判，根据具体线索分别交办各地。各地组织专门侦办团队审查、调查，对涉嫌渎职犯罪的案件，及时报请立案侦查。目前，全省检察机关开展专项整治行动，已立办渎职犯罪 7 件 7 人。其中，襄阳市院办理的王某理玩忽职守案入选最高检大数据赋能司法工作人员相关职务犯罪侦查工作典型案例，荆州市院立案查办某市公安局交通警察大队民警田某玩忽职守案，经调查核实田某违规退还驾驶证，导致李某仍持证驾车再次造成严重后果，涉嫌玩忽职守罪被立案侦查，随着办案深挖，不仅发现田某在此案中收受贿赂，还发现律师胡某与田某等串通干预交通事故调解、提起虚假诉讼侵吞保险理赔款等违法犯罪线索，涉及警察、法官多人，已立案 2 件 2 人。

行政检察监督

通过在全省检察机关开展机动车驾驶证吊销、道路运输从业资格证撤销法律监督专项整治行动，将模型推送的行政检察监督线索由省院数字办进行初步研判后，移送省院对口业务部门，由省院业务部门根据属地管辖原则逐级交办至线索所在地检察机关办理。各地坚持实质性调查、案件化办理，根据线索指向的问题，实地开展调查，调取相关单位是否作出吊销相关证件的处理决定、是否执行等原始材料，根据调查情况分别依法制发个案或类案检察建议、违法违纪线索移送等方式处理，对相关部门未做出吊销驾驶证处罚或者撤销道路运输从业资格证处理的，督促公安交管部门、交通运输部门及时纠正，提出加强监管衔接的检察建议，督促行政执法机关依法规范严格执法。截至 2023 年 9 月，模型推送驾驶证应当吊销未吊销线索 3886 条、从业资格证应当撤销未撤销线索 5731 条，其中持证驾车再次违法犯罪线索 55 条，渎职犯罪线索 16 条。全省检察机关开展专项整治行动，已立办渎职犯罪 7 件 7 人，另外，核实已过追诉时效案件 7 件并提出处分相关承办人的建议，移送追责问责线索 36 条，制发个案、类案检察建议 314 件。

📖 社会治理成效

机动车驾驶证应吊销未吊销、道路运输从业资格证应撤销未撤销等执法不规范、执法不严以及造成严重后果的问题长期存在，模型的研发和应用，使这一问题系统化、精准化地被挖掘出来。该模型易复用、效果好，通过推广应用，能及时发现纠正上述行政违法行为，查处渎职等职务犯罪，督促行政机关严格公正规范执法。湖北省人民检察院以模型应用为契机，开展专项整治行动，认真开展调研分析，梳理出醉驾案件行政处罚决定书未随案移送较普遍、交通肇事作相对不起诉后是否吊销驾驶证存在争议、法院判决结果反馈不及时、交通肇事判决后吊销驾驶证时限规定不明确、吊销驾驶证处罚结果抄送交通运输部门不够等问题，联合相关单位完善制度机制，在更高水平上推进道路交通安全全面治理、系统治理和源头治理。

📖 法律法规依据

1.《中华人民共和国刑事诉讼法》第十九条 刑事案件的侦查由公安机关进行，法律另有规定的除外。

人民检察院在对诉讼活动实行法律监督中发现的司法工作人员利用职权实施的非法拘禁、刑讯逼供、非法搜查等侵犯公民权利、损害司法公正的犯罪，可以由人民检察院立案侦查。对于公安机关管辖的国家机关工作人员利用职权实施的重大犯罪案件，需要由人民检察院直接受理的时候，经省级以上人民检察院决定，可以由人民检察院立案侦查。

2.《中华人民共和国刑事诉讼法》第一百七十七条　犯罪嫌疑人没有犯罪事实，或者有本法第十六条规定的情形之一的，人民检察院应当作出不起诉决定。

对于犯罪情节轻微，依照刑法规定不需要判处刑罚或者免除刑罚的，人民检察院可以作出不起诉决定。

人民检察院决定不起诉的案件，应当同时对侦查中查封、扣押、冻结的财物解除查封、扣押、冻结。对被不起诉人需要给予行政处罚、处分或者需要没收其违法所得的，人民检察院应当提出检察意见，移送有关主管机关处理。有关主管机关应当将处理结果及时通知人民检察院。

3.《中华人民共和国道路交通安全法》第九十一条　饮酒后驾驶机动车的，处暂扣六个月机动车驾驶证，并处一千元以上二千元以下罚款。因饮酒后驾驶机动车被处罚，再次饮酒后驾驶机动车的，处十日以下拘留，并处一千元以上二千元以下罚款，吊销机动车驾驶证。

醉酒驾驶机动车的，由公安机关交通管理部门约束至酒醒，吊销机动车驾驶证，依法追究刑事责任；五年内不得重新取得机动车驾驶证。

饮酒后驾驶营运机动车的，处十五日拘留，并处五千元罚款，吊销机动车驾驶证，五年内不得重新取得机动车驾驶证。

醉酒驾驶营运机动车的，由公安机关交通管理部门约束至酒醒，吊销机动车驾驶证，依法追究刑事责任；十年内不得重新取得机动车驾驶证，重新取得机动车驾驶证后，不得驾驶营运机动车。

饮酒后或者醉酒驾驶机动车发生重大交通事故，构成犯罪的，依法追究刑事责任，并由公安机关交通管理部门吊销机动车驾驶证，终生不得重新取得机动车驾驶证。

第一百零一条　违反道路交通安全法律、法规的规定，发生重大交通事故，构成犯罪的，依法追究刑事责任，并由公安机关交通管理部门吊销机动车驾驶证。

造成交通事故后逃逸的，由公安机关交通管理部门吊销机动车驾驶证，且终生不得重新取得机动车驾驶证。

4.《机动车驾驶证申领和使用规定》第十五条第一款 有下列情形之一的，不得申请机动车驾驶证：

（一）有器质性心脏病、癫痫病、美尼尔氏症、眩晕症、癔病、震颤麻痹、精神病、痴呆以及影响肢体活动的神经系统疾病等妨碍安全驾驶疾病的；

（二）三年内有吸食、注射毒品行为或者解除强制隔离戒毒措施未满三年，以及长期服用依赖性精神药品成瘾尚未戒除的；

（三）造成交通事故后逃逸构成犯罪的；

（四）饮酒后或者醉酒驾驶机动车发生重大交通事故构成犯罪的；

（五）醉酒驾驶机动车或者饮酒后驾驶营运机动车依法被吊销机动车驾驶证未满五年的；

（六）醉酒驾驶营运机动车依法被吊销机动车驾驶证未满十年的；

（七）驾驶机动车追逐竞驶、超员、超速、违反危险化学品安全管理规定运输危险化学品构成犯罪依法被吊销机动车驾驶证未满五年的；

（八）因本款第四项以外的其他违反交通管理法律法规的行为发生重大交通事故构成犯罪依法被吊销机动车驾驶证未满十年的；

（九）因其他情形依法被吊销机动车驾驶证未满二年的；

（十）驾驶许可依法被撤销未满三年的；

（十一）未取得机动车驾驶证驾驶机动车，发生负同等以上责任交通事故造成人员重伤或者死亡未满十年的；

（十二）三年内有代替他人参加机动车驾驶人考试行为的；

（十三）法律、行政法规规定的其他情形。

未取得机动车驾驶证驾驶机动车，有第一款第五项至第八项行为之一的，在规定期限内不得申请机动车驾驶证。

5.《车辆驾驶人员血液、呼气酒精含量阈值与检验标准》

6.《出租汽车驾驶员从业资格管理规定》第十条　申请参加出租汽车驾驶员从业资格考试的，应当符合下列条件：

（一）取得相应准驾车型机动车驾驶证并具有 3 年以上驾驶经历；

（二）无交通肇事犯罪、危险驾驶犯罪记录，无吸毒记录，无饮酒后驾驶记录，最近连续 3 个记分周期内没有记满 12 分记录；

（三）无暴力犯罪记录；

（四）城市人民政府规定的其他条件。

第三十九条　出租汽车驾驶员有下列不具备安全运营条件情形之一的，由发证机关撤销其道路运输从业资格证，并公告作废：

（一）持证人身体健康状况不再符合从业要求且没有主动申请注销道路运输从业资格证的；

（二）有交通肇事犯罪、危险驾驶犯罪记录，有吸毒记录，有饮酒后驾驶记录，有暴力犯罪记录，最近连续 3 个记分周期内记满 12 分记录。

7.《道路运输从业人员管理规定》第九条　经营性道路旅客运输驾驶员应当符合下列条件：

（一）取得相应的机动车驾驶证 1 年以上；

（二）年龄不超过 60 周岁；

（三）3 年内无重大以上交通责任事故；

（四）掌握相关道路旅客运输法规、机动车维修和旅客急救基本知识；

（五）经考试合格，取得相应的道路运输从业资格证件。

第十条　经营性道路货物运输驾驶员应当符合下列条件：

（一）取得相应的机动车驾驶证；

（二）年龄不超过 60 周岁；

（三）掌握相关道路货物运输法规、机动车维修和货物装载保管基本知识；

（四）经考试合格，取得相应的道路运输从业资格证件。

第十一条第一款 道路危险货物运输驾驶员应当符合下列条件：

（一）取得相应的机动车驾驶证；

（二）年龄不超过 60 周岁；

（三）3 年内无重大以上交通责任事故；

（四）取得经营性道路旅客运输或者货物运输驾驶员从业资格 2 年以上或者接受全日制驾驶职业教育的；

（五）接受相关法规、安全知识、专业技术、职业卫生防护和应急救援知识的培训，了解危险货物性质、危害特征、包装容器的使用特性和发生意外时的应急措施；

（六）经考试合格，取得相应的道路运输从业资格证件。

8.《最高人民检察院关于推进行政执法与刑事司法衔接工作的规定》

第十二条 人民检察院发现行政执法人员涉嫌职务违法、犯罪的，应当将案件线索移送监察机关处理。

第十五条 人民检察院根据工作需要，可以会同有关单位研究分析行政执法与刑事司法衔接工作中的问题，提出解决方案。

办案心得体会

道路交通安全关乎国计民生。一些当事人机动车驾驶证应当吊销未吊销，仍然持证驾车，有的再次危险驾驶、交通肇事。过去检察机关只能从个案办理中发现一些浅表、偶发问题，通过模型应用，能够系统准确地发现批量线索，湖北省人民检察院通过模型应用，以开展全省专项整治行动为契机，交办查办模型推送的驾驶证应当吊销未吊销线索 3886 条、从业资格证应当撤销未撤销线索 5731 条、渎职犯罪线索 16 条，已立办渎职犯罪 7 件 7 人，大数据赋能司法工作人员相关职务犯罪侦查工作成效显著，有效监督行政机关严格规范执法，主要做法如下：

一、数据赋能助力线索精准识别

针对公安交管部门在办理交通肇事案件中，未及时暂扣、吊销驾驶证，甚至违规退还驾驶证，导致犯罪嫌疑人重复犯交通肇事罪，相关工作人员涉嫌渎职问题，依托模型，运用应当吊销驾驶证未吊销信息，与交通肇事罪信息关联碰撞，筛查出再次犯交通肇事罪并致使公共财产、国家和个人利益遭受重大损失，推送出公安交管部门相关工作人员渎职犯罪线索16条，通过交办查办线索，已立案侦查7件，含关联案件2件。模型能全面、精准地排查交通执法领域的渎职违法犯罪线索，不仅拓宽了渎职犯罪线索的发现渠道，也提升了职务犯罪案件侦查的震慑作用。

二、运用类案思维厘清核查思路

从利用数字模型发现线索到办成案件，过程看似一步之遥，实则曲折反复，考验办案人员的办案智慧、逻辑思维等多种素能。一是梳理类似案件渎职点、犯罪模式等关键特征。模型推送线索办成渎职案件，关键在于三个方面：首先，存在犯交通肇事罪或者危险驾驶罪后再次犯交通肇事罪情形；其次，第二次事故发生时存在驾驶证未被暂扣或者未吊销，且造成人员伤亡或者重大财产损失后果；最后，渎职行为和后果之间存在因果关系。二是注重收集证据的内在逻辑。一方面，此类案件肇事者多为货车司机，B2以上驾驶证一旦被吊销，其收入大幅减少，为了保证驾驶证不被吊销降级，他们会托关系向办案交警请客送礼；另一方面，由于相关法律、法规规定不明确，让个别交警有了可乘之机，有意无意不暂扣肇事者驾驶证、不在系统上扣押、吊销驾驶证，因此，收集肇事司机的证言是突破案件的关键。三是深挖案件背后的深层次腐败。如荆州市院办理李某交通肇事案调查线索过程中发现，办案民警田某违规退还驾驶证，导致李某仍持证驾车再次造成严重后果，田某涉嫌玩忽职守罪被立案侦查，随着办案深挖，还发现律师胡某与田某等串通干预交通事故调解、提起虚假诉讼侵吞赔偿款等违法犯罪线索，涉及警察、法官多人，已立案2件2人。通过挖掘新的违法犯罪线索，梳理出这些类案中的典型特征，拓展模型监督点，完善模型监督规则，进一步实现对该类渎职行为全方位精准监督。

三、联动办案凝聚诉源治理合力

办理相关司法工作人员渎职线索案件的同时，注重对未构成犯罪但涉嫌违法违纪线索及时依法移交相关部门处理。如襄阳市院查办冯某交通肇事案线索中发现，彭某作为该案办案民警，未依法扣押、吊销冯某机动车驾驶证，导致冯某以驾驶证遗失为由补领机动车驾驶证，再次持证驾车发生交通肇事案，造成一死三伤的严重后果，彭某的行为涉嫌玩忽职守罪，但本案已经过诉讼时效，不宜以犯罪立案处理，鉴于彭某的渎职行为危害后果严重，已将该线索移交纪检监察部门，并向公安交管部门发出个案检察建议。专项整治行动中，已核实过追诉时效案件7件并提出处分相关承办人的建议，移送追责问责线索36条，对发现的公安机关办理危险驾驶、交通肇事案件中履职瑕疵和不到位、吊销驾驶证处罚结果抄送交通运输部门不够等问题，依法向相关单位制发个案、类案检察建议314件。

案件承办人：

  杨　格（湖北省荆州市人民检察院）

  尹海龙　吕忠琴　李国忠（湖北省襄阳市襄州区人民检察院）

案例撰写人：

  杨　格（湖北省荆州市人民检察院）

  闫蒙南（湖北省襄阳市人民检察院）

案例审核人：

  张　莹（湖北省人民检察院）

土地违建执行类案监督

◇ 广东省中山市人民检察院　第二市区人民检察院

📖 关键词

退还土地　拆除违法建筑物　执行监督

📖 要旨

针对非法占地行政处罚案件中普遍存在的退还土地、拆除违法建筑物"裁而不执"监督线索发现难的共性问题，构建数字监督模型，通过土地行政执法数据、司法裁判数据、卫星遥感监测数据筛查、碰撞、比对，有效挖掘法院裁定准予执行后，应强制执行退还土地、拆除违法建筑物而未执行完毕的监督线索，制发检察建议督促法院和属地政府依法启动执行程序。实现以智能化数据处理，降低检察机关调查核实所需的人力、财力和时间成本，有效推动解决"退还土地"和"拆除违法建筑物"执行难问题。

📖 基本情况

中山市非法占地行政处罚案件的执行，人民法院实行"裁执分离"模式，执行依据、执行裁定、执行实施分别由不同主体履职，主体多元、机制不畅，导致"信息壁垒""裁而不执"问题比较突出。为此，广东省中山市第二市区人民检察院（以下简称"中山二区检"）整合行政执法数据、司法裁判数据和卫星遥感监测数据，建立大数据法律监督模型，挖掘和发现一批非法占用土地长期得不到有效执行的案件线索。

通过应用数据模型，中山市检察机关筛查出监督线索 635 条，依职权立案 515 件。经调查核实，向属地政府发出检察建议 22 份，涵盖 515 个案件，检察建议采纳率 100%，推动退还土地 33.7 万平方米，拆除违法建筑物 29.65 万平方米，恢复耕地 7.26 万平方米，恢复永久基本农田 1.69 万平方米，同时助推人民法院和行政机关建章立制、协同共治，实现源头治理、系统治理。

📖 线索发现

2019 年 8 月，罗某培不服法院强制划拨其银行存款支付中山市自然资源局罚款的执行行为，向中山二区检申请监督。经调查核实，罗某培未经批准非法占用 323 平方米集体土地，建成一座十一层砼结构建筑物，作出租屋用途，自然资源部门对其作出行政处罚决定，内容包括退还非法占用的土地，限期拆除违法建筑物及罚款。罗某培未在法定期限内履行义务，经催告仍未履行。自然资源部门依法申请人民法院强制执行，法院作出准予执行裁定。中山二区检经审查，法院强制划拨存款的执行行为符合法律规定，依法作出不支持监督申请决定。同时发现，涉案行政处罚决定中关于退还土地、拆除违法建筑物的内容一直未执行到位。

2020 年，中山二区检以广东省人民检察院开展"自然资源领域行政非诉执行监督专项活动"为契机，深入基层走访调研，发现罗某培案并非个例，土地执法查处领域行政处罚案件"退还土地""拆除违法建筑物"的处罚内容普遍执行不到位，遂建立大数据法律监督模型，开展类案监督。

📖 数据分析方法

数据来源

1. 土地执法查处领域行政处罚案件信息（源于广东省行政执法信息

公示平台或自然资源主管部门）。

2. 人民法院土地执法查处类行政非诉执行案件信息（源于中国裁判文书网）。

3. 卫星遥感监测数据（源于国家地理信息公共服务平台、第三方路网平台或自然资源部门）。

数据分析关键词

1. 处罚内容。关注行政处罚事项是否包括退还土地、拆除违法建筑物。

2. 裁判结果。关注法院行政裁定书的裁判结果是否裁定准予执行。

3. 图像信息。关注土地上是否有建筑物。

数据分析步骤

第一步：数据筛查。首先，在广东省行政执法信息公示平台上以"非法占用土地"为关键词检索，从 11382 份行政处罚决定书中，筛选出中山市"非法占用土地"处罚文书 1600 余份，再以"退还""拆除"为关键词筛选，获取行政执法数据 1090 条，从中提取"当事人姓名""处罚决定文号"信息，形成土地违建行政执法数据库。其次，在中国裁判文书网审判程序栏检索"行政非诉执行审查"，以"土地""准予执行"为关键词，从 103006 份裁定书中筛选出准予执行裁定 4062 份，从中提取"当事人姓名"和"处罚决定文号"信息，形成土地违建司法裁判数据库。

第二步：数据碰撞。以"处罚决定文号"为对比项，利用表格函数工具（VLOOKUP）一键碰撞出重叠数据 635 条，即行政机关已作出处罚决定，人民法院也裁定准予执行的案件。

第三步：比对识别。实践中，从行政机关作出行政处罚到强制执行，时间跨度长，用地状态可能发生变化，可以调取卫星遥感监测数据进行比对。向自然资源部门批量调取案涉土地坐标，编辑"批处理命令"，在国家地理信息平台上自动查询并获取实时影像，智能识别是否存在地上违章建筑物，从而快速生成"裁而未执"案件线索。对635条重叠数据比对后，依职权立案515件。

思维导图

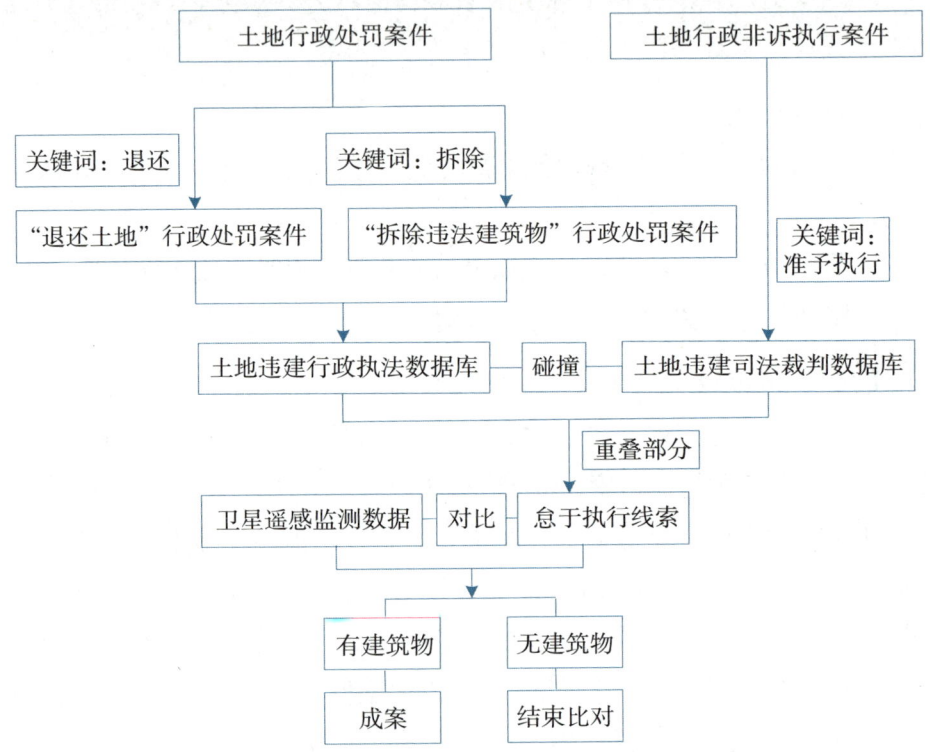

📖 检察融合监督

行政检察监督

中山市检察机关对近4000余条行政裁判数据和行政执法数据进行梳理研判，成案515件。通过调查核实，对515件案件均作出监督，向法院或行政机关发出检察建议22份，涵盖515个案件，采纳率100%。

刑事检察监督

中山市检察机关在办理案件过程中，关注在办案件是否可能涉嫌非法转让、倒卖土地使用权罪，非法占用农用地罪、非法批准征收、征用、占用土地罪，非法低价出让国有土地使用权罪等，加强涉刑案件甄别，对可能涉及刑事犯罪的，移送刑事检察部门。在已办结的案件中，排查出可能涉刑案件线索13条，均已向刑事检察部门移送，刑事检察部门已依法审查办理。

公益诉讼检察

中山市检察机关在办理案件过程中，关注在办案件是否可能涉及土地资源及生态环境公共利益损害，排查出可能涉公益保护线索10条，均已向公益诉讼部门移送，公益诉讼部门已依法审查办理。

📖 社会治理成效

土地执法查处领域行政非诉执行案件"退还土地""拆除违法建筑物"长期执行不到位，严重制约土地保护与利用。中山检察机关以本模型为基础，通过办理515件案件，共推动退还土地33.7万平方米，拆除违法建筑物29.65万平方米，恢复耕地7.26万平方米，恢复永久基本农田1.69万平方米。全市检察机关共有3个案件分别获评最高人民检察院"土地执法查处领域行政非诉执行监督"专项活动优秀案件、全省十大行政非诉执行监督典型案例，相关办案经验被《检察日报》报道。中山市人民检察院在土地执法查处领域行政非诉执行监督专项活动中被广东省人民检察院评为"优秀组织单位"。

在监督的同时，通过常态化会商和执行协作，推动人民法院在强制执行和行政机关在农村宅基地监管、违法用地执法巡查、违法建筑即建即拆等方面建章立制、协同共治、溯源治理，将违法用地消灭在"萌芽"状态，最终实现双赢多赢共赢。

📖 法律法规依据

1.《中华人民共和国土地管理法》第七十七条　未经批准或者采取

欺骗手段骗取批准，非法占用土地的，由县级以上人民政府自然资源主管部门责令退还非法占用的土地，对违反土地利用总体规划擅自将农用地改为建设用地的，限期拆除在非法占用的土地上新建的建筑物和其他设施，恢复土地原状，对符合土地利用总体规划的，没收在非法占用的土地上新建的建筑物和其他设施，可以并处罚款；对非法占用土地单位的直接负责的主管人员和其他直接责任人员，依法给予处分；构成犯罪的，依法追究刑事责任。

超过批准的数量占用土地，多占的土地以非法占用土地论处。

2.《中华人民共和国行政强制法》第五十三条　当事人在法定期限内不申请行政复议或者提起行政诉讼，又不履行行政决定的，没有行政强制执行权的行政机关可以自期限届满之日起三个月内，依照本章规定申请人民法院强制执行。

3. 中山市中级人民法院、原中山市依法治市工作领导小组办公室、原中山市国土资源局、原中山市法制局《关于建立国土资源非诉行政案件"裁执分离"强制执行新机制的会议纪要》第二条第二项　对责令限期拆除违法建筑、恢复原状等行为罚案件，按照土地违法案件属地管理原则，由违法用地所在地的镇人民政府（街道办事处）组织实施强制执行。

4. 中山市人民政府办公室《对违法用地行政处罚实施强制执行协调会纪要》。

5.《人民检察院检察建议工作规定》第三条第一款　人民检察院可以直接向本院所办理案件的涉案单位、本级有关主管机关以及其他有关单位提出检察建议。

第十一条　人民检察院在办理案件中发现社会治理工作存在下列情形之一的，可以向有关单位和部门提出改进工作、完善治理的检察建议：……（四）相关单位或者部门不依法及时履行职责，致使个人或者组织合法权益受到损害或者存在损害危险，需要及时整改消除的……

办案心得体会

中山市检察机关着眼非法占地行政处罚案件中普遍存在的退还土地、拆除违法建筑物"裁而不执"监督线索发现难的共性问题，通过大数据赋能，实现个案办理向类案监督、系统治理转变，成功办理了一批违法占用土地长期得不到有效执行的案件，有效规范域内土地行政处罚执行秩序。回顾数据赋能检察办案过程，我们主要围绕"如何锁定监督切入口""如何获取数据""如何研判数据""如何推动治理"四个方面展开探索。

一、如何锁定监督切入口

2019年以来，最高检常态化部署开展土地执法查处领域行政非诉执行监督专项工作。中山市违法用地行政处罚案件实行"裁执分离"模式，执行依据、执行裁定、执行实施分别由不同主体履职，主体多元、机制不畅，"一裁了之""裁而不执"现象普遍。

要通过大数据法律监督模型实现精准监督，就必须遵循"小切口"原则。根据《中华人民共和国土地管理法》相关规定，违法用地行政处罚事项具体包括"退还土地""限期拆除在非法占用土地上新建的建筑物、构筑物""没收在非法占用的土地上新建的建筑物和其他设施""罚款"等内容。经走访调研，我们发现中山市未制定规范性文件进一步明确"没收在非法占用的土地上新建的建筑物和其他设施"的执行和处置流程，对该项处罚事项的执行缺乏可操作性。而对于"罚款"处罚事项，由于不需要通过"裁执分离"模式执行，且实践中"罚款"普遍能执行到位。因此，我们将"没收在非法占用的土地上新建的建筑物和其他设施"及"罚款"两项处罚事项剔除在外，确定了开展土地执法查处领域行政非诉执行大数据法律监督的两个切口，即对涉及"退还土地""限期拆除在非法占用土地上新建的建筑物、构筑物"处罚内容的案件进行监督。

二、如何获取数据

"巧妇难为无米之炊",数据源是大数据法律监督模型的基础,检察机关只有多管齐下,才能确保数据源不仅"可得",而且"易得"。

(一)行政执法数据的获取

2019年至2020年,中山市人民检察院与中山市自然资源局先后会签了《关于加强行政检察与自然资源行政执法衔接工作的具体实施方案》《关于加强土地执法领域行政检察与行政执法协作配合的意见》等,建立起包括执法数据通报、电子案卷调阅、检察建议制发、检察建议评价和执法协作等内容的行政执法和行政检察衔接机制。通过上述机制,我们成功办理了一批案件。但随后发现,案源获取依赖于行政机关移送,这种制度依赖性在一定程度上造成了检察监督的被动性,影响了检察机关发现监督线索的效率。因此,有必要寻求更高效的数据来源渠道。

《国务院办公厅关于全面推行行政执法公示制度执法全过程记录制度重大执法决定法制审核制度的指导意见》(国办发〔2018〕118号)明确要求建立统一的执法信息公示平台,大多数地区已建立起相应平台。以广东省为例,全省共21个地级市4670家行政执法部门5366个行政执法主体全部行政执法基本信息、结果信息均可在"广东省行政执法信息公示平台"获取。我们通过公示平台共获取执法数据近2000条,成案率逐年上升。其中2021年中山市第二市区人民检察院土地执法领域行政非诉执行监督成案136件,同比增长5.4%,与2019年相比增长约9.5倍。因此,"广东省行政执法信息公示平台"成为我们获取土地执法查处领域行政处罚案件信息的有效来源。

(二)司法裁判数据的获取

在司法裁判数据源方面,目前模型运行主要依赖"中国裁判文书网"。针对司法裁判数据公开受限的问题,下一步,中山市检察机关将探索推动建立市域裁判文书检法共享平台,或通过与法院建立行政非诉执行案件信息定期通报或批量调取机制等，进一步降低司法裁判数据获取的难度。

（三）卫星遥感监测数据的获取

卫星遥感监测数据主要通过国家地理信息系统、第三方路网平台或从自然资源部门获取。从公开平台获取的图斑信息大约半年至一年更新一次，虽然更新速度存在一定的滞后性，但从已办案件整改结果看，数据滞后对监督的精准性影响较弱。目前，中山市自然资源局无人机全景天眼监测已基本实现全域覆盖，图斑更新速度可以达到一周或两周更新一次。下一步，我们将从自然资源主管部门调取土地图斑数据作为卫星遥感监测数据获取的替代方式。

三、如何研判数据

（一）行政执法数据的筛查和分析

在土地执法查处领域行政处罚案件信息中，以关键词"退还""拆除"，将涉及"退还土地""限期拆除在非法占用的土地上新建的建筑物和其他设施"的案件筛选出来。从中提取"当事人名称""处罚决定文号"信息，形成土地违建行政执法数据库。

（二）行政执法数据与司法裁判数据的碰撞

自然资源部门不具有强制执行权，其作出的行政处罚决定应当依法申请人民法院强制执行。人民法院经审查后可能裁定不予受理、准予执行、不准予执行等。只有经法院裁定准予执行的案件才能依法进入强制执行程序。因此，需要将行政执法数据与司法裁判数据进行比对，从中发现重复项数据，该重复项数据即为自然资源部门作出"退还土地""限期拆除在非法占用的土地上新建的建筑物和其他设施"处罚决定，且法院经审查认为行政行为合法，裁定予以强制执行的案件，应当判定为监督线索。对于碰撞后发现的非重复项，说明人民法院受理环节和审查环节、自然资源部门申请执行环节可能存在违法情形，我们下一步将通过设定新的数据筛查规则批量获取线索后另行延伸监督。

（三）卫星遥感监测数据的判读

卫星遥感监测数据主要以图像方式呈现，包括土地利用现状、测绘面积、历史地貌变化等信息。因行政机关作出行政处罚到非诉强制执行时间跨度长，用地状态存在更新可能。于是我们向自然资源部门批量调取案涉土地坐标，编辑"批处理命令"，在国家地理信息平台上自动查询并获取实时影像，智能识别是否存在地上违章建筑物，从而快速生成"裁而未执"案件线索。我们对635条重叠数据比对后，依职权立案515件。

四、如何推动治理

大数据法律监督模型有效解决了检察机关线索发现的前端问题，只有通过常态化会商和执行协作，支持行政机关开展执行工作，做好检察监督"后半篇文章"，才能真正实现双赢多赢共赢。

（一）推动农村违法占地、违法建设"两违"问题的溯源治理

大数据法律监督不能局限"就案办案"，必须坚持"个案整改"和"类案治理"相结合。我们通过分析总结农村违法占地、违法建设的规律性问题，推动镇街开展溯源治理，促进违法用地问题长效治理。

土地行政处罚执行难度大，其根源在于违法建设行为发现不及时和查处力度弱。"两违"案件往往同时触犯《中华人民共和国土地管理法》和《中华人民共和国城乡规划法》，属地镇街除基于"裁执分离"负有非诉执行职责外，本身还负有《中华人民共和国城乡规划法》第六十五条、第六十八条规定的"对未取得乡村建设规划许可证进行建设"的违法行为予以"责令停止建设、限期改正"和"拆除"的强制执行权。属地镇街应当落实监管主体责任，加大土地巡查力度，及时发现在建违法建筑并严格执法，将"两违"问题消除在萌芽状态，降低后续执行成本。如在2021年6月向某镇政府发出检察建议后，我们与该镇政府多次座谈会商，就农村出租屋违建、农村土地非法流转、工商业设施违建等问题的综合治理交换意见。最终推动该政府在辖区13个村（社区）相继开展"百日攻坚行动"和"春雷行动"，2021年6月至11月及时

制止在建"两违"701处，强制拆除违法建筑531处，治理土地面积超过46万平方米。同时，制定《某镇农村宅基地和建房管理规定》，通过建章立制严格管控宅基地非法流转及出租屋建设。

（二）结合中山"工改"任务，助力违建工业项目系统治理

我们在运用大数据开展监督的同时着眼于地区当前发展任务，增强法律监督服务保障中心工作检察自觉和检察担当。

"工改"是指"三旧改造"中的旧厂房改造，由政府部门、土地权利人或者其他符合规定的主体，对已建成的老旧工业区或低效工业园、旧厂房实施拆除重建等活动，提高工业用地利用效率、拓展产业发展空间，促进传统产业升级。2022年，中山市全面吹响村镇低效工业集聚区升级改造号角，我们结合"工改"开展土地执法查处领域非诉执行监督，重点关注涉工业用途违法用地、违法建设案件，积极配合镇街开展"工改"，全力护航法治化营商环境建设。如中山二区检已办案件涉及工业用途案件共16件，经与行政机关开展执行协作，向当事人释法说理，全部涉案旧厂房已依法拆除，拆除面积近3000平方米，均已完成升级改造，恢复耕地超过1500平方米。监督的同时，我们通过联席会议、下乡普法等方式为"工改"顺利推进提供法律保障。如2022年中山二区检配合某镇政府开展工改，共推动拆除连片低效工业园8宗，拆除面积超过10万平方米，有效助力违建工业项目系统治理。

案件承办人：
　　谢韵航　冯宝华（广东省中山市第二市区人民检察院）
案件撰写人：
　　马佳娜（广东省中山市人民检察院）
　　冯宝华（广东省中山市第二市区人民检察院）
案例审核人：
　　章华娟　王　磊（广东省人民检察院）

"涉安全生产的特种作业操作证"类案监督

◇ 北京市人民检察院　西城区人民检察院

📖 关键词

安全生产　特种作业操作　信息壁垒　非法网站

📖 要旨

针对建筑工地大量持有伪造特种作业操作证上岗作业存在重大安全隐患问题，提取住建部门施工现场人员管理服务信息平台中从事电气焊作业的现场施工人员信息，与应急管理部门的公开验证平台中合法有效"焊接与热切割"特种作业操作证的信息，以姓名、身份证号码、工种等关键词进行比对碰撞，能够高效发现正在参与现场施工的持假证人员线索，推送给行政执法机关依法核查，检察机关能动开展行刑衔接工作。通过扫描假证上的二维码，发现为假证提供"网上验证"的假冒官方网站，移送公安机关依法查处。通过归集假冒官方网站登录人员、购买或使用假证人员的微信、支付宝信息等，深挖制假售假违法犯罪黑色产业链，对安全生产和网络空间进行溯源治理。

📖 基本情况

焊工、电工等特种作业危险性高，从业人员依法应当经过专门培训、持证上岗。

北京市西城区人民检察院在开展行刑衔接工作中了解到，本市西城区煤市街东某项目工地从事焊接作业的白某某无法说明其取得特种作业操作证的培训机构、参加国家统考时间及签发部门。通过扫描白某某的特种作业操作证上的二维码，发现关联网站并非国家应急局官方网站，疑似虚假网站，北京市西城区人民检察院建议西城应急管理局移送公安机关立案侦查。

经进一步侦查取证，发现假冒官方网站管理人系孙某某，查获 47 个假冒官方网站和 1.9 万个假证信息。

2023 年 4 月，北京市人民检察院联合北京市西城区人民检察院研发"涉安全生产的特种作业操作证"类案法律监督模型，调取北京市住建部门现场施工人员 600 万数据与应急管理部公开验证平台 1780 万数据，以姓名、身份证号码、岗位工种等数据项为关键词，进行对比筛查，模型建用 5 个月来，发现疑似持"假证"监督线索共计 3.3 万个，精准锁定正在参与现场施工的持假证人员，消除 100 多个在建工程的安全隐患。对制售源头和伪造、贩假中游犯罪予以精准打击，对发现的假冒国家官方网予以封处，维护国家机关的权威，保障国家安全。

📖 线索发现

2023 年 2 月 13 日，北京市西城区人民检察院收到西城区应急管理局的商请协助函。西城区应急管理局发现煤市街工地白某某等施工人员所持特种作业操作证系伪造，商请北京市西城区人民检察院出具意见。

西城区检察院经审查发现，白某某在得知工长何某通过网上交易，可帮助其伪造特种作业操作证情况下，未经专业培训及特种作业考试，将个人信息交予何某，伪造焊接与热切割作业特种作业操作证后，在煤市街工地从事焊接及热切割作业，其行为已涉嫌伪造国家机关证件犯罪。

西城区检察院启动立案监督程序，建议西城区应急管理局将该案件移送至公安机关，西城公安分局对该案开展立案侦查工作。

📖 数据分析方法

数据来源

1. 北京市施工现场人员管理服务信息平台的数据（源于住建委）；

2. 特种作业操作证及安全生产知识和管理能力考核合格信息查询平台数据（源于应急管理部公开平台）；

3. 全国建筑市场监管公共服务平台数据（源于住建部公开平台）。

以上数据获取方式是通过访问相应平台以及与相关部门进行数据共享和合作。

数据分析关键词

姓名、身份证号码、岗位工种、施工工地名称等。

数据分析步骤

第一步：数据收集。

1. 首先从住建部门收集"建筑工人管理服务信息平台"中的施工现场人员实名制信息 600 万条数据。包含现场施工人员姓名、身份证号码、工种及施工地点等重要内容。

2. 从应急管理部特种作业操作证及安全生产知识和管理能力考核合格信息查询平台（官方网址：http://cx.mem.gov.cn）获取"安全生产资格证书"的 1780 万条数据，同样涵盖了姓名、身份证号码、工种、特种作业证号等关键信息。

第二步：碰撞分析。

1. 从住建部门施工现场人员管理服务信息平台 600 万条数据中提取工种为焊工的施工人员信息 8 万余条。

2. 以姓名和身份证号码为关键词，将 8 万多焊工数据与应急部特种作业操作证数据进行碰撞比对。碰撞出三种结果：一是有效期内数据 56647 条，即为合法持证人员；二是过期数据 20039 条，即为操作证过期人员；三是未查询到数据 10990 条，即为高度疑似持假证线索，同时锁定其施工地点。

此外，还可按上述步骤碰撞发现电工、高空作业等其他特种作业类别假证线索。

第三步：线索核查。

检察机关将高度疑似假证线索 10990 条移交给行政执法机关，督促公安机关、住建部门、应急部门前往施工现场核查，查获使用假证人员，初步判断存在持假证上岗或伪造、变造、买卖国家机关证件的违法行为。

第四步：数据归集关联，深挖违法犯罪。

通过进一步数据归集关联，深挖违法犯罪，打击制售假证黑色产业链和假冒官方网站行为。通过扫描假证上的二维码，发现假冒的应急管理部安全生产考试等国家机关官方网站，指导公安机关根据假冒官方网站建立、维护和登录情况确定伪造、出售假证的违法犯罪分子，从假冒官方网站后台数据挖掘出大量办理假证人员的信息，指导公安机关收集上述人员的微信、支付宝、手机等信息进行关联碰撞，深入挖掘出背后整条制售假证的黑色产业链，依法打击制售假证黑色产业链和假冒官方网站。

思维导图

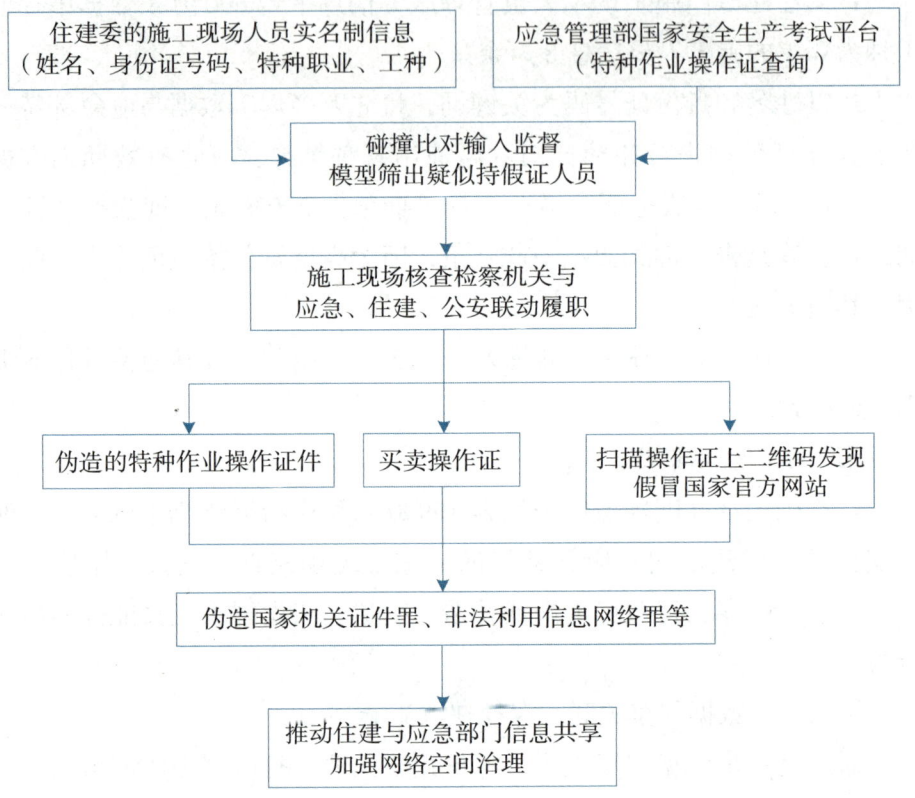

📖 检察融合监督

在北京市检察院党组的统筹指挥下，刑事检察监督、公益诉讼检察监督等相互协作、融合履职，打击假证和假冒官方网站，清理虚假网络信息，形成监督合力。

刑事检察监督

打击伪造、买卖国家机关证件等违法犯罪行为。调取北京市住建部门现场施工人员数据与应急管理部验证平台数据，运用模型进行对比碰撞，发现疑似持"假证"人员10990个。通过个案办理，从假冒官方网站后台数据中获取的假证监督线索 2.3 万个。运用监督模型进行对比筛查，精准锁定持有假证参与现场施工人员。

自 2023 年 5 月模型适用以来，截至 2023 年 10 月 31 日，经检察机关建议行政执法机关移送公安机关，涉"假证"案件立案 246 人，批捕 11 人，查获伪造的特种作业操作证书 1.4 万余张，消除北京市 100 多个在建工程的安全隐患，助推首都安全生产治理。其中，北京市西城区检察院办理的白某某买卖国家机关证件案，经进一步信息归集关联，深挖犯罪线索，破获孙某某等 70 人制假售假犯罪团伙，摧毁覆盖 17 个省份的假证制售黑色产业链。

公益诉讼检察监督

制发公益诉讼检察建议 11 份。一是针对建设工地大量出现持伪造特种作业证上岗，存在监管漏洞和信息壁垒等问题，建议应急管理部与住建部门加大履职监管力度，从全国层面建立特种作业操作证数据信息共享机制及数据对比筛查机制，共同打击特种作业操作证相关违法行为，保障施工现场的安全。二是针对大量假冒国家官方网站为假证提供网上验证以及非法办证网络广告等问题，通过检察建议、联合座谈等方式，协调中国互联网信息中心停止解析、屏蔽、封堵有关假冒官方网站 218 个，督促抖音、快手等互联网企业加强信息合法性审查，清理"快速无忧办证"等各类违法视频和文字等信息 6.4 万余条，处置账号 1154 个，处置评论 22746 条，推动各平台共下架商品 1156 个、处置店铺 52 个，净化网络空间环境。

📖 社会治理成效

一、模型应用于"企安安"系统，护航首都安全生产

北京市检察院特种作业操作证监督模型的逻辑规则应用到市应急管理局的"企安安"系统，对进场施工人员的特种作业证进行比对核查，

促进行政执法机关由事后监管执法向事前预防管理的转变。"企安安"系统是北京市安全生产和火灾隐患排查治理信息系统，依托"京通"小程序，为全市安全生产和火灾隐患大排查大整治工作提供全流程、全链条的信息化支撑，打造运用大数据加强电气焊特种作业管理的"北京模式"，北京作为应急管理部试点，已经形成相对成熟的经验。

北京市检察院向市应急管理局和市住建委制发检察建议后，市住建委和市应急管理局分别向住房和城乡建设部、应急管理部提出住建部门的现场施工人员信息与应急管理部门特种作业操作证及安全生产知识和管理能力考核合格信息查询平台信息共享的建议。目前，应急管理部已向北京市开放数据端口，实现了应急管理部特种作业操作证信息与现场施工特种作业人员信息共享和批量数据查询。

北京市住建委采纳北京市检察院检察建议，在其"施工现场人员管理服务信息平台"中增加特种作业人员操作证号等信息，该项功能计划年内上线，便于对进场施工特种作业人员证件进行动态实时比对核查，即时发现即时处理。

二、形成长效机制

通过会签文件、建章立制，来固化成果，建立安全生产治理长效机制。一是北京市检察院与市高级法院、市应急管理局、市公安局会签《北京市安全生产行政执法与刑事司法衔接工作实施办法》，建立数据共享机制、信息互通平台，促进多部门联动履职。二是由北京市检察院代拟的《关于加强行政执法与刑事司法衔接工作的意见》北京市委计划年内出台，进一步完善本市行刑衔接工作机制。

三、模型复制推广情况

模型具有普适性。全国各省级住建部门均有"建筑工人管理服务信息平台"，与应急管理部的特种作业操作证及安全生产知识和管理能力考核合格信息查询公开平台进行数据对比，均可实现特种作业操证批量核查功能，精准锁定使用假证人员，消除安全隐患。目前，模型在天津、河北检察机关试用，发现监督线索 1170 条，已立案 10 人，取得初步成效。此外，模型还可适用于消防、住建、市场监管等部门制发的特种作业操作证，可以拓展适用到有关部门制发的其他职业资格证等。

综上所述，通过检察融合监督，打击假证违法犯罪，开展安全生产溯源治理和网络空间治理，推动建章立制，形成长效机制，在安全生产领域打造"治罪"+"治理"系统工程，为其他领域问题治理提供了有益的经验和启示。目前，我们正在拓展研发"域名注册管理图鉴模型"，推动加强域名注册管理，进一步净化网络空间环境。

📖 法律法规依据

在办理涉及安全生产的特种作业操作证案件过程中，依据以下法律、行政法规和司法解释：

1.《中华人民共和国刑法》第二百八十条第一款　伪造、变造、买卖或者盗窃、抢夺、毁灭国家机关的公文、证件、印章的，处三年以下有期徒刑、拘役、管制或者剥夺政治权利，并处罚金；情节严重的，处三年以上十年以下有期徒刑，并处罚金。

第二百八十七条之一　利用信息网络实施下列行为之一，情节严重的，处三年以下有期徒刑或者拘役，并处或者单处罚金：

（一）设立用于实施诈骗、传授犯罪方法、制作或者销售违禁物品、管制物品等违法犯罪活动的网站、通讯群组的；

（二）发布有关制作或者销售毒品、枪支、淫秽物品等违禁物品、管制物品或者其他违法犯罪信息的；

（三）为实施诈骗等违法犯罪活动发布信息的。

单位犯前款罪的，对单位判处罚金，并对其直接负责的主管人员和其他直接责任人员，依照第一款的规定处罚。

有前两款行为，同时构成其他犯罪的，依照处罚较重的规定定罪处罚。

2.《中华人民共和国网络安全法》第四十一条　网络运营者收集、使用个人信息，应当遵循合法、正当、必要的原则，公开收集、使用规则，明示收集、使用信息的目的、方式和范围，并经被收集者同意。

网络运营者不得收集与其提供的服务无关的个人信息，不得违反法律、行政法规的规定和双方的约定收集、使用个人信息，并应当依照法律、行政法规的规定和与用户的约定，处理其保存的个人信息。

第五十六条　省级以上人民政府有关部门在履行网络安全监督管理职责中，发现网络存在较大安全风险或者发生安全事件的，可以按照规定的权限和程序对该网络的运营者的法定代表人或者主要负责人进行约谈。网络运营者应当按照要求采取措施，进行整改，消除隐患。

3.《特种设备安全法》《建设工程安全生产管理条例》《特种作业操作证管理规定》

办案心得体会

安全生产是社会稳定和人民幸福的重要基石。在办案过程中，坚持"打源头，建预警，防风险"，遵循以下思维路径和实践经验，确保有效的法律监督和社会治理成效。

第一，紧紧依靠各级党委领导，把党的领导政治优势转化为检察制度效能。

一方面，北京市检察院党组高度重视，统筹指挥，周周调度，对前一阶段模型建用成效进行总结，对下一阶段工作方向进行部署，确保案件办理进度和溯源治理成效。

另一方面，各区院加强向属地党委请示报告，各区委政法委主导推动属地政法机关、行政机关全力支持、协同开展专项监督。如西城区检察院依靠区委政法委，建立区委提级调度机制，为协调解决专项监督中数据获取、联动配合问题提供坚强政治保障。

第二，多方获取数据，打通信息壁垒，为大数据法律监督模型建用准备条件。

借助住建部门"建筑工人管理服务信息平台"的数据，可以获知本市各个建筑工地每天进场施工的特种作业人员。真假特种作业操作证的区别是在应急部官方网站操作证考试平台中有无备案。只要打通住建、应急部门上述两个平台的信息壁垒，就可以通过大数据比对来发现进场施工人员无证或假证线索。

通过与应急部门、住建部门的协作，收集合法有效特种作业操作证信息、施工现场人员管理服务平台等数据源，能够确保数据的准确性和及时性，利用数据分析技术，筛选出潜在的假证线索，由此成就了模型创建。

第三，四大检察融合办案，多个部门联动履职，确保模型建用取得实效。

一方面，四大检察融合办案。涉安全生产的特种作业操作证案件涉及多个领域，如刑事、行政、公益诉讼等，需要综合运用各个领域的法律和职能。四大检察协同办案模式能够充分发挥各自的优势，提高办案质效。

另一方面，多个部门联动履职。检察机关运用模型发现假证线索，督促公安、应急、住建等多个部门联动履职，前往施工现场进行核查，发现伪造、买卖假证行为，依法予以行政处罚或刑事处理，能动促进行刑衔接工作开展，保障模型建用实效。

在办案中，还需要注意以下问题。首先是数据隐私和安全保护，确保获取数据符合法律规定，并采取适当的安全措施。其次是法律程序的严谨性，确保依法获取证据和开展相应的调查工作。此外，需要注重信息共享和沟通协调，确保各相关部门之间的密切合作和信息畅通。

　　以上办案过程中的思维路径和实践经验是在数据获取、协调指挥、融合履职等方面的几点总结。检察干警应持续学习和探索，不断提高办案水平，为推动高水平的社会治理和安全生产工作作出更大贡献。

案件承办人：
　　李满山　施　亮（北京市西城区人民检察院）
案例撰写人：
　　崔　杰（北京市人民检察院）
　　于伟香（北京市西城区人民检察院）
案例审核人：
　　丁子舟　王志坤（北京市人民检察院）

刑事诉讼环节虚假立功类案监督

◇ 湖北省人民检察院

📖 关键词

刑事诉讼环节　　虚假立功　　刑事诉讼违法　　司法工作人员　　徇私枉法

📖 要旨

针对一些犯罪分子勾结司法工作人员，制造虚假立功，逃避刑事打击，损害司法尊严、妨碍司法公正的问题，检察机关通过解析个案，提炼类案规则，从刑事案卡数据和刑事判决书中提取认定立功的关键要素，构建大数据法律监督模型，通过数据关联、碰撞比对锁定涉嫌虚假立功线索，综合运用审查、调查、侦查手段，监督纠正立功认定错误等刑事诉讼活动违法问题，深入查办背后司法工作人员渎职犯罪，推动完善制度机制，建立健全法律法规，严格规范立功认定，维护司法公正。

📖 基本情况

湖北省检察院通过分析近年来办理的立功认定错误抗诉案件和走访调研，发现检举揭发类虚假立功问题时有发生，而此类问题隐藏深、查处难、危害大。通过构建模型，解析相关案件，提取认定立功的关键要素，比对、筛查刑事诉讼环节虚假立功线索，开展融合式专项监督，已立案侦查司法工作人员渎职犯罪2件，提出再审抗诉4件。针对公安机关对涉黄、赌、毒、逃线索管理不严格、不规范等问题，与公安机关沟通，建议加强教育、管理；同时，联合公安、法院就实践中认定检举揭发线索获取手段非法、检举揭发案件查证属实标准不明确、不具体等问题，商讨制定《办案指引》，统一立功认定尺度，达到了通过数字检察赋能法律监督提质增效，促进社会治理的良好效果。

📖 线索发现

个案线索来源于2019年湖北襄阳某市检察机关办理的兰某等人涉黑案件。经审查发现，2016年兰某故意伤害案中，为减轻处罚，兰某家人通过不正当途径获取在逃人员线索，请托原系某地员额检察官的周某与兰某的看守所管教民警王某，传递网上逃犯的住所及其联系方式，帮助伪造立功证据，使得兰某最终被法院判决认定立功，被减轻处罚后判处缓刑。2019年，兰某故意伤害案经检察机关抗诉后改判，检察官周某、看守所民警王某被立案侦查后，分别被法院判处包庇、纵容黑社会性质组织罪、帮助犯罪分子逃避处罚罪。经解析个案，调研分析和综合研判，对类似虚假立功案件，可以构建大数据法律监督模型，筛查发现虚假立功案件线索。

📖 数据分析方法

数据来源

1. 刑事案件数据（源于检察业务应用系统）；

2. 刑事案件卷宗数据、文书数据（源于检察业务应用系统）；

3. 刑事裁判文书数据（源于中国裁判文书网或从人民法院调取）；

4. 公安受案基本信息（源于公安机关）；

5. 接警信息（源于公安机关）；

6. 网上在逃人员数据（源于公安机关全国在逃人员信息系统）；

7. 全省吸毒人员数据（源于公安机关）。

数据分析关键词

通过梳理分析"检举、揭发他人犯罪行为""提供侦破其他案件的重要线索""协助司法机关抓捕网上在逃人员"三类立功情形，分析不同办案环节立功认定情况和立功具体情形，关键信息包括检举揭发人姓名、检举揭发行为时间、检举揭发人相关的地点信息、被检举揭发人姓名、被检举揭发人涉嫌犯罪、被检举揭发案件的案发时间、被检举揭发案件的案件来源、网上在逃人员姓名等。

提取相关信息的关键词包括"立功""检举""揭发""举报""协助抓捕""在追 / 逃人员""线索"等。以一审判决书为例，在解析文书、分析数据时，可通过"立功"这一关键词获取法院在"本院认为"部分认定立功的相关要素，可通过"在追 / 逃人员"这一关键词判断是否属于协助抓捕网上在追 / 逃人员，同时可提取网上在追 / 逃人员姓名等内容。

数据分析步骤

第一步：数据信息获取及要素化解析入库。系统模型所用数据以业务系统（包括统一业务应用系统 1.5 和检察业务应用系统）数据和法院裁判文书数据为主。就数据表现形式来看分为两大类：一类是以案卡数据为典型代表的结构化数据，一类是以起诉意见书、起诉书、判决书、立功相关证明材料为典型代表的非结构化数据。对于结构化数据，通过对接业务系统直接获取或直接从业务系统批量导出；对于非结构化数据，综合运用 OCR 图像识别、NLP 自然语言处理技术进行识别、提取，解析关键信息要素，实现非结构化数据的结构化智能解析入库，形成相应主题库。

第二步：筛查全省生效判决刑事案件中的已认定立功的人员范围：

1. 从刑事案件数据中，筛选"生效判决量刑情节"字段取值包含

"立功"的人员数据；

2. 从刑事案件的生效判决书解析数据中，筛选存在要素"法院认定—构成立功"的人员数据；

3. 对于以上"1""2"所得的立功人员数据，通过比对立功人员姓名、判决罪名、判决书文号，去除其中的重复人员，得到全部判决生效刑事案件中的立功人员数据；

4. 对于"3"所得的立功人员数据，如果立功情形存在"协助司法机关抓捕其他犯罪嫌疑人/同案犯""立功行为发生于监委调查期间""立功证据材料由监委提供""监委已认定构成立功"的情况，则排除对应的立功人员，最终得出全省生效判决刑事案件中的已认定立功的人员。

第三步：提炼监督规则开展数据比对，筛查推送监督线索。解析已有刑事诉讼环节虚假立功案件的类案特征，提炼形成检举揭发类虚假立功常见的3个监督点：立功人员检举揭发的案件查证异常、认定立功案件诉讼过程异常、立功人员与被检举揭发案件关系异常。对每一个监督点细化监督规则，形成了11条监督规则，进行数据碰撞比对。

监督点一：立功人员检举揭发的案件查证异常。

1. 将立功案件与被检举揭发案件进行比对，查找出检察环节无被检举揭发案件的情形；

2. 将立功人员姓名与被检举揭发案件报案人姓名进行比对，查找出立功人员与被检举揭发案件中的报案人不一致的情形；

3. 将检举揭发时间与被检举揭发案件的报案时间、接警时间、受案时间进行碰撞，查找出检举揭发时间晚于侦查机关掌握该犯罪时间的情形。

监督点二：认定立功案件诉讼过程异常。

1. 将起诉意见书、起诉书、判决书中认定立功信息比对，查找出仅在审判环节认定立功的情形；

2. 将起诉意见书、起诉书、判决书中认定立功信息与立功情况说明信息进行碰撞，查找出监察机关办理案件其未认定立功的情形；

3. 从判决书信息中查找出立功人员被判处免予刑事处罚的情形。

监督点三：立功人员与被检举揭发案件关系异常。

1. 将立功人员案由与被检举揭发案件案由进行比对，查找出职务犯罪人员检举揭发普通刑事犯罪的情形；

2. 将立功人员案由、职业、工作单位与被检举揭发案件案由、犯罪地域进行碰撞，查找出原负有查禁犯罪职责的立功人员检举揭发的犯罪属原系统、原地域管辖的情形；

3. 将立功人员案由、违法犯罪记录与被检举揭发案件案由进行碰撞，查找出非涉"黄赌毒"人员检举揭发"黄赌毒"犯罪的情形；

4. 将立功人员职业、工作单位、工作地居住地与被检举揭发人职业、工作单位、工作地居住地/藏匿地进行碰撞，查找出立功人员与被检举揭发人职业或工作地居住地/藏匿地不同的情形；

5. 从立功人员案由、职业、工作单位信息中查找出国家工作人员或企业负责人犯普通刑事案件的情形。

构建模型系统，对于第二步所得的立功人员数据，逐一运行上述 3 个监督点的 11 类监督规则，识别数据异常、推送监督线索。系统线索列表内容包括犯罪嫌疑人信息、被检举揭发案件情况、案件疑点、不同诉讼环节的承办时间及承办人等。将具体案件的异常情形相叠加，按异常情形数量越多，排名越靠前；指向同一承办人的，关联集中显示方式进行推送。

第四步：智能化分析研判。通过系统推送线索信息，查看线索详情可查看犯罪嫌疑人的基本信息、案件信息、立功信息、被检举揭发案件查办进程和线索推送逻辑等内容。系统智能研判模块以流程图和注解的方式呈现当前线索的推送逻辑、关键数据。

思维导图

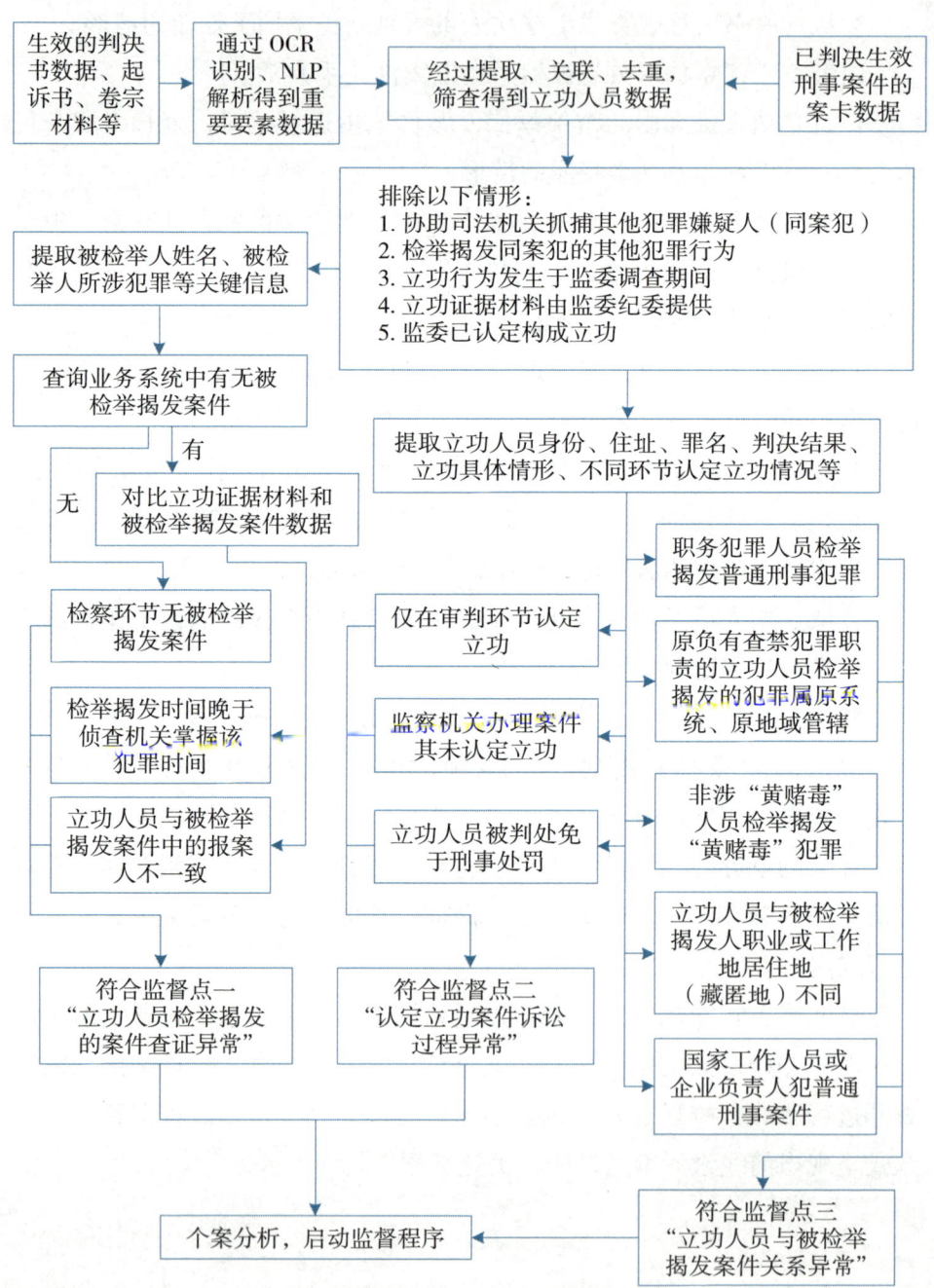

生效的判决书数据、起诉书、卷宗材料等 → 通过 OCR 识别、NLP 解析得到重要要素数据 → 经过提取、关联、去重，筛查得到立功人员数据 ← 已判决生效刑事案件的案卡数据

排除以下情形：
1. 协助司法机关抓捕其他犯罪嫌疑人（同案犯）
2. 检举揭发同案犯的其他犯罪行为
3. 立功行为发生于监委调查期间
4. 立功证据材料由监委纪委提供
5. 监委已认定构成立功

提取被检举人姓名、被检举人所涉犯罪等关键信息

查询业务系统中有无被检举揭发案件

提取立功人员身份、住址、罪名、判决结果、立功具体情形、不同环节认定立功情况等

有 → 对比立功证据材料和被检举揭发案件数据

无

检察环节无被检举揭发案件

检举揭发时间晚于侦查机关掌握该犯罪时间

立功人员与被检举揭发案件中的报案人不一致

仅在审判环节认定立功

监察机关办理案件其未认定立功

立功人员被判处免于刑事处罚

职务犯罪人员检举揭发普通刑事犯罪

原负有查禁犯罪职责的立功人员检举揭发的犯罪属原系统、原地域管辖

非涉"黄赌毒"人员检举揭发"黄赌毒"犯罪

立功人员与被检举揭发人职业或工作地居住地（藏匿地）不同

国家工作人员或企业负责人犯普通刑事案件

符合监督点一"立功人员检举揭发的案件查证异常"

符合监督点二"认定立功案件诉讼过程异常"

符合监督点三"立功人员与被检举揭发案件关系异常"

个案分析，启动监督程序

📖 检察融合监督

积极应用刑事诉讼环节虚假立功法律监督模型，碰撞，筛查出疑似刑事诉讼环节虚假立功线索，在全省范围组织开展刑事诉讼环节虚假立功专项行动。组建数字检察办案团队，综合运用审查、调查、侦查"三查融合"手段，查明立功认定过程中的诉讼活动违法以及虚假立功问题，深挖彻查背后的司法工作人员渎职犯罪。综合运用刑事诉讼监督和立案侦查司法工作人员渎职犯罪等监督方式，形成有力震慑，坚决维护司法公正。

刑事检察监督

刑事检察部门指派检察官参与线索研判和立功认定审查，提出认定立功的疑点问题，引导调查、侦查取证。司法工作人员相关职务犯罪侦查部门组织开展调查，能够确认存在审判活动违法、立功认定错误的，及时交由刑事检察部门启动审判活动监督程序，根据违法情形，分别选择纠正审判活动违法或再审抗诉。截至目前，模型推送疑似虚假立功线索 173 条（涉及 99 件案件），已交办各地调查核实 61 条，提出再审抗诉 4 件，其中 1 件已由上级法院裁定发回重审。

司法工作人员相关职务犯罪侦查

运用审查、调查、侦查"三查融合"理念，经数据比对、碰撞发现明显存在虚假立功可疑情形的，及时组织研判分析，调阅侦查、检察、审判各环节诉讼卷、内卷，全面审查疑点，制定详细调查提纲，根据调查核实情况，对涉嫌徇私枉法、滥用职权等渎职犯罪的，经层报省院司法工作人员相关职务犯罪侦查部门研究决定后，进行立案侦查。目前，已立案侦查司法工作人员渎职犯罪案件 2 件，多起案件正在开展外围调查取证。

📖 社会治理成效

坚持"个案办理—类案监督—系统治理"大数据法律监督路径，针对公安机关对涉黄、赌、毒、逃线索管理不严格、不规范等问题，与公安机关沟通，建议加强教育、管理，健全相关制度机制。联合公安、法院就实践中认定检举揭发线索获取手段非法、检举揭发案件查证属实标准不明确、不具体等问题，商讨制定《办案指引》，统一立功认定尺度，切实维护司法公正。

📖 法律法规依据

1.《中华人民共和国刑法》第六十八条 犯罪分子有揭发他人犯罪行为，查证属实的，或者提供重要线索，从而得以侦破其他案件等立功表现的，可以从轻或者减轻处罚；有重大立功表现的，可以减轻或者免除处罚。

2.《最高人民法院关于处理自首和立功具体应用法律若干问题的解释》（法释〔1998〕8号）

第五条 根据刑法第六十八条第一款的规定，犯罪分子到案后有检举、揭发他人犯罪行为，包括共同犯罪案件中的犯罪分子揭发同案犯共同犯罪以外的其他犯罪，经查证属实；提供侦破其他案件的重要线索，经查证属实；阻止他人犯罪活动；协助司法机关抓捕其他犯罪嫌疑人（包括同案犯）；具有其他有利于国家和社会的突出表现的，应当认定为有立功表现。

第七条 根据刑法第六十八条第一款的规定，犯罪分子有检举、揭发他人重大犯罪行为，经查证属实；提供侦破其他重大案件的重要线索，经查证属实；阻止他人重大犯罪活动；协助司法机关抓捕其他重大犯罪嫌疑人（包括同案犯）；对国家和社会有其他重大贡献等表现的，应当认定为有重大立功表现。

前款所称"重大犯罪""重大案件""重大犯罪嫌疑人"的标准，一般是指犯罪嫌疑人、被告人可能被判处无期徒刑以上刑罚或者案件在本省、自治区、直辖市或者全国范围内有较大影响等情形。

3.《全国部分法院审理毒品犯罪案件工作座谈会纪要》（法〔2008〕324号）

……共同犯罪中同案犯的基本情况，包括同案犯姓名、住址、体貌特征、联络方式等信息，属于被告人应当供述的范围。公安机关根据被告人供述抓获同案犯的，不应认定其有立功表现。被告人在公安机关抓获同案犯过程中确实起到协助作用的，例如，经被告人现场指认、辨认抓获了同案犯；被告人带领公安人员抓获了同案犯；被告人提供了不为有关机关掌握或者有关机关按照正常工作程序无法掌握的同案犯藏匿的线索，有关机关据此抓获了同案犯；被告人交代了与同案犯的联系方式，又按要求与对方联络，积极协助公安机关抓获了同案犯等，属于协助司法机关抓获同案犯，应认定为立功。

……被告人亲属为了使被告人得到从轻处罚，检举、揭发他人犯罪或者协助司法机关抓捕其他犯罪人的，不能视为被告人立功。同监犯将本人或者他人尚未被司法机关掌握的犯罪事实告知被告人，由被告人检举揭发的，如经查证属实，虽可认定被告人立功，但是否从宽处罚、从宽幅度大小，应与通常的立功有所区别。通过非法手段或者非法途径获取他人犯罪信息，如从国家工作人员处贿买他人犯罪信息，通过律师、看守人员等非法途径获取他人犯罪信息，由被告人检举揭发的，不能认定为立功，也不能作为酌情从轻处罚情节。

4.《关于办理职务犯罪案件认定自首、立功等量刑情节若干问题的意见》（法发〔2009〕13号）

……立功必须是犯罪分子本人实施的行为。为使犯罪分子得到从轻处理，犯罪分子的亲友直接向有关机关揭发他人犯罪行为，提供侦破其他案件的重要线索，或者协助司法机关抓捕其他犯罪嫌疑人的，不应当认定为犯罪分子的立功表现。

据以立功的他人罪行材料应当指明具体犯罪事实；据以立功的线索或者协助行为对于侦破案件或者抓捕犯罪嫌疑人要有实际作用。犯罪分子揭发他人犯罪行为时没有指明具体犯罪事实的；揭发的犯罪事实与查实的犯罪事实不具有关联性的；提供的线索或者协助行为对于其他案件的侦破或者其他犯罪嫌疑人的抓捕不具有实际作用的，不能认定为立功表现。

犯罪分子揭发他人犯罪行为，提供侦破其他案件重要线索的，必须经查证属实，才能认定为立功。审查是否构成立功，不仅要审查办案机关的说明材料，还要审查有关事实和证据以及与案件定性处罚相关的法律文书，如立案决定书、逮捕决定书、侦查终结报告、起诉意见书、起诉书或者判决书等。

据以立功的线索、材料来源有下列情形之一的，不能认定为立功：（1）本人通过非法手段或者非法途径获取的；（2）本人因原担任的查禁犯罪等职务获取的；（3）他人违反监管规定向犯罪分子提供的；（4）负有查禁犯罪活动职责的国家机关工作人员或者其他国家工作人员利用职务便利提供的。

犯罪分子检举、揭发的他人犯罪，提供侦破其他案件的重要线索，阻止他人的犯罪活动，或者协助司法机关抓捕的其他犯罪嫌疑人，犯罪嫌疑人、被告人依法可能被判处无期徒刑以上刑罚的，应当认定为有重大立功表现。其中，可能被判处无期徒刑以上刑罚，是指根据犯罪行为的事实、情节可能判处无期徒刑以上刑罚。案件已经判决的，以实际判处的刑罚为准。但是，根据犯罪行为的事实、情节应当判处无期徒刑以上刑罚，因被判刑人有法定情节经依法从轻、减轻处罚后判处有期徒刑的，应当认定为重大立功。

5.《最高人民法院关于处理自首和立功若干具体问题的意见》（法发〔2010〕60号）

……犯罪分子通过贿买、暴力、胁迫等非法手段，或者被羁押后与律师、亲友会见过程中违反监管规定，获取他人犯罪线索并"检举揭发"的，不能认定为有立功表现。

犯罪分子将本人以往查办犯罪职务活动中掌握的，或者从负有查办犯罪、监管职责的国家工作人员处获取的他人犯罪线索予以检举揭发的，不能认定为有立功表现。

犯罪分子亲友为使犯罪分子"立功"，向司法机关提供他人犯罪线索、协助抓捕犯罪嫌疑人的，不能认定为犯罪分子有立功表现。

……犯罪分子具有下列行为之一，使司法机关抓获其他犯罪嫌疑人的，属于《解释》第五条规定的"协助司法机关抓捕其他犯罪嫌疑人"：1.按照司法机关的安排，以打电话、发信息等方式将其他犯罪嫌疑人（包括同案犯）约至指定地点的；2.按照司法机关的安排，当场指认、辨认其他犯罪嫌疑人（包括同案犯）的；3.带领侦查人员抓获其他犯罪嫌疑人（包括同案犯）的；4.提供司法机关尚未掌握的其他案件犯罪嫌疑人的联络方式、藏匿地址的；等等。

犯罪分子提供同案犯姓名、住址、体貌特征等基本情况，或者提供犯罪前、犯罪中掌握、使用的同案犯联络方式、藏匿地址，司法机关据此抓捕同案犯的，不能认定为协助司法机关抓捕同案犯。

……被告人在一、二审审理期间检举揭发他人犯罪行为或者提供侦破其他案件的重要线索，人民法院经审查认为该线索内容具体、指向明确的，应及时移交有关人民检察院或者公安机关依法处理。

侦查机关出具材料，表明在三个月内还不能查证并抓获被检举揭发的人，或者不能查实的，人民法院审理案件可不再等待查证结果。

被告人检举揭发他人犯罪行为或者提供侦破其他案件的重要线索经查证不属实，又重复提供同一线索，且没有提出新的证据材料的，可以不再查证。

根据被告人检举揭发破获的他人犯罪案件，如果已有审判结果，应当依据判决确认的事实认定是否查证属实；如果被检举揭发的他人犯罪案件尚未进入审判程序，可以依据侦查机关提供的书面查证情况认定是否查证属实。检举揭发的线索经查确有犯罪发生，或者确定了犯罪嫌疑人，可能构成重大立功，只是未能将犯罪嫌疑人抓获归案的，对可能判处死刑的被告人一般要留有余地，对其他被告人原则上应酌情从轻处罚。

被告人检举揭发或者协助抓获的人的行为构成犯罪，但因法定事由不追究刑事责任、不起诉、终止审理的，不影响对被告人立功表现的认定；被告人检举揭发或者协助抓获的人的行为应判处无期徒刑以上刑罚，但因具有法定、酌定从宽情节，宣告刑为有期徒刑或者更轻刑罚的，不影响对被告人重大立功表现的认定。

……人民法院审查的立功证据材料，一般应包括被告人检举揭发材料及证明其来源的材料、司法机关的调查核实材料、被检举揭发人的供述等。被检举揭发案件已立案、侦破，被检举揭发人被采取强制措施、公诉或者审判的，还应审查相关的法律文书。证据材料应加盖接收被告人检举揭发材料的单位的印章，并有接收人员签名。

人民法院经审查认为证明被告人自首、立功的材料不规范、不全面的，应当由检察机关、侦查机关予以完善或者提供补充材料。

上述证据材料在被告人被指控的犯罪一、二审审理时已形成的，应当经庭审质证。

办案心得体会

立功制度作为法律赋予犯罪嫌疑人减刑、免刑等机会的一种方式，理应得到谨慎的运用和监督，以避免被不法分子利用。实践中，因部分涉案人员为公职人员等特殊身份，导致其摆脱刑事处罚的意愿强烈，而该特殊身份也为其成功打通各环节关系促成"假立功"提供了便利条件。通过法律监督模型的运用直接获取异常案件线索，在实现"抓末端、治已病"深挖彻查"假立功"背后的司法工作人员渎职犯罪的同时，通过制发社会治理类检察建议"抓前端、治未病"，以诉源治理推动更高水平的社会治理。

一、运用数字化思维，找准检察监督突破口

一是深入分析，找准类案规律。通过对湖北地区近2000件认定立功案件进行深入分析发现，涉嫌虚假立功案件线索较为集中在省内几个县市，涉嫌虚假立功案件多涉及公职人员犯罪，所涉罪名多为危险驾驶、交通肇事等非羁押类犯罪，立功线索来源多为道听途说，如"夜钓时听钓友所说""吃饭时听邻桌人所说""在路上行走时突然看到公安机关网上追逃人员"等，立功所举报的线索多为涉"黄赌毒"犯罪线索，判决结果多为免于刑事处罚或者缓刑，这些异常数据背后可能存在问题，有必要借助大数据分析挖掘监督线索。

二是提炼规则，构建监督模型。对发现的数据异常，进行全面分析提炼，总结形成了检举揭发类虚假立功常见的3个监督点：立功人员检举揭发的案件查证异常、认定立功案件诉讼过程异常、立功人员与被检举揭发案件关系异常。对每一类异常情形细化监督规则，形成了11条监督规则，并据此构建模型，分析运用案件数据，发现监督线索，结合线索核查情况，及时修改完善。

二、运用一体化思维，优化数字检察办案机制

刑事诉讼环节虚假立功模型推送出的线索，相较于大量法院判决和相关案件无疑是相对"精准"的，但对于具体案件而言，绝大多数线索仍然是高度怀疑状态，线索能否最终监督成案，有待于查证属实。我们充分发挥检察一体化办案优势，灵活运用审查、调查、侦查"三查融合"手段，加强统筹协调，推动线索转化成监督案件，真正发现和解决执法司法领域深层次问题。

一是坚持检察一体化融合履职。实行全省统筹考虑，上下一体协作工作模式。省院数字办会同检察侦查部门、刑事检察部门对模型筛查出的线索进行初步研判，对线索集中的地区采取异地交办。接受交办的市级院依托全市侦查人才库，整合市县两级检察机关力量，采取以市级检

察院检察侦查部门为主、邀请刑检部门业务骨干参与、抽调辖区基层检察院侦查骨干联动配合的侦查方式，组建跨部门、跨区域、跨领域的复合性、融合性、开放性办案团队。根据调查核实情况，合理选择监督方式，对于经调查立功认定明显错误的，及时反馈给生效判决对应的检察机关，提出再审抗诉，依法予以纠正。相关司法人员涉嫌徇私枉法的，依法稳妥采取立案侦查措施。

二是坚持"三查融合"。虚假立功隐蔽性强、查处难，我们充分借助司法人员相关职务犯罪侦查权和检察机关机动侦查权，灵活运用审查、调查、侦查"三查融合"工作机制，深入开展一案多查，实现从被动审查向主动调查转变。强化审查，对经过初步研判确有必要继续核实的案件，以案件质量评查的名义调取公安机关、检察机关、法院疑似虚假立功案件和被检举揭发案件全部卷宗材料，进行全面审查。深入调查，对审查确认立功认定明显错误的，快速开展外围调查，查询相关信息，向有关人员及有关部门调查取证。立案侦查，经审查、调查，涉嫌司法人员职务犯罪的，及时报请省院审核后立案侦查。如在对法官双某某涉嫌徇私枉法立案侦查前，办案人员调阅了涉及的刘某某等8人虚假立功案件侦查卷、审理正副卷、检察内卷等卷宗材料，进行全面审查，从相关案件处理结果、立功线索来源与类型、办案程序违规点等方面进行深入研判，列表式要素整合。发现所有案件均由法官双某某承办；立功人员身份特殊；立功线索来源不正常；案件审判均存在明显程序不当等共性问题。重点从涉虚假立功、立功免刑后再犯罪的羁押人员王某某处进行突破，获取其向法官行贿予以认定立功的关键证据，一条相关司法工作人员涉嫌徇私枉法犯罪线索浮出水面，遂决定以双某某徇私枉法为突破口，揭开整个涉嫌虚假立功系列案件背后的的司法工作人员渎职犯罪真相。

三是积极借助外力。主动加强与监察机关的协作配合，在调查阶段，主动与当地纪委监委加强沟通，商请当地纪委监委对双某某同步监察立案，实现信息即时通、线索即时转、突审一起上，通过检监配合，彻底铲除当地虚假立功黑产业链，实现办案效果的最大化。

三、运用系统化思维，增强法律监督实战实效

"民有所呼，我有所应"，检察监督不能仅限于办好案件，还应当在案件办理中敏锐地发现案件背后存在的倾向性、普遍性问题，通过制发检察建议，把办案职能向社会治理领域延伸。"假立功真减刑"背后涉案人员花钱买线索、律师花钱找关系、民警破案帮立功、法官徇私判免刑，这些司法工作人员失职渎职所带来的同案不同判，严重挑战司法权威、破坏司法公信力。湖北省检察机关以此次虚假立功类案办理为契机，深化检警、检司、检法、监检协作配合，总结梳理案件办理过程中发现的公安机关对涉"黄赌毒"线索管理不规范等问题，依法向相关单位制发检察建议，以检察监督积极推动诉源治理，助力社会治理现代化。

案件承办人：

　　赵文海（湖北省襄阳市人民检察院）

　　张永强　范传琪　涂乾蓉（湖北省襄阳市谷城县人民检察院）

　　何娅茜（湖北省潜江市人民检察院）

案例撰写人：

　　范传琪（湖北省襄阳市谷城县人民检察院）

　　闫蒙南（湖北省襄阳市人民检察院）

　　王　晓（湖北省潜江市人民检察院）

案例审核人：

　　毕春龙（湖北省人民检察院）

违法抽取地下水公益诉讼类案监督

◇ 四川省成都市人民检察院　龙泉驿区人民检察院

📖 关键词

行政公益诉讼　地下水资源保护　税收流失　专项监督

📖 要旨

针对屠宰、商砼、洗涤等高耗水行业违法抽取地下水行为，获取"企业生产经营规模""行业用水标准""自来水抄表用水量""许可取水量"等数据，将企业理论用水量与实际支付用水量进行比对，分析差值推送企业违法抽取地下水线索，核查水务、税务等部门是否存在未依法履职情形，有效解决水资源保护公益诉讼线索发现难、取证难等问题。综合运用诉前检察建议、提起行政公益诉讼、多部门会签协作机制等职能，督促整治企业违法抽取地下水行为，促进高耗水行业合法用水系统治理，为"统筹水资源、水环境、水生态治理"提供检察保障。

📖 基本情况

屠宰、商砼等高耗水企业的年产量能够确定，结合用水定额及行业标准等数据，可以计算出企业的理论用水值，运用公式"理论用水值 – 实际支付用水值"得出差值大于 0 的，可以初步判定企业用水存在异常，可能存在违法抽取地下水的情形。基于此公式，模型通过汇聚工商注册登记信息筛选屠宰、商砼、洗涤等高耗水行业，对比企业的用电量、纳税数据，剔除僵尸企业，再与地下水取水许可量、自来水开户信息、行业应用水标准等多维度数据进行大数据碰撞分析，准确筛查违法抽取地下水线索，进而开展行政公益诉讼监督，维护国家和社会公共利益。模型在四川省推广运用，模型推送全省企业违法取水线索 295 条，行政公益诉讼立案 146 件，发出行政公益诉讼检察建议 134 件，提起行政公益诉讼 1 件，督促征收水资源税 58.38 万元，整治 159 家企业违法取水 584 万吨。

📖 线索发现

成都市龙泉驿区人民检察院在办理某洗涤公司违法抽取地下水行政公益诉讼案中调查发现，某洗涤公司主要从事酒店、学校纺织品洗涤、租赁业务，年营业额 300 余万元，公司未办理地下水取水许可，未在自来水公司开户，擅自在厂区钻井抽取地下水用于生产经营，年度违法抽取地下水量 3 万吨左右。龙泉驿区检察院向该区水务局发出行政公益诉讼诉前检察建议，区水务局作出行政处罚并督促企业完成用水取水整改。该案被最高检、水利部联合评为"涉水领域检察公益诉讼典型案例"，该案检察建议书被最高检评为"优秀检察建议书"。

通过办案发现：一是地下水是河流、湖泊和湿地的重要补给源，具有重要的资源属性和生态功能。过量开采地下水极易形成地面不均匀沉降，造成局部地区水资源衰减并伴随地下水污染，损害国家和社会公共利益。二是根据《中华人民共和国水法》规定，直接从江河、湖泊或者地下取用水资源的单位和个人，应当按照国家取水许可制度和水资源有偿使用制度的规定，向水行政主管部门或者流域管理机构申请领取取水许可证，并缴纳水资源税，取得取水权。三是高耗水企业出于节约经营成本的目的，在厂区隐蔽位置打井抽取地下水，水务部门传统常规巡查监管行为无法判断，水务执法线索发现难、取证难。四是水务部门与税务部门存在数据壁垒，导致税务部门无法及时获取企业抽取地下水信息，水资源税征收不及时，国有财产流失。针对上述问题，检察机关通过构建违法抽取地下水类案监督模型，高效筛查高耗水企业违法抽取地下水线索，通过履行公益诉讼检察职能促进行政机关加快地下水管理信息化进程，不断提升地下水管理能力和水平。

📖 数据分析方法

数据来源

1. 屠宰、商砼类高水企业的工商注册登记数据（源于市场监督管理部门）；

2. 生猪屠宰数量数据（源于农业农村部门）；

3. 商砼企业年产量数据（源于住房和城乡建设部门）；

4. 取水许可证数据（源于行政审批部门或水务部门）；

5. 企业自来水用水数据（源于自来水公司）；

6. 排污许可证数据（源于生态环境部门）；

7. 企业纳税数据（源于税务部门）。

数据分析关键词

企业产量、行业用水标准、取水许可量、理论用水量、实际支付用水量。

数据分析步骤

第一步：企业工商注册登记信息（数据变量记为 a）作为数据源，利用大数据技术提取工商注册登记数据中"生猪屠宰""屠宰""商砼""预拌混凝土"等关键词与屠宰、商砼关键词库智能比对，结合企业用电数据和纳税数据，过滤未正常开展经营的企业，得到生猪屠宰类企业、商砼企业。再对证照的企业名称、有效时间等数据碰撞对比，确定企业资质完备性和有效性，最终形成公益诉讼案件办理对象，例如，生猪屠宰企业名单、商砼企业名单。

第二步：通过对企业年产量（数据变量记为 b）和单位定额用水量快速估算，确定办案对象年度产量的理论用水量（数据变量记为 c）。例如，通过屠宰企业年度屠宰生猪数量 b 和《四川省用水定额》屠宰每头生猪定额用水量计算出屠宰企业年度产量的理论用水量 c。通过商砼企业预拌混凝土年产数量 b 和搅拌每立方米混凝土行业定额用水量计算出商砼企业年度产量的理论用水量 c。

第三步：通过汇集企业年度已用自来水量数据（数据变量记为 d）和地下水取水许可量数据（数据变量记为 e），得到企业合法用水量（数据变量记为 f）。

第四步：将企业的理论用水量 c 和实际支付用水量 f 进行大数据碰撞比对，得到用水差异值（数据变量记为 g），若 g > 0，则推送为用水异常线索。

思维导图

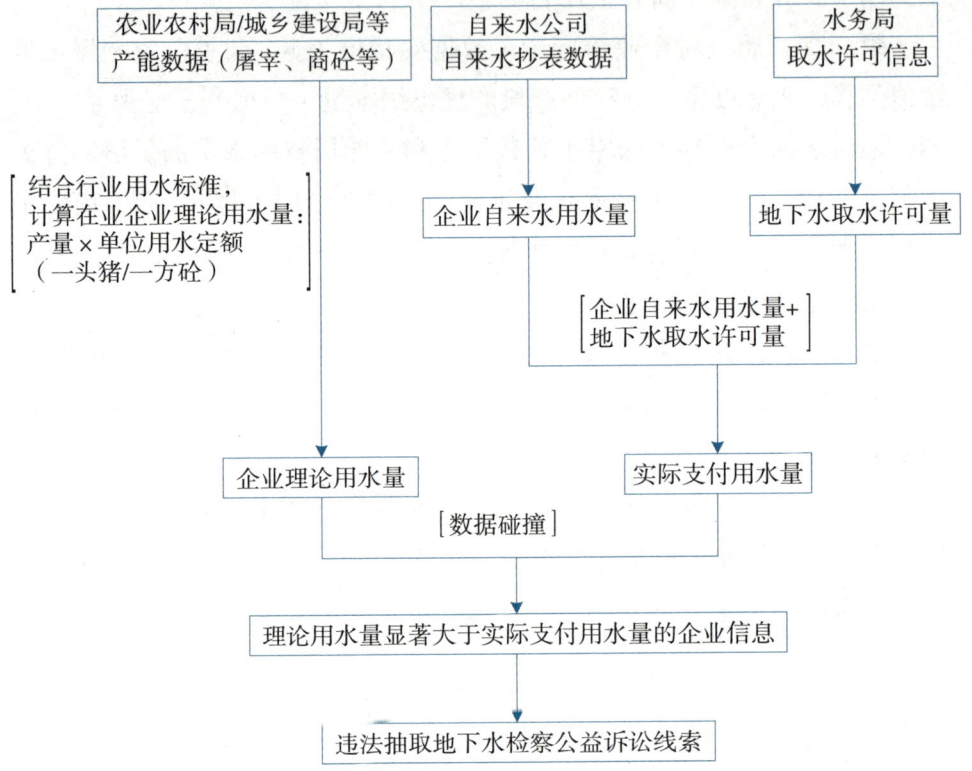

📖 检察融合监督

公益诉讼检察监督

违法抽取地下水公益诉讼类案监督模型的推广应用，能够对高耗水企业的用水取水量实现精准化、可视化、数据化管理，与企业自来水水表、地下水取水水表数据进行碰撞，快速锁定用水异常企业，破解因取水位置隐蔽而导致的线索发现难问题。该模型既能够从生产端依法严惩抽取地下水的违法行为，还能溯源精准锁定企业经营资质是否异常的线索，有效规范企业开展生产经营活动。一是在大数据法律监督模型筛查出高耗水企业用水异常线索的基础上，结合现场勘验、实地走访周边群众、询问企业负责人等线下调查取证方式，固定证据以及确认企业抽取地下水的违法事实，向水务部门制发诉前检察建议，督促其依法对违法抽取地下水的行为履行监管职责，促进企业依法依规取水，保护水资源。二是结合企业的年产数据和纳税数据，筛查企业是否存在未依法申报缴纳所得税、增值税、水资源税等违法行为，同步开展国有财产保护领域行政公益诉讼。

📖 社会治理成效

系统治理成效

成都市人民检察院协同水务部门对违法抽取地下水案件中反映出的共性问题进行梳理分析，向市水务局提出社会治理检察建议，建议该局加强地下水保护执法检查、建立联动机制、加强执法力度和执法宣传。成都市水务局收到检察建议后，立即部署开展违法抽取地下水专项整治行动，印发成都市取用水管理监督检查工作方案，重点对城乡接合部、农村、工业园区及用水量较大的行业开展专项监督检查。全市水务部门共检查出无证取水 272 户，对案涉取水户罚款共计 69.7 万元。同时，全市水务部门以核查登记为主线，会同市场监管、属地街道乡镇等探索建立违法取水问题整治联动工作机制，动态摸清地下水取水口 1918 个，取水口全部安装取水计量设施，取水许可证全部转换成电子证照，并积极推进全市水资源监测体系总体方案编制工作。此外，成都市检察机关联合水务部门在"世界水日""中国水周"等重要时间节点，积极开展法治宣传 20 余次，发放宣传资料 6000 余份，宣传最严格水资源管理制度，切实提高公众对水资源的有偿使用和节约保护意识。

机制建设成效

全省检察机关与水务、税务、农业农村、住建等部门开展工作座谈会、法律讲座、案例探讨共 123 次，共同研究完善提升水务执法能力、开展协同执法等事项，检察机关与水务部门会签文件 3 份，建立协作机制 6 项。成都市院针对全市大部分区（市）县水务行政主管部门执法职能职责已移交属地综合执法部门的现状，推动水务部门印发《进一步加强水务领域执法工作的通知》，明确市级和区（市）县水务执法职责任务，指导区（市）县水务管理部门进一步完善与综合执法部门建立信息共享、技术支持、案件移送、信用联动等部门协作机制。内江市院依托与市水利局会签的《关于建立水行政执法与检察公益诉讼协作机制的实施意见》，共同整治未经批准擅自取水，未依照批准的取水许可规定条件取水，违法建设取水工程，地下水取水工程未按规定封井或者回填，地下工程建设对地下水补给、径流、排泄等造成重大不利影响等事项，实现水资源保护常态化动态监管。宜宾市高县检察院与高县水利局会签《高县水利保护检察公益诉讼示范区管理办法》《高县水行政执法与检察公益诉讼、行政检察协作机制的实施办法》，凝聚检察机关与水务行政执法机关工作合力，共同推动治水兴水工作高质量发展。

📖 法律法规依据

1.《中华人民共和国行政诉讼法》第二十五条第四款　人民检察院在履行职责中发现生态环境和资源保护、食品药品安全、国有财产保护、国有土地使用权出让等领域负有监督管理职责的行政机关违法行使职权或者不作为，致使国家利益或者社会公共利益受到侵害的，应当向行政机关提出检察建议，督促其依法履行职责。行政机关不依法履行职责的，人民检察院依法向人民法院提起诉讼。

2.《人民检察院公益诉讼办案规则》第六十七条　人民检察院经过对行政公益诉讼案件线索进行评估，认为同时存在以下情形的，应当立案：

（一）国家利益或者社会公共利益受到侵害；

（二）生态环境和资源保护、食品药品安全、国有财产保护、国有土地使用权出让、未成年人保护等领域对保护国家利益或者社会公共利益负有监督管理职责的行政机关可能违法行使职权或者不作为。

3.《中华人民共和国水法》第十二条　国家对水资源实行流域管理与行政区域管理相结合的管理体制。

国务院水行政主管部门负责全国水资源的统一管理和监督工作。

国务院水行政主管部门在国家确定的重要江河、湖泊设立的流域管理机构（以下简称流域管理机构），在所管辖的范围内行使法律、行政法规规定的和国务院水行政主管部门授予的水资源管理和监督职责。

县级以上地方人民政府水行政主管部门按照规定的权限，负责本行政区域内水资源的统一管理和监督工作。

第四十八条　直接从江河、湖泊或者地下取用水资源的单位和个人，应当按照国家取水许可制度和水资源有偿使用制度的规定，向水行政主管部门或者流域管理机构申请领取取水许可证，并缴纳水资源费，取得取水权。但是，家庭生活和零星散养、圈养畜禽饮用等少量取水的除外。

实施取水许可制度和征收管理水资源费的具体办法，由国务院规定。

第六十九条　有下列行为之一的，由县级以上人民政府水行政主管部门或者流域管理机构依据职权，责令停止违法行为，限期采取补救措施，处二万元以上十万元以下的罚款；情节严重的，吊销其取水许可证：

（一）未经批准擅自取水的；

（二）未依照批准的取水许可规定条件取水的。

4.《地下水管理条例》第十六条　国家实行地下水总量控制制度。国家实行地下水取水总量控制制度。国务院水行政主管部门会同国务院自然资源主管部门，根据各省、自治区、直辖市地下水可开采量和地表水水资源状况，制定并下达各省、自治区、直辖市地下水取水总量控制指标。制定并下达各省、自治区、直辖市地下水取水总量控制指标。

第十七条 省、自治区、直辖市人民政府省、自治区、直辖市人民政府水行政主管部门应当会同本级人民政府有关部门，根据国家下达的地下水取水总量控制指标，制定本行政区域内县级以上行政区域的地下水取水总量控制指标和地下水水位控制指标，经省、自治区、直辖市人民政府批准后下达实施，并报国务院水行政主管部门或者其授权的流域管理机构备案。制定本行政区域内县级以上行政区域的地下水取水总量控制指标和地下水水位指标。

第二十一条 取用地下水的单位和个人应当遵守取水总量控制和定额管理要求，使用先进节约用水技术、工艺和设备，采取循环用水、综合利用及废水处理回用等措施，实施技术改造，降低用水消耗。

对下列工艺、设备和产品，应当在规定的期限内停止生产、销售、进口或者使用：

（一）列入淘汰落后的、耗水量高的工艺、设备和产品名录的；

（二）列入限期禁止采用的严重污染水环境的工艺名录和限期禁止生产、销售、进口、使用的严重污染水环境的设备名录的。

第五十五条 违反本条例规定，未经未经批准擅自取用地下水，或者利用渗井、渗坑、裂隙、溶洞以及私设暗管等逃避监管的方式排放水污染物等违法行为，依照《中华人民共和国水法》《中华人民共和国水污染防治法》《中华人民共和国土壤污染防治法》《取水许可和水资源费征收管理条例》等法律、行政法规的规定处罚。

5.《取水许可和水资源费征收管理条例》第二十八条第一款 取水单位或者个人应当缴纳水资源费。

第四十九条 未取得取水申请批准文件擅自建设取水工程或者设施的，责令停止违法行为，限期补办有关手续；逾期不补办或者补办未被批准的，责令限期拆除或者封闭其取水工程或者设施；逾期不拆除或者不封闭其取水工程或者设施的，由县级以上地方人民政府水行政主管部门或者流域管理机构组织拆除或者封闭，所需费用由违法行为人承担，可以处 5 万元以下罚款。

6.《生猪屠宰管理条例》第十一条　生猪定点屠宰厂（场）应当具备下列条件：

（一）有与屠宰规模相适应、水质符合国家规定标准的水源条件；

（二）有符合国家规定要求的待宰间、屠宰间、急宰间、检验室以及生猪屠宰设备和运载工具；

（三）有依法取得健康证明的屠宰技术人员；

（四）有经考核合格的兽医卫生检验人员；

（五）有符合国家规定要求的检验设备、消毒设施以及符合环境保护要求的污染防治设施；

（六）有病害生猪及生猪产品无害化处理设施或者无害化处理委托协议；

（七）依法取得动物防疫条件合格证。

第三十一条　违反本条例规定，未经定点从事生猪屠宰活动的，由农业农村主管部门责令关闭，没收生猪、生猪产品、屠宰工具和设备以及违法所得；货值金额不足 1 万元的，并处 5 万元以上 10 万元以下的罚款；货值金额 1 万元以上的，并处货值金额 10 倍以上 20 倍以下的罚款。

冒用或者使用伪造的生猪定点屠宰证书或者生猪定点屠宰标志牌的，依照前款的规定处罚。

……

办案心得体会

违法抽取地下水公益诉讼类案监督模型的推广应用、验证，有力破解了传统水务行政执法手段对违法抽取地下水行为发现难、取证难问题，实现个案办理、类案监督、社会治理的效果。

一、地下水资源保护具有现实监管困境

一是四川水系发达，河流众多，是长江黄河上游重要生态屏障和水源涵养地，但从 2020 年到 2022 年由于气候、降水等原因水资源总量持续减少[①]。四川省近三年地下水位逐年下降，而成都又是严重缺水型城市，常住人口已超 2100 万，全市人均水资源量不足 500 立方米，仅为全国、全省人均水资源量的五分之一、七分之一，加之成都平原含沙量较重，过度抽取地下水不仅破坏地下水原有补排平衡关系，破坏"山水林田湖草沙"生态平衡，还会导致第四纪沉积物含沙量较重的成都平原发生地面沉降、变形问题。违法抽取地下水行为得不到有效治理将影响超大城市高质量发展，保护地下水资源具有紧迫的现实需求。

二是违法抽取地下水行为并非个例。经调查发现，高耗水企业用水量大，自来水商业用水价格高，企业为节约经营成本，抽取地下水用于生产经营比较普遍。特别是屠宰、商砼、洗车、制冰、餐饮等高耗水重点行业违法打井抽水位置较为隐蔽，水务监管部门通过传统的走访巡查方式具有线索发现难、取证难弊端，通过数字建模能够有效破解上述水务监管执法难题。

二、根据类案特征分解出监督思路

（一）类案特征要素

1.高耗水行业用水、取水许可量等数据比较确定。生猪屠宰类企业年屠宰量、理论用水量、自来水实际支付用水量、行政许可信息等数据均为固定值；商砼企业年产量、理论用水量、自来水实际支付用水量、

---

① 参见四川省地下水年报。

行政许可信息等数据均为固定值。

2.理论用水量与实际支付用水值量差值大于零的判定为异常线索。生猪屠宰类企业在年屠宰量数据确定的情况下，理论用水量（包括先进值）与实际支付用水量差异大于零的判定为异常线索；商砼企业在年产量数据确定的情况下，理论用水量（包括扣除一定的砂石含水量）与实际支付用水量差异大于零的判定为异常线索。

（二）模型逻辑规则

1.企业资质异常，存在违法经营，获取行政违法监督线索

一是将企业工商注册登记数据作为数据源，用正常经营的生猪屠宰类企业开展生猪定点屠宰证、动物防疫条件合格证和排污许可证等数据与证照的企业名称、法人名称等数据进行碰撞，筛查出无证、少证等企业资质异常线索。二是进一步读取正常经营的生猪屠宰类企业的生猪定点屠宰证、动物防疫条件合格证和排污许可证等数据，提取有效期或时间范围信息，筛查企业过期经营的线索。

2.企业违法抽取地下水用于生产经营，获取公益诉讼监督线索

以年度为计算标准，将企业的年产量作为数据源，对企业理论用水量与企业实际支付用水量数据进行碰撞，差值大于0的设置为异常线索。其中，实际支付用水量包括自来水用水数据和行政许可数据，将企业理论用水与实际用水的差值与取水许可数据进行二次碰撞，筛查出无证取水或者超采地下水的线索。以屠宰领域为例：首先，向行政审批局、行业主管部门农业农村局、自来水公司等分别获取企业的定点屠宰证数据、生猪屠宰量数据、自来水用水数据、取水许可证数据等 Excel 电子数据资料，并录入数据池。其次，摸清企业用水情况。生猪屠宰企业理论用水量＝生猪屠宰数量×每头生猪定额用水量，每头生猪屠宰定额单位用水量见表1；企业实际支付已用水量＝自来水水表用水量＋地下水取水许可量。最后，通过企业理论用水量－企业实际支付已用用水量，智能比对推送无证取水或者超采地下水的线索。

表 1　四川省用水定额

行业代码	行业名称	定额代码	名称	定额单位	通用值	先进值	备注
C135	屠宰及肉类加工	C1351	猪屠宰加工	m³/头	0.6	0.5	
			牛屠宰加工	m³/头	1	0.8	
			羊屠宰加工	m³/头	0.35	0.26	
		C1352	家禽屠宰	m³/只	0.04	0.03	
		C1353	肉灌制品	m³/t	38	30	
			冻牛羊肉	m³/t	0.5		冷库用水

　　商砼领域的逻辑规则与屠宰领域的逻辑规则相同，区别点在于商砼企业的理论用水量需要扣除一定的砂石含水量，即商砼企业理论用水量＝预拌混凝土产量×一方混凝土用水定量－一定砂石含水量，根据行业相关标准，预拌混凝土行业通用值：0.16m³/方，砂石含水量：0.06m³/方，企业实际理论用水量：0.1m³/方。

　　3. 无取水许可证、超过许可取水量抽取地下水的企业未依法申报纳税，获取公益诉讼线索

　　以企业违法抽取地下水水量、企业年利润额为数据源，结合税务部门的税务申报数据，碰撞分析监督对象筛查出是否依法缴纳水资源税、企业所得税、增值税等线索。

三、办理案件的借鉴意义

（一）以融合监督理念，破解办案难题

　　违法抽取地下水公益诉讼类案监督模型的推广应用，能够对高耗水企业的用水取水量实现精准化、可视化、数据化管理，与企业自来水水表、地下水取水水表数据进行碰撞，快速锁定用水异常企业，破解因取水位置隐蔽而导致的线索发现难问题。该模型既能够从生产端依法严惩抽取地下水的违法行为，还能溯源精准锁定企业经营资质是否异常的线索，有效规范企业开展生产经营活动。同时模型可以通过将企业排污、纳税、用电、涉诉等数据，与企业产量、销售量进行碰撞比对，发现企

业可能存在的盗水盗电、偷漏税、食品安全、排污等行政、刑事违法线索，开展行政、刑事、公益诉讼融合式、一体化监督，促进企业合规管理，重点用水行业综合治理等。

（二）系统治理放大法律监督价值

模型线索来源于个案办理，通过类案同质化手段和特征提炼出共性规则，延伸公益诉讼检察推动系统治理作用，推动地下水保护领域专项整治以及监督机制的完善。该模型在龙泉驿区检察院验证成功后，推广应用至成都全市范围，推送企业违法抽取地下水线索82条，成都市检察机关行政公益诉讼立案62件，发出诉前检察建议62件，均得到有效整改。成都市检察院向市级水务部门制发社会治理检察建议，多地会签文件机制，促进地下水保护系统治理。

（三）一地突破，助推全领域共享推广

监督模型具备可复制、可推广和通用性的特征，能够根据重点用水行业特点，收集整合数据来源，不断丰富子模型集，对高耗水行业开展线索监督，模型推广应用至四川省全省屠宰、商砼、洗涤领域，通过诉前检察建议、提起行政公益诉讼整治159家企业无法取水行为，推动分别采取封井、安装或更换计量设施、转换电子证照等措施，从源头保障水资源取用合法化。

案件承办人：

　　习丽嫔（四川省成都市人民检察院）

　　钟　锐　匡牧霞（四川省成都市龙泉驿区人民检察院）

案例撰写人：

　　侯天子　徐　彬（四川省成都市人民检察院）

　　匡牧霞（四川省成都市龙泉驿区人民检察院）

案例审核人：

　　王海明　陈　爽（四川省人民检察院）

"长江船舶污染治理"类案监督

◇ 江苏省无锡市锡山区人民检察院

📖 **关键词**

长江船舶污染　公益诉讼　区块链　共管共治机制　长江经济带发展

📖 **要旨**

　　针对最高检长江船舶污染专案发现的办案难题，结合国家"区块链＋检察"试点，依托区块链数据安全可靠、结果透明公信的技术特性，对海事部门的"长江干线船舶水污染物联合监管与服务信息系统"和"中国海事协同管理系统"中的船舶油污水和洗舱水电子联单信息、船舶行程信息等数据，进行规模化筛选、碰撞，构建基于区块链的智能模型，智能推送应洗舱未洗舱、未经预处理跨市转运等船舶污染监督线索。运用公益诉讼、社会综治类检察建议等督促规范船舶污染物监管，堵塞执法漏洞，实现"个案办理—类案监督—系统治理"的跨越，所涉数据来源于海事部门全国通用的数据平台，经验可复制可推广，有效实现以数字化、智能化赋能检察履职，高效保护长江经济带绿色发展。

📖 **基本情况**

　　长江常年运营船舶 20 余万艘，船舶污染治理关系到长江经济带绿色发展。2022年，最高检将长江船舶污染治理定为重点专案。仅长江江苏段主要通航区域就涉及8家省辖市院、57家县（区）院，基于长江的跨域性、船舶的流动性、污染物处置的隐蔽性和随意性等，仅仅运用传统办案方式难以解决线索发现难、调查取证难等监管难题。江苏检察机关在办案中发现，并未形成闭环管理、船舶污染物处置不规范、码头污染物处置设施不健全等乱象频出，长江流域正遭受"流动污染"，决定由江苏省院解决数据源，交由锡山区人民检察院研发模型，再由各市院统筹线索跨域办理。锡山区院经过研判分析发现，相较于船舶生活污水，社会对洗舱水和油污水的污染，关注度还不高，但这两者多数含有危险化学物质，清污更难、危害更大，对长江生态环境造成严重威胁，为此，该院以对长江污染威胁最大的油污水、洗舱废水为突破口，采集并梳理海事部门"长江干线船舶水污染物联合监管与服务信息系统"（以下简称"船E行"）和"中国海事协同管理系统"的数据，按照法律规定抽象提炼出数据分析的研判规则。同时为夯实数据安全，提供安全可靠、可追溯的技术解决方案，创新运用区块链新技术，结合大数据分析技术研发法律监督模型，建立起船舶洗舱水、船舶油污水2个监督点，11个研判规则，推送出线索14276条。

在"区块链"技术应用路径上，该院将模型建立在区块链之上，采集海事部门"船E行"、中国海事协同管理系统等数据上链，拆解《水污染防治法》等法律法规形成智能法条上链，原始数据的上链固定，有效保障数据安全性、完整性、可靠性。同时将本案模型的研判规则以智能合约的方式固定在链上，自动生成数据分析容器，抽取海事部门上链数据和智能法条，根据规则在容器中自动进行数据分析，符合研判规则的，作为线索推送上链，实现整个过程在链上全程留痕，并可供司法存证系统成案后调用。其中，分析容器在完成数据分析后，连同调取的数据一起自动湮灭，实现数据的"可用不可见"，以确保数据的安全性和私密性。

📖 线索发现

在最高检长江船舶污染专案推进过程中，锡山区院通过该模型可以发现以下案件线索：一是提取上链的"中国海事协同管理系统"船舶行程信息数据，比对《洗舱要求参考表》辨识出应当强制洗舱的数据，再比对上链的"船E行"系统的洗舱申请单，深挖装载散装液体危险货物的船舶应洗舱未洗舱的线索。二是将"船E行"处置联单中的单位名称等信息与海事部门认可的作业单位名录进行比对，自动筛选出洗舱水、油污水处置单位资质不合格的线索。三是提取上链的"船E行"系统船舶水污染物申请、接收、转运、处置四联单数据进行自动比对，以四联单间洗舱水、油污水的数量、处理时间等作为研判因素，自动推送申请、接收、转运、处置的废水数量不相同、联单存在空值或联单超30天未闭环管理等处置过程不合规的线索。四是提取"船E行"系统中转运联单和处置联单的地点信息分别获取归属地的设区市信息，推送出转运起始地点与处置地点不在同一城市，存在未经预处理跨市转运的线索。

模型共有两个数据来源，均从江苏省海事局获取：一是交通部的"中国海事协同管理系统"，可获取船舶行程信息数据，能够了解船舶登记、货物装卸、抵离港口等情况。二是交通部的"船E行"系统，具有"海事慧眼"之称，可获取船舶基本信息、航行动态轨迹、船舶污染物四联单、行政机关监管等海量数据，能掌握船舶各类污染物有无按规定收集、运输、处置。

📖 数据分析方法

（一）船舶洗舱水监督点

数据来源

1. 船舶水污染物申请接收转运处置联单（源于交通部）；

2. 作业单位营业执照等信息（源于"船E行"系统）；

3. 洗舱申请单数据（源于"船 E 行"系统）；

4. 行程信息（源于中国海事协同管理系统）。

数据分析关键词

申请单时间、申请单地点、申请单数量、申请单单位、申请单申请单号、接收单接收单位、接收单地点、接收单时间、接收单数量、接收单单位、接收单接收单号、转运单转运单位、转运单数量、转运单单位、转运单地点、转运单时间、转运单转运单号、处置单处置单位、处置单数量、处置单单位、处置单地点、处置单时间、处置单处置单号、企业名称、企业经营范围、船名、IMO 编号、船舶抵 / 离港口时间、抵 / 离港口名称、前载货物名称、拟载货物名称。

数据分析步骤

研判规则一：装载散装液体危险货物的船舶是否应洗舱未洗舱。

第一步：提取装卸前后货物清单。从"中国海事协同管理系统"提取船舶行程信息数据，抽取出船名、船舶抵 / 离港口时间、抵 / 离港口名称、前载货物、拟载货物等数据项，按照时间序列梳理出船舶每次航行靠岸的装卸载货物，形成基础数据池。比如，2023 年 10 月 13 日，永昌号船抵达江阴港时装的是柴油，在离开江阴港时装的是汽油。

第二步：根据装卸前后货物的不同品种，研判是否需要强制洗舱。依据海事执法的《洗舱要求参考表》，比对基础数据池中船舶的"前载货物""拟载货物"是否相容。如果相容，就可以不洗舱；如果不相容，则应当洗舱，形成"应当强制洗舱数据"。比如，永昌号船，前载的是柴油、后续拟载的是汽油，根据该表，两者不相容，应当强制洗舱。

第三步：判断实际有无洗舱。根据相关规定，需要洗舱的船舶，应在"船 E 行"中填写"洗舱申请单"，并到具备洗舱能力的洗舱站进行清洗。我们将"应当强制洗舱数据"中的"船舶名称"等，与"船 E

行"中的"洗舱申请单"进行比对，如果该船在对应时间内没有洗舱申请单，则表示"应洗未洗"，自动推送线索。比如，永昌号船在2023年10月13日抵离江阴港，换载货物后本应强制洗舱，但"船E行"中没有其"洗舱申请单"，构成应洗未洗，自动推送线索。

研判规则二：洗舱水处理单位资质是否合格。

处置船舶污染物的单位应经海事部门认可纳入"船E行"中的"作业单位名录"，且经营范围符合规定。

第一步：数据提取。从"船E行"中的处置联单里，提取实际处置污染物的"单位名称"和营业执照信息。

第二步：数据比对。将"单位名称"与"船E行"中"作业单位名录"的"单位名称"进行比对，若该单位不在名录中，则判定为资质不合格，作为线索推送；若该单位在名录中，但通过OCR识别营业执照，经营范围没有洗舱水处置资质的，也作为线索推送。

研判规则三：船舶洗舱废液处置过程是否合规。

船舶污染物处理应形成闭环管理。提取采集上链的"船E行"系统船舶水污染物申请、接收、转运、处置四联单信息，抽取上述四联单的"申请数量""接受数量""转运数量""处置数量"进行相互比对，满足以下三种情形，作为线索推送。一是若该四联单间申请、接收、转运、处置的废液数量不相同，则涉嫌非法处置，进行线索推送。二是若该四联单的申请、接收、转运、处置数量存在空值，未填录，则涉嫌填录不规范、污染物去向不明，进行线索推送。三是申请、接收、转运、处置四个联单在30天内未在"船E行"系统内生成，比如，缺少转运处置联单或缺少处置联单，则表示在海事部门认可的30天合理期限内，该污染物的处理没有形成申请、接收、转运、处置的闭环，污染物去向有待跟踪调查，为线索推送。

思维导图

洗舱水研判规则一：装载散装液体危险货物的船舶是否应洗舱未洗舱。

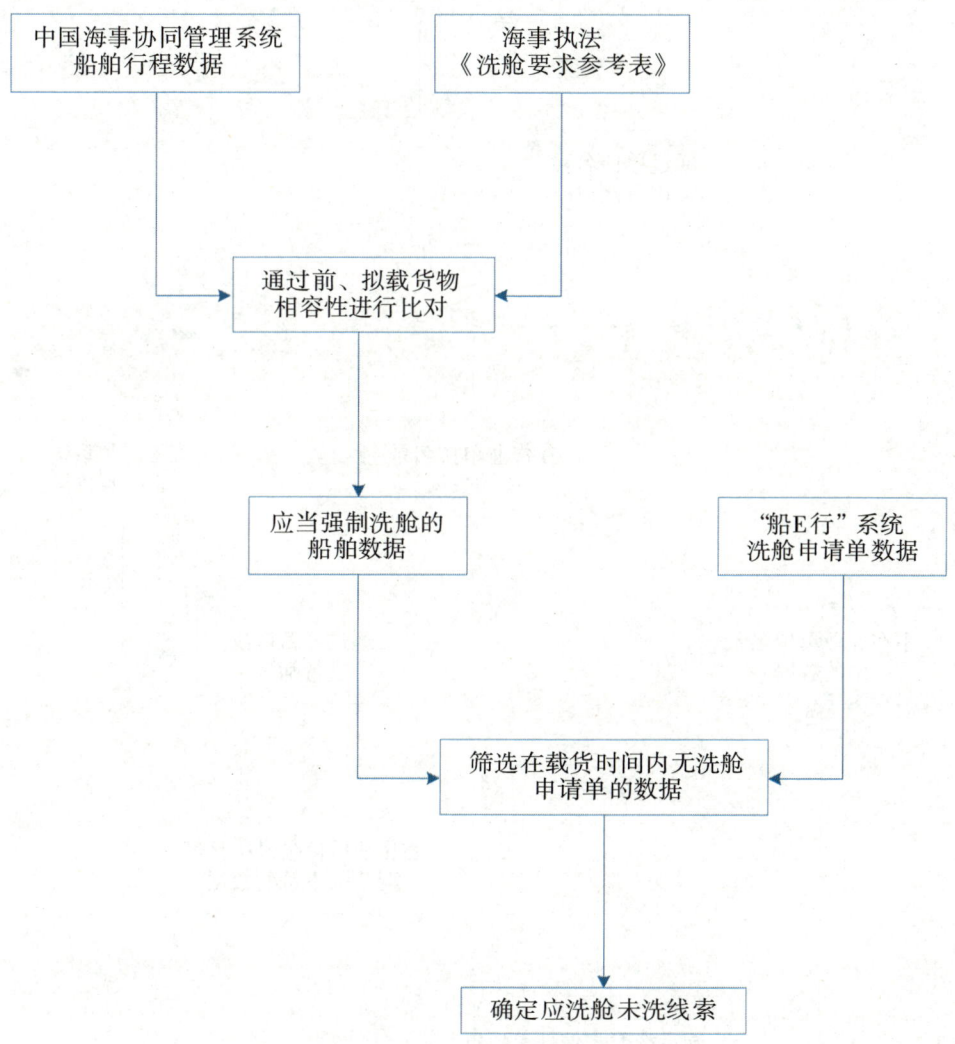

洗舱水研判规则二：洗舱水处理单位资质是否合格。

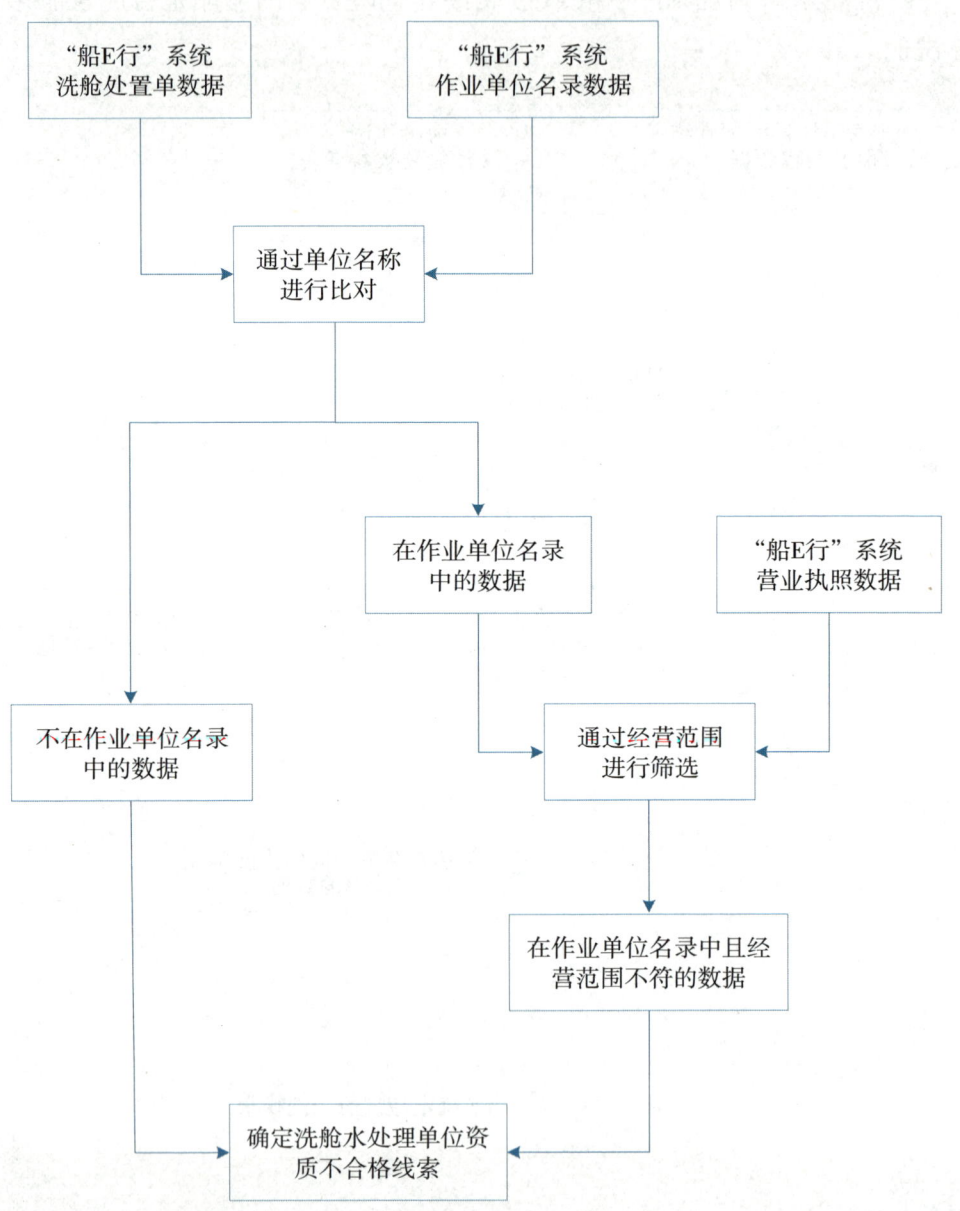

洗舱水研判规则三：船舶洗舱废液处置过程是否合规。

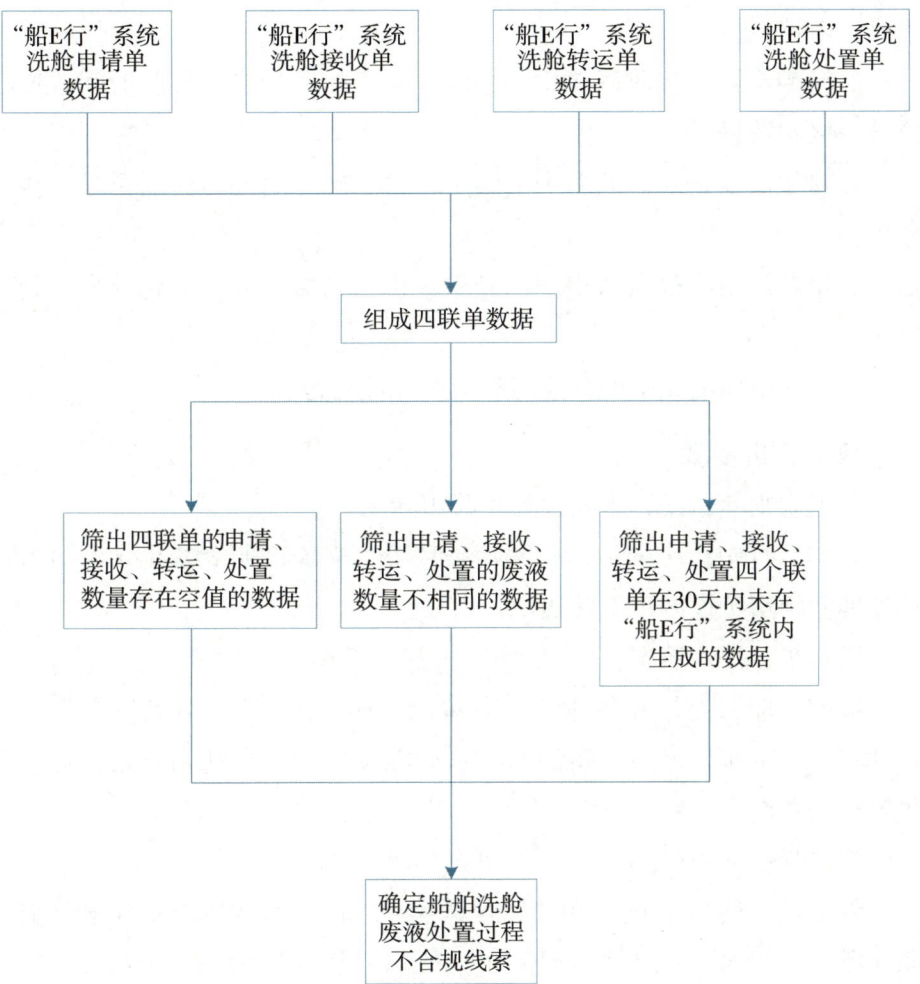

（二）船舶油污水监督点

数据来源

1.船舶水污染物申请接收转运处置四联单（源于"船 E 行"系统）；

2.作业单位营业执照等信息（源于"船 E 行"系统）。

数据分析关键词

1.船舶污染物申请联单中的申请时间、申请地点、申请单位、申请单号、申请数量；

2.船舶污染物接收联单中的接收单位、接收地点、接收时间、接收单号、接收数量；

3.船舶污染物转运联单中的转运单位、转运时间、转运单号、转运数量；

4.船舶污染物处置联单中的处置单位、处置时间、处置单号、处置数量；

5.作业单位信息中的企业名称、企业经营范围。

数据分析步骤

研判规则一：是否未经预处理跨市转运。

船舶运行中产生的油污水易污染环境，交通部明令禁止含油污水在预处理前跨市（设区市）转运。

第一步：提取数据。

提取"船E行"系统中转运联单的"转运地点"、处置联单的"处置地点"。比如，永昌号船的油污水未经预处理，在江阴开始转运，到张家港处置。

第二步：分析研判。

将上述"转运地点"和"处置地点"，通过模型智能研判出分别归属于哪一个设区市。比如，针对上述永昌号船的油污水，研判出转运起始地点江阴和处置地点张家港分别归属于无锡市、苏州市。

第三步：数据比对。

将上述"转运地点"和"处置地点"所对应的设区市进行比对，如果不是同一设区市，则作为线索推送。

研判规则二：油污水处理单位资质是否合格。

该规则与洗舱水第二个规则原理相同。

第一步：数据提取。从"船 E 行"中的处置联单里，提取实际处置污染物的"单位名称"和营业执照信息。

第二步：数据比对。将"单位名称"与"船 E 行"中"作业单位名录"的"单位名称"进行比对，若该单位不在名录中，则判定为资质不合格，作为线索推送；若该单位在名录中，但通过 OCR 识别营业执照，经营范围没有油污水处置资质的，也作为线索推送。

研判规则三：油污水处置过程是否合规。

该规则与油污水第三个规则原理相同。提取采集上链的"船 E 行"系统中油污水的申请、接收、转运、处置四联单信息，抽取上述四联单的"申请数量""接受数量""转运数量""处置数量"进行相互比对，满足以下三种情形，作为线索推送。一是若该四联单间申请、接收、转运、处置的废液数量不相同，则涉嫌非法处置，进行线索推送。二是若该四联单的申请、接收、转运、处置数量存在空值，未填录，则涉嫌填录不规范、污染物去向不明，进行线索推送。三是申请、接收、转运、处置四个联单在 30 天内未在"船 E 行"系统内生成，比如，缺少转运处置联单或缺少处置联单，则表示在海事部门认可的 30 天合理期限内，该污染物的处理没有形成申请、接收、转运、处置的闭环，油污水污染物去向有待跟踪调查，作为线索推送。

思维导图

研判规则一：是否未经预处理跨市转运。

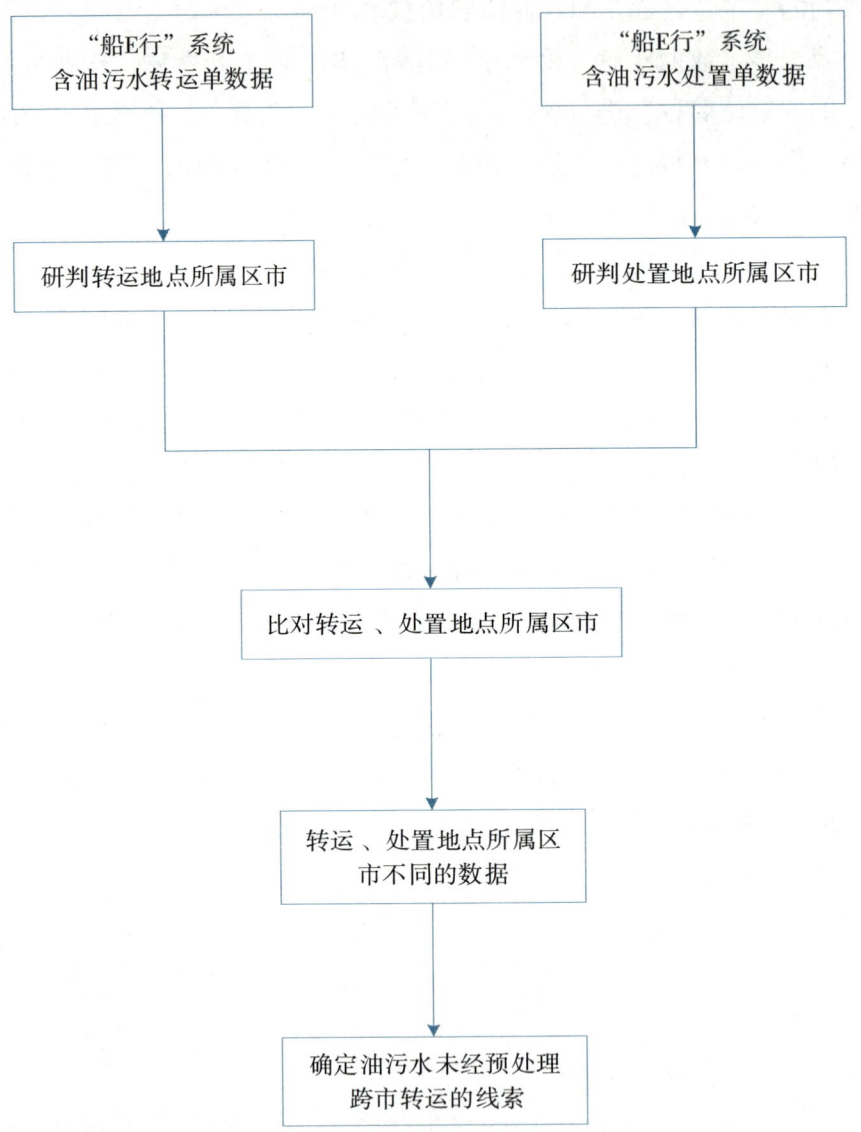

研判规则二：油污水处理单位资质是否合格。

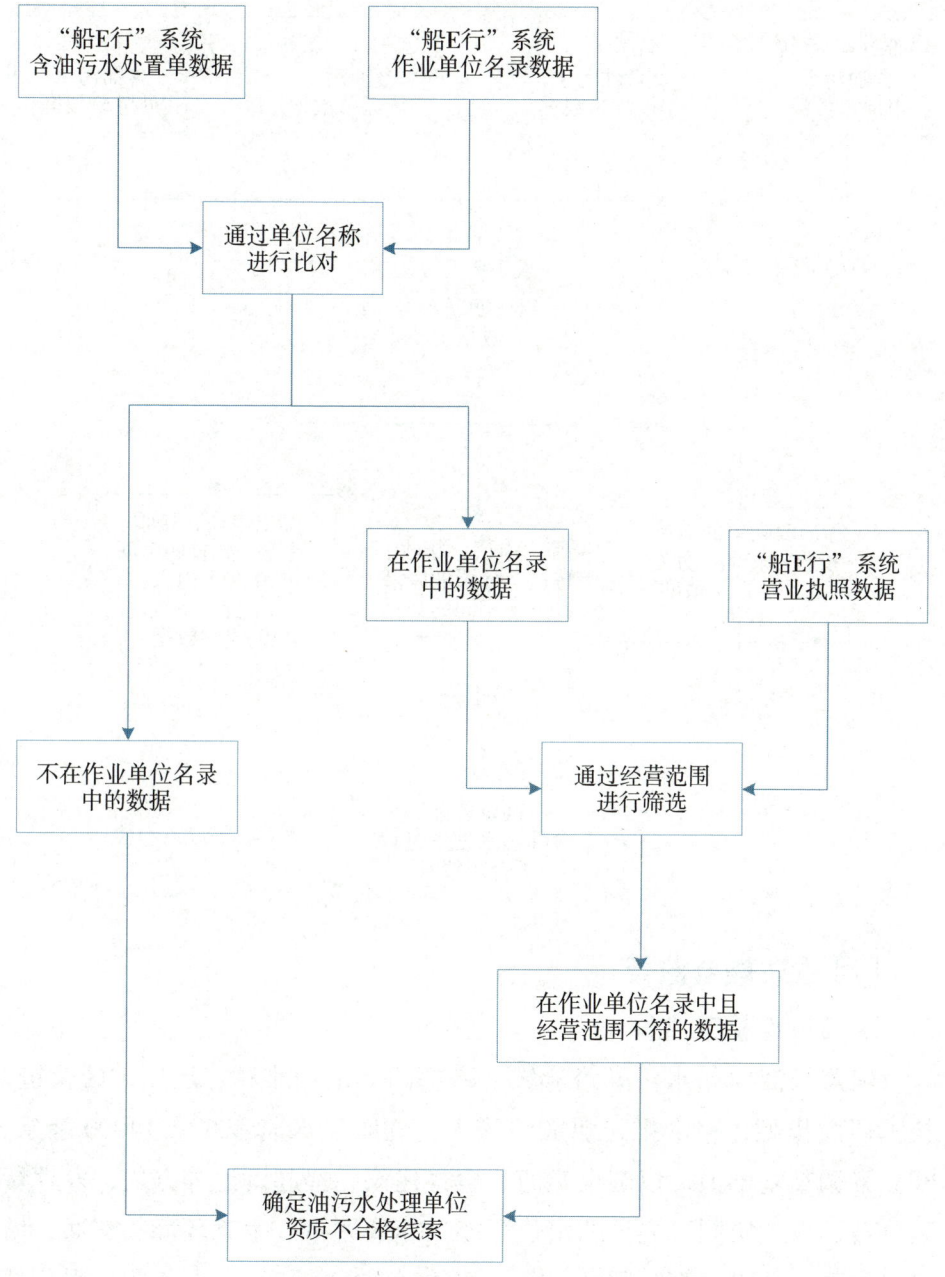

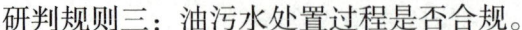
研判规则三：油污水处置过程是否合规。

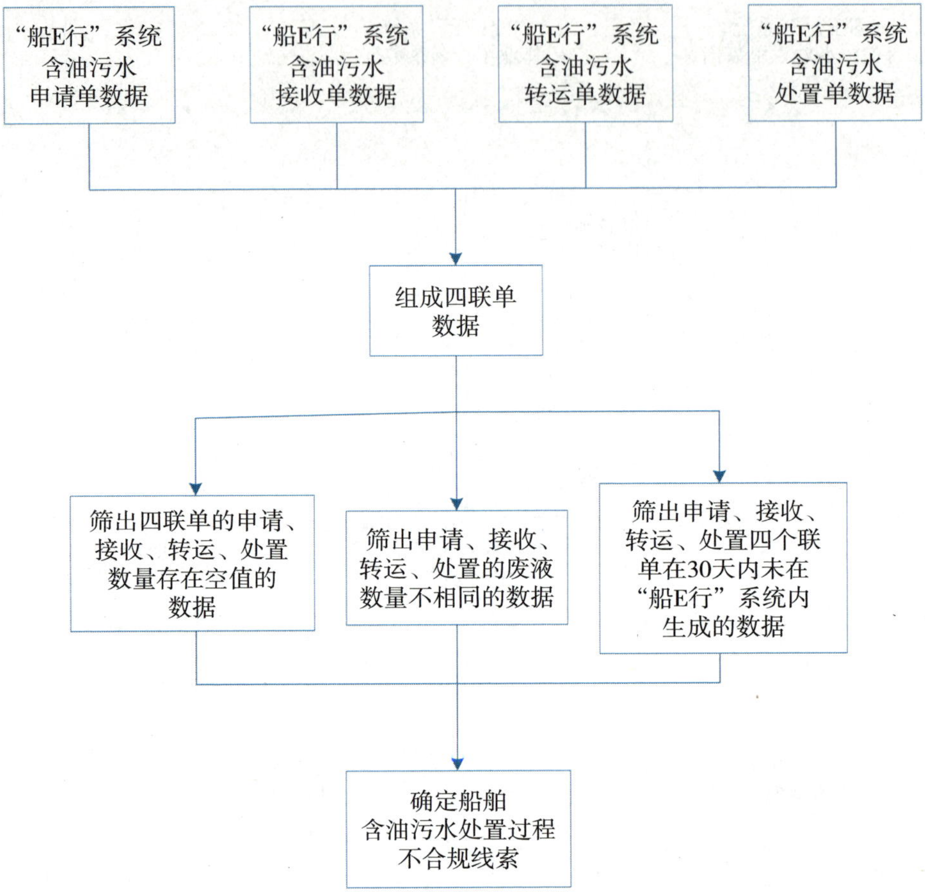

```
┌──────────┐  ┌──────────┐  ┌──────────┐  ┌──────────┐
│ "船E行"系统 │  │ "船E行"系统 │  │ "船E行"系统 │  │ "船E行"系统 │
│  含油污水  │  │  含油污水  │  │  含油污水  │  │  含油污水  │
│ 申请单数据 │  │ 接收单数据 │  │ 转运单数据 │  │ 处置单数据 │
└──────────┘  └──────────┘  └──────────┘  └──────────┘
```

组成四联单
数据

| 筛出四联单的申请、接收、转运、处置数量存在空值的数据 | 筛出申请、接收、转运、处置的废液数量不相同的数据 | 筛出申请、接收、转运、处置四个联单在30天内未在"船E行"系统内生成的数据 |

确定船舶
含油污水处置过程
不合规线索

📖 检察融合监督

公益诉讼检察监督

聚焦长江船舶水污染跨流域、跨部门等治理难题，运用"区块链"技术研发模型，精准推送船舶油污水、洗舱废水监督线索 14000 余条。经立案调查基础上，以圆桌磋商、检察建议、提起诉讼等方式，发挥行政公益诉讼"协同"之诉的定位职能，厘清海事、生态环境、交通、城管、住建、港口等部门职责，督促相关行政机关依法全面履职，强化部门协同、完善监管机制，共同推动船舶污染问题治理。

针对船舶经营者非法处置船舶油污水、洗舱废水污染长江的行为，检察机关通过民事公益诉讼，要求侵权行为人承担污染生态环境的损害赔偿金、惩罚性赔偿金等责任，用于生态环境保护、修复及治理，实现"环境有价、损害担责"的环境保护理念，有力保护长江经济带绿色发展。

社会综合治理

综合运用"公益诉讼办案＋调查研究"模式，全面深入分析案件背后暴露船舶污染治理体制机制漏洞，梳理出四联单地点等重要内容缺失、以转运单位名称填录处置单位混淆视听，未如实填录致使溯源难等问题，以社会综合治理检察建议、调研报告等方式，建立跨部门共管共治机制，促进跨区域协同共治，推动长江流域治理效能提升。

📖 社会治理成效

该模型通过省市区三级联动，一体化推进，分析研判全省数据，推送的线索由省市院交办至相应检察院办理。现模型通过研判全省海事数据，已推送出全省线索 14276 条，其中涉及油污水线索 13242 条，涉及洗舱水线索 1034 条。

就近选择线索量较大的江阴市院进行核查验证，江阴市院线索分布如下：（1）船舶油污水监督点共推送线索 748 条，其中未经预处理跨市转运 50 条、油污水在处理单位存在超范围经营 627 条、不在作业单位名录中的 2 条、油污水处置过程不合规 69 条；（2）船舶洗舱水监督点共推送处理单位资质不合格线索 3 条。上述线索经移送江阴市检察院调查后反馈"线索精准"。

据此，上述线索交由属地检察机关办理，各地参照江阴模式开展省市县一体化办案。各类线索分类处置，针对应洗舱未洗舱、未经预处理跨市转运、超范围经营资质不合格、联单超 30 天未闭环管理等问题，通过行政公益诉讼予以监督。针对处理单位不在合格名录中、联单之间废水数量不一致、联单存在空值等问题，通过社会综合治理检察建议进行监督。针对上述案件中反映出来的四联单地点等重要内容缺失、以转运单位名称填录处置单位混淆视听，未如实填录致使溯源难等问题，以专题报告等方式，推动建立跨部门共管共治机制，促进跨区域协同共治。省检察院已联合省海事局出台《长江船舶污染协同共治示范区创建协议》，形成创新信息共享、协同长效治理等有益机制。各市通过案件化办理，综合运用现场听证会、整治协调会等，与行政机关共同推动问题解决，共护一江碧水。

模型应用前景广阔，长江流经 19 个省，"长江干线船舶水污染物联合监管与服务信息系统"和"中国海事协同管理系统"为全国通用的平台，长江沿线均有相应数据，长江沿岸各省份只须布点，采集数据即可推送线索，故经验可复制可推广。

📖 法律法规依据

1.《中华人民共和国水污染防治法》第九条　县级以上人民政府环境保护主管部门对水污染防治实施统一监督管理。

交通主管部门的海事管理机构对船舶污染水域的防治实施监督管理。

县级以上人民政府水行政、国土资源、卫生、建设、农业、渔业等部门以及重要江河、湖泊的流域水资源保护机构，在各自的职责范围内，对有关水污染防治实施监督管理。

第八十九条　船舶未配置相应的防污染设备和器材，或者未持有合法有效的防止水域环境污染的证书与文书的，由海事管理机构、渔业主管部门按照职责分工责令限期改正，处二千元以上二万元以下的罚款；逾期不改正的，责令船舶临时停航。

船舶进行涉及污染物排放的作业，未遵守操作规程或者未在相应的记录簿上如实记载的，由海事管理机构、渔业主管部门按照职责分工责令改正，处二千元以上二万元以下的罚款。

第九十条　违反本法规定，有下列行为之一的，由海事管理机构、渔业主管部门按照职责分工责令停止违法行为，处一万元以上十万元以下的罚款；造成水污染的，责令限期采取治理措施，消除污染，处二万元以上二十万元以下的罚款；逾期不采取治理措施的，海事管理机构、渔业主管部门按照职责分工可以指定有治理能力的单位代为治理，所需费用由船舶承担：

……

（三）船舶及有关作业单位从事有污染风险的作业活动，未按照规定采取污染防治措施的……

2.《江苏省长江船舶污染防治条例》第二十六条　船舶污染物的送交、接收、转运和处置，应当按照要求使用规定的监管与服务信息系统，实行联单闭环管理。

船舶污染物的送交、接收、转运和处置单位注册和使用信息系统，不得弄虚作假。信息系统产生的电子接收单证与纸质接收单证具有同等法律效力。

船舶生活污水、生活垃圾接入市政管网或者公共转运处置系统的，视同完成处置。

第四十条　载运散装液体危险货物的内河船舶卸货完毕后，应当在具备洗舱能力的洗舱站对货物处所进行清洗，但是船舶拟装载的货物与卸载的货物一致或者相容的除外。船舶和洗舱站应当明确各自的安全与污染防治责任。

船舶拟装载的货物与卸载的货物相容的，应当取得拟装载货物所有人对船舶免洗舱的书面同意。该货物所有人应当与拟装载货物运输合同中载明的所有人一致。

卸货港没有洗舱能力的，船舶取得就近洗舱站或者下一港洗舱站洗舱书面同意，可以在就近洗舱站或者下一港洗舱站清洗，并在离港前报告卸货港所在地海事管理机构。

第六十四条 违反本条例第四十条第一款规定，载运散装液体危险货物的内河船舶卸货完毕后，未在具备洗舱能力的洗舱站对货物处所进行清洗的，由海事管理机构责令改正，处一万元以上五万元以下的罚款。

3. 《**船舶载运危险货物安全监督管理规定（2018）**》第三十七条载运散装液体危险货物的内河船舶卸货完毕后，应当在具备洗舱条件的码头、专用锚地、洗舱站点等对货物处所进行清洗，洗舱水应当交付港口接收设施、船舶污染物接收单位或者专业接收单位接收处理。

载运散装液体危险货物的内河船舶，有以下情形之一的，可以免于前款规定的清洗：（一）船舶拟装载的货物与卸载的货物一致；（二）船舶拟装载的货物与卸载的货物相容，经拟装载货物的所有人同意；（三）已经实施海事管理机构确认的可替代清洗的通风程序。

卸货港口没有接收能力，船舶取得下一港口的接收洗舱水书面同意，可以在下一港口清洗，并及时报告海事管理机构。

4. 《**长江经济带船舶和港口污染突出问题整治方案**》（交水〔2020〕17号）加强船舶污染物转移处置的监督管理……含油污水在预处理前不得设区的市转移上岸。

5. 团体标准《**载运散装液体危险货物内河船舶换载货物洗舱要求**》规定的载运散装液体危险货物内河船舶换载货物洗舱的相关要求。

办案心得体会

江苏省无锡市锡山区人民检察院在参与国家级"区块链＋检察（公益诉讼）"创新试点项目中，积极打造自主可控的锡山"检察智链"，充分发挥区块链数据采集安全及时、推送线索真实精准、监督结果透明公信等特点，基于区块链研发"长江船舶污染治理监督模型"，实现"个案办理—类案监督—系统治理"的跨越，以数字化、智能化的检察模式高效赋能长江流域生态环境保护，助力长江经济带绿色发展。

一、研发背景及思路

（一）契合最高检专案的实践需求

促进长江经济带绿色发展是检察机关服务保障国家重大战略的着力点，长江船舶污染专案是最高检确定的重点专案。江苏段长江主要通航区域涉及 8 家省辖市检察院、57 家县（区）检察院，跨行政区划多，船舶流动性强，船舶污染物处置具有较大隐蔽性和随意性，普通检察技术难以解决污染治理线索发现难、调查取证难等监管难题。按照"业务主导""实战应用"为导向，为全力推动专案的有效落实，江苏省检察院于 2023 年年初，确定由锡山区检察院承担"长江船舶污染治理监督模型"的研发任务，以数字检察赋能最高检专案办理。

（二）平台研发瓶颈的攻克需求

在前期平台模型研发中，锡山区院发现在数据层面仍遇到以下瓶颈困难：一是在数据的采集上，针对被采集单位的数据保密性、隐私安全，缺少可信的保障手段；二是在数据的运用上，针对保持数据的完整性、溯源性，缺乏可靠的技术方案。为解决上述问题，促进平台研发工作夯实数据基础、行稳致远，锡山区检察院引入"区块链"技术，充分运用其不可篡改、可追溯、可用不可见等技术特性，保障数据的来源可靠、结果可信、运用安全。在研发"长江船舶污染治理监督模型"中，区别于传统的模型研发思路，率先运用"区块链"技术实现模型应用落地。

（三）实现"区块链"应用的技术路径

锡山区院结合国家级试点，自行研建检务区块链，已获 4 项计算机软件著作权。该院将本案模型建立在该链上，把采集到的海事部门"船E行"等数据上链，把所涉法律转换成智能法条上链，保障数据安全性、可靠性。同时把模型研判规则以智能合约的方式固定在链上，自动生成数据分析容器，抽取前述上链数据，根据研判规则在容器中自动进行数据分析，符合规则的，则作为线索推送上链，实现整个过程在链上全程留痕。

二、模型研发的攻坚路径

（一）以省级院牵头推进，攻坚数据采集难题

模型数据主要来源于"长江干线船舶水污染物联合监管与服务信息系统"和"中国海事协同管理系统"，但上述两个系统层级较高，均由交通部进行统一研发管理。为解决数据源头活水问题，攻克数据采集难题，江苏省检察院持续发挥统领协调优势，由分管检察长带头，多次赴江苏省海事局进行沟通对接，业务和技术部门先后赴江苏省海事局、无锡市交通局、江阴海事局深入了解"船E行"系统的实际运行情况。经多次洽谈，促成双方以双赢多赢共赢为目标，实现了数据的有效共享，共护长江绿色发展。

（二）以检校协作搭建研发专班，攻坚数据上链难题

"长江船舶污染治理监督模型"研发的前提在于"区块链"的有效搭建和应用。为此，在江苏省检察院的主导下，省市区三级联动，一体化推进国家级"区块链＋检察（公益诉讼）"创新试点项目，锡山区检察院迅速组建研发专班，加强与江南大学人工智能学院合作，积极研建"检察智链"，项目基于虚拟化和云计算建设，运用新一代国产化IT技术，构建稳定可靠的基础设施层，打造了自主可控的新型区块链底层链系统。

以"五步上链"法，实现模型在区块链上研发、运行。第一步：数据上链。依托区块链技术不可篡改特性，由技术部门将采集到的"船E行"和"中国海事协同管理系统"数据上链，确保采集数据信息共享过程中信息对称、数据一致。第二步：智能法条上链。业务部门拆解《水污染防治法》等法律法规形成智能法条锚定上链，保障了法条不可更改的严肃性和刚性。第三步：智能合约上链。经梳理长江船舶监管法律管理，发现长江船舶污水处理并未形成闭环管理等10余项治理难点堵点，

该院将船舶洗舱废水、油污水作为监督突破口，与海事部门达成模型构建监管研判规则，并将该规则作为智能合约上链固定，确保监管研判规则统一。第四步：分析容器自动生成。智能合约在链上固定后，当数据满足研判条件则自动生成数据分析容器，抽取海事部门上链数据和智能法条，根据规则在容器中自动进行数据分析。其间，完成数据分析后，分析容器连同调取的数据自动湮灭，让数据"可用不可见"，确保数据安全性和私密性。第五步：推送结果上链。分析容器根据规则研判后，符合研判规则的线索自动推送出后同步上链留痕。"五步上链"研判流程，实现了长江船舶污染治理法律监督全程链上运转、链上留痕，并可供司法存证系统成案后调用。

（三）从上链数据和法律依据出发，攻坚数据研判难题

区别于传统的从已办成的案件挖掘数据碰撞研判规则的模型研发路径，在研发长江船舶污染治理监督模型中，则是选择了一条从无到有的研发路径，即从未办过类似案例而通过模型数据碰撞发现传统办案难以发现的监督线索。研发团队在获取全省数据的情况下，调研专案总体推进情况，选择从长江污染治理的监督难点痛点即洗舱水和油污水处置进行着手，通过深入比照法律法规规定的处理要求，对"长江干线船舶水污染物联合监管与服务信息系统"和"中国海事协同管理系统"的数据进行系统分析，确定需提取的数据关键词字段，研究数据筛选、碰撞的研判规则。

设置多种数据碰撞的规则，充分调动已采集的数据，让数据"跑起来"。第一，跨系统之间的数据率先进行碰撞，发现因数据不互通而导致的监管漏洞。比如，比对"中国海事协同管理系统"的船舶行程信息数据和"船 E 行"系统的洗舱申请单数据。当拟载货物与前载货物都属于《载运散装液体危险货物内河船舶换载货物洗舱要求参考表》中的货物时，按该表要求确定需要强制洗舱但无相应洗舱申请单的，则作为线索推送。第二，同一系统内的数据相互碰撞，发现未有效闭环、明显处置不规范的监管漏洞。比如，比对"船 E 行"系统中四联单之间的信息，通

过转运地点与处置地点进行碰撞，从而推送跨市转运的问题线索。又比如，将"船E行"系统中处置联单的处置单位信息与该系统中已获海事部门认可的作业单位名录信息进行比对，推送处置单位不合格的问题线索。

（四）以层级监督和融合监督，提升模型应用成效

本模型所采集的数据为全省数据，共有 2 个监督点 11 个研判规则，推送线索涉及全省沿江各市县。上下级联动，一体化办案是本模型案件办理的特点。

首先，在层级监督方面，分析研判所涉问题应当属于省级、市级、县区级哪一级行政机关的履职范围，应由哪一级检察机关予以监督，强化多层级全方位的监督。比如，针对超范围经营资质不合格可通过对县区级的市场监管部门进行监督；针对未经预处理跨市转运，优先由转运出发点市级院管辖；针对"船E行"系统填录不规范不及时、存在空值等问题，可由省级院以社会综合治理检察的方式推动"船E行"系统完善。

其次，在监督方式方面，针对不同的问题，分析研判所涉问题应当通过何种检察监督方式予以监督，强化检察职能之间的融合监督。比如，针对应洗舱未洗舱、未经预处理跨市转运、超范围经营资质不合格、联单超 30 天未闭环管理等问题，通过行政公益诉讼予以监督。针对处理单位不在合格名录中、联单之间废水数量不一致、联单存在空值等问题，通过社会综合治理检察建议进行监督。针对上述案件中反映出来的四联单地点等重要内容缺失、以转运单位名称填录处置单位混淆视听，未如实填录致使溯源难等涉及"船E行"系统应用管理等问题，可以专题报告等方式推动建立跨部门共管共治机制，促进跨区域协同共治。

最后，在法律适用方面，模型推送的线索所涉及的法律法规等规定，在办案中可能会存在省域间的差异，须具体问题具体分析。比如，《中华人民共和国水污染防治法》第八十九条明确"船舶进行涉及污染物排放的作业，未遵守操作规程或者未在相应的记录簿上如实记载的"

违法行为，相关行政部门应当依法处置。具体如何未遵守操作规程或者未在相应的记录簿上如实记载，在江苏省内以《江苏省长江船舶污染防治条例》明确了联单闭环管理的要求，故设置联单超30天未处理的推送规则，重点查看联单是否实现闭环管理。而30天为海事部门认可的联单闭环的合理期限。其他省域在办理该类线索时须注意查找所在省份的规定，对未遵守操作规程或者未在相应的记录簿上如实记载的情形有无具体法律法规规章或操作规范等予以明确。

三、案件办理的借鉴意义

（一）以技术创新引领，夯实模型研发基础

一是为解决相较于中心化系统，区块链系统可能会出现的拥堵和延迟问题，"长江船舶污染治理监督模型"的数据处理技术同时采用了数据分片、数据压缩、并行处理、就近缓存等方法，在有限成本内大大提高区块链网络的吞吐量和处理效率，更好地支持检务大数据场景下的应用。二是与高等院校合作研发高效实用的轻量级和容错算法，融合分布式一致性算法优势，支持多种共识机制。实现在标准硬件和网络环境下，弱节点只需要8核16G 256SSD以及100M的带宽就可以满足运行需求，以适应占绝大多数的基层检察机关，基础设施相对较弱，且业务数据量相对上级机关较少的实际现状，符合经济实用原则。

模型建设中引入区块链技术，可达到以下效果：一是利用其不可篡改特性，解决了传统信息共享方式存在的信息不对称、数据不一致等问题，更加高效、安全、可靠；二是将研判规则锚定在区块链上，保证线索的原始数据和研判过程的真实性和完整性，提高了证据的可信度；三是区块链中隐私计算技术的应用，让数据可用不可见，使参与各方的隐私安全和保密安全在技术层面得以实现；四是面对未来，区块链将成为不同部门、不同系统间数据交换共享的主要方式，检察机关通过积极探索，先行先试，为将来打破数据技术壁垒，实现共融共通，抢占先机。

（二）注重经验可推广性，实现以"一域突破"推动"全域治理"

首先，从模型选择的领域看，长江船舶污染治理就具有跨域性、全国性。6300余公里的长江是贯通祖国东西最密集的水上交通航线，数百条支流辐射辖南北，延伸至贵、甘、陕、豫、桂、粤、浙、闽等8个省自治区。因此，往来船舶对长江产生的污染，成为亟须关注的社会问题。其次，从区块链的标准看，区块链的应用具有可操作性。本模型通过联合高校、龙头企业等13家单位申报3项区块链团体标准，并在全国团标平台上公示通过，区块链应用有标可循。模型将研判规则锚定在区块链上，保证了监督线索原始数据和研判过程的真实完整性，为探索检察机关大数据法律监督模型产出的数据和结果作为证据使用提供了一条可验证的技术路线。最后，从数据来源的基础看，平台系统的数据具有全国性。模型数据采集自全国通用的信息平台，长江沿线均有相应数据，长江沿岸各省份只须布点，采集数据即可推送线索，模型经验可复制可推广，应用前景广阔。

案件承办人：

　　王　卫　吴永军　王　鹤　莫斯敏

　　（江苏省无锡市锡山区人民检察院）

案例撰写人：

　　王　卫　吴永军　王　鹤　莫斯敏

　　（江苏省无锡市锡山区人民检察院）

案例审核人：

　　严中良（江苏省人民检察院）

消防技术服务机构出具虚假检测报告类案监督

◇ 浙江省杭州市人民检察院　临平区人民检察院

📖 关键词

消防技术服务机构　出具虚假检测报告　行刑衔接

📖 要旨

从个案中提取机构项目量显著异常、注册工程师签字量显著异常、合同金额显著异常、服务时长显著异常、"换马甲"经营、社保缴纳异常等要素特征，发现弄虚作假的消防技术服务机构和从业人员，再根据不同的研判规则，发现批量提供虚假证明文件罪等刑事立案监督线索和恶意逃避监管、注册工程师挂证等行政检察、公益诉讼检察监督线索，推动消防安全领域的诉源治理。

📖 基本情况

临平、杭州两级检察院在个案办理中发现消防技术服务机构普遍存在违背安全评价职责、出具虚假检测报告的行业乱象，立足刑事检察、行政检察、公益诉讼检察法律监督职能，调取检测报告、行政处罚等数据，形成服务时长显著异常等6项行政预警指标、二次处罚类等 3 项刑事研判规则和注册工程师挂证等 2 个融合监督场景，在浙检大数据法律监督平台上搭建模型，精准锁定异常消防技术服务机构和从业人员，产出覆盖浙江全省的刑事检察、行政检察、公益诉讼检察类案监督线索 500 余条，赋能法律监督提质增效。浙江省检察院据此制发检察建议并与浙江省消防救援总队在浙江全省范围内开展跨部门联动治理行动，有力打击消防中介组织的违法犯罪行为，为落实最高检"八号检察建议"，推动消防安全领域的诉源治理、长效治理、系统治理贡献检察力量。

📖 线索发现

2023 年 4 月，临平检察院对杭州冰雪大世界"6·9"火灾事故案中的一名消防技术服务行业从业人员以提供虚假证明文件罪提起公诉。案件办理过程中发现，2019 年消防改革后，消防技术服务机构从资质许可制变为注册备案制，浙江省内从业机构从 100 多家激增至 700 多家，且普遍存在低价恶性竞争、注册工程师挂证、恶意逃避监管、出具虚假报告等乱象，使得安全评价"形同虚设"，危及广大人民群众生产生活安全。

📖 数据分析方法

数据来源

1. 消防技术服务机构的基本信息及从业人员数据（源于全国社会消防技术服务管理系统）；

2. 消防技术服务合同、消防技术检测报告数据（源于浙江省消防技术服务管理系统）；

3. 消防行政处罚数据（源于浙江省消防信用综合监督平台）；

4. 重大消防事故数据（源于消防部门、检察业务应用系统）；

5. 社保缴纳数据（源于人力社保部门）；

6. 工商注册注销数据（源于市场监管部门）。

数据分析关键词

一是通过机构项目量显著异常、注册工程师签字量显著异常、合同金额显著异常、服务时长显著异常、"换马甲"经营、社保缴纳异常等预警指标排查异常机构和异常人员，作为监管核查的重点，为检察机关法律监督奠定基础。

二是根据二次处罚类、违法所得类、重大损失类等刑事研判规则和恶意逃避监管、注册工程师挂证等行政检察、公益诉讼检察监督场景，实现对消防中介组织违法犯罪行为的精准打击和对消防技术服务行业的全流程监管。

数据分析步骤

第一步：建立六项预警指标，形成异常机构人员数据库。

1. 机构项目量显著异常：首先将当年机构项目备案总数与从业人员总数之比确定为比较基准，然后将单个机构的当年项目备案数与该机构的从业人员数之比与市场基准进行比较，高于基准100%的确定为异常预警指标，输出项目量异常机构清单；

2. 注册工程师签字量显著异常：首先将注册工程师按签字报告总量进行排序，然后以签字报告数量的中位数为基准，高于基准100%的确定为异常预警指标，输出签字量异常人员清单；

3. 合同金额显著异常：首先将当年所有备案项目的合同总额与检测面积总和之比确定为比较基准，然后将单个项目的备案合同金额与检测面积之比与市场基准进行比较，低于基准100%的确定为异常预警指标，输出金额异常项目清单；

4. 服务时长显著异常：将单个项目的报告出具时间分别与合同签订时间、检测执行时间相碰撞，筛选出时间差在一日以内的确定为异常预警指标，输出时长异常项目清单；

5. "换马甲"经营：将当年新注册的机构营业地址、法定代表人、股东及其从业人员数据与曾受行政处罚的机构营业地址、法定代表人、股东及从业人员数据进行碰撞，将有交集的确定为异常预警指标，输出恶意注册机构清单；

6. 社保缴纳异常：将从业人员数据与社保缴纳数据进行碰撞，将社保缴纳单位与从业人员登记备案的机构不一致的确定为异常预警指标，输出社保异常人员清单。

将前述6项指标输出的清单对应为机构后取并集，形成异常机构数据库；对应为人员后取并集，形成异常人员数据库。从而在全省海量数据中找出大概率弄虚作假存在问题的消防技术服务机构及从业人员，精准缩小排查范围。

第二步：发现刑事、行政、公益诉讼检察法律监督线索。

1. 根据三类标准锚定刑事立案线索

（1）多次处罚类：对曾受行政处罚的机构及从业人员数据进行筛选，将处罚事由为出具虚假检测报告、处罚间隔时间不满2年、处罚次数为2次的筛选出来，再与第一步的异常机构/人员数据库进行碰撞，将交集部分作为可调查的刑事立案线索；对出具虚假检测报告处罚次数为3次及以上且间隔时间不满2年的，直接确定为刑事立案线索。

（2）违法所得类：对检测项目的合同金额按照机构和负责人进行分组统计，将单项目金额或多项目总额超过10万元的机构和负责人筛选出来，再与第一步的异常机构/人员数据库进行碰撞，将交集部分作为可调查的刑事立案线索；对单项目金额或多项目总额超过10万元且前述项目均已因出具虚假报告被行政处罚的，直接确定为刑事立案线索。

（3）重大损失类：首先从死1人或伤3人或经济损失50万元以上的重大消防事故数据中提取出"场所"，然后从检测报告数据中提取出该场所对应的检测机构及检测人员，再与第一步的异常机构/人员数据库进行碰撞，将交集部分作为可调查的刑事立案线索；对检测机构和检测人员因在重大消防事故中出具虚假报告已被行政处罚的，直接确定为刑事立案线索。

对三类标准中的可调查线索移交主管部门进一步调查相关机构和人员有无出具虚假报告的行为；对三类标准中的直接成案线索向消防部门、公安机关核实是否已经依法移送、依法立案；最终形成刑事立案监督线索库。

2. 区分不同场景输出融合监督线索

（1）恶意逃避监管场景：将工商注销数据与检测报告数据按照注销时间点进行碰撞，找出在工商注销登记后仍在消防系统中出具检测报告的恶意注销机构，与第一步"换马甲"经营的机构取并集，确定为恶意逃避监管线索。

（2）注册工程师挂证场景：从第一步"社保缴纳异常"的数据中，提取出疑似挂证工程师的社保缴纳单位所在地和登记备案机构所在地，将两者所属行政区划不一致的，确定为注册工程师异地挂证线索。

思维导图

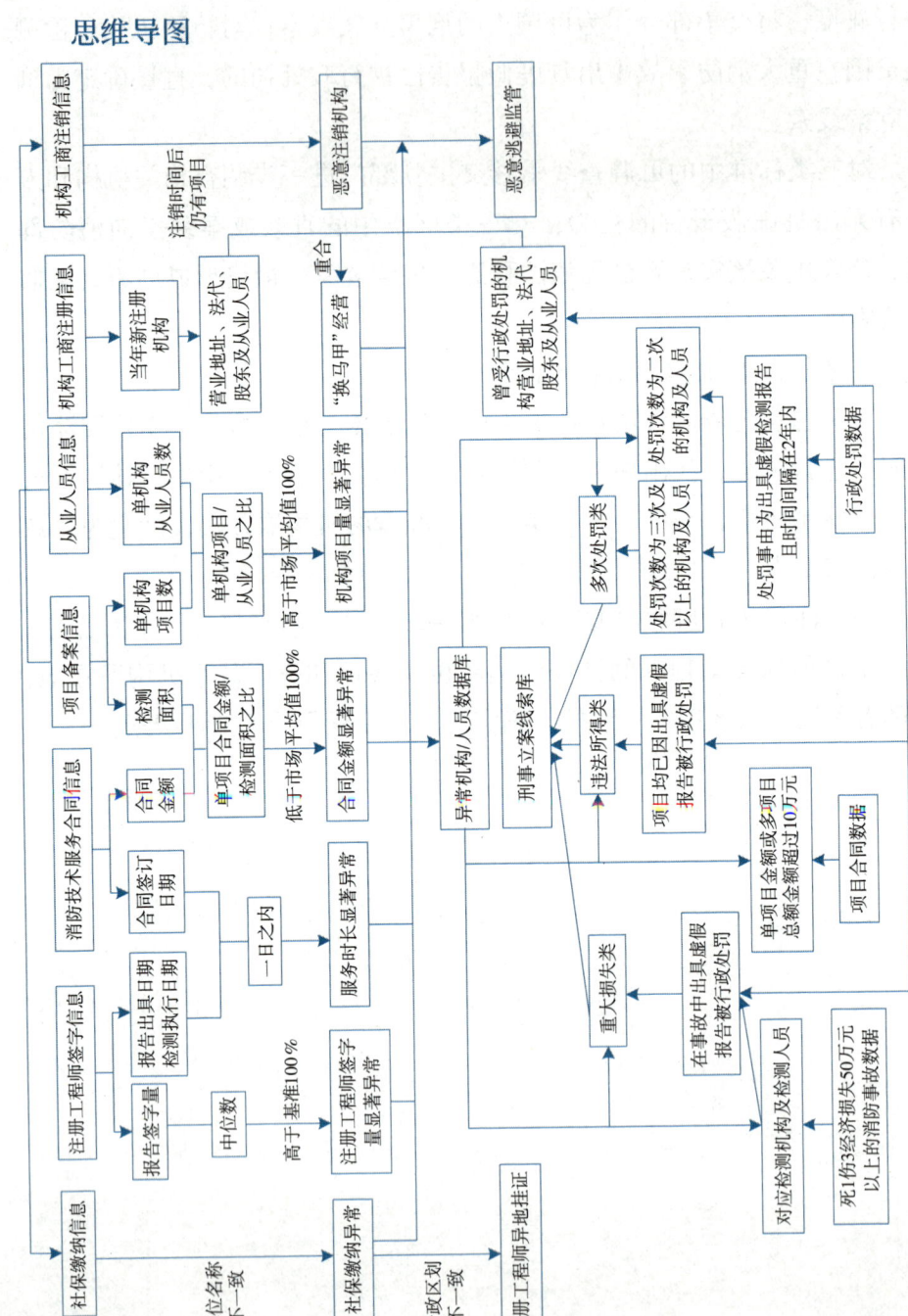

📖 检察融合监督

刑事检察监督

利用该模型排查出刑事立案线索 68 条，覆盖浙江省 82% 的地市。线索发至浙江省三级检察机关和消防部门，检察机关通过行刑衔接监督消防部门依法移送、监督公安机关依法立案 22 件 23 人。

提起公诉的斯某某提供虚假证明文件案系消防领域中介组织的全国首例，具有深度震慑和广泛教育意义。依托该案形成《消防中介"提供虚假证明文件"类案办理取证指引》，为打击消防技术服务机构及从业人员的违法犯罪行为提供有力支撑。

行政检察监督

通过该模型排查出全省异常消防技术服务机构 479 家，产出行政处罚线索 188 条，覆盖浙江省 100% 的地市。监督消防部门对 256 家消防技术服务机构开展实地检查，核查服务项目 455 个，发现问题 195 处，办理行政处罚 185 起，罚款 111 万元。

该模型被纳入"浙江省消防技术服务管理平台"转化为消防安全数字化治理协同程序，实现对消防中介弄虚作假行为的有效预警和规制。推动浙江省消防救援总队出台《消防技术服务机构从业条件检查细则和行政处罚裁量基准》，进一步规范执法行为。

公益诉讼检察监督

通过对比消防技术服务机构及从业人员的工商、社保信息，发现机构"恶意逃避监管"、注册工程师"挂证"等公益诉讼线索 329 条，涵盖浙江省内外。目前已监督消防部门对 44 家违法消防技术服务机构停止执业，对 76 名违规"挂证"注册消防工程师注销注册证书及执业印章。

打通消防、住建、市场监管等部门间的信息壁垒，实现对消防技服务机构在新检验收、开业检查、注册注销等环节的全流程监管。推动浙江省消防救援总队修订《浙江省消防技术服务机构从业管理规定》《消防技术服务机构信用评价指标及评分标准》，在监管平台中增设人脸识别和定位功能，进一步完善监管、堵塞漏洞，从源头上防范化解消防安全风险隐患。

📖 社会治理成效

临平检察院向区消防救援大队制发社会治理类检察建议，以"人大＋检察"法治监督共同体的方式推动消防安全全过程的执法司法信息共享和协作配合。杭州检察院发文在全市范围内开展消防领域中介组织数字化监督专项活动。

在此基础上，浙江省检察院向浙江省消防救援总队宣告送达2023年的一号检察建议，并联合开展消防技术服务行业联动治理"蓝光"专项行动，以联合专项检查、办理典型案件、出台规范文件等"八个一"的切实举措，严厉惩治违法犯罪，促进行业健康持续发展，获得《检察日报》头版报道和最高检信息录用。

📖 法律法规依据

1.《社会消防技术服务管理规定》第二条第二款 本规定所称消防技术服务机构是指从事消防设施维护保养检测、消防安全评估等社会消防技术服务活动的企业。

第十九条第一款 县级以上人民政府消防救援机构依照有关法律、法规和本规定，对本行政区域内的社会消防技术服务活动实施监督管理。

2.《中华人民共和国消防法》第六十九条第一款 消防设施维护保养检测、消防安全评估等消防技术服务机构，不具备从业条件从事消防技术服务活动或者出具虚假文件的，由消防救援机构责令改正，处五万元以上十万元以下罚款，并对直接负责的主管人员和其他直接责任人员处一万元以上五万元以下罚款；不按照国家标准、行业标准开展消防技术服务活动的，责令改正，处五万元以下罚款，并对直接负责的主管人员和其他直接责任人员处一万元以下罚款；有违法所得的，并处没收违法所得；给他人造成损失的，依法承担赔偿责任；情节严重的，依法责令停止执业或者吊销相应资格；造成重大损失的，由相关部门吊销营业执照，并对有关责任人员采取终身市场禁入措施。

3.《中华人民共和国刑法》第二百二十九条　承担资产评估、验资、验证、会计、审计、法律服务、保荐、安全评价、环境影响评价、环境监测等职责的中介组织的人员故意提供虚假证明文件，情节严重的，处五年以下有期徒刑或者拘役，并处罚金；有下列情形之一的，处五年以上十年以下有期徒刑，并处罚金：

……（三）在涉及公共安全的重大工程、项目中提供虚假的安全评价、环境影响评价等证明文件，致使公共财产、国家和人民利益遭受特别重大损失的。

4.《关于办理危害生产安全刑事案件适用法律若干问题的解释（二）》第七条　承担安全评价职责的中介组织的人员故意提供虚假证明文件，有下列情形之一的，属于刑法第二百二十九条第一款规定的"情节严重"：

（一）造成死亡一人以上或者重伤三人以上安全事故的；

（二）造成直接经济损失五十万元以上安全事故的；

（三）违法所得数额十万元以上的；

（四）两年内因故意提供虚假证明文件受过两次以上行政处罚，又故意提供虚假证明文件的；

（五）其他情节严重的情形。

在涉及公共安全的重大工程、项目中提供虚假的安全评价文件，有下列情形之一的，属于刑法第二百二十九条第一款第三项规定的"致使公共财产、国家和人民利益遭受特别重大损失"：

（一）造成死亡三人以上或者重伤十人以上安全事故的；

（二）造成直接经济损失五百万元以上安全事故的；

（三）其他致使公共财产、国家和人民利益遭受特别重大损失的情形。

第九条 承担安全评价职责的中介组织犯刑法第二百二十九条规定之罪的，对该中介组织判处罚金，并对其直接负责的主管人员和其他直接责任人员，依照本解释第七条、第八条的规定处罚。

5.《**安全生产行政执法与刑事司法衔接工作办法**》**第四条** 人民检察院对应急管理部门移送涉嫌安全生产犯罪案件和公安机关有关立案活动，依法实施法律监督。

6.《**人民检察院检察建议工作规定**》**第十一条** 人民检察院在办理案件中发现社会治理工作存在下列情形之一的，可以向有关单位和部门提出改进工作、完善治理的检察建议：

……（二）一定时期某类违法犯罪案件多发、频发，或者已发生的案件暴露出明显的管理监督漏洞，需要督促行业主管部门加强和改进管理监督工作的……

7.《**中共中央关于加强新时代检察机关法律监督工作的意见**》**第五条** 健全行政执法和刑事司法衔接机制。完善检察机关与行政执法机关、公安机关、审判机关、司法行政机关执法司法信息共享、案情通报、案件移送制度，实现行政处罚与刑事处罚依法对接。对于行政执法机关不依法向公安机关移送涉嫌犯罪案件的，检察机关要依法监督。

8.《**关于推进行刑双向衔接和行政违法行为监督 构建检察监督与行政执法衔接制度的意见**》 ……刑事检察部门经审查，认为行政执法机关对涉嫌犯罪案件应当移送公安机关立案侦查而不移送的，应当建议行政执法机关及时向公安机关移送案件。对于公安机关可能存在应当立案而不立案情形的，应当依法开展立案监督。对于检察机关建议行政执法机关移送、监督公安机关立案的案件，刑事检察部门应当加强跟踪督促、指导办案……

办案心得体会

临平检察院在办理案件过程中，针对发现的消防技术服务机构行业乱象，利用大数据建模开展类案监督，为浙江省检察院制发检察建议并在全省范围内与相关部门开展联动治理行动提供了实践样例，助力防范化解消防安全风险，主要从以下几个方面开展工作：

一、问题导向凝聚合力，小切口找准监督点

（一）从办案实际出发坚持问题导向

临平检察院在办理杭州冰雪大世界火灾事故案中发现消防中介组织违法分包转包、出具虚假报告、低价恶性竞争等行业乱象，所涉问题具备省域普遍性。

（二）以双赢多赢共赢争取最大合力

消防部门对于消防中介组织行业乱象有强烈的整顿意向，但处罚力度有限、监管手段不多，对于检察机关介入共同参与社会治理积极欢迎。

（三）精准小切口做社会治理大文章

消防技术服务机构作为消防安全主体中的一个特殊行业，连接业主单位和行政部门，在消防安全中起到重要的作用，事关护航亚运、安全生产等中心工作和公共安全这一最基本的民生，切口虽小但社会治理意义巨大，符合数字检察"在小切口上建大厦，一砖一瓦叠加起来"的规律要求。

二、业务主导技术支撑，零成本建轻量模型

（一）充分的调研论证

在工作方法上坚持开门调研、多头调研，主动走访消防、住建等部

门，询问业内人士，摸清行业"潜规则"，梳理出监管盲区和难点，并反复推导、修改完善模型，确保研判规则的科学性、合理性。

（二）清晰的逻辑规则

通过梳理行政法规和刑法的相关规定，找准出具虚假检测报告这一行刑交叉监督点，融入行政检察和公益诉讼检察监督场景，设定两步走的模型框架和 6+3+2 的规则体系，路径清晰、技术可行。

（三）务实的数据需求

在数据来源上尽量精简，在数据种类上不贪大求全，自行制作简明扼要的数据表格向相关部门调取建模所必要的数据。

（四）科学的团队配置

成立院领导牵头、跨部门（刑检、行政、公益诉讼、案管）、市区两级院上下联动的办案团队，以检察官为主导、检察技术人员辅助在浙江检察大数据法律监督平台上建模，没有额外的资金与人员投入。

三、上下联动由案及治，作系统治理大文章

（一）同步推进数字监督与专项治理

将数字建模作为办案手段批量产出监督线索，为专项行动奠定基础；再通过专项行动将线索落地为监督成效，并建章立制形成长效治理。

（二）同时争取上级重视与地方支持

第一时间形成涵盖市院、基层院两级院的数字化专班，根据模型产出线索情况积极向浙江省检察院汇报，由浙江省检察院与省级消防救援机构统一部署跨部门的联动治理行动；并向地方党委争取支持，结合本地实际做出特色亮点，如临平检察院就以"人大＋检察"法治监督共同体的方式纵深推进消防安全全过程的法律监督。

（三）协同推进诉源治理、系统治理

以法律监督唤醒和盘活相关数据、完善行刑衔接工作机制，深化行政部门间的信息共享和协作，强化诉源治理、系统治理，从源头上防范

化解重大消防安全风险，为落实最高检"八号检察建议"和平安护航亚运贡献检察力量。

案件承办人：

　　王学东　高　瑛　陈　萍　金洁芸　张佩峰　赵文娇

　　（浙江省杭州市临平区人民检察院）

案例撰写人：

　　金洁芸（浙江省杭州市临平区人民检察院）

案例审核人：

　　陈乃锋（浙江省人民检察院）

涉"两卡"案件漏犯漏罪
大数据类案监督

◇ 北京市昌平区人民检察院

📖 关键词

"两卡"案件 ①　电信诈骗　漏犯漏罪　身份信息　溯源治理

📖 要旨

　　由于关联案件办理割裂、反诈大数据平台功能限制等原因，"两卡"案件漏犯漏罪现象突出。检察机关将捕诉、提前介入等案件中上下游人员姓名、微信号等关键身份信息录入模型数据库，以涉案人员关键身份信息在模型中存在重复为碰撞规则，对新办案件与既有案件开展碰撞，自动筛选出上下游团伙、跨区域案件、漏犯漏罪线索，引导公安机关深挖彻查收贩卡人员，解决案件串并侦查和漏犯漏罪难题。对电信网络诈骗犯罪产业链开展溯源治理，以检察建议、公益诉讼、座谈磋商等融合履职方式督促开卡机构和监管部门履行法定职责，实现治罪与治理、监督与治理相结合。

---

① "两卡"案件是指非法出租、出售、购买"两卡"（包括手机卡、物联网卡、个人银行卡、单位银行账户及结算卡、支付账户等）用于信息网络犯罪或使用本人账户帮助他人转账、套现、取现等违法犯罪活动。

📖 基本情况

近年来，"两卡"被用于电信网络诈骗及关联犯罪问题日益突出，"两卡"案件办案数占比持续攀升，已成为全国排名第三的罪名。由于关联案件办理割裂、电子数据审查滞后、反诈大数据平台数据来源限制等问题，抓获的多数是底层的"卡农"，幕后卡头却难觅踪迹，这与全链条打击"两卡"犯罪、重点打击"卡头"的要求相去甚远，且"漏人漏卡"问题极为突出。为破解难题，昌平区检察院牢牢把握"业务主导、数据整合、技术支撑、重在应用"的方针，制定实施《涉"两卡"案件身份信息强制登记工作指引》，以此为基础研发了涉"两卡"案件漏犯漏罪大数据法律监督模型，2023 年以来共发现跨区案件 37 件、认定贩卡团伙 25 个、追捕追诉漏犯 124 人、制发社会治理检察建议 156 件、移送行政处罚意见 87 件、立案行政公益诉讼 4 件。

📖 线索发现

（一）个案线索发现

昌平区检察院在办理安某帮助信息网络犯罪活动案过程中，通过审查电子数据，发现上家人员孔某有收购安某等人银行卡的犯罪行为，涉嫌帮助信息网络犯罪活动罪。经过公安机关查询，孔某在广西百色地区因涉嫌帮助信息网络犯罪活动罪已被判刑且执行完毕，但遗漏了孔某在北京收购银行卡后提供给他人的犯罪事实。昌平检察院以此案为契机，梳理归纳"两卡"犯罪多具有跨区域流动作案、人员层级较多、幕后人员隐蔽、即时通讯软件高频使用等规律特点，有必要研发大数据法律监督模型通过线索移送方式监督引导公安机关串并案件侦查，深挖彻查漏犯漏罪，开展溯源治理工作。

（二）模型构建

昌平区检察院以大数据赋能法律监督，实行"两卡"案件身份信息强制登记制度，在制定《涉"两卡"犯罪案件身份信息强制登记工作指引》的基础上，建立涉"两卡"案件漏犯漏罪大数据法律监督模型，并由北京市检察院技术中心研发模型轻应用在首都检察网上线运行，以审查逮捕、审查起诉、提前介入侦查、公安机关立案未成案等"两卡"案件作为数据来源，将办案过程中审查在案证据发现的犯罪嫌疑人的姓名、绰号、身份证号码、手机号码、微信号码等基本情况，以及案件反映出的相关上下游人员身份信息等作为数据要素，办理"两卡"案件时，由案卡抓取及承办检察官人工补充录入相结合的方式录入该模型轻应用（表格式数据库），以涉案人员和上下游人员的关键身份信息在数据库中存在重复为碰撞规则，通过新录入案件信息与既有案件信息在数据库后台碰撞的方式，自动筛选出存在相同数据要素的数据组（案件），从而形成初筛关联案件线索。

（三）类案监督

通过研判模型碰撞出的关联案件线索，监督引导公安机关核查有无关联团伙和跨区域作案，并依据比对结果审查本区内和跨区域关联案件，从而挖出深居幕后的收贩卡人员和遗漏罪行。同时，通过对开办银行卡、手机卡营业网点开展数据碰撞，发现开办涉案"两卡"数量较多的开办机构和行业监管存在的问题，为电信网络诈骗犯罪产业链溯源治理、行政公益诉讼等提供数据支撑。对不捕不诉案件的人员身份信息进行数据碰撞后，发现公安机关未落实《反电信网络诈骗法》规定对不捕不诉人员做出行政处罚的监督线索，通过反向行刑衔接的方式监督公安机关对相关人员行政处罚。

📖 数据分析方法

数据来源

1. 涉"两卡"审查逮捕案件和审查起诉案件，包括在办案件和已判决生效案件（源于全国检察业务应用系统 2.0）；

2. 提前介入侦查涉"两卡"案件（源于全国检察业务应用系统 2.0）；

3. 公安机关汇总已立案侦查但因证据不足等原因未移送审查的涉"两卡"案件数据（源于公安机关执法办案平台），可通过侦查监督与协作配合机制获取。

数据分析关键词

案件名称、受案时间、承办单位、犯罪嫌疑人姓名、身份证号码、手机号、微信号、开卡网点，上游人员（介绍人、收卡人、验卡人等）姓名、身份证号码、手机号、微信号、处理意见，下游人员（卖卡人、同行人）姓名、身份证号码、手机号、微信号、开卡网点、处理意见、承办人等。

数据分析步骤

第一步：数据筛选。一是审查卷宗材料，筛选出犯罪嫌疑人供述中反映的上下游人员姓名、微信昵称、微信号等；二是在手机聊天记录中，筛选"银行卡""U 盾""取钱""订票"等关键词，准确锁定上下游人员聊天记录，筛选出涉案人员身份信息；三是重点审查手机鉴定中的图片（包含恢复的已删除图片），筛选通过照片发送的银行卡和身份证照片，筛选出涉案人员身份信息。

第二步：登记人员信息。办案人员办理"两卡"案件时，根据《涉"两卡"犯罪案件身份信息强制登记工作指引（试行）》的要求，应当将通过筛选发现的犯罪嫌疑人及其上下游人员的姓名、身份证号码、绰号、微信号、微信昵称等身份信息作为数据要素进行数据归集和登记，每个案件的数据要素作为一组数据录入模型数据库中。

第三步：数据碰撞生成线索。办案人员办理新案件时，应当将本案犯罪嫌疑人相关身份信息作为数据要素，每个案件的数据要素作为一组数据录入模型，以某数据要素（身份信息）在数据库中存在重复信息为碰撞规则，通过数据库后台碰撞的方式自动筛选出存在相同数据要素的数据组（案件），形成初筛关联案件线索，以确认是否存在与之相关的犯罪团伙或者关联案件。

第四步：线索筛查处理。初筛线索生成后，应当及时与相关案件承办检察官进行案件会商，以确定是否存在跨区作案、关联团伙和漏犯漏罪线索。一是对存在上下游关联，上游案件遗漏介绍下游卖卡犯罪事实或者未被认定为"卡头"身份的，如果是在办案件，可通过增加犯罪事实、补充起诉、追加起诉等方式解决；如果是已判决案件，可通过追捕、追诉、立案监督等方式解决。二是对存在团伙案件分案办理、跨地区办理等，需要进行关联案件串并的，本地区案件可以及时监督公安机关并案侦查，跨地区案件可以通过改变管辖、移送关联案件证据等方式解决。

第五步：溯源治理与融合履职。为全链条打击电信诈骗犯罪，通过数据碰撞反映出的开办涉案"两卡"较多的网点（同一网点出现10次以上）、未行政处罚的不捕不诉人员等线索，通过制发检察建议书、公益诉讼等方式督促相关单位落实管理责任，以检察意见书方式建议公安机关做出行政处罚。

目前，由北京市检察院技术中心研发的模型轻应用，已在2.0版首都检察网嵌入链接，全市"两卡"案件承办人均可通过该网页录入"两卡"案件有关的身份信息，数据提交后自动录入后台数据库，根据系统设置自动碰撞数据，各院承办人可共享使用碰撞出的全市关联案件线索、高发办卡网点信息等结果，该模型中数据量随办案量的增加不断扩充，以更多关联案件监督线索供承办人共享，实现检察监督效能倍增。

思维导图

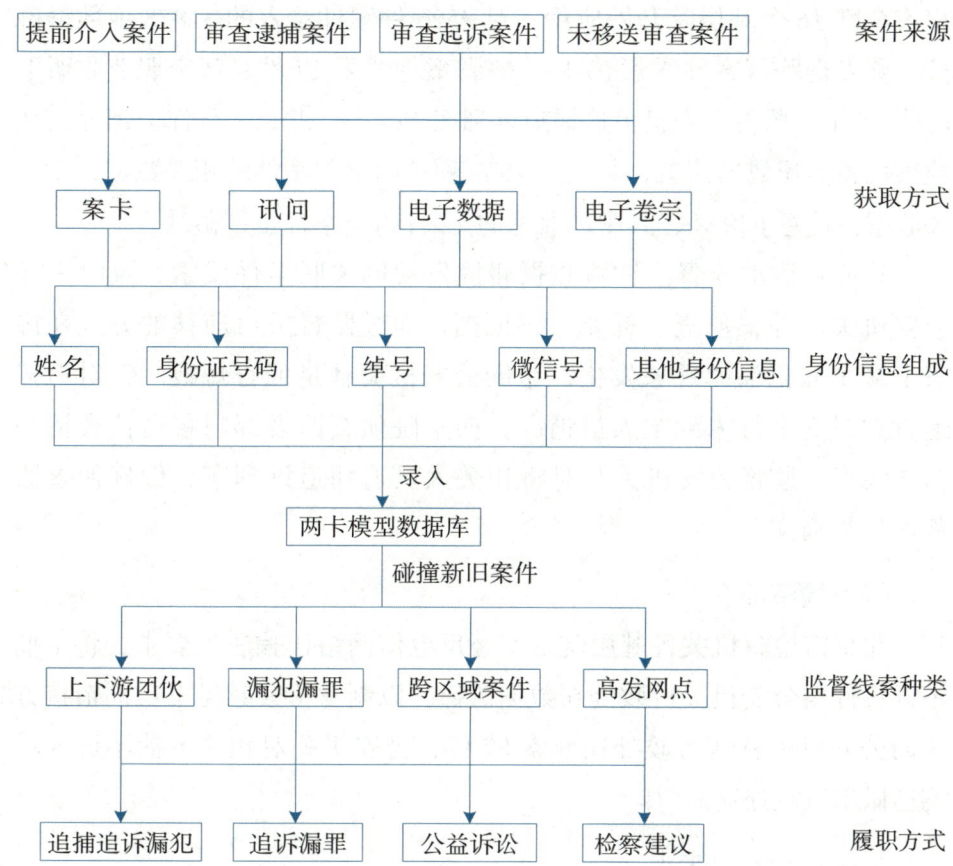

📖 检察融合监督

刑事检察监督

1.挖掘关联案件线索。通过数据碰撞实现关联案件串并处理、追捕追诉漏犯漏罪、增加犯罪事实，有效解决深挖"卡头"和遗漏犯罪事实的难题。自模型建用以来，昌平区检察院共深挖关联案件 120 件，其中跨区案件 8 件，跨省案件 3 件，认定职业收贩卡团伙 7 个，追捕追诉到案 33 人。

2.开展跨区域监督。通过模型本市跨区域、跨省应用，开展联合数据碰撞，向公安机关及时移送关联案件线索。2023年初，本模型已在北京市全部16个基层院开展应用，对3526件案件录入的31878项数据碰撞，共发现跨区案件线索37件，跨省案件线索17件，认定职业收贩卡团伙25个，监督公安机关追捕追诉到案124人。北京、天津、河北三地检察机关实现数据共享，共录入7939项"两卡"案件的相关数据，发现关联案件信息620条，其中涉北京的12件跨省案件全部落地。

3.侦查活动监督。针对数据碰撞发现的关联案件线索，及时引导公安机关串并案侦查、补充完善证据，通过监督关口前移的方式在源头上减少漏犯漏罪现象发生，帮助公安机关补足侦查短板。针对追捕追诉超过3个月未到案人员情况，向本院侦查监督部门移送侦查活动监督线索，监督公安机关及时将相关人员追捕追诉到案，做好侦查监督的后半篇文章。

行政检察监督

北京市检察机关各基层院落实《反电信网络诈骗法》要求，将不捕不诉案件与公安机关行政处罚数据碰撞，以制发检察意见书反向衔接方式向公安机关移送行政处罚线索87件，公安机关对相关不捕不诉人员均已做出行政处罚。

公益诉讼检察监督

针对数据碰撞反映出的开办涉案"两卡"较多的银行、通讯运营商等数据，分析研判开卡机构在落实《反电信网络诈骗法》相关主体责任方面的不足，以及金融、通讯等行业监管行政部门履行监管责任不到位的问题，向公益诉讼检察部门移送线索，根据《反电信网络诈骗法》第四十七条，"人民检察院在履行反电信网络诈骗职责中，对于侵害国家利益和社会公共利益的行为，可以依法向人民法院提起公益诉讼"的规定，开展公益诉讼检察监督，目前已立案行政公益诉讼4件。

📖 社会治理成效

按照"谁开卡，谁负责"的原则建立信息通报机制，将涉案银行卡的开办网点纳入信息登记内容，定时通报开办涉案"两卡"较多的营业网点并向其制发社会治理类检察建议，全市检察机关各基层院共向相关开卡网点制发检察建议 156 件。

同时，与公安机关建立线索反向移送机制，将起诉认定的涉案人员信息移送同级公安机关上报公安部，按照中国人民银行、公安部颁发的《对买卖银行卡或账户的个人实施惩戒的通知》关于涉"两卡"违法犯罪人员实施信用惩戒的相关规定，由银行制发惩戒人员名单，督促严格落实好主体责任，对该用户实施信用惩戒措施，斩断开办"两卡"的非法通道。与银行、通讯运营商等开卡机构建立联络机制，引导开卡机构对经大数据系统评估的高危险人员拒开新卡，从源头上减少"两卡"乃至电信诈骗案件发生。

此外，为了更好地打击、治理电信网络违法犯罪活动，强化职能监督，昌平区检察院推动该区打击治理电信网络新型违法犯罪联席会议办公室制定《北京市昌平区打击治理电信网络诈骗违法犯罪工作方案》，将该模型应用作为 2023 年重点任务，切实助推社会治理标本兼治、系统施治。

📖 法律法规依据

1.《中华人民共和国刑事诉讼法》第九十条 人民检察院对于公安机关提请批准逮捕的案件进行审查后，应当根据情况分别作出批准逮捕或者不批准逮捕的决定。对于批准逮捕的决定，公安机关应当立即执行，并且将执行情况及时通知人民检察院。对于不批准逮捕的，人民检察院应当说明理由，需要补充侦查的，应当同时通知公安机关。

第一百七十一条 人民检察院审查案件的时候，必须查明：

（一）犯罪事实、情节是否清楚，证据是否确实、充分，犯罪性质和罪名的认定是否正确；

（二）有无遗漏罪行和其他应当追究刑事责任的人；

（三）是否属于不应当追究刑事责任的；

（四）有无附带民事诉讼；

（五）侦查活动是否合法。

2.《人民检察院刑事诉讼规则》第二百八十八条　人民检察院办理公安机关提请批准逮捕的案件，发现遗漏应当逮捕的犯罪嫌疑人的，应当经检察长批准，要求公安机关提请批准逮捕。公安机关不提请批准逮捕或者说明的不提请批准逮捕的理由不成立的，人民检察院可以直接作出逮捕决定，送达公安机关执行。

第三百五十六条　人民检察院在办理公安机关移送起诉的案件中，发现遗漏罪行或者有依法应当移送起诉的同案犯罪嫌疑人未移送起诉的，应当要求公安机关补充侦查或者补充移送起诉。对于犯罪事实清楚，证据确实、充分的，也可以直接提起公诉。

3.《反电信网络诈骗法》第七条　有关部门、单位在反电信网络诈骗工作中应当密切协作，实现跨行业、跨地域协同配合、快速联动，加强专业队伍建设，有效打击治理电信网络诈骗活动。

第四十七条　人民检察院在履行反电信网络诈骗职责中，对于侵害国家利益和社会公共利益的行为，可以依法向人民法院提起公益诉讼。

4.《人民检察院检察建议工作规定》第十条　人民检察院在履行职责中发现生态环境和资源保护、食品药品安全、国有财产保护、国有土地使用权出让等领域负有监督管理职责的行政机关违法行使职权或者不作为，致使国家利益或者社会公共利益受到损害，符合法律规定的公益诉讼条件的，应当按照公益诉讼案件办理程序向行政机关提出督促依法履职的检察建议。

第十一条　人民检察院在办理案件中发现社会治理工作存在下列情形之一的，可以向有关单位和部门提出改进工作、完善治理的检察建议：

（一）涉案单位在预防违法犯罪方面制度不健全、不落实，管理不完善，存在违法犯罪隐患，需要及时消除的；

（二）一定时期某类违法犯罪案件多发、频发，或者已发生的案件暴露出明显的管理监督漏洞，需要督促行业主管部门加强和改进管理监督工作的……

办案心得体会

近年来，随着信息网络迅猛发展，手机卡、银行卡被用于电信网络诈骗的问题日益突出，严重损害人民群众切身利益，侵蚀社会诚信根基，资金的层层转移使得潜藏在幕后的上游犯罪人员踪迹难觅，打击、防范电信网络诈骗及其关联犯罪已然成为一场持久战。由于资金转移的隐蔽性、犯罪手段的多样性以及侦办方式的局限性，在实践中司法机关能够快速锁定的往往只是位于犯罪链条末端的办卡工具人，难以精准打击职业收贩卡人员。对检察机关而言，如何破解"两卡"案件漏犯漏罪难题，从源头斩断犯罪资金链，实现全链条打击，是需要思考的问题。

一、个案办理破解类案监督模式

电信网络诈骗犯罪的主要目的在于非法牟利，资金支付结算和变现是关键，犯罪行为人套取、漂白违法所得，逃避国家资金监管，最终实现犯罪目的。在这一环节"卡头"扮演着关键角色，作为职业收卡贩卡人员，他们隐藏在犯罪链条之中，负责向下收购银行卡、手机卡，向上提供资金转移帮助，承担着"上传下达"的重要作用。但在此种犯罪模式下，"两卡"案件上下游人员之间往往互不认识，只通过即时通讯软件进行线上交流。在传统侦办模式之下，公安机关依据受害人报案提供涉案"两卡"信息，只能锁定直接出租、出售银行卡、手机卡的卡主。

同时，各级反诈中心依据属地原则，将"两卡"案件线索层层派发给相应派出所，各单位独立侦办导致信息割裂，难以及时发现案件之间的关联线索，遗漏犯罪事实现象时有发生。昌平区检察院在办理安某帮助信息网络犯罪活动案中，发现其上家孔某已在广西百色因贩卡被判刑并执行完毕，但其收购安某银行卡的事实在判决中被遗漏。上述情况在实践中并非个例，因此转变办案思路，升级治罪模式，成为破局关键。

二、根据监督模式分解出监督思路

在办理多起"两卡"案件后，结合发案规律，昌平区检察院发现，通过讯问犯罪嫌疑人和审查电子证据，能够深挖出上下游人员相关信息，但此时问题在于人员身份信息的关联比对。无论是横向的各个办案组间，还是纵向的各个时间段间，因为缺少规范机制，无法开展有效比对。据此，昌平区检察院建立身份信息强制登记制度，强化承办人案件串并意识，要求承办人将所掌握的上下游人员信息进行登记，并随办案进度补充完善，在办理新案件时需将该案件人员信息与已登记信息进行碰撞比对。该制度实行后，碰撞出一批关联案件，说明此种监督模式具有可行性和有效性。在此基础上，昌平区检察院进一步完善监督思路：首先，确定需要录入数据的案件范围，即移送的审查逮捕、审查起诉案件、提前介入侦查、公安机关立案未成案等"两卡"案件；其次，确定每件案件需要录入的数据内容，包括犯罪嫌疑人以及上下游人员的身份信息、涉案"两卡"开办网点信息等，并定期将上述数据进行碰撞比对；最后，根据碰撞结果，针对存在漏犯漏罪情况的案件开展相应处理。

三、数据赋能打破监督难题

昌平区检察院在构建涉"两卡"案件漏犯漏罪大数据法律监督模型时，遇到的难点和障碍主要集中于数据录入、数据碰撞和线索研判三个方面。一是数据录入问题。数据的规范录入是有效开展数据碰撞的前提与基础，但由于所需填录的案件信息在办案系统没有对应案卡项，也不能在电子卷宗或者案件审查报告的办案文书中通过语义识别自动提取，需要承办人审查、筛选后人工填录，加之数据量较大，尤其在较为复杂的多人案件中容易出现填录错误。因此，需要总结实践中出现的典型错误问题，制定详细的填录规范，同时建议开发全国共享的轻应用，在办案系统升级时增加"两卡"案件身份信息案卡，引入语义识别技术自动提取电子卷宗、法律文书中的相关信息，从而减少人工录入负累、提升自动化水平。二是数据碰撞问题。当该模型仅在昌平区应用时，数据量较小，能够通过Excel表格功能实现简单有效的碰撞比对。当应用范围扩展至全市以及外省时，数据量的倍数增长使得原有的碰撞方式不再适用，需要通过后台搭建数据库，提升碰撞效率。三是线索研判问题。经过全市及跨省数据碰撞后，关联案件线索多至上百条，同时由于无法避免的重名等因素，有效线索的筛选和后续处理需要进行跨院、跨区域间的会商研判，在此过程中沟通不畅、重复研判等问题随之出现。为此，在北京市检察院第四检察部牵头下，各院确定一名联络员，联络员之间进行点对点沟通，并建立关联线索台账，定期核查线索研判、处理情况。

四、办理案件的指导意义

（一）融合监督，跨部门协同发力

昌平区检察院在运用该模型进行法律监督过程中，树立数字检察工作"一盘棋"思想，坚持一体化监督模式，通过内外部协作机制，移送对应线索，实现跨条线、跨部门融合监督。将模型内发现的反向行刑衔接线索、侦查活动监督线索、行政公益诉讼线索等，移送至对应部门并跟进后续处理情况，推动各部门在打击整治"两卡"犯罪方面协同发力。

（二）强化协作，侦查监督关口前移

针对数据碰撞发现的关联案件线索，及时引导公安机关串并案侦查、补充完善证据，通过监督关口前移的方式在源头上减少漏犯漏罪现象发生，帮助公安机关补足侦查短板。本模型与国家反诈大数据平台优势互补，形成打击治理电信网络诈骗犯罪产业链合力。

（三）个案切入，类案监督系统施治

昌平区检察院在办理"两卡"案件中，推倒就案办案"藩篱"，将大数据思维贯穿于案件办理全过程。在个案办理基础上总结发案规律，开展类案监督，通过数据碰撞、分析，深入挖掘案件背后存在的社会治理的痛点难点，以监督办案助力社会治理现代化。如以银行卡办理环节为切入点，与辖区各金融单位召开打击治理电信网络犯罪推进会，建立联络机制，随时通报可疑情况，压实主体责任。

（四）试点先行，跨区域应用全面铺开

昌平区检察院在运用涉"两卡"案件漏犯漏罪大数据法律监督取得成效后，在北京市十六个基层检察院全部开展试点应用，以验证该模型的可推广性与可复制性，并进一步推广应用至全市检察机关，并碰撞出一批跨区案件线索。在此基础上，将模型应用范围拓展至外省，开展跨省市联合碰撞，实现人员流动作案的跨区域打击治理。

五、推广价值及技术实现

（一）推广价值

1.打破内部数据壁垒，实现线索全国共享

随着"两卡"案件办理量的增加和适用范围的进一步扩大，未来模型推广至全国检察机关应用，能够打破内部数据壁垒，实现全国检察资源数据整合、线索全国共享的目标，数倍提升检察监督效能。

2.与公安机关反诈大数据平台优势互补

借助公安机关反诈大数据平台查处电信网络诈骗"资金流"的技术优势，发挥涉"两卡"案件漏犯漏罪大数据法律监督模型在"人员信息流"串并上的特色，实现优势互补，形成全链条打击电诈犯罪的合力。

3.跨区域跨领域应用可复制易推广

该模型在北京市全域和跨省应用取得的显著成效，说明该模型异地可复制，且在毒品犯罪、侵犯公民个人信息犯罪等上下游特征明显的领域同样具有广阔的适用空间。

4. 以融合履职助力溯源治理

该模型可以通过大数据分析发现存在"两卡"开办审核不严、行政主管部门监管漏洞、信用惩戒落实不到位等问题，并以此为数据支撑，通过融合履职实现对电信网络诈骗犯罪的溯源治理。

（二）技术实现

涉"两卡"案件漏犯漏罪大数据法律监督模型，在技术实现上采用"轻前台＋强后台"模式，实现了数据采集、数据清洗、数据比对、数据分析等功能。

在数据采集方面，本模型采用工作网网页化采集，使用 JSP 语言开发，和检察业务应用系统 2.0 部署在同一平台，检察官可以边办案边填录。数据采集仅限于 2.0 系统不设置的案卡项，不增加检察官额外的工作量。数据存储在达梦数据库创建的"LKTZ"数据表，数据表一共24 个字段，主要字段有 FZXYR_SFZH（犯罪嫌疑人身份证号）、SYRY_SFZH（上游人员身份证号）、XYRY_SFZH（下游人员身份证号）等。

在数据清洗方面，本模型在设计之初规范了填录标准，轻应用实现了依据填录标准自动提示填录错误。例如，对于身份证号实现正则表达式校验，不仅可以校验位数，还可以校验年龄在不在1900 年至今范围内的；可以对手机号进行首位不是 1 的校验，防止检察官由于疏忽而误填写。

在数据比对方面，本模型通过写 SQL 语句的方式实现对嫌疑人、上游人员、下游人员的身份证号、手机号、姓名、微信号等比对。具体比对语句实现方法是通过（than1.fzxyr_sfzh ＝ than2.fzxyr_sfzh or than1.fzxyr_sfzh=than2.syr_sfzh or than1.fzxyr_sfzh ＝ than2.xyr_sfzh），并且通过以下语句 than1.fzxyr_sfzh<>' 无 ' and than1.fzxyr_sfzh<>'' and than1.fzxyr_sfzh<>'NULL' 排除填写无、空格等。

在数据分析方面，本模型依据分析结果自动分类，对于因身份证号相同而列为线索的标记为红色；对于因手机号、微信号相同而列为线索的标记为黄色；对于姓名、昵称、绰号相同而列为线索的标记为绿色。对于初筛线索的分类可以更有针对性和实效性，便于检察官及时发现关联案件线索，并开展后续监督工作。

案件承办人：

　　王雪鹏　陈思远　周鸣柳（北京市昌平区人民检察院）

案例撰写人：

　　王雪鹏　陈思远　周鸣柳（北京市昌平区人民检察院）

案例审核人：

　　史　焱（北京市昌平区人民检察院）

审前未羁押被告人判处实刑后
未交付执行类案监督

◇ 贵州省黔南布依族苗族自治州人民检察院
贵定县人民检察院

📖 关键词

审前未羁押　实刑　刑罚交付执行　检察监督

📖 要旨

针对被告人在审前未采取强制措施或被采取取保候审、监视居住等非羁押强制措施，判处实刑后，审判机关未及时交付执行，或者审判机关送达执行法律文书后公安机关未及时执行的问题。检察机关通过构建大数据法律监督模型，关联检察机关移送审查起诉案件数据、法院判决及决定逮捕数据以及看守所出入所数据进行碰撞比对，筛查发现法院未及时送达执行或公安机关未及时执行的监督线索，制发纠正违法通知书或检察建议监督纠正，确保刑罚的正确实施。

📖 基本情况

按照两高两部《关于开展集中清理犯罪嫌疑人、被告人未依法收押和判处实刑罪犯未依法交付执行专项活动》的工作要求，贵定县人民检察院对本县收押执行情况进行排查，发现审前未羁押人数占据一定比例。检察机关对审前未羁押判处实刑应当收押人数底数不清，导致监督工作滞后。为打破传统监督方式的局限性，贵定县人民检察院运用大数据法律监督思维，汇总分析在实际工作中的异常线索，梳理异常线索背后的数据表现形式，提出了该模型的雏形。该做法得到了黔南州人民检察院的高度重视，决定组建州、县两级院模型自主研发团队，采取"业务人员＋技术人员"相互配合的工作模式，零成本完成模型开发。该模型对从检察机关、法院及看守所调取的提起公诉时未羁押人员数据、审判前未羁押被告人但判处实刑人员数据、看守所出入所人员数据，按照设置的模型规则进行数据分析，通过模型分析得到审前未羁押判处实刑应当收监执行的监督数据。2023 年 5 月，贵州省人民检察院以专项工作的形式在全省进行推广，取得良好效果。

📖 线索发现

2023 年 3 月，贵定县人民检察院在工作中发现，被告人莫某某于 2023 年 1 月因犯受贿罪被判处有期徒刑三年，但判决生效两个月后仍未收监执行。经查，莫某某审前被取保候审，判决生效后法院已向公安机关送达执行文书，但公安机关未及时将其收监执行。对该案进一步剖析发现，公检法之间交付执行信息未共享，检察机关对审前未羁押被告人判处实刑后未交付执行的法律监督存在滞后性，导致线索发现难、核查难、纠正难。这一难点堵点的存在，成为检察机关决定研发监督模型的动力。

📖 数据分析方法

数据来源

1. 审查起诉案件数据（源于检察业务应用系统）；

2. 一审、二审刑事案件生效判决数据以及推送执行数据（源于法院办案系统）；

3.看守所出入所人员数据（源于公安机关办案系统或由驻所检察室以联网共享的方式提取）。

数据分析关键词

检察院：被告人姓名、身份证号、强制措施、判决日期、判决生效日期、判决书文号、宣告刑种类及刑期；

法院：被告人姓名、身份证号、强制措施、判决日期、判决生效日期、判决书文号、宣告刑种类及刑期、决定逮捕日期、上诉日期、案号；

看守所：看守所名称、被告人姓名、身份证号、入所日期、出所日期、出所原因、出所去向等。

数据分析步骤

第一步：筛选出审前未羁押判处实刑人员数据。

1.对检察机关审查起诉案件数据进行筛选。提取审结处理字段为"起诉"且强制措施字段为"无强制措施/取保候审/监视居住/刑事拘留"的数据（目的是剔除逮捕数据），得到审前未羁押被告人数据。

2.将获取的"审前未羁押被告人数据"与从法院获取的一审、二审生效判决案件数据进行比对。以"身份证号"字段进行匹配，剔除判决书文号字段为空值（经比对，检察院、法院提取的数据中均无判决书文号，即可认定为无生效判决情况）或者错误的数据（经比对，检察院、法院提取的数据中判决书文号不一致，即需要进一步核查判决是否生效），得到审前未羁押被告人判决已生效案件数据。

3.将获取的"审前未羁押被告人判决已生效案件数据"进行筛选。删除宣告刑字段为"拘役缓刑/有期徒刑缓刑/管制/单处罚金/免处"的数据，得到审前未羁押被告人判处实刑数据。

第二步：比对出审前未羁押应收未收的线索数据。

1.对看守所入所人员数据进行分析。首先将所有入所记录的人员数据进行筛选,通过入所日期降序排列并剔除重复数据,保留每个人最近入所日期的记录(包括要素:看守所名称、姓名、身份证号、入所日期),其次将筛选后的入所人员数据与"审前未羁押被告人判处实刑数据"进行合并,得到审前未羁押被告人有入所记录的人员数据。

2.对看守所出所人员数据进行分析。首先将有出所记录的人员数据进行筛选,通过出所日期降序排列并剔除重复数据,保留每个人最近出所日期的记录(包括要素:看守所名称、姓名、身份证号、出所日期、出所原因、出所去向),其次将筛选后的出所人员数据与"审前未羁押被告人判处实刑数据"进行合并,得到审前未羁押被告人有出所记录的人员数据。

3.将获取的"审前未羁押被告人判处实刑数据"与"审前未羁押被告人有入所记录的人员数据""审前未羁押被告人有出所记录的人员数据"进行比对,通过以下判断规则,得到审前未羁押被告人判处实刑应收未收线索数据。

判断规则一:出所日期和入所日期均为空,既没有出所记录也没有入所记录,说明该被告人未进入过看守所,未依法交付执行;

判断规则二:有出入所记录但出所日期早于(<)判决日期,即虽有该被告人的出入所记录,但该出入所记录不能正确关联所筛查案件,说明不是所筛查案件的出入所记录,该被告人未依法交付执行;

判断规则三:入所日期不为空且出所日期晚于(>)判决日期,但出所原因不是(=)"投送监狱""刑满释放""投送少年管教所",出所去向不包含"监狱""看守所",即虽有该被告人的出入所记录,但出所原因非正常,说明该被告人刑期仍未执行完毕;

判断规则四:出所原因为"转本省(区、市)其他所"且出所日期晚于(>)入所日期,即虽有该被告人的出入所记录,但出所原因为转入其他看守所,说明该被告人可能在其他看守所羁押,须核查转入其他看守所的记录是否真实。

第三步：获取法院未交付执行或法院已交付执行但公安机关未执行线索数据。

将审前未羁押被告人判处实刑应收未收线索数据与法院决定逮捕数据进行比对，由此可以获得两类监督线索：

1. 筛查公安机关执行情况：有法院送达决定逮捕数据，但无被告人入所数据，则表明法院已交付执行但公安机关未依法执行。

2. 筛查法院交付执行情况：有法院判决生效数据，但无法院在判决生效后送达执行法律文书数据，且无被告人生效判决后出入所数据，则表明法院在判决生效后未送达执行法律文书。

思维导图

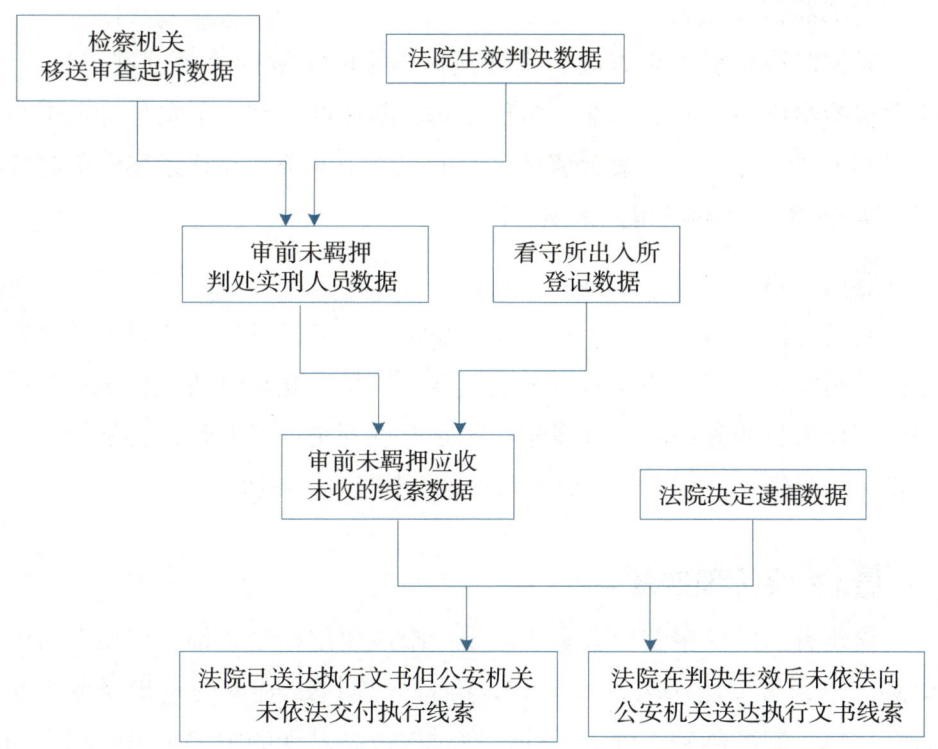

📖 检察融合监督

刑事执行检察监督

该法律监督模型实际运用，有效地推动了刑事执行检察监督走深走实。2023 年 4 月，运用模型后，贵定县检察院发现应收未收人员 56 人，黔南州检察院发现全州应收未收人员 142 人。2023 年 5 月，贵州省检察院以专项活动形式，将模型在全省推广使用，发现应收未收人员 453 人，截至 8 月底，督促收监执行 340 人，监督法院对已判实刑的 23 名符合暂予监外执行条件的被告人决定暂予监外执行，发出纠正违法通知书 61 份、检察建议 7 份。8 月开始，贵州省检察机关运用该模型进行常态化监督，全省新发现审前未羁押应收未收 38 人。

内部监督线索移送

通过对检察机关审查起诉案件数据与法院生效判决数据进行对比，还发现检察机关提取的刑期、执行方式、附加刑、判决书文号等数据与法院不一致，可能存在案卡填录错误的线索 106 条，经移送案管部门核查属实 68 条，现均已得到采纳整改。

延展监督

通过对该模型的研发，延伸监督触角，还可以发现三个方面的监督点：一是发现看守所违规留所服刑线索；二是发现未依法交付执行背后司法工作人员职务犯罪案件线索；三是发现判决刑期较长，且社会危险性较高的被告人，在审前采取非羁押强制措施不当线索。

📖 社会治理成效

贵州省人民检察院向省委政法委汇报该模型在全省推广使用取得的成效，得到省委政法委高度重视，准备开展执法监督进一步督促贵州省交付执行制度落到实处；另外，通过该模型发现的案卡填录错误等问题，推动贵州省人民检察院案管部门出台了《关于进一步加强检察业务应用系统案卡填录的通知》，加强案卡规范填录的文件；该模型还推动全省政法各单位进一步打破信息壁垒，实现数据共享，检察机关各职能部门形成工作一体化、集成化作战模式，拓宽了监督渠道，延伸了监督触角，增强了监督合力；检察机关通过数字赋能，持续监督好刑罚交付执行这一关键环节，向"纸面服刑"说不，为维护社会和谐稳定贡献了检察力量。

📖 法律法规依据

1.《中华人民共和国刑事诉讼法》第九十三条　公安机关逮捕人的时候，必须出示逮捕证。

逮捕后，应当立即将被逮捕人送看守所羁押。除无法通知的以外，应当在逮捕后二十四小时以内，通知被逮捕人的家属。

第二百六十四条第一款　罪犯被交付执行刑罚的时候，应当由交付执行的人民法院在判决生效后十日内将相关的法律文书送达公安机关、监狱或者其他执行机关。

2.《中华人民共和国监狱法》第十五条　人民法院对被判处死刑缓期二年执行、无期徒刑、有期徒刑的罪犯，应当将执行通知书、判决书送达羁押该罪犯的公安机关，公安机关应当自收到执行通知书、判决书之日起一个月内将该罪犯送交监狱执行刑罚。

3.《最高人民法院关于适用〈中华人民共和国刑事诉讼法〉的解释》第一百六十七条　人民法院作出逮捕决定后，应当将逮捕决定书等相关材料送交公安机关执行，并将逮捕决定书抄送人民检察院。逮捕被告人后，人民法院应当将逮捕的原因和羁押的处所，在二十四小时以内通知其家属；确实无法通知的，应当记录在案。

第五百一十一条　被判处死刑缓期执行、无期徒刑、有期徒刑、拘役的罪犯，第一审人民法院应当在判决、裁定生效后十日以内，将判决书、裁定书、起诉书副本、自诉状复印件、执行通知书、结案登记表送达公安机关、监狱或者其他执行机关。

4.《人民检察院刑事诉讼规则》第六百二十五条 人民检察院发现人民法院、公安机关、看守所等机关的交付执行活动具有下列情形之一的，应当依法提出纠正意见：

（一）交付执行的第一审人民法院没有在法定期间内将判决书、裁定书、人民检察院的起诉书副本、自诉状复印件、执行通知书、结案登记表等法律文书送达公安机关、监狱、社区矫正机构等执行机关的；

（二）对被判处死刑缓期二年执行、无期徒刑或者有期徒刑余刑在三个月以上的罪犯，公安机关、看守所自接到人民法院执行通知书等法律文书后三十日以内，没有将成年罪犯送交监狱执行刑罚，或者没有将未成年罪犯送交未成年犯管教所执行刑罚的；

（三）对需要收监执行刑罚而判决、裁定生效前未被羁押的罪犯，第一审人民法院没有及时将罪犯收监送交公安机关，并将判决书、裁定书、执行通知书等法律文书送达公安机关的；

（四）公安机关对需要收监执行刑罚但下落不明的罪犯，在收到人民法院的判决书、裁定书、执行通知书等法律文书后，没有及时抓捕、通缉的；

（五）对被判处管制、宣告缓刑或者人民法院决定暂予监外执行的罪犯，在判决、裁定生效后或者收到人民法院暂予监外执行决定后，未依法交付罪犯居住地社区矫正机构执行，或者对被单处剥夺政治权利的罪犯，在判决、裁定生效后，未依法交付罪犯居住地公安机关执行的，或者人民法院依法交付执行，社区矫正机构或者公安机关应当接收而拒绝接收的；

（六）其他违法情形。

5.《公安机关办理刑事案件程序规定》第一百四十六条 人民法院、人民检察院决定逮捕犯罪嫌疑人、被告人的，由县级以上公安机关凭人民法院、人民检察院决定逮捕的法律文书制作逮捕证并立即执行……

办案心得体会

刑罚执行由多个执行机关分别实施，工作衔接不够顺畅，致使被告人"羁押难""收监难""送监难"问题出现，贵定县人民检察院运用大数据法律监督思维，汇总分析在实际工作中发现的监督线索，梳理监督线索背后的数据表现形式，为后续大数据法律监督模型开发奠定了坚实的基础。黔南州人民检察院党组高度重视，组建州、县两级院模型自主研发团队，采取"业务人员＋技术人员"相互配合的工作模式，充分利用公安机关、检察机关、审判机关现有的数据资源，零成本完成模型开发，为全省推广使用贡献了黔南力量。

一、审前未羁押被告人判处实刑后未交付执行在法律监督过程中的困境

在司法实践中，由于刑罚交付执行的工作机制不健全，导致检察机关获取交付执行信息不畅，无法及时、全面掌握罪犯交付执行的具体情况，监督具有滞后性。

一是工作机制不健全，存在信息壁垒，导致监督滞后。当前，我国刑罚交付执行程序规范散见于《刑事诉讼法》《监狱法》《看守所条例》《公安机关办理刑事案件程序规定》《社区矫正实施办法》及两高两部单独发布或联合发布的司法解释、规范性文件，但仅明确了由法院将交付执行法律文书送交公安机关，至于公安机关执行完毕后多久回复法院，如未回复，法院如何进行督促等环节，均无明确规定。而工作机制的不健全，导致公法之间彼此对交付执行底数不清、情况不明，也导致了检察机关的监督处于滞后处境。

二是传统办案模式下，监督手段单一，成效不明显。长期以来，检察机关主要通过翻阅在押人员档案、向管教民警了解情况、查询看守所办案系统或接受在押人员控告、举报和申诉等方式获取交付执行信息，通过人工方式对大量的交付执行信息进行筛查，不但效率低下，准确率也不高。特别是近年来，审前未羁押人数逐年递增，进一步增加了人工核对信息的难度，导致检察机关难以掌握审前未羁押被告人判处实刑后未交付执行的底数，监督线索发现难的问题十分明显。

二、增强掌握运用大数据的本领，找到破解办法，设计建模规则

一是找准监督难点和堵点，"对症下药"破难题。审前未羁押被告人判处实刑未交付执行监督线索发现难的本质，固然有法律层面不完善原因，但刑事执行检察部门干警长期以来传统、被动办案的思维模式，也是制约监督质效的重要因素。2021年6月，中共中央印发了《关于加强新时代检察机关法律监督工作的意见》明确要求："运用大数据、区块链等技术推进公安机关、检察机关、审判机关、司法行政机关等跨部门大数据协同办案。"最高检明确提出并大力推动实施"检察大数据战略"，为各级检察机关运用大数据赋能新时代法律监督，破解监督难题指明了方向。今年3月，最高检数字办下发了《关于举办2023年全国检察机关大数据法律监督模型竞赛的通知》，在各地掀起了监督模型应用的热潮，也让黔南州检察机关找到了通过自主研发法律监督模型，破解审前未羁押被告人判处实刑未交付执行监督难点和堵点的有效途径。

二是业务和技术深度融合，"设计规则"建模型。监督模型是开展大数据法律监督的重要工具，而办案理念和思路是实现监督模型价值的核心和灵魂，技术实现是关键。因此，黔南州检察机关在研发模型之初，便确立了检察官主导、技术人员支撑的自主研发思路。通过对公检法三机关办案平台数据进行分析，发现从三机关办案平台能够快速、便捷、准确提取各类刑事案件的数据要素，而将提取的数据要素进行比

对，能够筛查出监督线索，为实现这一目标，模型研发小组明确了研发思路和建模规则，经过三十余次的数据碰撞、比对，最终成功研发出监督模型，取得了审前未羁押被告人判处实刑未交付执行法律监督线索由点到线、由线到面全覆盖监督的显著成效。

三、监督模型助推社会治理现代化

习近平总书记指出："大数据是工业社会的'自由'资源，谁掌握了数据，谁就掌握了主动权。"大数据是数字检察的核心要素，是数字检察实施开展的基础，获取数据是线索发现的前提条件。黔南州检察机关在助力国家治理体系和治理能力现代化的职责下，严格贯彻"在办案中监督，在监督中办案"理念，运用该模型发现社会治理问题进而制发检察建议或纠正违法通知书，以共建、共治构建共享、共赢的社会治理新格局。

一是探索数据赋能监督，打通治理路径。审前未羁押被告人判处实刑后未交付执行监督模型的最终目标，是走通"个案办理—类案监督—系统治理"法律监督之路，争取审判机关、公安机关的配合支持，破除"数据孤岛"，打通检察机关与审判机关、公安机关协作的数据壁垒，搭建数据共享的"高速公路"，有序实现法律监督大数据的自动对接、获取与智能挖掘分析。该模型的运用是将零散的"数据调取"方式转换为整体的"数据流通"方式，通过数据比对，检察机关可随时掌握审前未羁押被告人判处实刑后未交付执行人员底数，增强刑事执行检察的监督力度，减少社会风险隐患及被告人再犯罪可能性，有效防止"纸面服刑"等顽瘴痼疾。

二是推动检察融合履职，提升监督成效。刑事执行检察处于末端监督，刑事执行检察部门通过模型运行发现审查起诉案件案卡填录错误或未及时填录生效判决文号、日期等问题，将上述问题线索移送案管办，由案管办对问题案卡开展核查，对确实存在漏填、错填案卡问题的案件进行督促整改。对此，贵州省人民检察院出台《进一步加强检察业务应用系统案卡填录的通知》文件，以"谁办理，谁填录，谁填录，谁负责"原则，保障案卡应填尽填，提升案卡填录质量。通过检察融合履职推动检察机关刑事执行、案件管理与刑事检察部门强化协作配合，形成内部监督合力。

案件承办人：

　　舟卓麟（贵州省黔南布依族苗族自治州人民检察院）

　　李瑞瑞　周　薪（贵州省黔南布依族苗族自治州贵定县人民检察院）

案例撰写人：

　　舟卓麟（贵州省黔南布依族苗族自治州人民检察院）

　　李瑞瑞　周　薪（贵州省黔南布依族苗族自治州贵定县人民检察院）

案例审核人：

　　徐　丹（贵州省人民检察院）

　　杨　毓（贵州省黔南布依族苗族自治州人民检察院）

非法占用海岸线类案监督

◇ 福建省平潭综合实验区人民检察院

📖 关键词

海岸线保护　卫星遥感　跨区域协作　检察融合监督　社会治理

📖 要旨

非法占用海岸线可能造成海洋环境污染、生态功能减损、抗自然灾害风险能力降低等海洋生态问题。模型汇聚国家部委有关部门海岸线督察巡查发现线索、行政处罚案件、"裁执分离"行政案件、12345群众投诉举报、2012—2023年卫星遥感地图、海域使用权属等数据信息，建立关系型结构化模型数据池，运用自然语言处理、图像特征匹配等技术，从海量数据信息中，根据关键词、特征要素筛查规则，筛选出关键词匹配程度高、特征要素准确性好、线索可查性高的涉海岸线数据信息，再抽取其中地点特征要素，与卫星遥感地图、海域使用权属数据进行匹配比对，筛查出涉嫌非法占用海岸线线索。再将该线索与行政处罚、"裁执分离"案件数据信息进行碰撞比对，发现行政机关怠于查处、怠于申请强制执行、怠于强制执行等三类违法行使职权或者不作为问题。检察机关通过公益诉讼、行政、刑事检察融合监督等方式，督促行政机关依法履职，切实保护海洋生态环境。

📖 基本情况

党的十八大以来，党中央、国务院高度重视海洋生态环境保护，明确要求严格管控围填海活动。基层行政机关因历史遗留、涉众敏感、整改难度大等问题，对于依法查处非法围填海占用海岸线问题重视度、主动性、积极性不足，存在推诿扯皮、以罚代管、未按照上报计划落实整改等违法履职或不作为问题；上级主管部门亦未发挥督促基层行政机关落实整改监管责任，存在纸面审查整改成效等问题，致使非法围填海占用海岸线行为被举报、被发现、被查处后，仍然长期未被有效整改恢复，海洋生态环境持续遭受破坏。

2022 年以来，平潭综合实验区人民检察院聚焦海洋生态环境保护行政执法领域突出问题，着力破解非法占用海岸线类案法律监督线索发现难、现场研判难、执法数据壁垒等难题，以非法占用海岸线类案法律监督为切入口，借助国企技术优势和数据优势，合作研发非法占用海岸线类案法律监督模型，模型综合运用"大数据＋人工智能＋卫星遥感技术"，通过数据信息与关键词、特征要素筛查比对，地点要素与卫星遥感地图、海域使用权属匹配比对，从海量数据信息中，批量发现非法占用海岸线行为，着重破解类案法律监督线索发现难，再将相关线索与行政处罚、"裁执分离"案件数据信息进行碰撞比对，锁定行政机关违法履职或不作为法律监督问题线索。

2023 年 4 月，模型经研发迭代升级，将研判分析地域由平潭拓展覆盖至福建沿海，目前已发现福建沿海七地市（区）非法占用海岸线类案法律监督线索 29 件，经查证属实 25 件，其中行政公益诉讼线索 22 件，福州、泉州、宁德、平潭等地已立案 12 件，发出督促履职类案检察建议 5 份；移送跟进监督"裁执分离"非诉行政案件法律监督线索 7 件；移送涉嫌利用被占用海岸线私建码头实施盗采海砂、走私成品油违法犯罪线索 2 条。

📖 线索发现

平潭综合实验区人民检察院在办理施某民非法占用农用地、拒不执行判决、裁定一案中，发现施某民涉嫌擅自占用某岛海岸线建设码头违法线索。经现场调查走访、调取相关证据材料，查明施某民于 2011 年起实施非法围填海占用海岸线行为，后被国家部委有关部门督察巡查发现。2019 年 1 月，行政机关虽已进行立案查处，但既未督促施某民补办海域使用权证或责令退还非法占用的海域，恢复海域原状，也未履行强制拆除修复职责，致使其非法占用某岛实施围填海行为仍持续至今。同期，本院在办理裕藩湾水产养殖污染海岸线公益诉讼案中，亦发现多处养殖场涉嫌非法占用海岸线，已被 12345 平台群众投诉举报多年，未被有效整治，非法占用行为持续至今。

总结发现上述两起非法占用海岸线违法行为存在三个层面共同特征：1. 违法状态层面，案发前均处于已发现状态，或被国家部委督察巡查发现，或被行政机关立案调查，或被群众长期投诉举报；2. 行政执法层面，违法行为被发现后，行政机关或未立案查处，或立案后未作行政处罚，或处罚下行，违法行为人缴纳罚款后未责令退还被占用海岸线，恢复原状，也未履行强制拆除修复责任；3. 违法后果层面，违法行为被发现，或被查处后，被非法占用海岸线仍长期处于未登记备案、未发证状态，违法行为人仍长期非法占用海岸线。

📖 数据分析方法

数据来源

采用政务网系统接口对接、数据导入、网络爬取等方式，从政务网、互联网汇聚海量涉海洋相关数据信息，通过抽取关键元素，将数据根据约束条件转换为 json 数据格式后以结构化的形式存储在关系型数据池中。

1. 国家部委有关部门历年海岸线督察巡查发现线索数据（源于自然资源部海岛研究中心）；

2. "裁执分离"行政案件数据（源于中国裁判文书网）；

3. 行政处罚、行政许可、海域使用权属等数据（源于福建省大数据局、平潭综合实验区大数据中心）；

4. 2012—2023年福建省卫星遥感地图（源于福建省基础地理信息中心）；

5. 12345群众投诉举报数据（源于平潭综合实验区行政审批局）；

6. 政务公开（源于福建省人民政府门户网站、平潭综合实验区党工委管委会门户网站）；

7. 互联网舆情（源于微博、抖音、快手等社交平台）。

数据分析关键词

1. 关键词：非法、违规、占用、侵占、霸占、海岸线、圈海、填海、海域、违建、处罚、执行；

2. 特征要素：主体、地点、时间、行为、场景。

数据分析步骤

第一步：关键词筛查。将数据池中海量涉海数据信息与"非法、占用、填海"等多个预设关键词进行数据筛查，筛选出与非法占用海岸线相关数据信息。

第二步：地点要素筛查。将非法占用海岸线相关数据信息，进行地点要素筛查，筛选出地点特征要素相对完整，准确，具有可查性的数据信息。

第三步：卫星遥感地图筛查。将地点要素与历年卫星遥感地图进行智能化筛查，筛选出至今被占用、使用的海岸线。

第四步：行政许可、海域使用权属数据碰撞比对。将筛选出的至今被占用、使用的海岸线数据信息，与行政许可、海域使用权属数据进行碰撞比对，筛查出未登记、备案、发证的被非法占用的海岸线。

第五步：行政处罚数据碰撞比对。将被非法占用海岸线与行政处罚数据进行碰撞比对，筛查出行政机关未处罚和已立案处罚两类情形，其中未处罚则说明行政机关怠于履行查处非法占用海岸线职责。

第六步："裁执分离"行政裁判案件数据碰撞比对。将行政机关已立案并处罚案件数据与"裁执分离"行政裁判案件数据进行碰撞比对，筛查出行政机关虽已立案处罚，但未依法申请海事法院强制执行，行政机关怠于履行申请强制执行职责，以及行政机关立案处罚，并已依法申请海事法院强制执行，但在执行裁判生效后，未依法强制执行，行政机关怠于履行强制执行职责。

经过模型三次数据筛查、三次数据碰撞，最终发现海岸线被长期非法占用，但行政机关怠于查处、怠于申请强制执行、怠于强制执行等三类违法行使职权或者不作为的公益诉讼法律监督问题线索。同时，模型自动生成全流程研判分析报告，供检察官办案参考。

思维导图

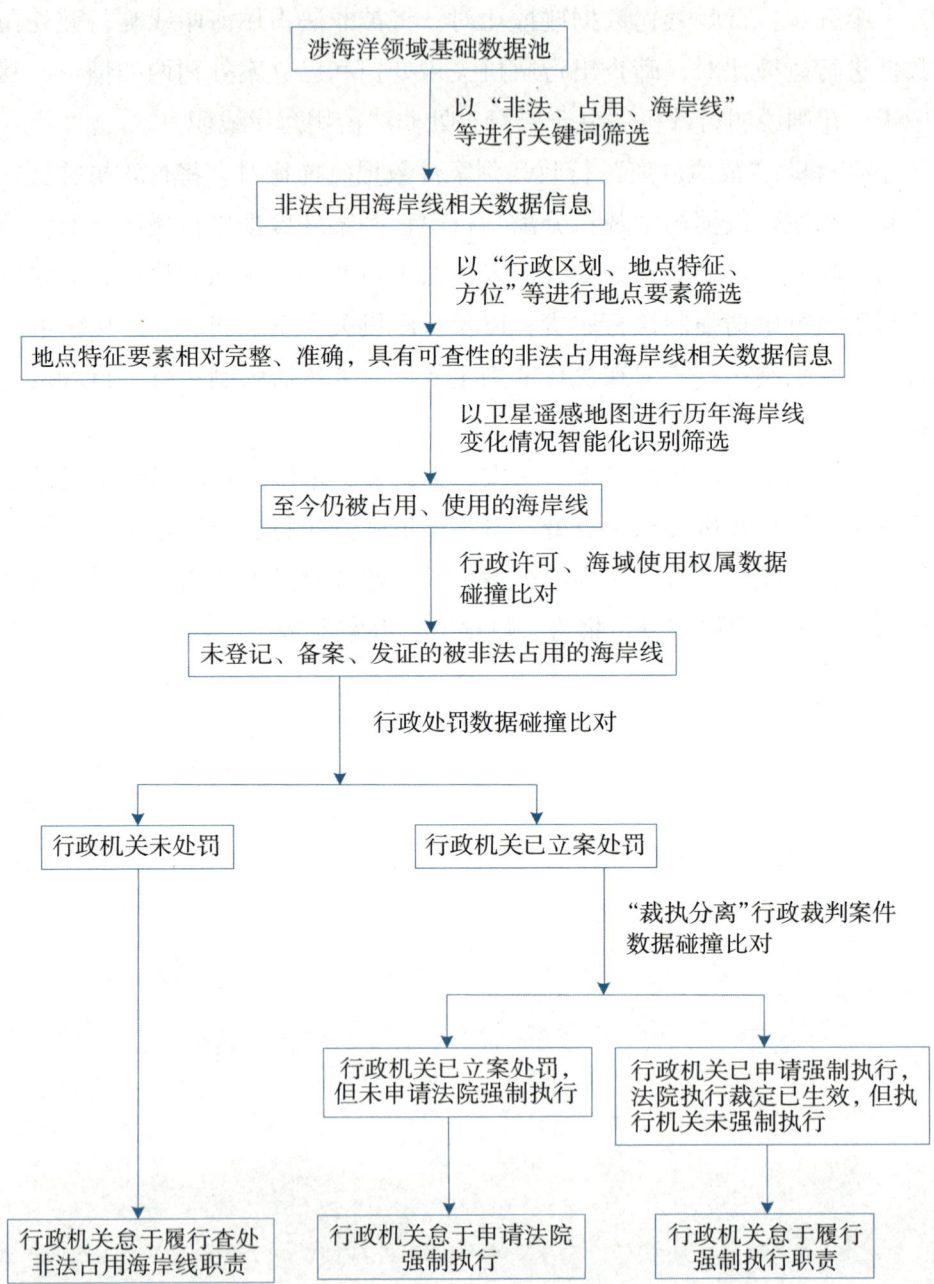

📖 检察融合监督

公益诉讼检察监督

针对大数据法律监督模型发现行政机关在履行本行政区毗邻海域使用监督管理职责中存在违法行使职权或者不作为问题，导致海岸线被长期非法占用，海洋生态环境持续遭到破坏，社会公共利益受到侵害问题，依法履行公益诉讼检察职能，通过公益诉讼立案、圆桌会议磋商、发出诉前检察建议等方式，督促有关行政机关依法履行海域使用监管职责。模型已研判发现福建沿海七地市（区）非法占用海岸线行政公益诉讼线索 22 件，查证属实 18 件，福州、泉州、宁德、平潭等地已立案 12 件，发出督促履职类案检察建议 5 份。

行政检察监督

针对大数据法律监督模型发现海事法院判决或裁定已生效涉非法围填海占用海岸线"裁执分离"非诉行政案件，行政机关存在怠于申请强制执行或怠于履行强制拆除修复职责，依法履行行政检察职能，通过行政执行活动监督案件立案，发出检察建议的方式，加强对行政机关执行人民法院生效行政裁判监督。模型已研判发现福建沿海七地市（区）非法占用海岸线"裁执分离"非诉行政案件线索 7 件，均已移送跨区域检察机关跟进监督。

刑事检察监督

针对法律监督模型发现本辖区内非法占用海岸线问题，结合群众投诉举报、卫星遥感地图识别比对，发现违法行为人非法占用海岸线违规建设码头，疑似用于实施盗采海砂、走私成品油等违法犯罪活动，针对发现问题，向平潭综合实验区自然资源与生态环境局、平潭海警局移送涉嫌非法采矿、走私成品油等违法犯罪线索 2 条，要求进一步加强相关海域岸线监管，从严打击相关违法犯罪活动。

📖 社会治理成效

一、建立跨部门海岸线协同保护新机制

大数据法律监督模型遵循个案办理到类案监督到社会治理的价值路径，针对在办案中发现平潭综合实验区海岸线治理存在薄弱环节、公共利益保护缺位问题，向平潭综合实验区管委会提出保护海岸线生态环境问题对策建议，得到平潭综合实验区管委会主要领导的肯定和批示；推动平潭综合实验区管委会召开18场专题会议，协调各部门共商解决非法占用海岸线、养殖污染等历史遗留问题；成立福建省首个行政执法部门与司法部门共建的海洋生态领域协同保护中心；与自然资源部海岛研究中心及司法机关、行政机关建立海岸线生态环境保护协作机制7份，进一步健全和完善国家部委有关部门督察巡查线索移送备案、行政机关整改反馈、"裁执分离"案件执行跟踪等多项工作协调机制，促进海岸线保护长效预防和有效治理。

二、打造跨区域海岸线检察协作新模式

以平潭综合实验区人民检察院发起建立的福建检察机关守护海岸线生态检察协作机制为依托，大数据法律监督模型经研发迭代升级，将平潭辖区航拍地图升级为福建沿海卫星遥感地图，再将自然资源部海岛研究中心福建沿海督察巡查发现线索数据、福建省自然资源厅海域使用权属信息、中国裁判文书网海事法院行政案件裁判文书等数据信息导入模型数据池，模型分析研判地域范围即可从平潭综合实验区延伸拓展至福建沿海其他六地市。

目前，在福建省人民检察院授权下，已建立起以平潭综合实验区为中心，辐射福建沿海其他六地市的涉海洋公益诉讼大数据应用平台。同时，福建省人民检察院与平潭综合实验区人民检察院共建全国首个省级海洋检察保护智慧管理与法治教育基地也已正式启用，为大数据法律监

督模型应用和推广提供重要省级支持和场所载体，进一步提升检察机关海洋生态保护跨区域协作能力水平。2022年12月，福建平潭"海洋生态公益检察微共治模式"入选生态环境部综合规划与政策全国典型案例；2023年8月，法律模型监督成效被《法治日报》（2023年8月26日4版报道）专题宣传推广，相关数字检察工作成效写入最高检第八检察厅公益诉讼检察工作总结。

三、实现地域推广和领域延展新路径

模型具备"大数据筛查分析＋人工智能辅助研判＋卫星遥感地图识别比对"特性，具有较强地域推广性和领域延展性，数据安全性高，既可以通过推送应用程序形式，供有条件的检察机关下载使用，也可以通过最高检或省级检察院，指定某一处或多处公用运行环境，实现跨区域集中管辖应用。一是地域推广性强。模型通过数据信息接口对接、定期导入等方式，与自然资源部海岛研究中心、福建省大数据局、福建省基础地理信息中心等机构实现数据共享协作，并已推广应用至福建沿海各地市。目前，模型已研发接入国家地理信息平台——沿海各省卫星遥感地图数据信息，结合"国家队督察巡查线索数据＋人工智能＋卫星遥感技术"，可以将研判范围拓展至全国各省市海岸线。二是领域延展性好。模型数据池具有多源非结构化数据识别、整合、分析能力，并植入深度学习、自然语言处理、图像特征比对等三大人工智能技术，模型研判规则和研判能力不但适用于非法占用海岸线类案，同样适用于具有耕地保护红线、生态公益林地范围、自然资源保护区范围、海域禁止养殖区、航道保护区域等具有卫星遥感地图匹配特征的其他同类型的大数据法律监督领域。如在国有土地使用权公益诉讼保护领域，平潭综合实验区人民检察院运用模型类似研判规则及历年航拍地图，通过调取比对资源生态部门建设用地临时占用耕地审批数据信息、税务部门建设用地临时占用耕地税款征收数据信息，结合平潭地区历年航拍地图，发现2022年以

来，17 个建设项目未及时征收耕地占用税，7 个建设项目到期后存在持续占用耕地或未复垦问题，检察机关立案后发出检察建议，仅在两个月整改期限内，税务部门即征缴入库相关税款及滞纳金 593.97 万元，资源生态部门督促建设单位清退或复垦被占用耕地 69 亩。三是数据安全性高。模型运行环境及数据池设置在政务外网，具有较高安全性。数据池建立数据分类、数据访问权限管理，确保数据信息只进不出，模型采用等保 3 级要求，定期进行安全评估和测试，建立安全审计和记录机制，实时记录和跟踪数据访问和操作行为，能够及时发现异常和安全违规行为。

📖 法律法规依据

1.《中华人民共和国海域使用管理法》第三条　海域属于国家所有，国务院代表国家行使海域所有权。任何单位或者个人不得侵占、买卖或者以其他形式非法转让海域。

单位和个人使用海域，必须依法取得海域使用权。

第七条第一款　国务院海洋行政主管部门负责全国海域使用与监督管理。沿海县级以上地方人民政府海洋行政主管部门根据授权，负责本行政区毗邻海域使用的监督管理。

第三十七条第一款　县级以上人民政府海洋行政主管部门应当加强对海域使用的监督检查。

第四十二条　未经批准或者骗取批准，非法占用海域的，责令退还非法占用的海域，恢复海域原状，没收违法所得，并处非法占用海域期间内该海域面积应缴纳的海域使用金五倍以上十五倍以下的罚款；对未经批准或者骗取批准，进行围海、填海活动的，并处非法占用海域期间内该海域面积应缴纳的海域使用金十倍以上二十倍以下的罚款。

第五十一条　国务院海洋行政主管部门和县级以上地方人民政府违反本法规定颁发海域使用权证书，或者颁发海域使用权证书后不进行监督管理，或者发现违法行为不予查处的，对直接负责的主管人员和其他直接责任人员，依法给予行政处分；徇私舞弊、滥用职权或者玩忽职守构成犯罪的，依法追究刑事责任。

2.《中华人民共和国行政强制法》第二条第二款　行政强制执行，是指行政机关或者行政机关申请人民法院，对不履行行政决定的公民、法人或者其他组织，依法强制履行义务的行为。

第五十条　行政机关依法作出要求当事人履行排除妨害、恢复原状等义务的行政决定，当事人逾期不履行，经催告仍不履行，其后果已经或者将危害交通安全、造成环境污染或者破坏自然资源的，行政机关可以代履行，或者委托没有利害关系第三人代履行。

3.《中华人民共和国行政诉讼法》第九十七条　公民、法人或者其他组织对行政行为在法定期间不提起诉讼又不履行的，行政机关可以申请人民法院强制执行，或者依法强制执行。

4.《人民检察院公益诉讼办案规则》第六十七条　人民检察院经过对行政公益诉讼案件线索进行评估，认为同时存在以下情形的，应当立案：

（一）国家利益或者社会公共利益受到侵害；

（二）生态环境和资源保护、食品药品安全、国有财产保护、国有土地使用权出让、未成年人保护等领域对保护国家利益或者社会公共利益负有监督管理职责的行政机关可能违法行使职权或者不作为。

第六十八条　人民检察院对于符合本规则第六十七条规定的下列情形，应当立案：

（一）对于行政机关作出的行政决定，行政机关有强制执行权而怠于强制执行，或者没有强制执行权而怠于申请人民法院强制执行的；

（二）在人民法院强制执行过程中，行政机关违法处分执行标的的；

（三）根据地方裁执分离规定，人民法院将行政强制执行案件交由有强制执行权的行政机关执行，行政机关不依法履职的；

（四）其他行政强制执行中行政机关违法行使职权或者不作为的情形。

─── / **办案心得体会** / ───

　　福建省平潭综合实验区人民检察院紧紧围绕最高检党组提出的"业务主导、数据整合、技术支撑、重在应用"的要求，聚焦海洋生态保护领域突出问题，以海岸线保护法律监督为切入口，构建监督模型，深挖监督线索，拓展模型运用，融入社会治理，形成"以跨区域检察协作为依托、以公益诉讼协调指挥中心为载体、以大数据法律监督模型为着力点"的平潭数字检察特色发展之路。

一、聚焦海岸线保护，把准法律监督方向

　　一是紧扣特色定位发展。平潭素有"海滨沙滩冠九州"之美誉，为全国第五大岛、福建第一大岛，岸线总长 408 公里，拥有丰富岸线资源。广阔海域、绵长岸线形成的优良生态环境，是平潭开放发展的"真宝贝"。但近年来非法占用海岸线违法犯罪持续多发，且面临相关线索发现难、研判难、处置难等问题，长期困扰检察司法和行政执法实践。实验区院紧扣海岸线保护，争取实验区党工委和省检察院支持，牵头实验区职能部门成立省内首个海洋生态协同保护中心、推动开展福建省沿海七地市涉海洋公益诉讼协作，为大数据赋能法律监督奠定坚实基础。

　　二是个案办理发现线索。2021 年实验区院在办理施某民非法占用农用地案件中，发现其非法围填占用海岸线公益诉讼线索，经现场走访、调取证据材料，查明施某民于 2015 年起实施非法占用海岸线违法行为，于 2019 年 1 月被行政主管部门立案查处，且被福建省自然资源厅海岸线专项督察巡查发现，但其非法占用海岸线行为持续至今，既未办理海域使用权证，也未被组织实施强制拆除恢复，导致海洋生态环境遭受持续破坏，社会公共利益受到侵害。同期，办理裕藩湾水产养殖污染公益诉讼等案件中，也发现相关海岸线被养殖非法占用，群众长期向相关部

门投诉举报，未获得有效处置。

三是类案梳理归纳共性。实验区院通过梳理归纳发现，上述违法占用海岸线案件存在共性：违法行为层面，案发前均已发现违法行为，处于被行政机关立案调查、上级部门专项督察巡查、群众长期投诉举报等违法状态；违法后果层面，非法占用海岸线行为被发现、查处、举报多年，仍未办理海域使用权证，有关部门亦未对其实施强制拆除修复，非法行为后果长期持续存在；行政执法层面，存在行政执法机关违法履职、怠于履职、部分履职或履职程序不当，作出行政处罚后既未跟踪督促违法行为人拆除，也未履行强制拆除修复责任，非法占用状态长期持续。针对以上共性问题，实验区院探索部署开展海岸线保护数字专项监督，绘制类案监督思维导图。

二、探索专项监督模型，确保精准精细监督

一是拓宽渠道深化数据整合。检察长牵头组建数字检察工作专班，亲自沟通汇报取得实验区党工委、管委会对数字检察工作的重视支持，分管副检察长与实验区相关行政部门具体协调，有效拓宽数据来源渠道。与位于实验区内的相关单位，探索通过专家协作方式，实现历年非法占用海岸线督察巡查线索数据共享。同时，坚持以"检察业务需求＋数字技术支持"为导向，与实验区智慧岛科技公司、实验区大数据中心开展大数据法律监督模型研发战略深度合作，制定研发时间表、路线图，协同推进大数据互联共享和监督模型研发运行。

二是制定模型研判要素规则。遵循要素筛查、关联分析、研判推送的研判规则，汇聚近五年来实验区内非法占用海岸线的相关行政处罚、12345群众投诉举报、福建省自然资源厅督察巡查线索等重点数据信息，筛查时间、地点、违法行为等关键要素，将筛查结果与海事卫星地图、海域使用权登记信息、海域使用行政许可信息进行关联性分析比对，批量发现未办理海域使用权证且长期非法占用海岸线的公益诉讼线索。

三是深度学习植入智能技术。法律监督模型在大数据筛查、分析研判过程中，植入深度学习、自然语言处理、图形特征匹配等人工智能AI技术。运用人工智能技术全程辅助大数据分析研判，进一步提升模型多源数据格式整合能力，探索实现多字段数据筛查摘取能力及卫星地图识别对比分析能力。

三、拓展监督模型运用，提升推广应用效果

一是跨部门建立海岸线协同保护新机制。遵循个案办理到类案监督到社会治理的价值路径，2023年3月以来，模型经数据筛查比对、智能分析研判发现实验区辖区内非法占用海岸线公益诉讼线索5件，已立案4件，向行政机关发出督促履职类案检察建议2份，推动开展非法占用海岸线历史遗留问题专项摸排行动。针对海岸线治理存在薄弱环节、公共利益保护缺位问题，向实验区管委会提出保护海岸线生态环境问题对策建议，推动管委会召开18场专题会议共商问题治理；与实验区相关行政机关、司法机关建立长效预防和协作处置机制7份。

二是跨区域建立海岸线检察协作新模式。研发迭代升级监督模型，对接福建省大数据中心信息数据接口，导入相关单位福建全省沿海督察巡查线索数据，将模型分析研判范围拓展至福建沿海其他六地市。2023年4月以来，经模型两批次分析研判，已发现福建沿海七地市（区）非法占用海岸线类案法律监督线索29件，经查证属实25件，其中行政公益诉讼线索22件，福州、泉州、宁德、平潭等地已立案12件，发出督促履职类案检察建议5份；发现"裁执分离"非诉行政案件线索7件，开展跟进监督5件，推动福建省检察院部署开展"福建检察机关守护福建海岸线专项行动"，进一步提升检察机关海洋生态保护跨区域协作能力水平。

三是跨领域实现多场景适用新路径。监督模型具有全国推广性和多场景适用性。目前，模型已接入国家地理信息平台——沿海各省卫星遥

感地图数据信息，结合"国家队督察巡查线索数据＋人工智能＋卫星遥感技术"，可以将研判范围直接拓展至全国海岸线；同时，模型具备新模型开发功能，通过新配置数据库、关键词、特征要素、人工智能、办案辅助等研判规则，依托模型运行原理特性，可直接在耕地、基本农田、林地、航道、铁道沿线等其他同类型法律监督领域延展应用。

案件承办人：
　　魏可严　陈捷亮　李　坚（福建省平潭综合实验区人民检察院）
案例撰写人：
　　陈捷亮　李　坚（福建省平潭综合实验区人民检察院）

案例审核人：
　　王　桦（福建省平潭综合实验区人民检察院）

侦查监督与协作配合机制下
侦查活动全流程监督

◇ 山西省太原市人民检察院

📖 关键词

侦查监督与协作配合机制　全流程监督　立案审查超期　违法采取
强制措施　立而不侦"挂案"　不捕后"挂案"　侦查终结批诉未移

📖 要旨

提取公安机关受案、刑事立案、提请批准逮捕、移送审查起诉等数
据，与检察机关受理审查逮捕、审查起诉案件等数据进行比对分析，批
量发现公安机关受立案审查超期等异常案件线索，市、县两级侦查监督
与协作配合办公室上下一体，对发现疑似线索逐条核查分析，根据不
同违法情形采用《督办函》《侦查活动监督通知书》《纠正违法通知书》
《检察建议书》等八类文书分层分策开展立案监督和侦查活动监督。与
公安机关形成大数据监督合作机制，共享监督模型，推动检察监督与公
安机关内部监督有效融合。

📖 基本情况

针对监督线索发现难、侦查监督与协作配合办公室实质化运行效果

不明显等问题，太原市人民检察院对立案审查超期、违法采取强制措施、立而不侦"挂案"、不捕后"挂案"、侦查终结批诉未移等行为设定五个监督规则，构建对公安机关从立案到移送检察机关审查起诉全流程监督模型。模型对调取的太原市检察机关、太原市公安机关案件数据运行分析后，发现疑似数据2054条，经上下联动核查，针对325件案件的不同违法情形，制发《督办函》等8类监督、治理类文书共计329份，已全部整改。我们转化监督成果，与公安机关开展联合执法检查，会签《大数据监督合作工作办法》等机制，规范侦查行为，推进侦查监督与协作配合办公室实质化运行。该模型已在山西省全域推广运行。

📖 线索发现

2021年，在教育整顿期间专项监督中发现，太原市公安局交警支队一名干警对办理的十余起危险驾驶案侦查终结不移送审查起诉。近年来，太原市检察院针对公安机关受立案审查超期、重复超期采取强制措施、刑事"挂案"等开展多次专项活动，但仍存在专项活动结束后类似违法情形又再次出现的问题。因此，检察机关转变监督方式和理念，从个案监督向类案监督转变，构建立案审查超期、违法采取强制措施、立而不侦"挂案"、不捕后"挂案"、侦查终结批诉未移五个监督模型，实现对公安机关从立案到移送检察机关审查起诉全流程监督，从深层次、长远角度规范公安机关侦查行为。

📖 数据分析方法

本模型有五个监督项目，分别是：对公安机关立案审查超期的监督、对公安机关违法采取强制措施的监督、对公安机关立而不侦"挂案"的监督、对不批准逮捕后"挂案"的监督、对公安机关侦查终结已批准移送审查起诉但未移送案件的监督。具体数据分析如下：

一、对公安机关立案审查超期的监督

数据来源

1. 公安机关受案、立案数据（源于公安机关）。

2. 公安机关不立案数据（源于检察机关）。

数据分析关键词

1. 公安机关受理案件的日期、案件名称、案事件编号、作出立案决定日期；

2. 公安机关不立案的案件名称、案事件编号、作出不立案决定的日期。

数据分析步骤

第一步：筛选疑似数据。

1. 设置立案审查期限超过 30 日小于等于 60 日以及大于 60 日为疑似数据的输出规则；

2. 比对公安机关受理案件数据中的受理时间、作出立案决定时间，筛选出"受案超过 30 天小于等于 60 日作出立案决定的案件、受案超过 60 日作出立案决定的案件、受案后未作任何决定的案件"；

3. 因公安机关不立案数据中没有受理时间，将不立案数据中的案事件编号与受立案数据中的案事件编号比对，确定不立案案件的受理时间；

4. 将案件的受理时间与不予立案时间比对，筛选出"受案超过 30 日小于等于 60 日作出不予立案决定的案件、受案超过 60 日作出不予立案决定的案件"。

第二步：分析疑似数据。

从疑似数据中梳理出立案审查的超期程度、罪名（区分经济犯罪案件和非经济犯罪案件）、侦查机关等。

第三步：人工区分核查。

1. 核查超期作出立案 / 不予立案决定的案件，是否属于重大、疑难、复杂案件，是否均履行批准延长审查等审批程序，进一步确定是否超期；

2. 核查超期不予立案案件、超期不作决定案件，是否符合立案条件应当立案；

3. 根据核查结果，对仅立案审查超期的案件，制发《侦查监督活动监督通知书》；对立案审查超期且有其他违法行为的案件，制发《纠正违法通知书》；对符合立案条件的案件，制发《要求说明逾期不作立案决定理由通知书》监督立案。

思维导图

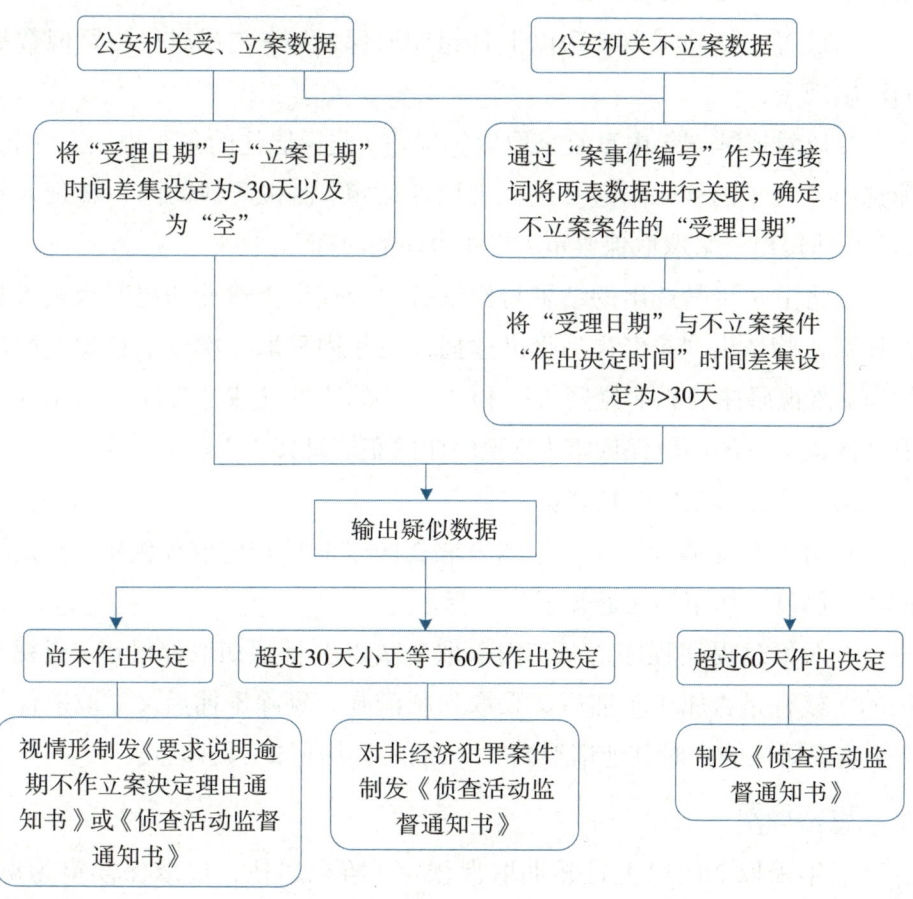

二、对公安机关违法采取强制措施的监督

数据来源

1.公安机关连续三年取保候审案件数据（源于公安机关）。

2.公安机关连续三年监视居住案件数据（源于公安机关）。

数据分析关键词

公安机关采取取保候审／监视居住的案件名称、案事件编号、嫌疑人姓名、作出决定时间、办案单位。

数据分析步骤

第一步：筛选疑似数据。

1.设置三年内采取2次以上且超期取保候审／监视居住为疑似数据的输出规则；

2.比对连续三年内重复采取取保候审／监视居住的犯罪嫌疑人姓名，筛选出"三年内被采取过2次以上取保候审／监视居住的同一嫌疑人姓名"，并得出"采取取保候审／监视居住的时间"。

3.将上一步筛选出的结果与检察机关受理审查逮捕的犯罪嫌疑人数据比对，筛选出"未经提请批准逮捕，三年内采取2次以上且超期取保候审／监视居住的犯罪嫌疑人"和"经过提请批准逮捕程序，三年内采取2次以上且超期取保候审／监视居住的犯罪嫌疑人"。

第二步：人工区分核查。

1.对未经提捕程序，三年内采取2次以上且超期取保候审／监视居住的，制发《纠正违法通知书》监督；

2.对经过提捕程序，三年内采取2次以上且超期取保候审／监视居住的，核查是否属于不捕后又采取强制措施。剔除不捕后又采取取保候审／监视居住的，对其他情形制发《纠正违法通知书》监督。

思维导图

三年采取2次以上且超期取保候审／监视居住，以取保候审为例，

监视居住同理。

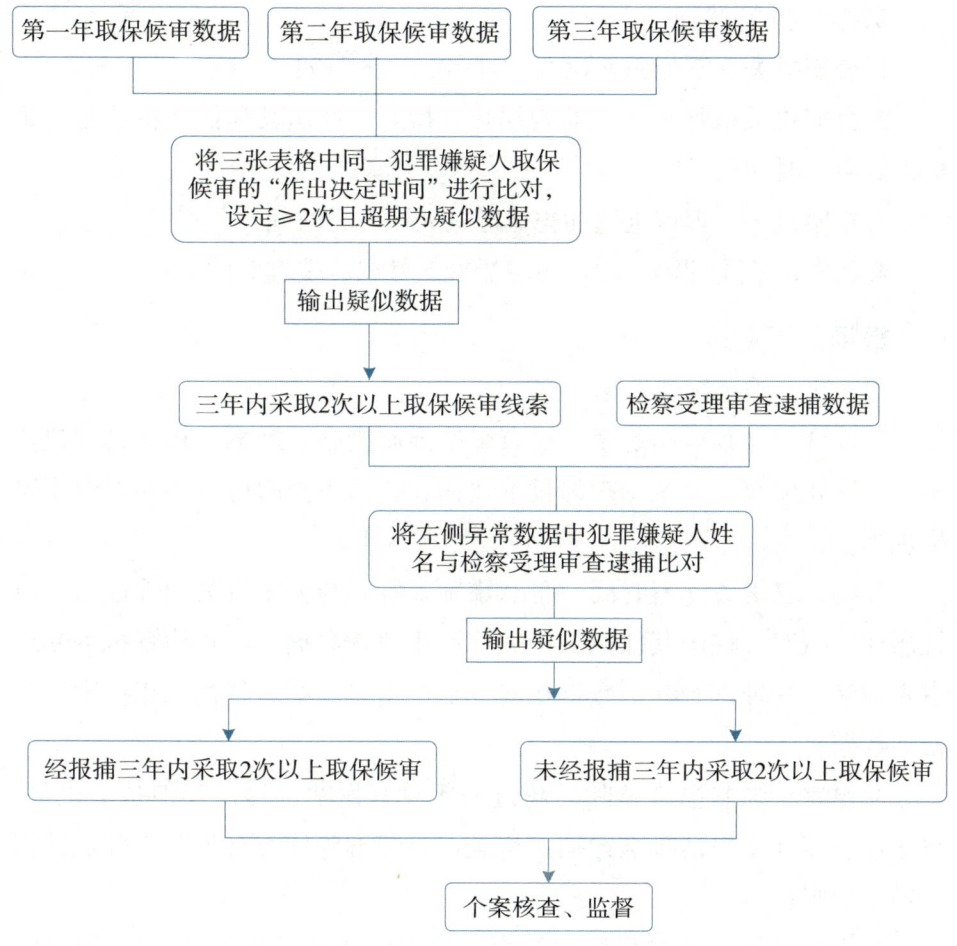

三、对公安机关立而不侦"挂案"的监督

数据来源

1.检察机关受理审查逮捕、受理审查起诉案件数据（源于检察机关）。

2.公安机关立案的犯罪嫌疑人数据（源于公安机关）。

3.公安机关采取取保候审、监视居住、撤案、移送其他执法机关案件数据（源于公安机关）。

数据分析关键词

1. 公安机关立案的犯罪嫌疑人姓名、立案时间；

2. 公安机关取保候审、监视居住、撤案、移送其他执法机关犯罪嫌疑人姓名、时间；

3. 检察机关受理审查逮捕犯罪嫌疑人姓名、时间；

4. 检察机关受理审查起诉犯罪嫌疑人姓名、受理时间。

数据分析步骤

第一步：筛选疑似数据。

1. 设置"立案后超过 2 年没有采取强制措施、撤案、移送其他执法机关、终止侦查，以及未提请批准逮捕、移送审查起诉"为疑似数据输出规则；

2. 将公安机关立案时间、犯罪嫌疑人姓名与公安机关取保候审、监视居住、撤案、移送其他执法机关、终止侦查数据，以及检察机关受理审查逮捕、受理审查起诉数据比对，筛选出"立案后超过二年挂案"的疑似数据；

3. 设置"强制措施解除后超过一年没有撤案、移送其他执法机关、终止侦查以及未提请批准逮捕、移送审查起诉等侦查行为"为疑似数据的输出规则；

4. 将公安机关立案后取保候审、监视居住之日起超过 1 年的数据，与公安机关撤案、移送其他执法机关终止侦查数据以及检察机关受理审查逮捕、审查起诉数据进行碰撞，筛选出"强制措施解除后超过一年的挂案"。

第二步：人工区分核查。

1. 登录检察办案系统，对筛选出的线索进行个案核查，确定比对数据时间范围外，是否提请逮捕或者移送审查起诉；

2.经核查，如果已经在模型比对的时间之后提请逮捕或者移送审查起诉，重点核查强制措施是否依法解除，有无其他违法情形，视情形开展侦查活动监督；

3.经核查，如果在模型比对时间之后仍未提请逮捕或者移送审查起诉，则属至今仍是"挂案"状态的案件，应通过登录公安机关办案系统、向办案人员了解情况等方式，重点核查挂案的原因，案件证据情况，视情形开展撤案监督或者侦查活动监督。

思维导图

监督规则一：立案后超过 2 年无任何处置型"挂案"。

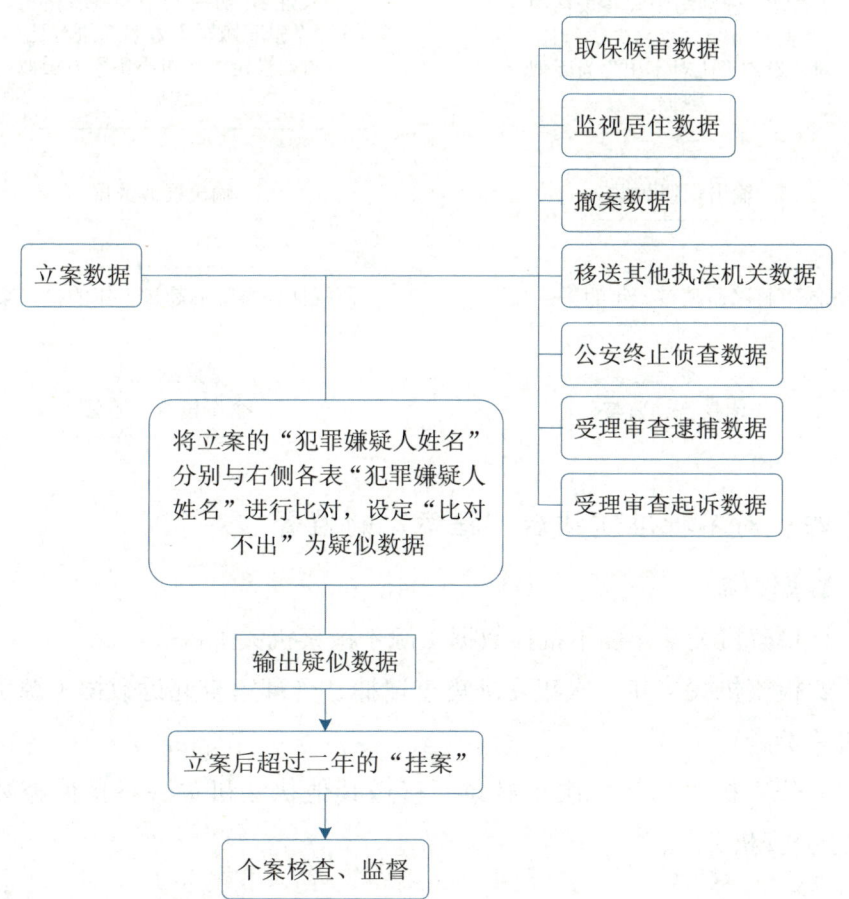

监督规则二：强制措施解除后超 1 年的"挂案"。

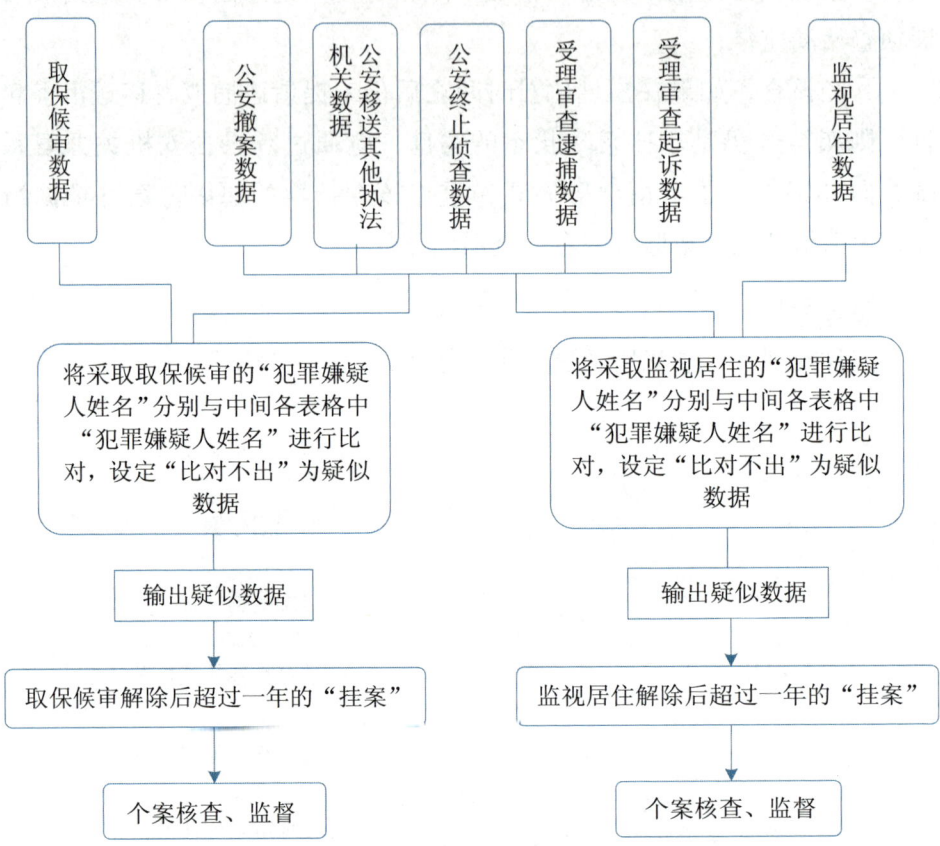

四、对不批准逮捕后"挂案"的监督

数据来源

1.检察机关某年度不批捕数据（源于检察机关）。

2.检察机关当年、次年受理审查逮捕、受理审查起诉数据（源于检察机关）。

3.公安机关当年、次年撤案、移送其他执法机关、终止侦查数据（源于公安机关）。

数据分析关键词

1. 检察机关受理审查逮捕犯罪嫌疑人姓名、时间，不批准逮捕犯罪嫌疑人姓名、时间，不批准逮捕的情形；

2. 检察机关受理审查起诉犯罪嫌疑人姓名、涉嫌罪名、受理时间；

3. 公安机关撤案、移送其他执法机关、终止侦查犯罪嫌疑人姓名、时间。

数据分析步骤

第一步：筛选疑似数据。

1. 设置"检察机关不批准逮捕后，超过一年公安机关未撤销、移送其他执法机关、终止侦查，以及未再次提捕、移送审查起诉"为疑似数据的输出规则；

2. 某年度检察机关不批准逮捕犯罪嫌疑人姓名，与本年度、次年度检察机关受理审查逮捕、受理审查起诉，公安机关撤案、移送其他执法机关、终止侦查案件犯罪嫌疑人姓名数据进行碰撞，筛选出"不批准逮捕后挂案"的疑似数据。

第二步：分析疑似数据。

对不捕后挂案线索，按照不批准逮捕情形进行分类，梳理出某年度不批捕情形中不构成犯罪不捕、无社会危险性不捕、证据不足其他情形。

第三步：人工区分核查。

1. 登录检察办案系统，查询疑似数据是否在模型比对时间后报请逮捕或者移送审查起诉；

2. 经核查，如果已经在模型比对的时间之后提请逮捕或者移送审查起诉，重点核查有无其他违法情形，视情形开展侦查活动监督；

3. 经核查，如果在模型比对时间之后仍未提请逮捕或者移送审查起诉，则属至今仍是"不捕后挂案"状态的案件；

4. 对于至今仍属"不捕后挂案"的案件，如系不构成犯罪不捕，核实公安机关是否撤案或者终止侦查；如系无社会危险性不捕，核查是否应重新提捕或移送审查起诉；如系证据不足不捕，核查是否补充侦查完毕，核查是否应重新提捕或移送审查起诉。视上述情形分别开展侦查活动监督、督促撤销案件或案件办理。

思维导图

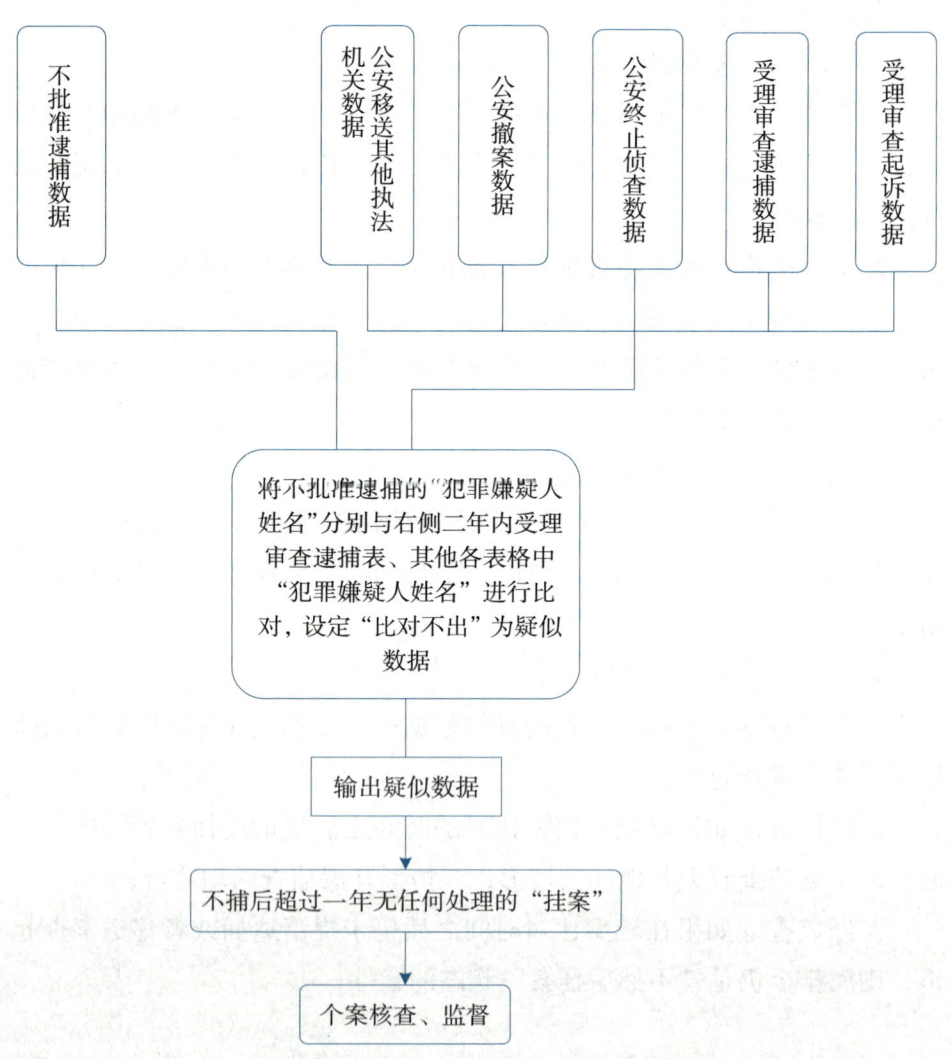

五、对公安机关侦查终结、已批准移送审查起诉但未移送案件的监督

数据来源

1. 公安机关已批准移送审查起诉的案件数据（源于公安机关）。

2. 检察机关相应时期受理审查起诉的案件数据（源于检察机关）。

数据分析关键词

1. 公安已批准移送审查起诉案件的犯罪嫌疑人姓名，涉嫌罪名，案事件编号，提出起诉意见时间；

2. 检察受理审查起诉案件的犯罪嫌疑人姓名、案件名称、受理日期。

数据分析步骤

第一步：筛选疑似数据。

1. 设置"公安机关侦查终结、已经批准移送检察机关审查起诉，但未实际移送至检察机关的案件"为疑似数据的输出规则；

2. 将公安机关某年已侦查终结、批准移送检察院的数据与检察机关当年、次年受理审查起诉的数据进行比对，筛选出在公安办案系统显示已经移送审查起诉，但检察机关未受理案件的疑似数据。

第二步：人工区分核查。

1. 登录检察办案系统，对筛选出的疑似数据进行查询，确定是否在模型比对时间之后移送检察机关审查起诉；

2. 如果在模型比对时间之后移送检察院，审查个案有无其他违法情形，视情形开展侦查活动监督；

3. 如果在模型比对时间之后仍然没有移送检察院，则向公安机关核实，排除移送其他检察机关处理的情形，督促移送检察机关审查起诉或视情形开展监督。

思维导图

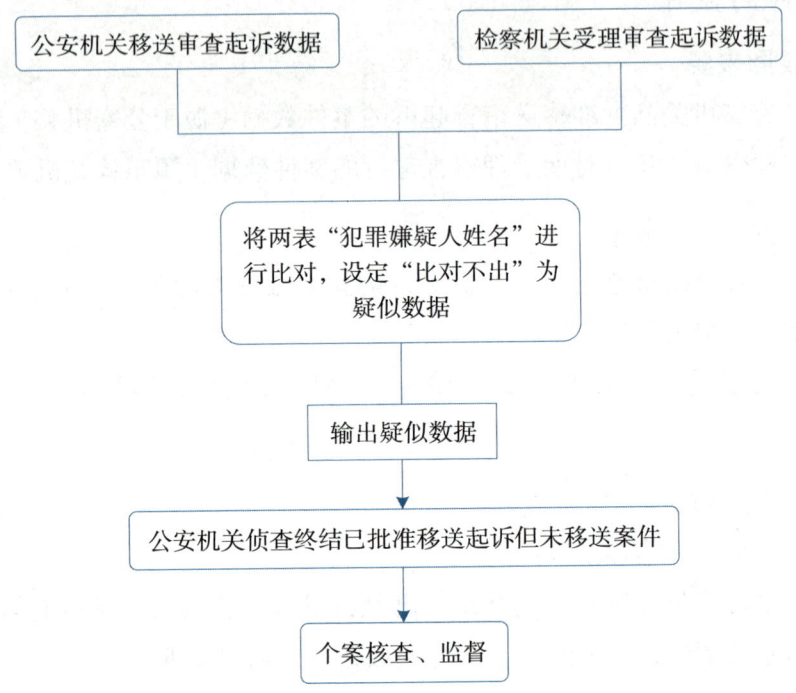

公安机关移送审查起诉数据　　　检察机关受理审查起诉数据

将两表"犯罪嫌疑人姓名"进行比对，设定"比对不出"为疑似数据

输出疑似数据

公安机关侦查终结已批准移送起诉但未移送案件

个案核查、监督

📖 检察融合监督

数据筛查发现监督线索

结合日常办案中发现的监督线索，以及教育整顿期间开展的监督工作，梳理分析监督要素，充分运用侦查监督与协作配合机制，利用公安机关警务综合平台、检察业务应用系统等现有平台，收集检察机关和公安机关相关数据，通过数据建模进行筛查、比对、碰撞，借助大数据批量发现监督线索，实现个案监督到类案监督的转变。通过上述流程筛查线索结合人工审查，截至目前共监督 325 件案件，制发各类监督文书329 份。

协作配合保障监督成效

始终坚持双赢共赢，加强与公安机关协作配合，与公安机关达成长期合作模式，双方共同使用模型，对发现的突出问题进行重点检查，实现对问题的集中整改，有效提升公安执法和检察监督规范化水平。如模型发现的公安机关侦查终结后批准移送审查起诉但未移送的问题，就是公安机关内部监督的盲区，但通过数据碰撞发现并解决了这个问题，实现了公安机关内部监督与外部监督的有机融合。

📖 社会治理成效

一、与公安机关建立大数据监督合作机制，实现对侦查行为内部监督与外部监督相融合

与公安机关会签《关于建立大数据监督合作机制的工作办法》，将大数据监督模型设在侦查监督与协作配合办公室，共同运行监督模型，实现对违法行为及时发现、及时核查、及时监督、及时整改、及时通报，推动侦查监督与协作配合办公室实质化运行，实现对侦查违法行为内部监督与外部监督的有机融合。

二、公检开展联合执法检查，倍增大数据监督成果

太原市人民检察院对本监督模型反映出的突出问题，向太原市公安局制发《专项监督通报》。与太原市公安局联合开展专项执法检查活动，结合大数据监督线索对 2020 年以来公安机关办理的刑事案件进行专项核查，实现对问题案件的集中整改。

三、督促对不构成犯罪人员终止侦查，实现更深层次保障人权

在对"挂案"线索进行核查过程中，发现公安办案系统将曾经传唤到案接受讯问或采取过强制措施，但经核实不构成犯罪的人列为犯罪嫌疑人，且未作结案处置。从而对其造成一定负面影响。为此，检察机关制发《要求说明立案理由通知书》，对此类人员终止侦查 51 人，及时消

除负面影响，切实保障其合法权益。

四、分层分策精准监督，着力提升刑事案件办理质效

监督并不是"你错我对"的零和博弈，是要通过精准监督进一步规范执法司法行为，不断提升刑事案件办理质效。针对大数据监督中暴露出公安机关在违法、违规等方面存在监督管理漏洞，聚焦不同层面的突出问题，多管齐下，分层治理。对久拖不决案件，创新运用《督办函》督促公安机关及时侦查，加快办案进程；对轻微、单一违法情形，制发《侦查活动监督通知书》进行监督；对于严重违法情形，制发《纠正违法通知书》进行监督；对不当立案案件，进行立案监督；对共性问题，制发《检察建议书》进行类案监督。同时，对五项监督模型梳理出的监督线索，深层次分析问题原因、监管漏洞、制度缺失、工作隐患等，向太原市公安局制发《专项监督通报》，促进执法规范化。万柏林区院针对线索反馈的突出问题，开展立案监督和侦查活动监督专项活动，健全完善对刑事侦查活动监督的长效工作机制。

五、提升检察官监督能力水平，推进侦查监督与协作配合办公室实质化运行

模型依托侦查监督与协作配合办公室对案件数据调取、核实，为侦查监督与协作配合办公室派驻检察官以及案件承办检察官提升监督本领、拓宽监督深度、实现精准监督提供了良好的教程。太原市检察院出台《依托侦查监督与协作配合办公室进行法律监督的工作指引》，细化五个监督模型中的具体违法行为及对应监督方式，为侦查监督与协作配合办公室实质化运行、开展监督主责主业提供了有力抓手，有效破解了监督线索发现难、监督成效依靠派驻人员能力等难题。

六、在全省推广运用，加大法律监督力度

山西省人民检察院下发通知在全省推广市检察院构建的侦查监督与协作配合机制下侦查活动全流程监督模型，吕梁市、忻州市、临汾侯马

市、长治市等各地已经成功运行，并形成大量监督数据。

📖 法律法规依据

1.《中华人民共和国刑事诉讼法》第八条　人民检察院依法对刑事诉讼实行法律监督。

第七十九条　人民法院、人民检察院和公安机关对犯罪嫌疑人、被告人取保候审最长不得超过十二个月，监视居住最长不得超过六个月。

在取保候审、监视居住期间，不得中断对案件的侦查、起诉和审理。对于发现不应当追究刑事责任或者取保候审、监视居住期限届满的，应当及时解除取保候审、监视居住。解除取保候审、监视居住，应当及时通知被取保候审、监视居住人和有关单位。

第九十条　人民检察院对于公安机关提请批准逮捕的案件进行审查后，应当根据情况分别作出批准逮捕或者不批准逮捕的决定。对于批准逮捕的决定，公安机关应当立即执行，并且将执行情况及时通知人民检察院。对于不批准逮捕的，人民检察院应当说明理由，需要补充侦查的，应当同时通知公安机关。

第九十一条　公安机关对被拘留的人，认为需要逮捕的，应当在拘留后的三日以内，提请人民检察院审查批准。在特殊情况下，提请审查批准的时间可以延长一日至四日。

对于流窜作案、多次作案、结伙作案的重大嫌疑分子，提请审查批准的时间可以延长至三十日。

人民检察院应当自接到公安机关提请批准逮捕书后的七日以内，作出批准逮捕或者不批准逮捕的决定。人民检察院不批准逮捕的，公安机关应当在接到通知后立即释放，并且将执行情况及时通知人民检察院。对于需要继续侦查，并且符合取保候审、监视居住条件的，依法取保候审或者监视居住。

第一百一十条　任何单位和个人发现有犯罪事实或者犯罪嫌疑人，

有权利也有义务向公安机关、人民检察院或者人民法院报案或者举报。

被害人对侵犯其人身、财产权利的犯罪事实或者犯罪嫌疑人，有权向公安机关、人民检察院或者人民法院报案或者控告。

公安机关、人民检察院或者人民法院对于报案、控告、举报，都应当接受。对于不属于自己管辖的，应当移送主管机关处理，并且通知报案人、控告人、举报人；对于不属于自己管辖而又必须采取紧急措施的，应当先采取紧急措施，然后移送主管机关。

犯罪人向公安机关、人民检察院或者人民法院自首的，适用第三款规定。

第一百一十三条 人民检察院认为公安机关对应当立案侦查的案件而不立案侦查的，或者被害人认为公安机关对应当立案侦查的案件而不立案侦查，向人民检察院提出的，人民检察院应当要求公安机关说明不立案的理由。人民检察院认为公安机关不立案理由不能成立的，应当通知公安机关立案，公安机关接到通知后应当立案。

第一百六十二条 公安机关侦查终结的案件，应当做到犯罪事实清楚，证据确实、充分，并且写出起诉意见书，连同案卷材料、证据一并移送同级人民检察院审查决定；同时将案件移送情况告知犯罪嫌疑人及其辩护律师。

犯罪嫌疑人自愿认罪的，应当记录在案，随案移送，并在起诉意见书中写明有关情况。

2.《人民检察院刑事诉讼规则》第二百八十七条 对于没有犯罪事实或者犯罪嫌疑人具有刑事诉讼法第十六条规定情形之一，人民检察院作出不批准逮捕决定的，应当同时告知公安机关撤销案件。

对于有犯罪事实需要追究刑事责任，但不是被立案侦查的犯罪嫌疑人实施，或者共同犯罪案件中部分犯罪嫌疑人不负刑事责任，人民检察院作出不批准逮捕决定的，应当同时告知公安机关对有关犯罪嫌疑人终止侦查。

公安机关在收到不批准逮捕决定书后超过十五日未要求复议、提请复核，也不撤销案件或者终止侦查的，人民检察院应当发出纠正违法通知书。公安机关仍不纠正的，报上一级人民检察院协商同级公安机关处理。

第五百五十一条第一款　人民检察院对刑事诉讼活动实行法律监督，发现违法情形的，依法提出抗诉、纠正意见或者检察建议。

3.《公安机关办理刑事案件程序规定》第一百零七条　公安机关在取保候审期间不得中断对案件的侦查，对取保候审的犯罪嫌疑人，根据案情变化，应当及时变更强制措施或者解除取保候审。

取保候审最长不得超过十二个月。

第一百零八条　需要解除取保候审的，应当经县级以上公安机关负责人批准，制作解除取保候审决定书、通知书，并及时通知负责执行的派出所、被取保候审人、保证人和有关单位。

人民法院、人民检察院作出解除取保候审决定的，负责执行的公安机关应当根据决定书及时解除取保候审，并通知被取保候审人、保证人和有关单位。

第一百二十二条　在监视居住期间，公安机关不得中断案件的侦查，对被监视居住的犯罪嫌疑人，应当根据案情变化，及时解除监视居住或者变更强制措施。

监视居住最长不得超过六个月。

第一百二十三条　需要解除监视居住的，应当经县级以上公安机关负责人批准，制作解除监视居住决定书，并及时通知负责执行的派出所、被监视居住人和有关单位。

人民法院、人民检察院作出解除、变更监视居住决定的，负责执行的公安机关应当及时解除并通知被监视居住人和有关单位。

第一百三十八条　对于人民检察院不批准逮捕并通知补充侦查的，公安机关应当按照人民检察院的补充侦查提纲补充侦查。

公安机关补充侦查完毕，认为符合逮捕条件的，应当重新提请批准逮捕。

第一百六十九条 公安机关对于公民扭送、报案、控告、举报或者犯罪嫌疑人自动投案的，都应当立即接受，问明情况，并制作笔录，经核对无误后，由扭送人、报案人、控告人、举报人、投案人签名、捺指印。必要时，应当对接受过程录音录像。

第一百八十六条 经过侦查，发现具有下列情形之一的，应当撤销案件：

（一）没有犯罪事实的；

（二）情节显著轻微、危害不大，不认为是犯罪的；

（三）犯罪已过追诉时效期限的；

（四）经特赦令免除刑罚的；

（五）犯罪嫌疑人死亡的；

（六）其他依法不追究刑事责任的。

对于经过侦查，发现有犯罪事实需要追究刑事责任，但不是被立案侦查的犯罪嫌疑人实施的，或者共同犯罪案件中部分犯罪嫌疑人不够刑事处罚的，应当对有关犯罪嫌疑人终止侦查，并对该案件继续侦查。

第二百八十九条 对侦查终结的案件，应当制作起诉意见书，经县级以上公安机关负责人批准后，连同全部案卷材料、证据，以及辩护律师提出的意见，一并移送同级人民检察院审查决定；同时将案件移送情况告知犯罪嫌疑人及其辩护律师。

犯罪嫌疑人自愿认罪的，应当记录在案，随案移送，并在起诉意见书中写明有关情况；认为案件符合速裁程序适用条件的，可以向人民检察院提出适用速裁程序的建议。

4.《最高人民检察院、公安部关于公安机关办理经济犯罪案件的若干规定》第十五条 公安机关接受涉嫌经济犯罪线索的报案、控告、举报、自动投案后，应当立即进行审查，并在七日以内决定是否立案；重大、疑难、复杂线索，经县级以上公安机关负责人批准，立案审查期限可以延长至三十日；特别重大、疑难、复杂或者跨区域性的线索，经上一级公安机关负责人批准，立案审查期限可以再延长三十日。

上级公安机关指定管辖或者书面通知立案的，应当在指定期限以内立案侦查。人民检察院通知立案的，应当在十五日以内立案侦查。

第二十五条 在侦查过程中，公安机关发现具有下列情形之一的，应当及时撤销案件：

（一）对犯罪嫌疑人解除强制措施之日起十二个月以内仍然不能移送审查起诉或者依法作其他处理的；

（二）对犯罪嫌疑人未采取强制措施，自立案之日起二年以内，仍然不能移送审查起诉或者依法作其他处理的；

（三）人民检察院通知撤销案件的；

（四）其他符合法律规定的撤销案件情形的。

有前款第一项、第二项情形，但是有证据证明有犯罪事实需要进一步侦查的，经省级以上公安机关负责人批准，可以不撤销案件，继续侦查。

撤销案件后，公安机关应当立即停止侦查活动，并解除相关的侦查措施和强制措施。

撤销案件后，又发现新的事实或者证据，依法需要追究刑事责任的，公安机关应当重新立案侦查。

5.《公安部关于改革完善受案立案制度的意见》 ……接报案件后，应当立即进行受案立案审查。对于违法犯罪事实清楚的案件，公安机关各办案警种、部门应当即受即立即办，不得推诿拖延。行政案件受案审查期限原则上不超过 24 小时，疑难复杂案件受案审查期限不超过 3 日。刑事案件立案审查期限原则上不超过 3 日；涉嫌犯罪线索需要查证的，立案审查期限不超过 7 日；重大疑难复杂案件，经县级以上公安机关负责人批准，立案审查期限可以延长至 30 日。法律、法规、规章等对受案立案审查期限另有规定的，从其规定……

────┤ 办案心得体会 ├────

通过大数据监督模型实践，以全流程监督为切入口，按照"个案发现—类案梳理—系统治理"的工作路径，对公安机关 2020 年以来案件的常见违法情形进行了系统梳理和排查，实现由个别、偶发、被动监督向全面、系统、主动监督转变，有效破解侦查监督难点、堵点。

一、坚持问题导向，与时俱进，借助大数据实现精准监督

所谓监督，是发现问题、纠正问题、预防问题的过程，检察机关在开展侦查监督的过程中，不应只局限于个案监督，而应该对公安机关普遍性违法问题进行系统治理。近年来，我们积极探索派驻公安检察室、侦查监督与协作配合办公室等工作，侦查监督质效得到了显著提升。但还是存在问题：一是传统的监督模式下，监督主要靠检察官的个人能力，存在监督不均衡的问题；二是对公安机关侦查活动还没有做到全流程监督，监督范围局限于个案审查，监督方式局限于卷宗审查，导致监督工作零散化、碎片化，缺乏系统性和规模性；三是侦查监督与协作配合办公室开展工作没有有力抓手，监督线索发现难、来源渠道窄、获取不及时，导致监督具有滞后性。这些都是掣肘检察机关开展侦查监督工作的重要因素。在大数据监督模型建设过程中，我们立足这些问题，从公安机关立案、侦查到移送审查起诉过程中梳理出立案审查超期、违法采取强制措施、立而不侦"挂案"、不捕后"挂案"、批诉未移五个方面的监督要素。通过将检察机关统一业务应用系统与公安机关警务综合平台的相关数据进行筛查、比对、碰撞，借助大数据具有的辐射广、信息抓取准等天然优势，从海量数据中发现批量监督线索，破解监督线索

发现难的问题，实现对公安侦查活动开展全流程监督。化被动为能动、化碎片为系统、从浅层次走向深层次，在拓宽线索发现渠道的同时，引导检察官深入核查，实现精准监督。

二、坚持双赢共赢，形成监督合力，深层次提升公安执法和检察监督规范化水平

赢则共赢，败则同败。以大数据监督模型开展法律监督的目的和方向，并非是与公安机关你强我弱、你错我对的零和博弈，是通过数据共通、打破数据壁垒，实现双赢共赢，推动检察法律监督与公安机关内部执法监督的衔接配合，形成内外部侦查监督有机融合。因此，在思想上与公安机关达成共识是大数据监督模型运行的关键因素。在获取公安机关案件数据的过程中，针对公安机关的顾虑，我们依托侦查监督与协作配合办公室，与公安法制部门达成共同监督目标，调取了公安机关受案、立案、不予立案、采取强制措施、撤案、移送其他执法机关、终止侦查、移送检察机关等案件数据信息，通过模型运行，不仅发现大量监督线索，也给公安机关开展内部监督提供了线索。如对公安机关侦查终结后批准移送审查起诉但未移送的案件，这是公安机关内部监督的盲区，这次大数据监督模型运行为也帮助公安机关解决了这个监督问题。为了避免大数据监督模型建设沦为"一锤子买卖"，我们与市公安局会签了《关于建立大数据监督合作的工作办法》，将模型设在侦查监督与协作配合办公室，通过定期运用大数据模型分析、比对，实现对违法行为及时发现、及时核查、及时监督、及时整改。同时，形成随时根据工作新情况，不断完善监督模型的工作模式。

三、坚持上下一体，形成联动，做深做实侦查监督与协作配合办公室工作

对监督线索进行调查核实是侦查监督与协作配合办公室的主要职能之一，同时也是大数据监督模型发挥作用的关键。因此，依托侦查监

督与协作配合办公室对大数据模型输出的异常线索进行筛查、过滤和处置，不仅是推动大数据监督模型走深走实的重要环节，也是实质化运行侦查监督与协作配合办公室的有力抓手。大数据模型输出的数据只是异常数据线索，并不直接等于已经查实的监督案件，要使线索最终成案，全市两级侦协办要坚持"上下一条心"，联动形成市院抓总，各基层院规范有序核查线索的工作格局，通过上下联动，双向发力，全面、深入、高效的核查，确保将线索查深查透。在对大数据监督线索核查过程中，市院侦协办进行初步核查，宏观研判，分类分析，研究出监督处理方法，再将线索按区域分给各基层院侦协办进行深入核查，并分层分策开展监督。根据核查情况，市院出台《依托侦查监督与协作配合办公室进行法律监督的工作指引》，明确检察机关并不是简单、机械监督，而是要从监督效果出发，坚持分层分策处理。如对立案审查超期的案件，除了甄别属于超期可纠正的情形，还从超期不作决定的案件中核查立案监督线索。对经济犯罪立案审查超期的，还要从案件实体办理层面进行核查。对立而不侦的"挂案"，不能只是简单地监督撤案或者督促侦查，要从推进案件进程、解决问题出发，重点核查"挂案"原因，分析研判后作出合理监督决定。

四、坚持苦练内功，提升能力，倍增大数据监督实效

大数据是法律监督的好帮手，但监督成效仍然依赖于检察人员的监督能力。在对大数据模型输出监督线索的核查过程中，不同的检察官对监督线索的反馈以及开展监督纠正是有区别的。有的基层院疑似线索很多，但监督成效一般；有的基层院疑似线索不多，但基本都能监督成案。可见，虽然有技术加成，监督线索发现由"大海里捞针"到"池塘里捕鱼"，但提升检察人员的监督能力仍是实现大数据监督成效倍增的重要因素。在常态化运行大数据监督模型的前提下，如何提升检察人员监督能力是需要我们进一步思考的问题，我们要以分层运用监督方法为抓手，依托线索核查工作教方法、督实效，形成常态化监督模式，引导

刑事检察人员形成监督自觉和习惯，不断提升监督线索发现、调查核实以及开展监督的能力。

案件承办人：

　　王俣涛（山西省太原市人民检察院）

　　王文娟　任　君　邹佳华　王树祥　白　晶　李晓娟　要蓉蓉

　　邢栓真　郭　涛　马红英（山西省太原市各基层检察院）

案例撰写人：

　　郭瑞琦　侯伟芳　魏郑芳（山西省太原市人民检察院）

非法改装货车监管违法及立案监督

◇ 浙江省杭州市西湖区人民检察院

📖 关键词

货车　非法改装　交通安全　虚假证明文件　监管渎职

📖 要旨

收集交通类行政处罚、交通肇事判决，以因非法改装被反复行政、刑事处罚为条件，筛选未及时整改的问题货车；调取改装货车检测数据，排查涉嫌提供虚假证明文件的检测站；以再次发生伤亡事故，挖掘监管渎职犯罪线索。公益诉讼督促整改隐患货车，刑事立案监督检测站人员，检察侦查渎职交警，综合整治交通运输行业乱象。

📖 基本情况

许多货车为了超载存在非法改装现象，此类货车长期处于超限运输将引发刹车失灵、转向器轻飘抖动、轮胎变形爆胎、钢板弹簧折断、半轴断裂等危险状况，成为马路杀手。检察官在办案中发现，一些车辆检测站为非法改装货车出具虚假检测报告，导致其违法过检上路，即使被执法部门查处往往也未依法强制整改，严重威胁群众生命财产安全。以杭州为例，2015年以来，因非法改装发生重大交通事故150余次，造成 193 人死亡，28 人重伤。检察机关遂以生产安全类公益诉讼为履职切入口，建立数字模型从交通肇事判决、行政处罚数据中筛查非法改装货车，监督行政机关整改隐患货车 160 多辆，积极消除安全隐患；调取货车上牌、年检数据，倒查为改装货车违规过检的检测站，监督公安机关刑事立案 10 人，并推动车管所出台长效监管机制，综合治理行业乱象；梳理同一货车因非法改装受行政、刑事处罚后又发生交通肇事的情况，挖掘其中渎职犯罪线索，立案侦查 4 人，移送监委立案 2 人，精准惩治害群之马。

📖 线索发现

杭州市西湖区检察院检察官在办理交通肇事案件中发现一些重型自卸货车为了超载存在非法改装情况，而这些改装货车却还能通过上牌检测或年检上路行驶。调取全市货车检测数据进行分析研判，发现其中一家机动车检测站的上牌检测量竟占全市 24 家的 47.96%，且该检测站曾为多辆交通肇事的非法改装货车上牌过检，弄虚作假涉嫌犯罪可能性极大，于是监督公安机关立案侦查。经侦查，2017 年以来，杭州某机动车检测服务有限公司对来检测的待上牌货车非法收取法定检测费用以外的费用 385 万余元，后该检测机构负责人刘某等人指使员工张某等人对来检测的货车存在的改装车厢、超重等问题置之不理，甚至使用压秤、调整设备参数的方式，出具虚假的机动车安全技术检验报告，帮助存在安全隐患非法改装货车过检上路行驶。杭州市西湖区检察院对刘某等 8 人提起公诉，最终刘某等 8 人被判处有期徒刑四年六个月至二年不等。

办案过程中，检察机关发现该案并非个别现象。在"车辆检测"环节，车辆厂商、中介、检测站之间早已形成潜规则和利益链，"默许"非法改装问题；在"道路运输"环节，部分执法人员违法不作为，甚至内外勾结，放任未经整改的改装货车上路行驶。上述问题导致非法改装问题成为交通运输行业顽瘴痼疾，在一些地方交警在路上随便拦下一台自卸货车都是违法超重的，整备质量的不合格率在 90% 以上，对生产安全、群众生命财产造成隐患严重。2021 年底，该批类案被浙江省检察院和浙江省安全生产委员会作为全省十大安全生产领域公益诉讼案件挂牌督办。同时，对案件背后暴露出的虚假检测、监管渎职问题，检察机关融合刑事检察、检察侦查职能，综合履职促进行业治理、弥补监管漏洞。

📖 数据分析方法

数据来源

1. 交通肇事刑事案件数据（源于检察机关）；

2. 交通类行政处罚数据（源于省、市数据局 IRS 平台）；

3. 交警现场处罚数据（源于市数据局 IRS 平台）；

4. 个人机动车基本信息（源于市数据局 IRS 平台）；

5. 货车上牌、年检数据（源于市交警车管部门）；

6. 机动车检测站信息（源于市交警车管部门）；

7. 车辆整备质量检测环节同步录像、外廓检测环节照片（源于涉案机动车检测机构）。

数据分析关键词

针对非法改装货车必然频繁违法、造成事故频发这个特点，以"擅自改变""改装""登记结构""核定载质量""超重"为关键词，从交通类行政处罚、交通肇事罪刑事判决数据中筛查非法改装货车，提取车牌号码。一方面，以车牌号码为关键字，向车管部门查询为其进行上牌检测和年检的检测站。另一方面，梳理归集同一车牌号码下行政处罚及刑事案件，查找同一车辆曾因非法改装被处罚而未依法整改，又造成交通肇事的情况。

数据分析步骤

第一步：筛查未整改货车。行政处罚数据来源于省、市数据局 IRS 平台，交通肇事刑事判决数据来源于检察业务应用系统。通过文书解析系统，对交通肇事刑事判决书、交通类行政处罚决定书进行解析，获取结构化数据；以"擅自改变""改装""登记结构""核定载质量""超重"等为关键词进行筛选，筛查非法改装货车；以 2 次以上被反复处罚为条件，筛选未及时整改的货车，提取车牌号。

第二步：倒查造假检测机构。首先，根据行政处罚、刑事涉案非法改装货车车牌号，向车管部门查询为其进行上牌和年检的检测站。还可以调取地市一级范围全部货车的检测数据统计排序，若全市某一检测站业务量特别大，检测的车型特别集中，甚至有大量异地检测，确认为集中为改装货车出具虚假检测报告的检测站。其次，调取涉案检测站的车辆整备质量检测环节同步录像、外廓检测环节照片，先从涉案非法改装货车检测录像、照片入手，采用视频识别技术建模来排查"压地磅""换车厢"等造假行为。最后，对照提供虚假证明文件罪、非国家工作人员受贿罪的构罪要素，对其中公安机关应当立案而不立案的，开展刑事立案监督。

第三步：锁定渎职犯罪线索。根据非法改装货车车牌号，梳理归集同一车牌下行政处罚及刑事案件情况，得到同一车牌因改装受一次或多次行政、刑事处罚后又发生交通肇事的情况。若碰撞发现存在同一车辆曾因非法改装被处罚而未依法整改，仍上路行驶，后续又因非法改装造成严重伤亡事故等危害后果的情况，则输出渎职犯罪线索。

思维导图

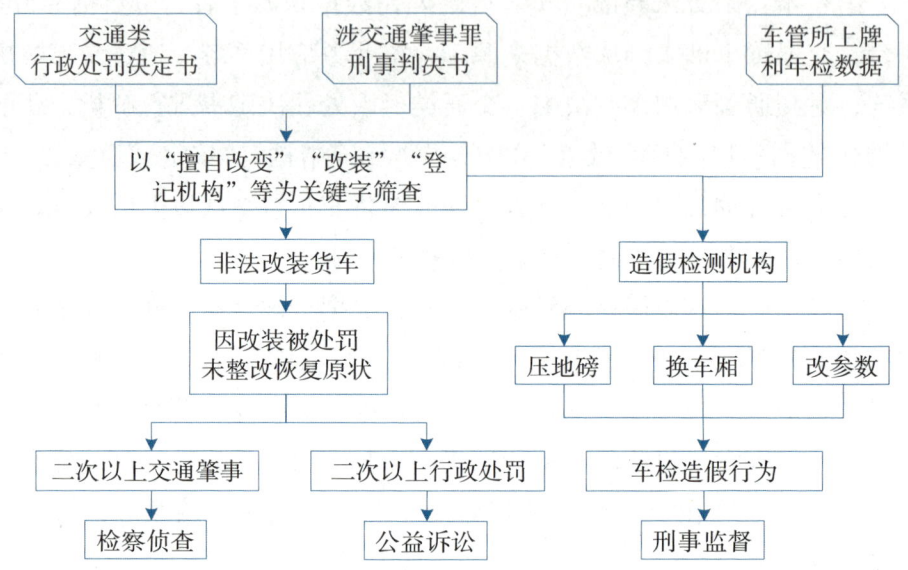

检察融合监督

公益诉讼检察监督

发现货车因非法改装行为被罚款后，未将货车恢复原状的，可针对行政机关怠于履职行为开展检察监督，要求责令限期整改，消除公共交通安全隐患；同时，筛查发现有非法改装货车未经处理的，移送线索给交警、交管部门，监督其对非法改装货车以行政处罚等方式加强监管。杭州市西湖区检察院对核查确认的160辆非法改装货车，向交警部门发出行政公益诉讼诉前检察建议书，交警部门根据检察机关移送的线索，责令100多辆重型自卸货车车主、挂靠企业法人限期开展整改，并对21辆重型自卸货车作出行政处罚。

刑事检察监督

给非法改装货车开绿灯的检测站，与经销商、黄牛、车管所相互勾结，长期频繁作案，相比正常检测站，其对于货车的检测数据会畸高。所以，可以在全市或全省范围内对货车上牌检测数据进行统计排序，发现数量畸高的检测站，同时该检测站又曾经给确认非法改装货车过检的，对照提供虚假证明文件罪、非国家工作人员受贿罪的构罪要素（如虚假检测过程中索取或非法收受他人财物的、个人受贿数额 3 万元以上、违法所得 10 万元以上），对公安机关开展刑事立案监督。杭州市西湖区检察院发现为改装货车违规过检的检测站 40 家，不少涉及外省检测站，于是重点与安徽检察机关开展跨区域协作，移送虚假检测线索 114 条，涉及检测站 10 家；对杭州范围内的问题检测站，调取涉案货车的检测视频、照片，从"压地磅""换车厢""改参数"等造假手段入手进行调查，监督公安机关刑事立案检测站工作人员 10 人。

检察侦查监督

筛查发现的非法改装货车，若同一车牌因改装受一次或多次行政、刑事处罚后又发生交通肇事的情况。应当以渎职犯罪构成为要素，以处罚记录中认定非法改装锁定主观明知，未依法整改锁定渎职行为，伤亡结果（死亡 1 人或者重伤 3 人以上）锁定危害后果，事故责任认定锁定因果关系，精准得出渎职犯罪线索。此外，交通肇事罪承办交警明知车主指使驾驶员违章驾驶，构成交通肇事罪，但未追究车主交通肇事刑事责任的，涉嫌徇私枉法罪。杭州市检察院发现司法工作人员渎职线索 10 条，运管、交警等行政人员渎职线索 44 条，以滥用职权罪、徇私枉法罪立案侦查 4 人，移送监委立案 2 人。

📖 社会治理成效

消除隐患守护安全

不符合质量检测标准的重型货车容易引发交通事故，据统计重型货车道路交通事故中 80% 以上是由于超限超载运输所造成的。仅仅涉案检测站在一年时间内为百余辆非改货车出具虚假报告，这些非改货车上路行驶不到两年，已有 3 辆货车发生 3 起亡人事故。检察机关从行政违法、交通肇事判决数据中筛选出非改货车 1500 多辆逐步开展监督，监督西湖区、钱塘区等地行政机关整改问题货车 160 多辆、行政处罚 22 辆，积极消除安全隐患。

源头治理行业乱象

检察机关将货车经销商违规改装、违规收费的情况，以线索函等方式移送市场监管部门、公安机关，要求行政机关对商业贿赂行为进行调查处罚。同时办案中发现，陕汽集团、上汽集团、中重集团等货车生产方对非法改装车辆问题的产生有一定的责任，应当参与问题隐患车辆的回收、整改。检察机关于是推动交警部门及行政机关约谈货车厂商建议召回问题货车或整改隐患货车，几大生产商均愿意积极配合回购、整改，从源头上治理行业顽疾。

促进出台长效机制

杭州市检察机关将办案中发现的虚假检测、失职渎职等情况，以检察建议等方式向交警部门移送，要求其加强道路执法、车辆检测环节的行政监管，同时建立机制防范内外勾结、徇私舞弊的情形发生。交警部门据此制定《专项整改方案》细化 4 方面 26 项整改措施，并出台《杭州车管查验员监督管理考核办法》，建立查验联合审核制度和双核查制度，规范和加强对从业人员的管理。杭州市范围的整治也引起了国家相关部委的重视，2022 年初工业和信息化部、公安部针对相关问题出台了《关于进一步加强轻型货车、小微型载客汽车生产和登记管理工作的通知》，要求从"严把车辆检验机构检测关""强化车辆生产一致性监管""严格车辆登记管理"等方面加强监管。

跨区域协作联合整治

模型筛查出的非改货车后续年度也已进行了年检，且多数系在省外进行年检，涉及上海、安徽等地多家机动车检测机构。杭州市检察机关主动与安徽省检察机关共享线索和数据，凝聚两地检察机关之间监督合力，全链条、跨区域整治行业顽疾。安徽省宣城市检察院通过筛查发现非法改装行政处罚案件 34 件，检测机构出具虚假检测报告行政处罚案件 7 件，刑事立案监督线索 8 件，职务犯罪线索 1 件；宣城市检察机关发现当地 2 家车检机构出具虚假证明文件，制发检察建议监督调查整治；芜湖市检察机关已移送线索、引导公安机关对 1 家车检机构开展调查。

净化行业执法司法环境

运用数字建模达成对非改车辆监管领域"车辆检测""道路执法"的全链条精准监督，精准打击非改货车乱象根源，运用检察侦查这个刚性手段，深入触及交通运输领域深层次问题，以涉嫌滥用职权罪立案 3 人，以涉嫌徇私枉法罪立案 1 人，移送监委立案受贿罪 2 人，以点拓面深入查办交通运输领域监管人员渎职、失职问题，铲除执法司法队伍害群之马。

📖 法律法规依据

1.《中华人民共和国安全生产法》第七十四条第二款　因安全生产违法行为造成重大事故隐患或者导致重大事故，致使国家利益或者社会公共利益受到侵害的，人民检察院可以根据民事诉讼法、行政诉讼法的相关规定提起公益诉讼。

2.《中华人民共和国道路交通安全法》第十六条　任何单位或者个人不得有下列行为：

（一）拼装机动车或者擅自改变机动车已登记的结构、构造或者特征……

3.《中华人民共和国道路运输条例》第三十条　客运经营者、货运经营者应当加强对车辆的维护和检测，确保车辆符合国家规定的技术标准；不得使用报废的、擅自改装的和其他不符合国家规定的车辆从事道路运输经营。

4.《中华人民共和国道路交通安全法实施条例》第十七条　已注册登记的机动车进行安全技术检验时，机动车行驶证记载的登记内容与该机动车的有关情况不符，不予通过检验。

5.《中华人民共和国刑法》第二百二十九条第一款　承担资产评估、验资、验证、会计、审计、法律服务、保荐、安全评价、环境影响评价、环境监测等职责的中介组织的人员故意提供虚假证明文件，情节严重的，处五年以下有期徒刑或者拘役，并处罚金；有下列情形之一的，处五年以上十年以下有期徒刑，并处罚金。

第三百九十七条第一款　国家机关工作人员滥用职权或者玩忽职守，致使公共财产、国家和人民利益遭受重大损失的，处三年以下有期徒刑或者拘役；情节特别严重的，处三年以上七年以下有期徒刑。本法另有规定的，依照规定。

第三百九十九条第一款　司法工作人员徇私枉法、徇情枉法，对明知是有罪的人而故意包庇不使他受追诉，处五年以下有期徒刑或者拘役；情节严重的，处五年以上十年以下有期徒刑；情节特别严重的，处十年以上有期徒刑。

6.《公安机关办理行政案件程序规定》第一百五十五条　实施行政处罚时，应当责令违法行为人当场或者限期改正违法行为。

7.《国务院办公厅关于实施公路安全生命防护工程的意见》……对在用非法生产、改装的货车要强制予以整改，对非法拼装的货车要强制拆解……

8.《工业和信息化部办公厅 公安部办公厅 交通运输部办公厅 工商总局办公厅 质检总局办公厅关于开展货车非法改装专项整治行动的通知》……对非法改装的货车，依法责令恢复原状并依法处罚……

9.《最高人民法院关于审理交通肇事刑事案件具体应用法律若干问题的解释》第七条　单位主管人员、机动货车所有人或机动货车承包人指使、强令他人违章驾驶造成重大交通事故，具有本解释第二条规定情形之一的，以交通肇事罪定罪处罚。

───／ **办案心得体会** ／───

一、坚持问题导向，在履行办案过程中发现社会治理问题，透过案件发现深层次问题，开展溯源治理，能动履职服务大局

本案中检察官在办理交通肇事案件中发现许多重型自卸货车存在非法改装情况，却能通过上牌检测；多次因改装受到行政处罚，却依旧上路行驶。于是，检察官对这个问题追根溯源，发现机动车检测站为了牟取不法利益，为改装货车出具虚假的机动车安全技术检验报告，且道路执法交警不作为，对非法改装货车不依法强制整改，以至于货运、工程领域重型自卸货车的整备质量大部分都不合格，对生产安全、群众生命财产存在严重隐患。检察机关从刑事个案办理开始，融合公益诉讼、检察侦查职能根源性解决非法改装货车交通肇事乱象，排除安全隐患，顺应杭州市打好"亚运攻坚仗"的要求，整治货车销售、车辆检测行业乱象，符合打好"经济攻坚仗"的要求，切实服务中心大局。

二、坚持守正创新，打破业务"壁垒"，探索检察一体化办案机制，根据办案需要融合"四大检察"各项职能，形成法律监督合力

本案中，检察机关从刑事个案办理中发现社会治理问题，改变传统检察监督以被动审查为主模式，以公益诉讼为切入口，综合刑事检察、检察侦查职能，整合内部各部门资源，形成"公刑侦技"融合专班，根据检察官反映的问题和线索，进一步提炼特征、要素，构建模型进行数据分析研判，推动公益、刑事、自侦紧密衔接、同向发力。办案中融合运用侦查思维和侦查手段，形成履职合力，推动监督线索的最终成案，不仅挖出了大量安全隐患货车，还成功挖出问题背后执法人员渎职犯罪线索，推动"数据"到"证据"的跨越，实现"建模"到"案件"的质变，以履职办案机制的现代化推进检察工作现代化。

三、坚持系统思维，充分发挥整体优势，推动跨区域协作办案，实现检察监督效果的倍增、叠加效应，提升法律监督质效

本案中，杭州市西湖区检察院在办案中发现涉案违规过检上牌的非法改装浙A号牌重型自卸货车后续赴杭州以外安徽、上海等地进行年检的现象，没有因为无管辖权就"高高挂起"，而是从整体治理角度出发，通过长三角区域检察协作机制，移送监督线索给安徽宣城、芜湖等地检察机关，共享检察数据、监督模型等资源，联合开展专项监督。通过跨省专项协作有效凝聚浙江、安徽两地检察机关之间的横向监督合力，全链条、跨区域整治行业顽疾，共同服务保障长三角区域一体化发展。

案件承办人：

　　杜文斌（浙江省杭州市人民检察院）

　　李　洋　严　敏（浙江省杭州市西湖区人民检察院）

案例撰写人：

　　姜　琪（浙江省杭州市西湖区人民检察院）

案例审核人：

　　陈乃锋（浙江省人民检察院）

特种病领域骗取医保基金立案监督及公益诉讼监督

◇ 浙江省金华市婺城区人民检察院

📖 **关键词**

特种病　医疗保障基金　行政公益诉讼　行刑衔接

📖 **要旨**

特种病参保人员须定期配药、用药量稳定，若超出合理用药量则为异常。根据历年特种病药品门诊结算数据，以年度、姓名、报销金额、药品名称等要素，统计年度结算总额异常且相邻年度报销增额异常数据，筛出用药异常的可疑参保人员。根据特种病参保人员交易流水数据，剔除合理收入后，确立多个参保人员账号从同一账号处频繁收款为异常，筛出可疑参保人员和药贩线索，再反向倒查可疑药贩账户资金去向，筛出其他可疑涉罪线索。人工核查可疑线索，精准实现对参保人员—医药代表—职业倒卖人全链条打击，推动开展医保诈骗专项整治，构建行刑衔接机制，强力维护医保基金安全。

📖 **基本情况**

针对特种病领域医保诈骗类案高发的现状，浙江省金华市婺城区院遵循"个案办理—类案监督—系统治理"的数字检察路径，构建法律监督模型，运用大数据开展类案监督。根据 2019—2021 年度金华全市血友病参保人员医保结算数据。依托浙江检察数据应用平台自主研发"特种病领域医保诈骗立案监督及公益诉讼监督模型"，首批筛查出类案监督线索 66 条，抓获医药代表、职业药品倒卖人 3 人，斩断金华市内血友病药品地下交易链条。同时，从血友病领域拓展至器官移植领域，迭代升级监督模型，发现线索 102 条，查实贩卖药品的参保人员 80 余人，抓获 2 名职业药品倒卖人。融合刑事检察和公益诉讼检察监督，督促医保部门加强对医保基金的规范管理，联合六部门开展专项行动，并推动建立医疗保障行政执法与刑事司法衔接机制，提升打击骗保行为的协作合力。

📖 线索发现

2021 年 8 月，婺城区院提前介入胡某某等三人涉嫌医保诈骗案，精准引导侦查机关侦破该案，胡某某等人利用代配药等监管漏洞，持本人或他人医保卡每周频繁、超量开药并倒卖，从中获利 40 余万元，造成国家医保基金损失 200 余万元。从该案办理中发现三个特点：一是医保政策有谋利空间。在血友病领域，不同省份，甚至省域内不同地市之间，通用治疗药品的医保报销比例从 50% 至 90% 不等，政策差异导致药品倒卖有利可图。例如，浙江省金华市门诊报销比例可达到 90%，而贵州省各市门诊报销比例从 50% 至 80% 不等。二是犯罪行为隐蔽性强。以超量开药等形式实施的诈骗犯罪，次数多、金额小、时间长，犯罪行为不易被发现。三是行政监管有漏洞。监管部门存在力量不足、手段单一、信息壁垒等问题，不同医疗机构之间未实现诊疗信息共享，无法及时监管发现参保人员配药量、配药时间间隔等异常变化，部分医疗机构诊疗系统和医保监管系统不兼容，无法及时监测到异常配药行为。

📖 数据分析方法

（一）血友病领域：倒卖凝血因子药品

数据来源

金华市血友病参保人员医保结算数据，包含医疗机构名称、姓名、身份证号码、医疗费金额、药品名称等（源于金华市医疗保障局）。

数据分析关键词

以医保结算具体信息（年度、姓名、医疗费金额、药品名称）为要素，根据合理用药规律，结合药品报销实际，确定统计年度结算总额大于 30 万元且相邻年度报销增额大于 10 万元的情形作为异常数据，并开展人工核查。

数据分析步骤

第一步：获取基础数据并进行清洗。从医保部门获取血友病参保人员每年通过门诊报销药品的医保结算数据。筛出血友病通用药品"凝血因子"的结算数据，并按年度进行分组。

第二步：处理数据，筛出异常数据。对第一步清洗后的数据按人进行分组统计，计算各年度的报销总额，筛选出年报销额大于 30 万元的为异常数据 A；对按人分组统计的结果进行计算，算出相邻年度报销增额大于 10 万元的为异常数据 B。

第三步：数据碰撞，筛选异常线索。对第二步筛选出的异常数据 A、B 进行碰撞，得出某年度通用药品"凝血因子"报销额大于等于 30 万元且相邻年度报销增额大于 10 万元的为异常线索。

第四步：深入核查，锁定嫌疑人。对第三步得出的异常线索进行人工核查，调取异常人员的快递、物流数据，确认收件人病患身份，并开展询问核实，查明药品去向，促成线索成案。

思维导图

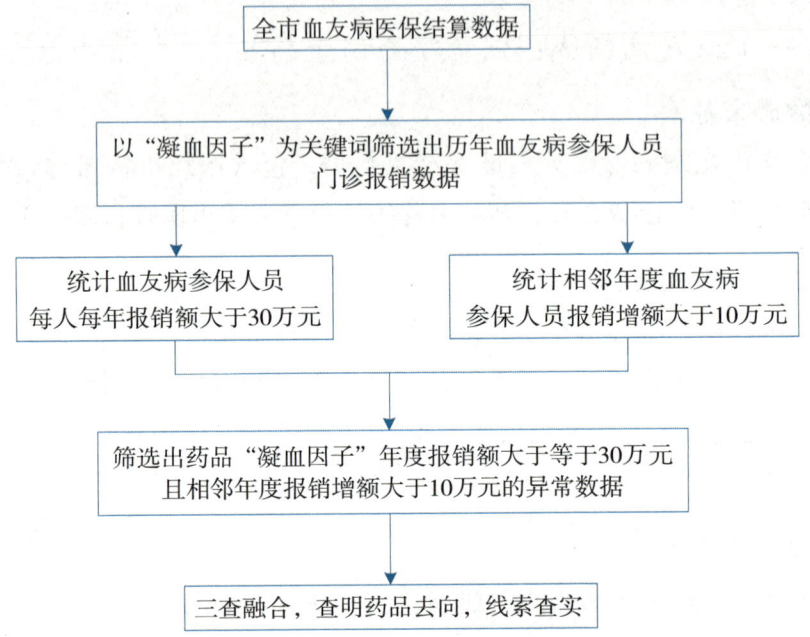

（二）器官移植领域：倒卖抗排异药物

在血友病领域取得监督成效后，确立资金异常规则，将模型拓展运用至器官移植领域。

数据来源

金华市器官移植参保人员医保结算数据，包含姓名、身份证号码、结算金额等，后开具调取证据通知书从银行调取参保人员交易明细（源于金华市医疗保障局及各大银行，交易明细可用支付宝、微信交易记录替代）。

数据分析关键词

以交易明细具体信息（本方姓名、对手姓名、交易金额、收支关系、交易状态）为要素，以多名参保人员账号从同一账号处收款为资金异常，筛查出可疑参保人员和药犯线索。人工核查锁定药犯后，反向追查药犯账号资金去向，排查其他可疑涉罪线索，并开展人工核查。

数据分析步骤

第一步：获取基础数据并进行清洗。从医保部门调取器官移植参保人员医保结算数据，包括参保人员姓名、身份证号码等，后开具调取证据通知书从银行调取可疑参保人员交易流水，并筛除无效记录和出账记录。

第二步：处理数据，筛出异常数据。对第一步清洗后的数据按交易双方进行分组统计，计算并筛选出向5名以上参保人员转账的异常数据，并线下核查。

第三步：数据碰撞，筛选异常线索。以第二步查实的人员作为条件进行分组统计，筛选出从药贩处收取3000元以上的为异常线索。

第四步：深入核查，锁定嫌疑人。对第三步得出的异常线索进行人工核查，查明药品去向，开展检察监督。可联合医保部门，确认收款人病患身份，并开展询问核实，查明药品用于倒卖牟利事实，促成线索成案。

思维导图

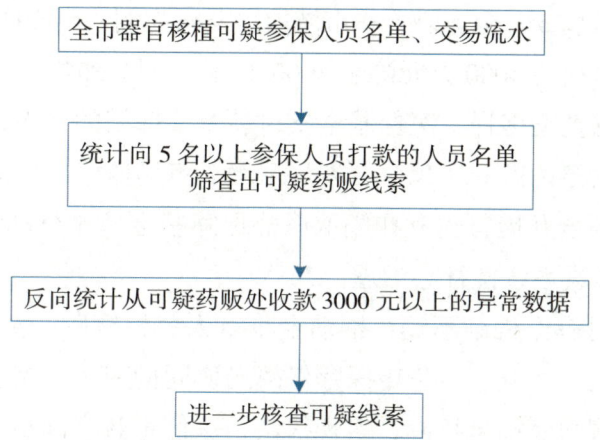

📖 检察融合监督

开展刑事、行政公益诉讼监督

浙江省金华市人民检察院依托该模型部署全市专项行动，共立案监督61人，其中医药代表、药贩5人，移送线索公安侦查198人，行政处罚355人，挽回国家医保基金1.3亿元。该模型被浙江省人民检察院推广至全省，在全省开展的骗保专项整治中，共查处356件，实现"一域突破、全省共享"。

加强检察内部协作，强化综合履职，由公益诉讼部门开展侵害国有财产监督，督促行政机关依法追回被非法套取的医疗保险基金。针对医保部门存在监管力量专业性不强等六大方面的监管问题，制发检察建议并跟踪整改落实情况，金华市医保局为此及时召开专题会议，研究整改措施，并第一时间向省、市监管部门汇报，及时整改反馈，采取督促卫健委规范代配药管理，强化提升第三方监管队伍的监管能力等一揽子举措加以整改。

📖 社会治理成效

积极推动全市全省开展医保专项整治，系统深入打击欺诈骗保现象，护航医保基金安全。以金华市域内血友病为例，到2022年，全市血友病药品报销额从4000万元降至3000万元，下降25%。

针对骗保类型多样，医保基金支付涉及多部门的特点，助推在市级层面，会同法检两院和医保、公安、卫健、市场监管等职能部门联合出台《金华市联合开展打击欺诈骗取医疗保障基金三年行动计划》，聚焦十二个领域推进系统性社会治理。

针对部门协作机制不畅，推动金华市人民检察院、金华市公安局、金华市中级人民法院、金华市医疗保障局协同构建医保基金监管领域行政执法与刑事司法衔接机制，实现执法司法信息共享同步、监督线索核查研判同步、行政违法行为监督同步，提升部门协作配合，合力守护医疗保障基金安全。

📖 法律法规依据

1.《中华人民共和国刑法》第二百六十六条　诈骗公私财物，数额较大的，处三年以下有期徒刑、拘役或者管制，并处或者单处罚金；数额巨大或者有其他严重情节的，处三年以上十年以下有期徒刑，并处罚金；数额特别巨大或者有其他特别严重情节的，处十年以上有期徒刑或者无期徒刑，并处罚金或者没收财产。本法另有规定的，依照规定。

2.《中华人民共和国刑事诉讼法》第一百一十三条　人民检察院认为公安机关对应当立案侦查的案件而不侦查的，或者被害人认为公安机关对应当立案侦查的案件而不立案侦查，向人民检察院提出的，人民检察院应当要求公安机关说明不立案的理由。人民检察院认为公安机关不立案理由不能成立的，应当通知公安机关立案，公安机关接到通知后应当立案。

3.《中华人民共和国社会保险法》第二十八条　符合基本医疗保险药品目录、诊疗项目、医疗服务设施标准以及急诊、抢救的医疗费用，按照国家规定从基本医疗保险基金中支付。

4.《中华人民共和国基本医疗卫生与健康促进法》第八十七条　县级以上人民政府医疗保障主管部门应当提高医疗保障监管能力和水平，对纳入基本医疗保险基金支付范围的医疗服务行为和医疗费用加强监督管理，确保基本医疗保险基金合理使用、安全可控。

第一百零四条　违反本法规定，以欺诈、伪造证明材料或者其他手段骗取基本医疗保险待遇，或者基本医疗保险经办机构以及医疗机构、药品经营单位等以欺诈、伪造证明材料或者其他手段骗取基本医疗保险基金支出的，由县级以上人民政府医疗保障主管部门依照有关社会保险的法律、行政法规规定给予行政处罚。

5.《医疗保障基金使用监督管理条例》第六条 国务院医疗保障行政部门主管全国的医疗保障基金使用监督管理工作。国务院其他有关部门在各自职责范围内负责有关的医疗保障基金使用监督管理工作。

县级以上地方人民政府医疗保障行政部门负责本行政区域的医疗保障基金使用监督管理工作。县级以上地方人民政府其他有关部门在各自职责范围内负责有关的医疗保障基金使用监督管理工作。

第十七条 参保人员应当持本人医疗保障凭证就医、购药，并主动出示接受查验。参保人员有权要求定点医药机构如实出具费用单据和相关资料。

参保人员应当妥善保管本人医疗保障凭证，防止他人冒名使用。因特殊原因需要委托他人代为购药的，应当提供委托人和受托人的身份证明。

参保人员应当按照规定享受医疗保障待遇，不得重复享受。

第二十二条 医疗保障、卫生健康、中医药、市场监督管理、财政、审计、公安等部门应当分工协作、相互配合，建立沟通协调、案件移送等机制，共同做好医疗保障基金使用监督管理工作。

医疗保障行政部门应当加强对纳入医疗保障基金支付范围的医疗服务行为和医疗费用的监督，规范医疗保障经办业务，依法查处违法使用医疗保障基金的行为。

第四十一条 个人有下列情形之一的，由医疗保障行政部门责令改正；造成医疗保障基金损失的，责令退回；属于参保人员的，暂停其医疗费用联网结算3个月至12个月：

（一）将本人的医疗保障凭证交由他人冒名使用；

（二）重复享受医疗保障待遇；

（三）利用享受医疗保障待遇的机会转卖药品，接受返还现金、实物或者获得其他非法利益。

个人以骗取医疗保障基金为目的，实施了前款规定行为之一，造成医疗保障基金损失的；或者使用他人医疗保障凭证冒名就医、购药的；或者通过伪造、变造、隐匿、涂改、销毁医学文书、医学证明、会计凭证、电子信息等有关资料或者虚构医药服务项目等方式，骗取医疗保障基金支出的，除依照前款规定处理外，还应当由医疗保障行政部门处骗取金额 2 倍以上 5 倍以下的罚款。

6.《浙江省医疗保障条例》第三十三条　基本医疗保险参保人员罹患的疾病属于基本医疗保险规定的特殊病种的，其门诊治疗的医疗费用，按照住院保险待遇规定予以保障。

基本医疗保险参保人员罹患的疾病属于基本医疗保险规定的慢性病的，适当提高基本医疗保险基金对其门诊医疗费用的支付比例。

前两款规定的特殊病种和慢性病的范围，由省医疗保障主管部门规定。

第五十条　定点医药机构涉嫌骗取基本医疗保险基金的，医疗保障经办机构在调查期间可以暂停对该机构的全部或者部分基本医疗保险基金结算服务。

参保人员涉嫌骗取基本医疗保险基金的，医疗保障经办机构在调查期间可以调整其医疗费用结算方式或者暂停其医疗费用的基本医疗保险基金支付。暂停支付期间发生的医疗费用，由参保人员全额垫付；调查完成后，医疗保障经办机构根据调查结果按照规定处理。

办案心得体会

2021 年以来，金华市婺城区人民检察院在上级院强有力指导下，靠前能动履职，运用"三查"融合思维，按照"个案办理—类案监督—系统治理"路径，以特种病领域为切口，突破就案办案思维，多措并举深化检察监督职能，促进各方协同治理，推动常态化预警防范，实现社会治理现代化。回顾办理过程，从发现线索、共享数据、建构模型、推进治理等环节整理出了一些做法，并提出可供参考的借鉴之处。

一、发现线索——主动细致精准履职

医保诈骗手段通常隐蔽性很强，一些犯罪嫌疑人采取每月多次就诊、少量配药，或至不同的医疗机构配药，同时定期轮换用卡，不长期使用某一张医保卡，以逃避监管和打击。我们提前介入胡某某等人骗取医保基金案件时，发现胡某某系血友病患者，近年来用药量明显异常，但胡某某辩解药物均系本人使用，面对"零口供"案件，我们首先确定侦查重点——查实药品去向，这是罪名成立与否的关键。通过查阅案卷、研判分析胡某某资金流，发现胡某某兼职游戏代练，资金流复杂，难以锁定药品去向，侦查陷入僵局。经过调查走访、咨询专家后又发现血友病药物各地区报销比例不同，且药物需低温保存，因此决定通过物流追查药品去向。同时，考虑到胡某某有一定的反侦查能力，建议扩大范围，以胡某某近亲属为寄件人展开侦查。公安机关根据检方建议，最终查明胡某某在亲属帮助下利用拾捡身份证通过快递将药品寄出的事实。面对客观证据，胡某某不得不承认诈骗事实，成功侦破金华市区特种病领域的第一例骗保案件，为该案顺利起诉、判决打下基础。通过办理该案，我们从中发现，区域间医保报销比例差异大、有博利空间，不法分子铤而走险，实施诈骗医保基金的类案线索。

二、共享数据——检医协作良性互动

特种病参保人员门诊医保结算数据如何获取，用药量超出多少才算异常成为了类案监督的难点。为了攻克难点，我们从三个方面开展工作。一是主动对接，打破数据壁垒。我们精准引导，成功办理胡某某等人诈骗案。其间，多次主动走访市医保局，虚心请教专业知识，了解医保基金监管现状和难点，提出保护医保基金的检察方案。在良性互动中，检医两家逐步形成打击欺诈骗保共识。最终，我们打破数据壁垒，获取 2019—2021 年度金华全市血友病患者医保报销数据。二是个案调查，借助专家办案。医保领域的诈骗具有很强的隐蔽性，无论是线索排查、模型规则设置，还是案件侦破都需要专业医学知识。我们在办理案件时主动向医保局、卫健委寻求帮助，解决门诊配药条件、代配药情形、定点医药协议、医保政策、特种病范围等专门问题，通过调查固定证据、加强内心确信等。三是会商调研，实现信息互通。初期，我们主动邀请医保局到检察院开展座谈会，积极参与医保诈骗专项整治活动。后来，我们受邀参加医保部门组织的调研，深入了解医保局面临打击骗保的困境和需求。从信息壁垒转变为信息互通有无，通过组建检医联络群，指定专门联络人，及时反馈医保局移送的刑事案件办案进展，征求、交换案件处理意见等。

三、建构模型——数字赋能实战实效

2019—2021 年度金华全市血友病患者医保报销共计 20 余万条基础数据，面对庞大的数据库，传统的监督手段难以深挖彻查，我们决定通过数字化技术建立法律监督模型，查找类案监督线索。一是自主研发，实现全链条打击。依托浙江检察数据应用平台，我们自主研发"特种病领域骗取医保基金立案监督及公益诉讼监督模型"。为了确立异常规则，我们向专家咨询用药规律，如血友病的用药量与体重成正比，可科学计算出一般成年人的合理用药值，确立了年用药量超过 30 万元，且相邻年度用药量增加 1/3 即 10 万元的为用药异常规则。模型运行后，通过提取要素、设置规则，首批筛查出类案监督线索 66 条，之后又从用药异常查药品流向，从异常参保人员查倒卖药贩的侦查思路，对线索进行人工核查，调取快递物流记录，对同为病患身份的收件人进行询问，最终查实通过快递倒卖药品的事实。金华市人民检察院听取汇报后，随即在全市推广医保专项监督，我们以线索共享形式，将第一批 18 条线索移送对应辖区，全市 8 个基层院开展人工核查，监

督立案 8 人，涉案药品流入 10 余个省份，实现参保人员—医药代表—职业倒卖人全链条打击。二是模型拓展，监督成效升级。随着打击骗保行动的深入，我们总结血友病数字监督经验，转战器官移植领域。根据药品单价和精确判断合理用药值的难度，确立从资金异常查药品流向，从参保病患查职业倒卖人，查实倒卖人后再反向查骗取排异药物参保病患的侦查思路。共享医保部门的参保人员姓名、身份证号码等数据，通过金融机构获取资金结算数据。注意的是，随着微信、支付宝等支付方式的普及，我们还可以与侦查机关合作，获取微信、支付宝交易记录等替代数据。对原有模型迭代升级后，筛查异常线索并展开人工排查，抓获 2 名职业倒卖药品人，其中一人倒卖药品长达 15 年，监督立案 20 人，涉案人员遍及全省。

四、推进治理——找准漏洞专项整治

通过一系列骗保案件办理，我们发现医保部门存在未全面履行医保基金监督管理职责，暴露出定点医疗机构实名就医和代配药管理不规范行为的监管漏洞，造成国有财产损失等问题，并及时开展行政公益诉讼监督，督促追回医保基金。我们又向医保部门发出检察建议，督促全面落实整改、规范履行医保基金监管职责。

此外，我们还推动全市范围内医保、公安、卫健、市场监管等职能部门会同法检两院联合出台《金华市联合开展打击欺诈骗取医疗保障基金三年行动计划》，聚焦医保十二大领域，深入推进系统性社会治理。在市级六部门联动机制的基础上，又推动医保、公检法等部门协同构建医保基金监管领域行刑衔接机制，实现执法司法信息共享、监督线索核查研判、行政违法行为监督"三个同步"。

五、本案的借鉴意义

（一）落实三查融合，坚持亲历性监督办案

检察机关坚持亲历性监督办案，充分运用审查、调查、侦查三种调

查核实方式，实现"1+1+1＞3"的聚合效应。一是前移监督关口，提前介入明确侦查方向，助推"零口供"案件侦破。二是充分调查核实，在办理案件中碰到专业问题主动向专业人士、职能部门沟通协商，了解案件内因，助推案件办理。三是全面收集、审查案件证据材料，适时启动认罪认罚、追赃挽损等程序，提升办案质效。

（二）聚焦数字赋能，小切口撬动类案监督

检察机关聚焦数字赋能，充分展现数字检察对各项法律监督工作的"撬动"作用，找准切口"对症下药"。一是构建良性检医关系，破除数据壁垒。二是利用大数据平台开展数字监督，打造监督场景并推广应用。三是开展刑事＋公益诉讼融合监督，提升监督质效。

（三）强化能动履职，推进社会治理现代化

检察机关应摒弃就案办案，坚持依法能动履职，落实检察机关在推进国家治理体系和治理能力现代化中肩负的政治责任和法律责任，做好后半篇文章，更深融入社会治理。一是构建行刑衔接机制，联合开展专项行动，提升打击骗保合力。二是及时制发检察建议，强化提升第三方监管能力。三是建立人工智能＋大数据的监控模式，推进社会治理现代化。

案件承办人：

　　李良才　王　悦　赵　晨　陈建华　陈惠琳　庄　健
（浙江省金华市婺城区人民检察院）

案例撰写人：

　　王　悦　陈惠琳（浙江省金华市婺城区人民检察院）

案例审核人：

　　陈乃锋（浙江省人民检察院）

森林防火道违规建设
公益诉讼监督

◇ 浙江省丽水市缙云县人民检察院

📖 关键词

森林防火道　国有财产保护　生态环境保护　融合式监督　卫星遥感

📖 要旨

通过叠加森林防火道项目规划矢量图和建设项目的多时相卫星遥感影像，筛查出森林防火道疑似违规建设项目，再与行政机关相关数据碰撞，筛查监督线索，打击破坏林地、非法采矿等违法犯罪行为，修复受损公益，并推动森林防火道建设专项整治，守护绿水青山。

📖 基本情况

森林防火道本是保障森林安全的最基础设施，一些不法分子通过变道、扩道违规建设，毁坏林地、非法采矿，严重损害生态环境与资源保护、国有财产保护公共利益。2023 年，缙云县检察院在总结先前工作经验的基础上，以卫星遥感数据为突破口，提炼出违规建设项目存在"实际建设范围与规划建设范围无法完全重叠"的共性特征，自主研发森林防火道违规建设公益诉讼监督模型。该模型通过地理空间数据处理获取违规建设项目线索，再借助浙江检察数据应用平台完成建模。比对违规建设项目与林业生态修复数据、林业行政处罚数据、矿产行政处罚数据、刑事案件受理数据及项目资金补助数据等，发现公益损害、环资类刑事犯罪、职务犯罪线索。在打击破坏生态环境与资源违法犯罪行为的同时，督促相关部门依法履职，助推建立长效管理机制和跨部门协作机制，促进森林防火道治理现代化。

📖 线索发现

2022 年 6 月，缙云县检察院在受理一起公益损害举报案件中，发现缙云县七里乡某森林防火道项目施工单位超规划范围施工，存在破坏林业资源、非法采矿等情形。经研判，缙云县检察院认为该问题极有可能并非个案，因为森林防火道地处深山、量大面广、监管主体多且复杂，监管主体间信息不畅而缺乏有效的协同机制，容易滋生擅自改变林地用途、非法采矿、刑事案件违规下行等违法犯罪问题。该类问题具有运用数字化手段开展监督的现实意义。

📖 数据分析方法

数据来源

1. 森林防火道项目规划矢量图、林业生态修复方案、林业行政处罚决定书（源于林业部门）；

2. 卫星遥感影像（源于浙江省地理信息公共服务平台）；

3. 矿产行政处罚决定书（源于自然资源与规划部门）；

4. 非法占用农用地、非法采矿刑事案件起诉意见书（源于检察业务应用系统）；

5. 森林防火道项目资金补助发放表（源于地方政府政务平台）。

数据分析关键词

以卫星遥感影像、项目规划矢量图比对后的疑似违规建设项目清单为数据基础，研判违规建设森林防火道可能伴随的违法、犯罪行为类型，通过设置不同阈值，与已被查处的案件、领取补助资金项目相碰撞分别取差集、交集，锁定破坏林业资源、非法采矿、国有财产流失公益损害行为线索，非法占用林用地、非法采矿犯罪行为线索，违规验收、发放补助资金、以罚代刑职务犯罪线索。

数据分析步骤

第一步：影像比对筛查异常项目。将森林防火道项目规划矢量图与卫星遥感影像叠加，筛查出疑似违规建设项目，通过遥感测量估算实际建设面积，再减去重合面积，得到违规建设面积。如图1中，获取卫星

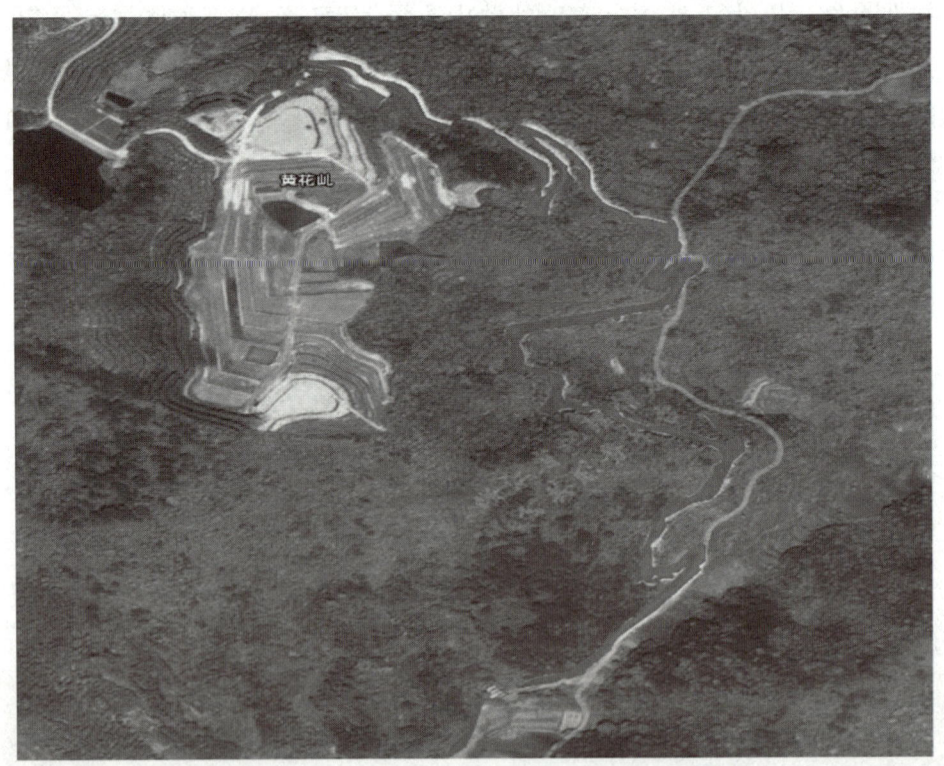

图1 缙云县周弄村村头至布裤坵水库实际施工影像

遥感影像，以多时相变化图斑对象为单元，标记森林防火道实际施工路线（蓝线）。在图 2 中，将森林防火道项目规划矢量图（红线）与实际施工的卫星遥感影像（蓝线）叠加，不重合的部分就是疑似违规建设线路。通过 Gis 空间叠加算法，计算出合规施工区域图斑和规划红线外施工的图斑面积，得到违规建设面积 11308 平方米，估算出非法采矿体积为 30532 立方米。

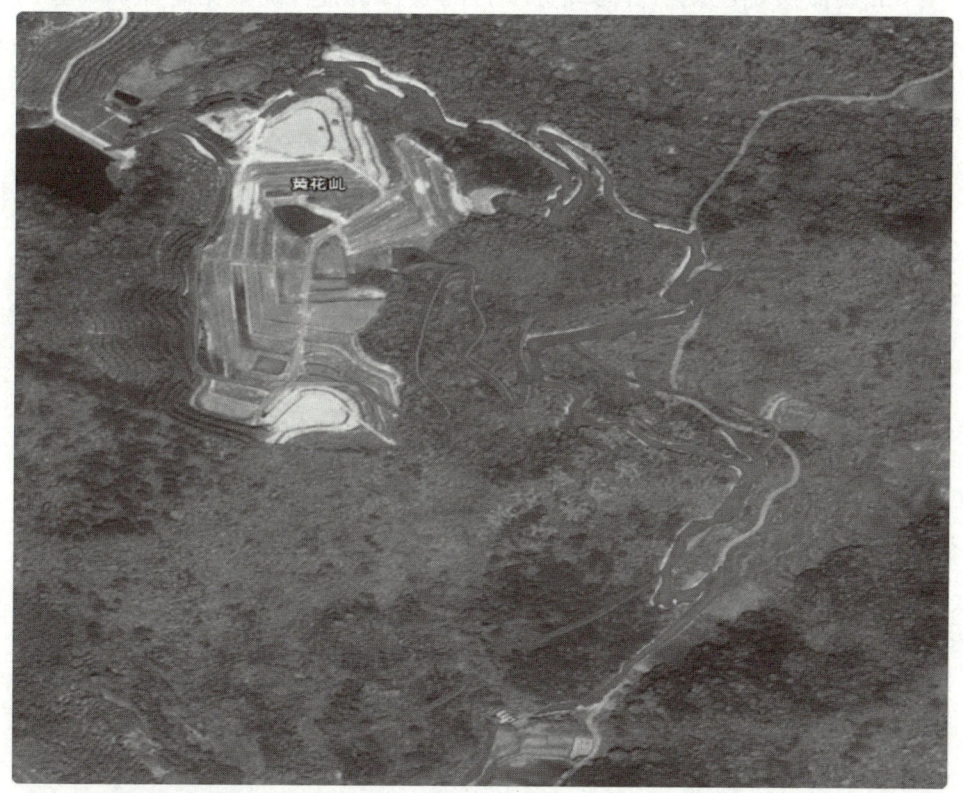

图 2　缙云县周弄村村头至布裤坵水库项目规划施工与实际施工对比

第二步：数据比对获取监督线索。对林业生态修复方案、林业行政处罚决定书、矿产行政处罚决定书、起诉意见书、项目补助资金发放表等材料，以当事人姓名、项目名称、异地修复情况、行政处罚情况、刑事案件受理情况、补助资金发放情况为关键字段进行提取、过滤和分析后，继续数据碰撞。

1. 疑似违规建设项目与林业生态修复数据碰撞，剔除已修复的部分，筛查出被破坏林地未修复的公益损害线索。

2. 疑似违规建设项目与矿产行政处罚数据碰撞，剔除已处罚的部分，筛查出未行政处罚的非法采矿公益损害线索。

3. 疑似违规建设项目与政务平台的项目资金补助数据碰撞，筛查出违规验收、发放补助资金职务犯罪线索，以及国有财产流失的公益损害线索。

4. 疑似违规建设项目与非法占用林地、非法采矿刑事案件数据碰撞，并设定非法占用林地、非法采矿刑事立案标准的，筛查出未立案的刑事犯罪线索；再将未立案的刑事犯罪线索与林业、矿产行政处罚数据碰撞，筛查出以罚代刑的职务犯罪线索。

思维导图

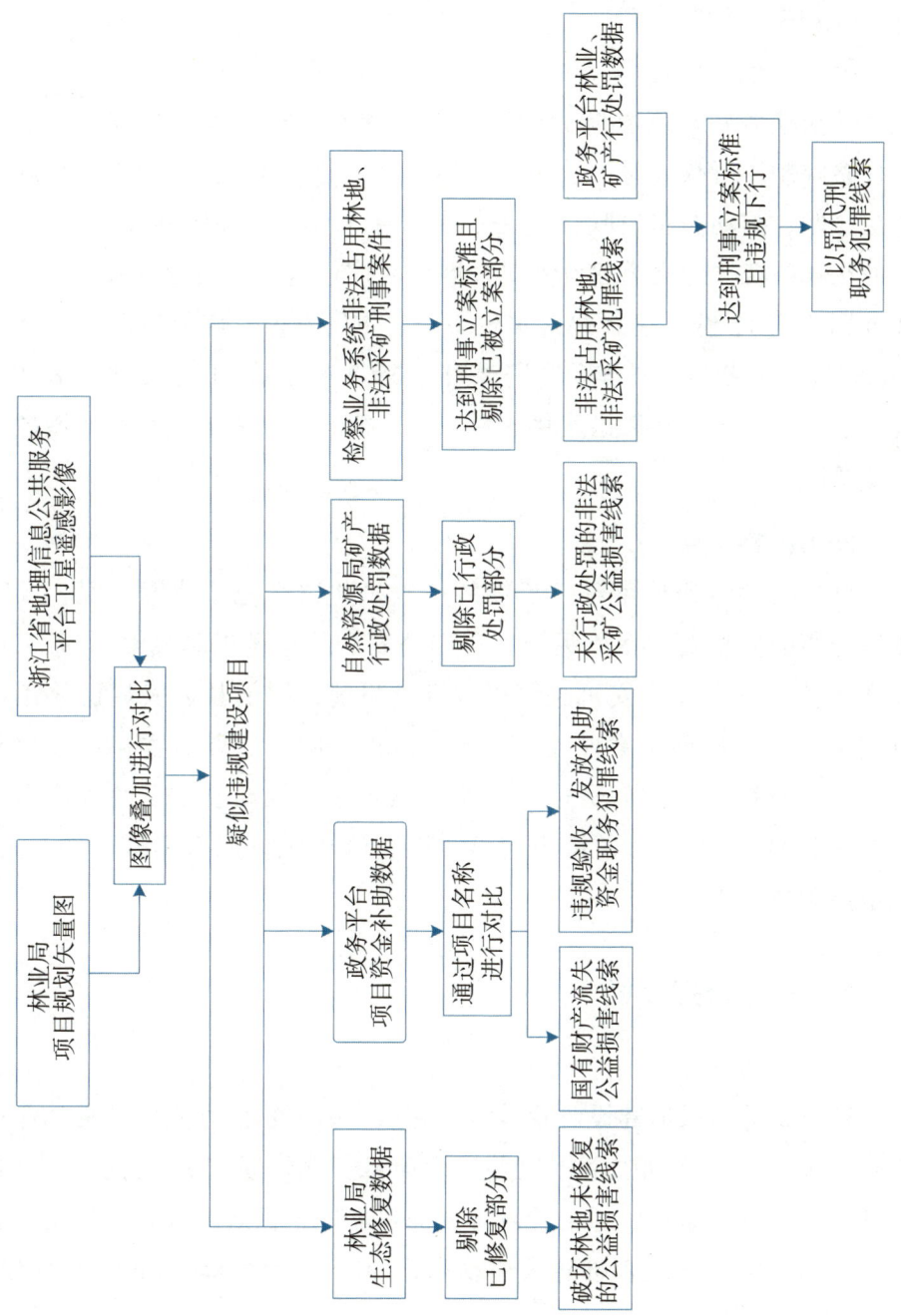

📖 检察融合监督

公益诉讼检察监督

针对违规建设森林防火道造成森林和矿产资源破坏的情况，缙云县检察院制发行政公益诉讼诉前检察建议 2 份，督促县林业局、自规局依法履职，推动两单位联合开展专项整治行动。对 2016 年至 2022 年建设的 250 条森林防火道建设情况开展全面排查后，督促行政机关作出行政处罚决定 12 份，编制并落实生态修复方案 9 份，修复被破坏的林地 156.67 亩，初步查明涉案矿产资源损失 2500 多万元，已挽回损失 812 万元。正在办民事公益诉讼案件 5 件 7 人，拟向侵权人追索生态环境损害赔偿费用。

刑事检察监督

根据公益诉讼检察部门反馈的行政机关移送犯罪线索情况，及时跟进监督公安机关立案。另外，还向公安机关移送犯罪线索 16 条，提前介入侦查，引导公安机关调查取证。目前，缙云县公安局已移送审查起诉非法采矿刑事案件 4 件 7 人。另外，向县纪委监委移送违规验收、发放补助资金的职务违法违纪线索 5 条，推动县、乡两级作出党纪政纪处分 18 人，移送审查起诉受贿、滥用职权刑事案件 1 件 1 人，已依法判决。

📖 社会治理成效

建立长效机制

针对森林防火道建设监管盲点、堵点，缙云县检察院推动县林业局出台《关于进一步加强林区道路建设项目管理的通知》，从项目立项、用地审批、日常监管、项目验收等方面建立健全长效闭环管理机制。通过"一道一档"实现森林防火道动态管理，确保森林防火道规范建设，真正发挥效用。

助推协同共治

缙云县检察院联合县林业局、自规局、综合执法局等部门建立协作配合机制，出台《关于建立林地资源保护协作机制的意见》，打破信息壁垒，加强行政机关间、行政机关与司法机关间的信息共享、线索移送，促使各类监督有机贯通、互相协调，有效预防和依法惩治相关违法犯罪行为。

强化法治教育

缙云县检察院联合县纪委监委、法院，组织职务犯罪案件庭审旁听活动，县林业局、自规局、统计局、税务局、各乡镇政府工作人员以及县人大代表共 200 余人参加，开展警示教育，进一步强化公职人员依法履职意识。

📖 法律法规依据

1.《中华人民共和国森林法》第七十三条第一款 违反本法规定，未经县级以上人民政府林业主管部门审核同意，擅自改变林地用途的，由县级以上人民政府林业主管部门责令限期恢复植被和林业生产条件，可以处恢复植被和林业生产条件所需费用三倍以下的罚款。

第七十四条第一款 违反本法规定，进行开垦、采石、采砂、采土或者其他活动，造成林木毁坏的，由县级以上人民政府林业主管部门责令停止违法行为，限期在原地或者异地补种毁坏株数一倍以上三倍以下的树木，可以处毁坏林木价值五倍以下的罚款；造成林地毁坏的，由县级以上人民政府林业主管部门责令停止违法行为，限期恢复植被和林业生产条件，可以处恢复植被和林业生产条件所需费用三倍以下的罚款。

第八十一条第一款 违反本法规定，有下列情形之一的，由县级以上人民政府林业主管部门依法组织代为履行，代为履行所需费用由违法者承担：

（一）拒不恢复植被和林业生产条件，或者恢复植被和林业生产条件不符合国家有关规定；

（二）拒不补种树木，或者补种不符合国家有关规定。

2.《中华人民共和国矿产资源法》第三条第一款　矿产资源属于国家所有，由国务院行使国家对矿产资源的所有权。地表或者地下的矿产资源的国家所有权，不因其所依附的土地的所有权或者使用权的不同而改变。

第三十九条第一款　违反本法规定，未取得采矿许可证擅自采矿的，擅自进入国家规划矿区、对国民经济具有重要价值的矿区范围采矿的，擅自开采国家规定实行保护性开采的特定矿种的，责令停止开采、赔偿损失，没收采出的矿产品和违法所得，可以并处罚款；拒不停止开采，造成矿产资源破坏的，依照刑法有关规定对直接责任人员追究刑事责任。

3.《中华人民共和国刑法》第三百四十二条　违反土地管理法规，非法占用耕地、林地等农用地，改变被占用土地用途，数量较大，造成耕地、林地等农用地大量毁坏的，处五年以下有期徒刑或者拘役，并处或者单处罚金。

第三百四十三条第一款　违反矿产资源法的规定，未取得采矿许可证擅自采矿，擅自进入国家规划矿区、对国民经济具有重要价值的矿区和他人矿区范围采矿，或者擅自开采国家规定实行保护性开采的特定矿种，情节严重的，处三年以下有期徒刑、拘役或者管制，并处或者单处罚金；情节特别严重的，处三年以上七年以下有期徒刑，并处罚金。

4.《最高人民检察院、公安部关于公安机关管辖的刑事案件立案追诉标准的规定（一）》的通知（公通字〔2008〕36号）第六十七条第一款第（二）项　［非法占用农用地案（刑法第三百四十二条）〕违反土地管理法规，非法占用耕地、林地等农用地，改变被占用土地用途，造成耕地、林地等农用地大量毁坏，涉嫌下列情形之一的，应予立案追诉：（二）非法占用防护林地或者特种用途林地数量单种或者合计五亩以上的。

5.《最高人民法院、最高人民检察院关于办理非法采矿、破坏性采矿刑事案件适用法律若干问题的解释》（法释〔2016〕25号）第三条第（一）项 实施非法采矿行为，具有下列情形之一的，应当认定为刑法第三百四十三条第一款规定的"情节严重"：（一）开采的矿产品价值或者造成矿产资源破坏的价值在十万元至三十万元以上的。

6.《浙江省高级人民法院、浙江省人民检察院关于确定非法采矿罪、破坏性采矿罪数额标准的通知》（浙高法〔2017〕29号） 依据《最高人民法院、最高人民检察院关于办理非法采矿、破坏性采矿刑事案件适用法律若干问题的解释》（法释〔2016〕25号）的授权，根据我省实际情况，现将我省执行法释〔2016〕25号第三条第一款第（一）项、第（二）项的标准分别确定为20万元、10万元；执行第六条的标准分别确定为70万元、35万元。

办案心得体会

森林防火安全至关重要。根据全国森林防火十年规划，我国计划投资40亿元建设森林防火道1万公里。在城乡建设发展过程中，以其为名实施非法采矿、擅自改变林地用途等违法行为频发，不但有违森林防火道建设目的，还破坏了森林和矿产资源，甚至会引发泥石流等地质灾害。督促主管部门规范森林防火道建设，检察机关责无旁贷。

一、挖掘个案，精准锁定切口开展类案监督

缙云县检察院在办理首起森林防火道违规建设案件过程中，发现当事人通过违规建设森林防火道非法开采矿石 10 万立方米，严重损害生态环境与资源保护公共利益。结合缙云"八山一水一分田"的地理特性，敏锐察觉到在缙云县，乃至丽水市、浙江省都有类案监督可能。随即调查了解到 2016 年至 2022 年缙云县域内建设了 250 条森林防火道，可能存在擅自改变林地用途、非法采矿、职务犯罪等问题。鉴于森林防火道的重要性以及该类案件的复杂性，缙云县检察院研发模型开展类案监督。在日常办案中，挖掘个案线索，研判个案形成原因，关联个案特性与地域的关联，是开展数字检察类案监督的重要一步。

二、数据说话，充分激发卫星遥感影像价值

遥感卫星技术目前已经广泛应用于陆地自然资源调查、海洋生态环境保护等诸多领域，具有大范围监测、高空间分辨率、长时间序列观测以及客观性和实时性等优势。缙云县检察院初步尝试引入卫星遥感数据，发现卫星遥感数据在公益诉讼中，特别是涉及自然资源的损害或环境破坏等案件中，可以为线索发现、追溯分析和调查取证提供有力科技支撑，破解传统监督手段难以及时、精准发现监督线索难题，切实提升围绕山水田林的公益诉讼线索摸排效率，为公益诉讼办案增效。而卫星遥感数据获取便捷，目前已经实现了全省覆盖，适时更新，免费使用。缙云县检察院通过浙江省地理信息公共服务平台（天地图），迅速集成了全市 2019 年至 2023 年卫星遥感影像图，精度最高可达 0.5 米。

三、技术支撑，高效比对碰撞获取案件线索

该模型依托的技术基础是卫星遥感数据与规划矢量图的比对，不同于其他模型常规的数据碰撞，影像比对依赖精准算法，须将防火林间道项目规划矢量图导入 Arcgis 软件，设置相关参数从而计算规划面积。再

选择数据框坐标系（PCS：CGCS2000 3 Degree GK CM 120E）和面积单位（平方米），Arcgis 软件计算后将面积数据填入矢量图属性数据。结合多时相卫星遥感影像图，通过图像分析获得规划项目的实际施工面图斑。通过变化检测方法，分析高现势性的多时相卫星遥感影像图，结合所研究区域地物的特定图像特征，识别林地和防火林间道的动态变化，提取林地和防火林间道的多时相变化图像。利用智能化图像变化检测算法，结合人工判定，以林地和防火林间道的多时相变化图斑对象为单元，检测其动态变化，标记实际施工面图斑。通过 Gis 空间叠加算法，将实际施工图斑和规划矢量红线进行经纬度空间叠加，计算出合规施工区域图斑和规划红线外施工的图斑面积。

四、上下协同，全力推动模型升级助力推广

缙云县检察院成立专班，由检察长领衔，公益诉讼、刑事检察、检察技术部门人员参加，统筹开展专项行动。在模型全市推广过程中，由丽水市检察院案管、公益诉讼、刑事检察部门共同指导，部署工作思路，制订工作计划，每周、每日更新工作进度。技术骨干赶赴有相关线索的基层院，帮助其矢量图与卫星遥感影像图的比对，筛选有价值的监督线索。在全省推广过程中，由业务骨干与技术骨干赴浙江省检察院刑事检察、公益诉讼检察、案件管理等部门汇报，全方位呈现模型的应用价值、复用价值。加强与被监督对象的对接，联合县林业局、县自规局，邀请县纪委监委、县委政法委、县法院、县公安局等单位召开圆桌会议，协商共治，共同推进森林防火道保护治理工作，实现双赢多赢共赢。

五、模型延伸，谋划创建天眼项目拓展成效

为深化运用卫星遥感数据，缙云县检察院依据森林防火道违规建设公益诉讼监督模型相关原理，创建生态环境保护"天眼"精准法律监督应用。该应用依托卫星遥感影像变化、比对遥感数据与对应的行

政数据，以森林防火道违规建设监督模型为主，发现并获取、推送缙云县域内的非法占用农用地、非法采矿、毁坏林地、违法违规建房、违规堆放固废物、河道"四乱"（乱占、乱采、乱堆、乱建）等违法违规行为线索，进而开展监督工作，协同相关行政主管部门治理。该应用以检察条线总评分第一名的成绩，成功申报浙江2023年政法工作现代化创建项目。

案件承办人：

　　高德清　徐步茜　祝秋玲（浙江省丽水市缙云县人民检察院）

案例撰写人：

　　祝秋玲　施婷芝　沈李辉（浙江省丽水市缙云县人民检察院）

案例审核人：

　　陈乃锋（浙江省人民检察院）

"行刑衔接"涉税领域立案监督

◇ 福建省福州市人民检察院

关键词

行刑衔接　涉税犯罪　立案监督　挂案清理

要旨

针对行刑衔接不畅导致大量涉税案件线索流失，税收损失巨大的问题，通过归集互联网涉税行政处罚公开数据和检察机关统一业务系统涉税案件数据等内外部数据，建立大数据法律监督模型，比对行政机关移送线索后公安机关收立案时间及是否立案等内容，发现检察监督线索，开展刑事、行政检察融合监督，推动完善涉税领域行刑衔接机制，促进税务部门、公安机关依法履职。

基本情况

福州市检察院在办案中发现，涉税案件存在行刑衔接权责不明，税警线索移送不畅以及涉税案件线索移送后公安机关受而不审、审而不立、立而不侦等问题，造成线索成案率低、行刑案件查处明显不成比例，致使国家巨额税收损失无法追回。为此，福州市检察院运用数字技术精确分析、自动匹配、高效便捷的特性，由检察官制定数据分析逻辑规则，设定异常数据筛查规则，对归集的相关内外部数据进行碰撞、清洗和转化，构建"行刑衔接"涉税领域立案监督模型，批量筛查涉刑事、行政检察监督线索。针对监督线索，坚持"纵向一体化、横向一盘棋"的监督导向，成立多个"涉税法律监督工作小组"，实行基层属地归口核查和市院统一调度指挥的工作模式，开展刑事、行政融合监督。挖掘线索背后的共性问题和社会治理堵点，推动检警税建立涉税案件行刑衔接配合长效工作机制，强化多元化协作"共治"。

📖 线索发现

福州市检察院在办理福州某机械设备租赁有限公司、魏某某等4人虚开增值税专用发票案时在查询税务局官网发现，近五年福州市税务机关已将302条涉税违法线索移送司法，但比对检察办案系统数据发现，最终被检察机关受理的只有6件，成案率不足2%。福州市检察院综合研判后认为，其中可能存在应当接收而未接收、应当立案而未立案、应当移送审查起诉而未移送的行刑衔接异常问题。但因监督数据来源有限、人工研判效率低下等现实因素，涉税行刑衔接监督线索的发掘难度大。福州市检察院决定由业务部门发挥主导作用，由技术部门提供技术支撑，挖掘、激活数据价值，构建"行刑衔接"涉税领域立案监督模型，向数字要"检力"。

📖 数据分析方法

数据来源

1. 重大税收违法失信主体信息（源于国家税务总局官网），包含纳税人名称、案件性质、主要违法事实、涉税金额、作出行政处罚的税务机关名称、税务机关是否移送司法等数据信息；

2. 涉税违法企业行政处罚信息（源于天眼查网站），包含企业是否存续、纳税主体行政处罚信息等数据信息；

3. 涉税案件受理信息（源于检察统一业务系统），包含办案公安机关名称、检察机关受理公安报请审查逮捕及移送审查起诉的时间等数据信息；

4. 公安机关涉税线索立案信息和移送审查起诉信息（源于侦查监督与协作配合办公室，以下简称"侦协办"），包含公安机关是否接受税务机关线索移送、公安机关是否立案、退回原因、是否移送检察机关及对应的时间点等数据信息；

5. 税务机关重大税收违法失信案件移送信息（源于税务机关），包含税务机关移送司法时间、公安机关是否书面反馈、税务机关重新移送时间等数据信息。

数据分析关键词

针对重大税收违法失信主体信息、涉税违法企业行政处罚信息、涉税案件受理信息等数据，以涉税金额、税务机关是否移送司法、公安机关是否接受移送、公安机关是否立案、是否移送审查起诉等及对应的时间点为关键字段，进行提取、过滤、分析。

数据分析步骤

第一类，行刑衔接异常线索：

第一步：数据库筛查字段"移送司法"为"有移送"，"收到税务机关案件时间"为非时间格式内容的情况，得出税务机关已移送公安机关的案件数据。

第二步：筛查字段"是否接受"为"空白"或"否"，得出公安机关未收到税务机关移送的案件数据。

第三步：将前两组数据进行碰撞、比对，得出税务机关已移送公安机关，但公安机关未收到的案件，即为行刑衔接异常线索。

第二类，立案监督线索：

第一步：数据库筛查字段"涉税金额"为 50 万元以上，"移送司法"

为"有移送"，得出税务机关已移送司法机关，且涉税金额达法定刑期3年以上的案件。

第二步："收到税务机关案件时间"不为"空白"且距今超2年，"公安机关是否立案"为"否"或"空白"，得出公安机关超期未立案的案件。

第三步：将前两组数据进行碰撞、比对，得出公安机关接受税务机关移送材料后，明确不立案或案件长达2年未处理的案件，可能存在应当立案未立案的问题，即为立案监督线索。

第三类，"挂案"清理线索：

第一步：数据库筛查字段"公安机关是否立案"为"是"，"公安机关立案时间"距今超2年，得出公安机关立案时间超过2年的案件。

第二步：筛查字段"是否移送检察机关"为"否"或者"空白"，得出未移送审查起诉的案件。

第三步：将前两组数据进行碰撞、比对，得出公安机关立案后超过2年仍久侦不决的案件，可能存在应当撤案而未撤案、应报批继续侦查而未报批、应当移送审查起诉未移送等问题，即为挂案清理线索。

第四类，以罚代刑线索：

第一步：数据库筛查字段"涉税金额"为50万元以上，"移送司法"为"未移送"，得出达到刑事立案标准却没有移送公安机关的案件。

第二步：筛查字段"涉税金额"为50万元以上，"移送司法"为"有移送"，"公安机关退回原因"为"经审查缺乏部分材料，退回补充未收到纸质材料"，得出达到刑事立案标准，公安机关退回后，税务机关未重新补充移送的案件。

第三步：将前两组数据进行合并，得出达到刑事立案标准，税务机关未移送，或移送后被公安机关退回材料，但未重新移送的案件，可能存在直接做行政处罚处理的以罚代刑的问题，即为以罚代刑线索。

第五类，公安机关违反立案审查程序规定的线索：

第一步：数据库筛查字段"税务机关移送时间""公安机关立案时间"，两个时间间隔超过 60 天，得出公安机关超期立案的案件。

第二步：筛查字段"退回原因"为"未见移送纸质案卷材料，待移送后可通过平台再次流转""经审查缺乏部分材料，退回补充未收到纸质材料""经审查缺乏部分材料，退回补充未收到纸质材料""证据材料不足"等，得出公安机关违规拒收或退回的案件。

第三步："公安机关是否书面反馈"为"否"，得出不论立案与否，公安机关均未书面反馈的案件。

第四步：将前三组数据进行合并，得出公安机关违反法律立案审查规定的问题案件，即为公安机关违反立案审查程序规定的线索。

第六类，行政机关案件质量监督线索：

第一步：数据库筛查字段"涉税金额"超过 50 万元，得出达到刑事立案标准的案件。

第二步："公安机关是否接受"选择"否"，得出公安机关不接收移送的案件。

第三步："退回原因""不接受理由""公安机关不立案理由"为"证据不足"或"无法证实其犯罪行为"，得出达到刑事立案标准，公安机关无法立案的原因为证据不足的案件，行政案件查处的质量可能存在问题，即为行政机关案件质量监督线索。

思维导图

第一类，行刑衔接异常线索：

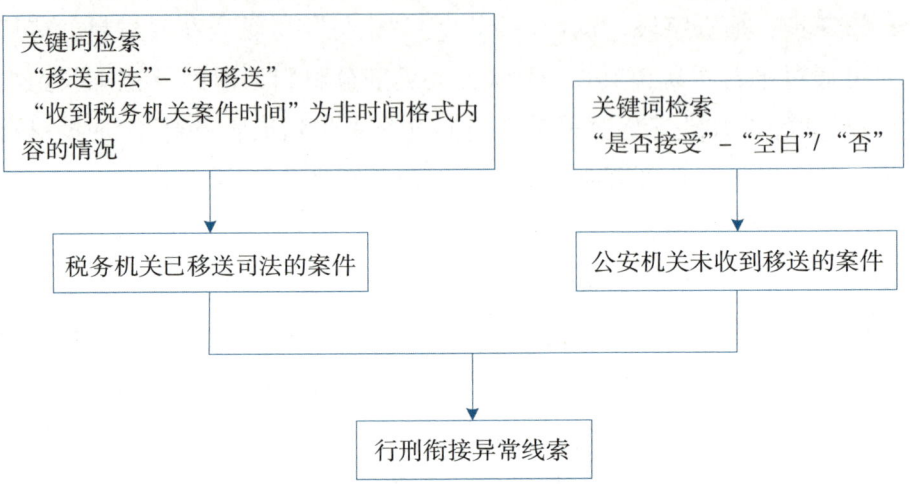

第二类，立案监督线索：

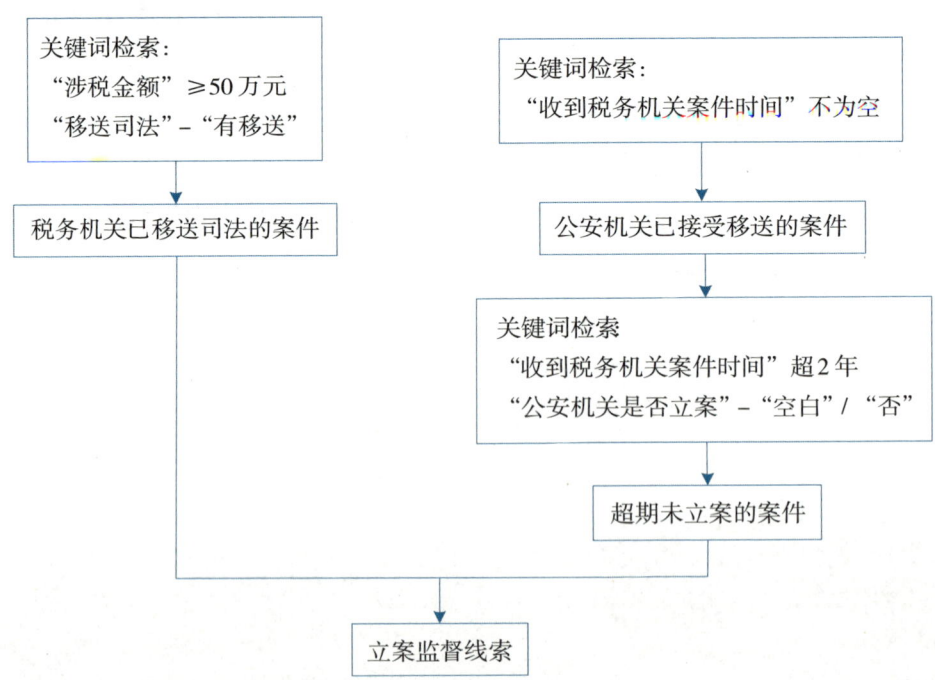

第三类，"挂案"清理线索：

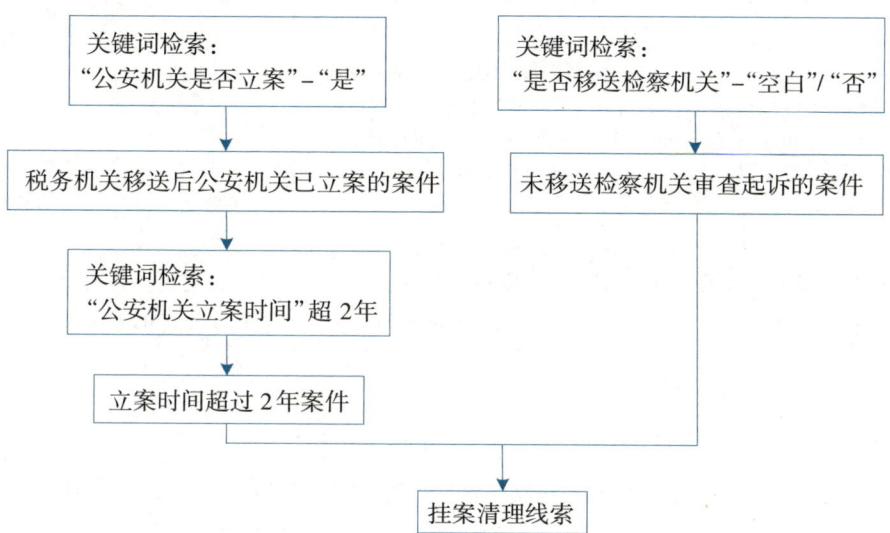

第四类，以罚代刑线索：

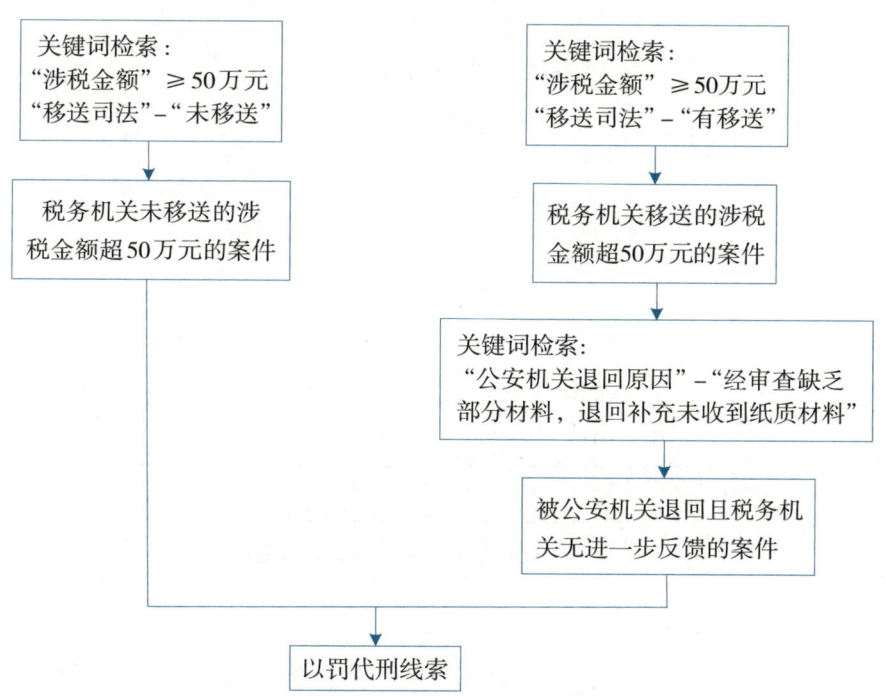

第五类，公安机关违反立案审查程序规定的线索：

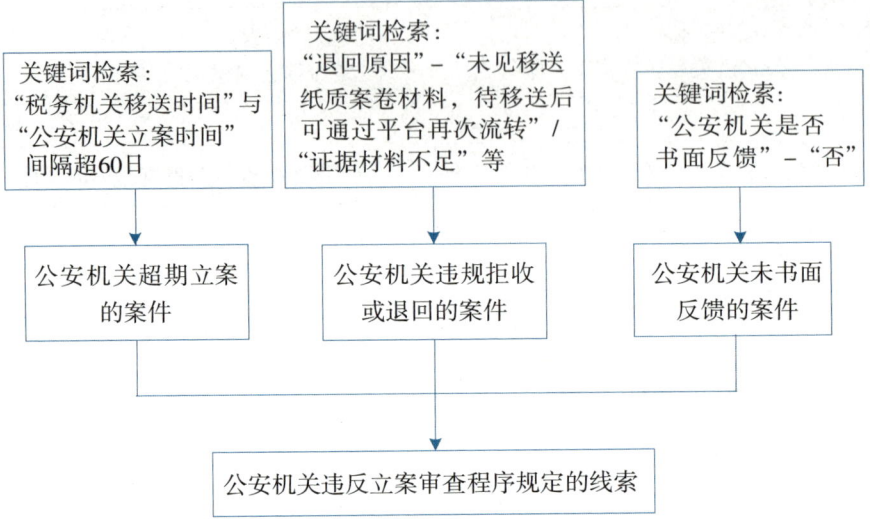

第六类，行政机关案件质量监督线索：

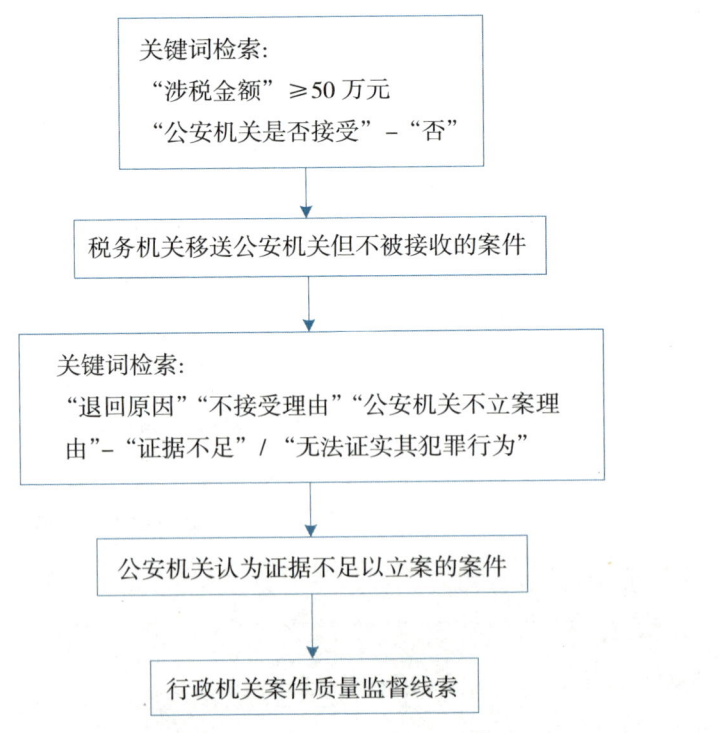

📖 检察融合监督

刑事检察监督

针对立案监督线索，向公安机关制发《要求说明不立案理由通知书》，现已成功立案监督 11 件，同比上升 120%，环比上升 450%，成功率达 100%，其中 3 年以上的有 10 件，10 年以上的有 6 件，案件最高涉税金额达 1.27 亿元，7 个主体为空壳公司，经检察机关建议后均被吊销。

针对挂案清理线索，进行梳理分类。对待撤案的案件，向公安机关制发《要求说明立案理由通知书》，已成功监督撤案 5 件，较去年同期净增加 5 件，环比上升 150%，均为侦查超过 2 年的长期挂案案件。对有继续侦查可能性的案件，督促公安机关加快侦办速度 57 件，其中公安机关已向检察机关移送审查起诉 10 件 16 人，向省公安厅申请继续侦查 3 件，收到公安机关出具的案情反馈 3 份，并促使公安机关主动开展内部"挂案"清理，之后将通过侦协办向检察机关通报工作进展。

行政检察监督

经线索审查后，认为税务机关应当移送犯罪线索而不移送的，向税务机关提出检察意见，要求其及时移送公安机关，并将相关材料抄送检察机关。模型运行以来，已督促税务机关向公安机关重新规范移送案件 29 件，均被公安机关接收，其中已立案 12 件。

结合线索背后存在的根本性原因，通过检察建议向税务机关提出监督纠正、堵塞漏洞以及建立制度的建议。因行政处罚的质量问题影响营商环境的，向营商环境办公室反映问题，开展联合监督、共同治理。如发现涉嫌违纪违法犯罪以及需要追究司法责任的行为，将线索及材料移送有管辖权的机关或部门。

📖 社会治理成效

为积极适应经济发展新形势，充分发挥检察职能和税收职能作用，持续打造法治化营商环境，福州市检察院牵头与市公安局、市税务局等单位制定《福州市涉税案件行政执法与刑事司法衔接工作办法（试行）》，明确涉税犯罪线索移送标准、检察机关介入跟踪程序、公安机关制作出决定的期限和形式等，推动建立涉嫌案件行刑衔接配合长效工作机制。该工作办法施行以来，公安机关、税务机关对照形式、内容标准，分别开展案件自查159件、123件，两家规范移送，收立案审查等均有序进行。

福州市检察院与市税务局签订《福州市检税协作框架协议》，建立"党建引领、业务共进"结对共建机制，并首创"双向互聘模式"，双方互相聘请特邀检察官助理、特邀涉税检察人才，强化优势互补，以"检察蓝"叠加"税务蓝"，检税同心同向，全力打击涉税违法犯罪。

此外，福州市检察机关定期与税务机关、公安机关开展业务协作、融合普法，共同促进办案理念提升，共同引导纳税主体依法纳税，共同防控税务风险。通过"治理组合拳"延伸检察机关社会治理触角，完善涉税行刑衔接机制，提升涉税案件办理质效。

📖 法律法规依据

1.《中华人民共和国行政处罚法》第二十七条　违法行为涉嫌犯罪的，行政机关应当及时将案件移送司法机关，依法追究刑事责任。对依法不需要追究刑事责任或者免予刑事处罚，但应当给予行政处罚的，司法机关应当及时将案件移送有关行政机关。

行政处罚实施机关于司法机关之间应当加强协调配合，建立健全案件移送制度，加强证据材料移交、接收衔接，网上案件处理信息通报机制。

2.**《行政执法机关移送涉嫌犯罪案件的规定》第三条第一款**　行政执法机关在依法查处违法行为过程中，发现违法事实涉及的金额、违法事实的情节、违法事实造成的后果等，根据刑法关于破坏社会主义市场经济秩序罪、妨碍社会管理秩序罪等罪的规定和最高人民法院、最高人民检察院关于破坏社会主义市场经济秩序罪、妨碍社会管理秩序罪等罪的司法解释以及最高人民检察院、公安部关于经济犯罪案件的追诉标准等规定，涉嫌构成犯罪，依法需要追究刑事责任的，必须依照本规定向公安机关移送。

第六条　行政执法机关向公安机关移送涉嫌犯罪案件，应当附有下列材料：（一）涉嫌犯罪案件移送书；（二）涉嫌犯罪案件情况的调查报告；（三）涉案财物清单；（四）有关检验报告或者鉴定结论；（五）其他有关涉嫌犯罪的材料。

第八条　公安机关应当自接受行政执法机关移送的涉嫌犯罪案件之日起3日内，依照刑法、刑事诉讼法以及最高人民法院、最高人民检察院关于立案标准和公安部关于公安机关办理刑事案件程序的规定，对所移送的案件进行审查。认为有犯罪事实，需要追究刑事责任，依法决定立案的，应当书面通知移送案件的行政执法机关；认为没有犯罪事实，或者犯罪事实显著轻微，不需要追究刑事责任，依法不予立案的，应当说明理由，并书面通知移送案件的行政执法机关，相应退回案卷材料。

第十条　行政机关对于公安机关决定不予立案的案件，应当依法作出处理；其中，依照有关法律、法规或者规章的规定应当给予行政处罚的，应当依法实施行政处罚。

第十一条第一款　行政机关对应当对向公安机关移送的涉嫌犯罪案件，不得以行政处罚代替移送。

3.**《关于公安机关办理经济犯罪案件的若干规定》第十六条**　公安机关接受行政执法机关移送的涉嫌经济犯罪案件后，移送材料符合相关规定的，应当在三日以内进行审查并决定是否立案，至迟应当在十日以内作出决定。案情重大、疑难、复杂或者跨区域性的，经县级以上公安机关负责人批准，应当在三十日内决定是否立案。情况特殊的，经上级公安机关负责人批准，可以再延长三十日作出决定。

第二十五条第一款 在侦查过程中，公安机关发现具有下列情形之一的，应当及时撤销案件：（一）对犯罪嫌疑人解除强制措施之日十二个月以内，仍然不能移送审查起诉或者依法作其他处理的；（二）对犯罪嫌疑人未采取强制措施，自立案之日起二年以内，仍然不能移送审查起诉或者依法作其他处理的；（三）人民检察院通知撤销案件的；（四）其他符合法律规定的撤销案件情形的。

4.《公安机关办理刑事案件程序规定》第一百八十条 对于行政执法机关移送的案件，公安机关应当自接受案件之日起3日以内进行审查，认为有犯罪事实，需要追究刑事责任，依法决定立案的，应当书面通知移送案件的行政执法机关；认为没有犯罪事实，或者犯罪事实显著轻微，不需要追究刑事责任，依法不予立案的，应当说明理由，并将不予立案通知书送达移送案件的行政执法机关，相应退回案件材料。

公安机关认为行政执法机关移送的案件材料不全的，应当在接受案件24小时内通知移送案件的行政执法机关在3日内补正，但不得以材料不全为由不接受移送案件。

公安机关认为行政执法机关移送的案件不属于公安机关职责范围，应当书面通知移送案件的行政执法机关向其他主管机关移送案件，并说明理由。

办案心得体会

涉税案件行刑衔接机制是税务行政执法机关与司法机关在办理涉税案件过程中协作配合、制约监督，确保涉嫌构成犯罪的涉税违法案件顺利进入刑事司法程序的运行机制，若衔接不畅，将导致行政执法和刑事司法之间出现真空区，轻则影响打击效果，重则可能轻纵犯罪。检察机关在行刑衔接中担负全流程、多环节的监督职责，确保涉税案件双向行刑衔接工作机制发挥其应有之效。然而，在司法实践中，检察机关因获取监督数据方式和来源有限，导致线索发现难、监督效率低，极大地影响了法律监督效果。福州市检察院积极探索数字检察在涉税案件行刑衔接领域法律监督工作中的实践与运用，打造涉税案件行刑衔接法律监督模型，为法律监督提供了有力抓手。

一、组织领导

（一）整合队伍，确保高质效推进

在组织管理上采用"纵向一体化"模式，市、县（区）两级检察院上下一体监督。福州市检察院从全市"税案检察官专家库"中选取办案经验丰富的业务人才，共同组成"涉税案件法律监督工作办案团队"，为全市的监督工作提供"智库"支撑。市院成立"涉税监督工作组"，各基层院成立"涉税监督工作小组"，由分管副检察长任组长，实行点对点调度和扁平化指挥。市院工作组为第一层级，统筹全市的线索提取、任务划分、业务指导、进度跟进、成果归集；基层院工作组为第二层级，负责线索调查核实、问题实质监督。基层院作出监督决定前向市院汇报、请示，开展监督后向市院同步备案，确保全市法律监督工作高质效推进。

（二）融合办案，深化跨部门合作履职

在监督办案上采用"横向一盘棋"模式，刑事检察部门和行政检察部门左右互通、协作配合。涉税违法犯罪的手段多、罪名多，与之对应的行政处罚种类也多，专业性极强，且行政执法尺度与司法机关办案尺度也存在差异，进一步提升了法律监督的难度。本模型的6类监督点横跨刑事检察和行政检察，跨部门融合监督。福州检察机关在核查以罚代刑线索、行政机关案件质量监督线索等行政检察监督线索时，刑事检察业务部门及时向行政检察业务部门通报线索情况，两部门共同研判、共同监督。为解决履职单一、思维单一的问题，双方不定期参与彼此的业

务培训，提升综合业务水平。全力打造刑事检察部门与行政检察部门信息共通、线索共查、业务共进的监督一体化工作机制。本模型的监督线索还可延伸至职务犯罪领域，届时也会将线索移送自侦部门侦查。

二、数据获取

（一）做好数据库的储备和更新

本模型共5类数据来源，其中4类为"外部数据"，1类为检察机关"内生数据"。最为核心的数据是重大税收违法失信主体信息、涉税违法企业行政处罚信息、检察业务系统的涉税案件受理信息，将重大税收违法失信主体信息、涉税违法企业行政处罚信息相关联，结构化处理后得出税务机关已向公安机关移送的涉税违法线索数据，将该数据与检察业务系统的涉税案件受理信息进行对比，就得到了税务机关移送司法线索与检察机关受理涉税案件之间的缺口数据，即本模型的基础数据。该基础数据涵盖涉税行刑衔接的起点和终点，只需再补充公安机关涉税线索立案信息、移送审查起诉信息及税务机关重大税收违法失信案件移送信息这些中间环节的数据，即可串联完整的涉税案件行刑衔接流程，完成数据库的创建。

在采集中间环节数据时，先由资深检察官预测监督疑点，分别针对警税履职的不同特点，在已掌握的税收违法基本事实、涉案时间、涉案金额、公司存续情况等基础上，嵌入监督问题方向，设计数据采集表。之后，走访税务机关和公安机关，初步了解两家在行刑衔接工作中遇到的困难、疑惑及存在的问题，完善数据采集表。总体原则，不给两个机关在填写上造成负担，除必要的需要提醒衔接退回材料或不立案的理由等设项外，围绕问题多以"是或否"选项设立，提高数据采集质量。最后，向税务机关、公安机关移交异常数据的光盘、设计的关联表格，说明表格填写的注意事项，约定回收采集数据的时间。在以上数据采集的过程中，应注意与税务机关、公安机关的沟通协调，最大限度地凝聚共识、同向发力。与税务机关沟通时要强调检税立场一致这一重点，双方都希望税务机关移送的案件线索被公安机关立案，因此本模型也可以为税务机关解决当下的案件线索移送难的困境。与公安机关的沟通、协作和日常获取信息则是通过侦查与监督协作配合办公室进行。此外，福州市院还推动建立涉税案件行刑衔接配合长效机制，如牵头与税务机关、共同制定《福州市涉税案件行政执法与刑事司法衔接工作办法（试行）》，为数据的采集提供制度保障。

值得注意的是，国家税务总局官网的重大税收违法信息数据更新周期为每月一次，与检察统一业务系统形成报表的频率一致，在数据采集时可按数据源的更新规律定期抓取数据，确保"同频共振"、有效储备，为监督履职提供坚实的数据基础。

（二）充分发挥侦查与监督协作配合办公室的作用

刑事诉讼法明确规定检察机关、公安机关在刑事诉讼过程中，应当分工负责、互相配合、互相制约，配合与制约成为双方工作的总基调。侦查与监督协作配合办公室是检警完善信息共享机制的平台，推动提高公安执法和检察监督规范化水平，对于刑事诉讼模式调整、提升执法司法质效具有重大意义。在本模型的数据采集及法律监督工作中，需要侦查与监督协作配合办公室切实承担起组织协调、监督协作、督促落实等职责。在采集数据时，及时、精准、全面地收集模型所需的公安机关相关办案数据，定期提交给"涉税监督工作组"，助力数据储备；在开展法律监督工作时，发挥沟通桥梁作用，助推检警联席会商、凝聚共识，将提前介入前移至公安立案前，以确保法律监督和案件办理质效。

三、对外协作

（一）与外部机关协同治理

检察日报社评《坚持一体履职、综合履职、能动履职》强调"各级检察机关、每名检察人员检察监督办案不能脱离检察职能、超越检察权限，代行其他部门职权"。检察机关在开展监督线索核查和法律监督工作时，可能会发现超出检察监督职能范围的监督点，因此，须加强与纪检监察机关、相关行政机关的紧密协作。如在线索核查中发现涉嫌违纪违法犯罪以及需要追究司法责任的行为，将线索及材料移送有管辖权的机关或部门；如发现因行政处罚的质量问题影响营商环境的，向营商环境办公室反映综合治理问题，充分发挥各自职能，开展联合监督、共同治理。除此之外，检察机关如遇到税务机关应当移送犯罪线索而不移送的，向税务机关提出检察意见的同时，应当抄送同级司法行政机关及上级税务机关，以推进协作共管，增强监督刚性。

（二）将衔接机制走深走实

"一分部署，九分落实"，要保证已建立的衔接机制落地见效、执行到位，不要沦为"一纸空文"，必须加强机制的实质化推进。检察机关可以通过"定期走访＋联席会议＋党建共建"等方式，加强与税务机关、公安机关的沟通协作，严格落实工作流程，履行各自责任，在提升案件质量、提高监督质效、提升司法公信力等方面形成更紧密的工作合力，确保行政执法与刑事司法无缝衔接、闭环运行。持续健全涉税案件行刑衔接机制，针对工作中遇到的新问题、新难点，及时完善机制、补齐短板，做到"在推进中总结，在总结中完善"。

案件承办人：

　　张晓兰　林建斌　李　扬（福建省福州市人民检察院）

案例撰写人：

　　张晓兰　李　扬（福建省福州市人民检察院）

案例审核人：

　　郑龙清（福建省福州市人民检察院）

高标准农田建设质量及建后管护领域类案监督

◇ 江西省宜春市人民检察院

📖 **关键词**

高标准农田　12345 政府服务热线平台　建设质量　建后管护
粮食安全

📖 **要旨**

党中央、国务院高度重视高标准农田建设，连续 12 年在中央一号文件中作出部署。习近平总书记多次强调："要坚定不移抓好高标准农田建设，提高建设标准和质量，真正实现旱涝保收、高产稳产。"针对高标准农田建设质量差、建后管护不到位问题，检察机关可以通过 12345 政府服务热线平台（以下简称"12345 平台"）的投诉举报数据与高标准农田建设项目数据、卫星遥感影像等比对，发现行政机关未全面履行高标准农田监管职责的公益诉讼案件线索。通过检察公益诉讼履职，推动农业农村等部门对高标准农田问题进行排查，修复农田及设施，核减虚增工程款，出台建设及管护实施细则，切实提高建设质量和管护水平；对于案件中发现的其他公益诉讼线索或职务违纪违法等线索的，依法移送有管辖权单位。

📖 基本情况

2022 年初，宜春市检察院陆续收到多位人大代表反映高标准农田项目建设质量差及建后管护不到位的情况反映，遂按照代表建议、政协提案与公益诉讼检察建议衔接转化工作机制要求进行案件化办理。宜春市检察院选取 10 个县（区、市）26 个村的 3.4 万亩高标准农田建设项目进行勘验，由第三方提供无人机测绘技术支持，共发现建设质量问题及建后管护问题 108 个。建设质量问题包括土地平整后田内高差超过国家规定标准、灌溉渠道两侧填土不够、T 槽漏水渗水、农田输配电设施缺失损毁以及虚增工程量套取国家专项资金等；建后管护问题包括灌溉水渠和排水沟堵塞无人清理、机耕道和生产路损坏未及时修复，被建设项目违规占用、种植草皮、挖塘养鱼等。制发检察建议后，宜春市农业农村局联合宜春市水利局下发《宜春市高标准农田建设问题拉网式摸排和整改工作方案》，对 2017 年以来的高标准农田项目进行全面排查，发现问题 280 个并逐个销号整改，提升了高标准农田建设质量和建后管护水平，保障国家粮食安全。

📖 线索发现

宜春市检察院在履职中发现，针对高标准农田项目中土地平整、土壤改良、灌溉与排水、田间道路、农田防护和生态环境保持、农田输配电等工程质量问题以及建后管护不到位等影响耕作问题，很多群众会向 12345 平台投诉举报。12345 平台对于高标准农田问题的投诉举报内容会以工单的形式向行政职能部门发送，并要求在一定期限内反馈办理情况。行政职能部门对投诉举报工单长期未妥善处理，致使高标准农田问题持续未得到解决的，群众会反复多次向 12345 平台反映。经综合分析研判，可以通过研发运用大数据法律监督模型，在 12345 平台数据库中筛查出群众对高标准农田项目建设质量问题以及建后管护问题的投诉举报工单，与高标准农田项目数据中的地点碰撞，将一定时间段内同一地点出现多次的投诉举报线索，作为重点线索比对核查。综合运用卫星遥感影像、无人机测绘等技术手段核查分析建设质量不佳、虚增工程量、设施毁损、违规占用、非农化非粮化等问题。深入挖掘其他公益诉讼线索，串通投标、违法分包转包等刑事案件线索以及职务违纪违法线索。

📖 数据分析方法

数据来源

1. 12345 政府服务热线平台工单数据（源于 12345 政府服务热线中心）；

2. 历年高标准农田建设项目数据（源于农业农村局）；

3. 卫星遥感影像数据（源于自然资源局）；

4. 公共资源交易网招投标数据（源于互联网）。

数据分析关键词

12345 平台关于高标准农田建设质量差或建后管护不到位问题的投诉举报工单中，出现的地名（精确到行政村）且确实属于高标准农田项目建设地点的，若在一定时间段内多次反复出现则属于重点监督区域。

数据分析步骤

第一步：在 12345 平台数据库中，通过对"高标准农田"以及"质量""偷工减料""平整""草皮"等关键词进行组合检索，筛查出群众对高标准农田项目建设质量问题以及建后管护问题的投诉、举报工单。

第二步：通过将初步筛选出的投诉、举报工单与高标准农田建设项目数据中的建设地点进行碰撞，若一定时间段内，同一高标准农田项目的建设地点在两份以上的投诉、举报工单中出现的，则将该建设地点

（精确到行政村）的高标准农田问题作为重点线索比对。

第三步：对于重点线索中的高标准农田，一是核查建设质量问题。通过调取高标准农田建设项目规划图、竣工图、工程结算资料以及对照《高标准农田建设通则》《农田排水工程技术规范》等行业标准，与建设情况比对，核查建设质量不佳以及虚增工程量问题。二是核查建后管护问题。通过将高标准农田建后管护方案，与实际管护情况比对，核查设施毁损问题；通过高标准农田卫星遥感影像比对，核查被建设项目违规占用、非农化非粮化以及撂荒（包括因建设质量差导致无法耕种的情况）等问题。

第四步：对于重点线索中高标准农田项目的施工单位，通过公共资源交易网对外发布的中标信息，查询其承接的其他高标准农田建设项目并进行摸排，对于行政区划外的高标准农田建设项目，移送有管辖权的检察机关核查建设质量问题。办案中发现涉嫌犯罪线索或职务违纪违法线索的，依法向公安机关或纪检监察机关移送。

思维导图

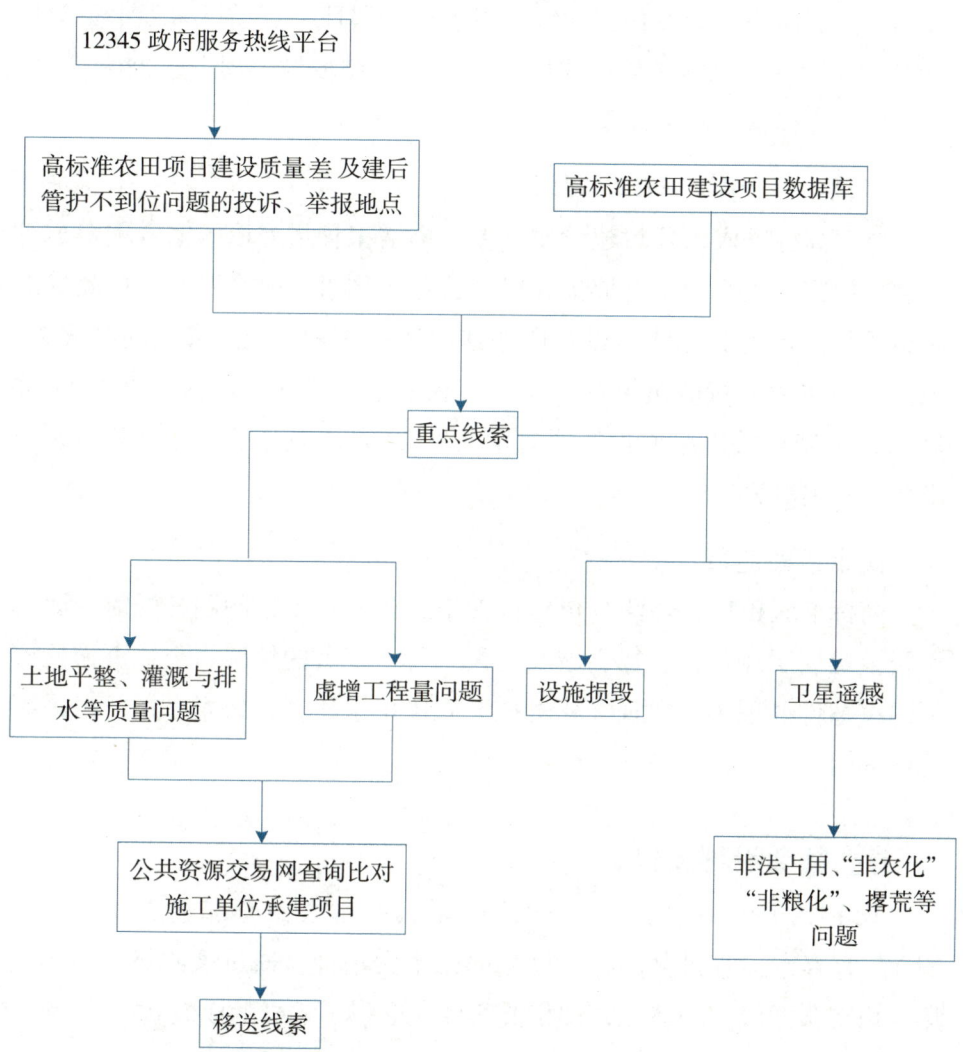

```
┌─────────────────────┐
│ 12345 政府服务热线平台 │
└─────────────────────┘
          │
          ↓
┌──────────────────────┐        ┌──────────────────┐
│ 高标准农田项目建设质量差 及建后 │        │ 高标准农田建设项目数据库 │
│ 管护不到位问题的投诉、举报地点 │        └──────────────────┘
└──────────────────────┘
              │
              ↓
        ┌──────────┐
        │  重点线索  │
        └──────────┘
```

| 土地平整、灌溉与排水等质量问题 | 虚增工程量问题 | 设施损毁 | 卫星遥感 |

公共资源交易网查询比对施工单位承建项目

非法占用、"非农化""非粮化"、撂荒等问题

移送线索

📖 检察融合监督

公益诉讼检察监督

通过该监督模型应用，可以全面摸排掌握全市关于高标准农田项目建设质量不佳、虚增工程量以及建后设施毁损、非农化非粮化等投诉举

报线索，符合条件的以公益诉讼立案办理，与农业农村、自然资源等行政机关开展磋商、制发检察建议等督促全面履职。目前已督促平整改良土壤9000余亩，恢复被侵占农田2300余亩，整修被毁损设施2500余处，核减项目工程款200余万元。

"公益＋刑事"一体化履职

对于高标准农田项目建设质量差、虚增工程量套取国家专项资金等问题，检察机关全面调查取证，以"公益＋刑事"融合履职深挖高标准农田领域的涉嫌犯罪线索以及职务违纪违法线索。通过移送问题线索，纪检监察机关对行政机关及工作人员怠于履职等问题已立案查处11件11人，公安机关以串通投标罪立案4件29人，提升了检察公益诉讼的影响力和震慑力。

民事检察监督

高标准农田项目违法分包转包带来工程质量不佳问题的同时，因建设资金被层层克扣，往往会涉及拖欠农民工工资的情况。公益诉讼检察部门在案件办理中，发现并移送拖欠农民工工资案件线索2条，由民事检察部门支持起诉，保障劳动者权益。

📖 社会治理成效

党的二十大报告提出，"逐步把永久基本农田全部建成高标准农田"。宜春市检察机关深入贯彻党的二十大精神，通过该监督模型的运用，由市县两级院一体化办理相关案件，取得了积极的成效。

一、推动开展高标准农田专项审计工作

在个案办理基础上，宜春市检察院加强与审计部门沟通，推动宜春市审计局对全市10个县（区、市）的高标准农田建设管理情况开展专项审计。宜春市检察院与宜春市审计局以此案办理为契机，加强协作交流并出台《关于加强检察公益诉讼与审计监督协作配合的意见》。

二、促成完善高标准农田建设及管护实施细则等两项机制

宜春市统筹整合资金推进高标准农田建设领导小组专门出台了《宜春市统筹整合资金推进高标准农田建设项目管理办法》《宜春市统筹整合资金推进高标准农田建设项目建后管护实施意见》，对高标准农田建设程序、规划编制、资金拨付、招投标、项目实施、竣工验收、建后管护利用、监督管理等进行了详细规定，为全市高标准农田建设和管护提供制度保障，提升社会治理效能，同时落实管护风险保障金1200万元。

三、相关单位对高标准农田建设管护问题专题调研报告中反映的问题进行核查

宜春市检察院将检察机关办案中发现的高标准农田领域问题，以调研报告的形式向市委、市政府以及市纪委市监委报送，推动纪委监委、公安机关围绕高标准农田建设项目立项、招标投标、工程质量、资金管理等方面深挖彻查，惩治了一批违法犯罪分子，有效维护了国家利益和社会公共利益，切实以检察监督融入社会治理现代化，服务保障经济社会发展大局。

📖 法律法规依据

1.《中华人民共和国土地管理法》第三条　十分珍惜、合理利用土地和切实保护耕地是我国的基本国策。各级人民政府应当采取措施，全面规划，严格管理，保护、开发土地资源，制止非法占用土地的行为。

第三十条第一款　国家保护耕地，严格控制耕地转为非耕地。

第三十三条第一款　国家实行永久基本农田保护制度。下列耕地应当根据土地利用总体规划划为永久基本农田，实行严格保护：

（一）经国务院有关主管部门或者县级以上人民政府批准确定的粮、棉、油生产基地内的耕地；

（二）有良好的水利与水土保持设施的耕地，正在实施改造计划以

及可以改造的中、低产田和已建成的高标准农田；

（三）蔬菜生产基地；

（四）农业科研、教学试验田；

（五）国务院规定应当划入基本农田保护区的其他耕地。

第三十五条第一款　永久基本农田经依法划定后，任何单位和个人不得擅自占用或者改变其用途。国家能源、交通、水利、军事设施等重点建设项目选址确实难以避让永久基本农田，涉及农用地转用或者土地征收的，必须经国务院批准。

2.《基本农田保护条例》**第六条第二款**　县级以上地方各级人民政府土地行政主管部门和农业行政主管部门按照本级人民政府规定的职责分工，依照本条例负责本行政区域内的基本农田保护管理工作。

第十五条　基本农田保护区经依法划定后，任何单位和个人不得改变或者占用。国家能源、交通、水利、军事设施等重点建设项目选址确实无法避开基本农田保护区，需要占用基本农田，涉及农用地转用或者征用土地的，必须经国务院批准。

第十七条第一款　禁止任何单位和个人在基本农田保护区内建窑、建房、建坟、挖砂、采石、采矿、取土、堆放固体废弃物或者进行其他破坏基本农田的活动。

第二十九条　县级以上地方人民政府土地行政主管部门、农业行政主管部门对本行政区域内发生的破坏基本农田的行为，有权责令纠正。

3.《财政违法行为处罚处分条例》**第九条**　单位和个人有下列违反国家有关投资建设项目规定的行为之一的，责令改正，调整有关会计账目，追回被截留、挪用、骗取的国家建设资金，没收违法所得，核减或者停止拨付工程投资。对单位给予警告或者通报批评，其直接负责的主管人员和其他直接责任人员属于国家公务员的，给予记大过处分；情节较重的，给予降级或者撤职处分；情节严重的，给予开除处分：

（一）截留、挪用国家建设资金；

（二）以虚报、冒领、关联交易等手段骗取国家建设资金；

（三）违反规定超概算投资；

（四）虚列投资完成额；

（五）其他违反国家投资建设项目有关规定的行为。

《中华人民共和国政府采购法》《中华人民共和国招标投标法》《国家重点建设项目管理办法》等法律、行政法规另有规定的，依照其规定处理、处罚。

4.《农田建设项目管理办法》第四条第三款 地（市、州、盟）级人民政府农业农村主管部门负责指导本地区农田建设工作，承担省级下放或委托的项目初步设计审批、竣工验收等职责，对本地区农田建设项目进行监督检查和统计汇总等。

第三十二条 各级人民政府农业农村主管部门应当制定、实施内部控制制度，对农田建设项目管理风险进行预防和控制，加强事前、事中、事后的监督检查，发现问题及时纠正。

第三十四条 农田建设项目实施过程中发现存在严重违法违规问题的，各级人民政府农业农村主管部门应当及时终止项目，协助有关部门追回项目财政资金，并依法依规追究相关人员责任。

5.《高标准农田建设质量管理办法（试行）》第三条 农业农村部负责指导监督全国高标准农田建设质量管理工作。地方农业农村部门负责本地区高标准农田建设质量管理，组织开展质量管理工作，制定质量管理制度和标准，规范从业单位质量管理行为，加强质量管理业务培训，开展质量监督核查等。高标准农田建设质量管理相关的重大事项和重要情况应按程序报告农业农村部。

第二十七条 地方农业农村部门应按照高标准农田建设项目竣工验收办法要求，严格开展验收工作，加强对项目工程建设、资金使用、耕地质量和粮食产能提升等情况的量化评价；对竣工验收发现的问题，地方农业农村部门要督促有关责任方及时整改到位。

第二十九条　地方农业农村部门应组织建立高标准农田建设项目建后管护长效运行机制，监督落实管护责任。

6.《高标准农田建设项目竣工验收办法》第四条第三款　地市级农业农村部门负责本区域项目竣工验收及相关工作。对承担省级下放项目初步设计审批职责的，要及时组织开展项目竣工验收，验收结果报省级农业农村部门备案；对未承担项目初步设计审批职责的，要积极配合验收单位开展项目竣工验收工作，督促指导县级农业农村部门或项目建设单位做好问题整改落实。

7.《农田建设补助资金管理办法》第十八条　各级农业农村主管部门应当组织核实农田建设补助资金支出内容，督促检查建设任务（任务清单）完成情况，为财政部门按规定标准分配、审核拨付资金提供依据。

8.《高标准农田建设通则》（GBT30600-2014）、《高标准农田建设通则》（GBT30600-2022）、《农田排水工程技术规范》（SL/T4-2020）等。

办案心得体会

宜春市检察院始终牢记粮食安全是"国之大者"，针对高标准农田项目建设质量差及建后管护不到位等影响耕作问题，依托检察大数据战略，探索建立和运用该监督模型，提升线索筛查效率和案件办理效能。根据国务院批复的高标准农田建设规划（2021—2030年），到2030年全国将建成12亿亩高标准农田。经测算，2023年至2030年，将投入10200亿元用于2亿亩新建项目和2.8亿亩提质改造项目，加强该领域法律监督极具必要性。

一、高标准农田领域可能存在的公益受损情形

宜春市检察院在履职中发现部分高标准农田存在建设质量差及建后

管护不到位等问题，制约高标准农田保障粮食安全作用的发挥。

一是高标准农田建设质量方面的问题。建设质量差，不符合行业标准。包括土地平整及土壤改良工程质量问题，如部分耕地经高标准农田项目施工改造后，田内高差过大，且遗存的石块未清理，肥沃的耕作层未剥离即进行土地平整作业，致使土地及耕作层厚度不达标，肥力不足；灌溉与排水工程质量问题，如灌溉渠道工程质量差，管涵钢筋不足、质量不达标，涵洞混凝土垫层铺设厚度不够，管涵上方填土厚度不够等；排水农渠（沟）深度不符合标准，压实度不够易造成垮塌等；田间道路工程质量问题，如田间道路压实度不够，塌陷损毁严重，田间道路通达度不符合标准等；农田输配电工程质量问题，如农田输配电线路不符合技术标准；设施接地装置的地下部分埋深不符合技术标准，影响机械化作业等。虚增工程量，套取国家专项资金。包括虚增高标准农田建设面积，如将高标准农田周边的建筑物、树林等计算在高标准农田建设范围内；虚增灌溉水渠、机耕道长度，如灌溉水渠的实际厚度与设计厚度不符等；其他工程设计与实际情况不符，如以砖砌水渠替代现浇混凝土水渠进行结算等。

二是高标准农田建后管护不到位方面的问题。一方面，被损坏的高标准农田设施未及时修复，如已建成的高标准农田存在灌溉水渠和排水沟堵塞长期无人清理、机耕道和生产路损坏未及时修复等问题。另一方面，农田非农（粮）化问题频现，部分地区高标准农田建成后未按规定划为永久基本农田，因保护不到位，农田长期抛荒、被建设项目违规占用、从事林果业或挖塘养鱼等，"非农化""非粮化"现象突出，使得该部分高标准农田丧失了保障粮食安全的作用。

需要注意的是，高标准农田建设质量差将直接影响高标准农田建后管护工作，提高管护成本和难度。部分耕地撂荒以及"非农化""非粮化"的深层次原因在于耕地经高标准农田改造后，无法正常耕作，致使耕地另作他用。

二、模型设计逻辑基础

一是12345平台在公众之间的知晓度较高,很多群众对于日常生活中发现的高标准农田项目建设质量问题以及建后管护问题会通过该平台反映。一方面,对于某一区域高标准农田项目存在严重质量问题及管护问题的,多位投诉、举报人会向12345平台通过电话、微信等形式反映情况;另一方面,对于某一区域高标准农田存在严重质量问题及管护问题,同一投诉举报人通过12345平台反映情况后,长时间未得到妥善解决的,可能会对同一问题进行多次反复投诉举报。

二是高标准农田建设项目的地点通常精确到行政村。12345平台中收到的高标准农田问题线索,往往会精确到是某村组的高标准农田存在问题,而高标准农田建设项目在招投标过程中,往往是以行政村为单位。故可以将群众投诉举报的地点与高标准农田项目建设地点进行碰撞,多次反复出现的行政村,即作为重点线索核查。

三、模型应用的数据获取

一是对于12345平台数据的获取。检察机关可以积极主动与12345政府服务热线中心建立协作机制,获取12345政府服务热线平台数据权限。在实践中,12345政府服务热线中心会收到群众很多的投诉、举报问题,并按流程向相关行政职能部门转派,相关行政职能部门虽然会对办理情况进行回复,但12345政府服务热线中心对于相关行政职能部门虚假整改、拖延整改等行为没有其他强制手段,检察机关可以对虚假整改、拖延整改致使国家利益和社会公共利益受到损害的行为以公益诉讼立案监督,督促行政机关履职。各地12345政府服务热线中心在与检察机关加强协作及数据共享上意愿较强。

二是对于卫星遥感影像数据的获取。检察机关可以通过互联网获取卫星遥感影像数据,也可以通过当地的自然资源局获取卫星遥感影像数据。在该模型中,宜春市检察院使用的是自然资源局提供的卫星遥感影像数据。我们可以借助专业制图软件及配套的数据库，更加直观地获取每一个行政村相关耕地类型、范围区域。需要注意的是，自然资源局卫星遥感影像等数据属于内部数据，在调取和使用上要注意数据保密工作。

三是对于高标准农田建设项目数据的获取。可以通过调取证据通知书，从农业农村等部门调取高标准农田项目建设地点以及项目规划图、竣工图、工程结算资料的电子版。《高标准农田建设通则》（GBT30600—2022）于2022年10月1日实施，之前使用的是《高标准农田建设通则》（GBT30600—2014）版本，要注意数据运用的时间节点，避免出现标准适用不当的问题。

四是对于公共资源交易网数据的获取。我们可以在公共资源交易网中获得其对外发布的高标准农田项目中标信息，查询重点线索中存在问题的高标准农田项目施工单位承接的其他高标准农田建设项目，对于检察机关管辖区域外的项目，移送有管辖权的检察机关进行摸排。该项功能属于可拓展功能，不使用公共资源交易网数据不影响模型使用。

四、模型的探索延伸

一是对于涉嫌犯罪以及职务违法、违纪线索的挖掘。检察机关在办理高标准农田领域公益诉讼案件中，对于高标准农田虚增工程量、建设质量不佳等问题，要及时深入挖掘其中的串通投标、违法分包转包等刑事案件线索以及渎职等职务犯罪案件线索。如投诉、举报工单中涉及的高标准农田建设项目拖欠农民工工资情况，往往涉及高标准农田项目违法分包转包带来的工程质量不佳问题。检察机关可以将相关案件线索经初查后，移送有管辖权的单位。

二是延伸拓展至其他公益保护问题。该模型的设计逻辑是通过12345平台的投诉举报数据库，筛查出因行政机关虚假整改、拖延整改而被反复投诉举报的公益受损问题。我们可以在12345平台数据库中，使用不同的关键词检索比对涉公益损害的工单，比如非法采砂、排污等，对于同一地点、同一事项在一定时间段内被反复投诉举报的，列为重点线索开展跟进监督，符合条件的以公益诉讼立案办理。

案件承办人：

陈伯平　蓝　涛　廖哲毅（江西省宜春市人民检察院）

案例撰写人：

陈伯平　蓝　涛　廖哲毅（江西省宜春市人民检察院）

案例审核人：

甘　霖　王　犇（江西省人民检察院）

KTV 被诉侵犯著作权
批量恶意诉讼类案监督

◇ 广东省清远市人民检察院

📖 关键词

KTV　侵犯著作权　恶意诉讼　虚假诉讼　版权治理

📖 要旨

部分商业主体利用著作权登记和法院裁判规则漏洞，将音乐作品上传 VOD 云曲库① 后在全国范围内进行大规模恶意诉讼，甚至伪造权属证据进行虚假诉讼，众多 KTV 场所因败诉财产被执行，大量音乐作品被下架失去传播渠道，严重扰乱版权市场秩序。检察机关对裁判文书网（KTV 侵犯著作权裁判文书中著作权来源情况）、天眼查系统（原告公司成立时间及诉讼情况）进行数据碰撞可确定恶意诉讼原告公司，再比对涉诉音乐作品和网络音乐平台公开发表音乐作品权利人署名，即可确定虚假诉讼线索。检察机关依法开展民事审判监督、刑事检察监督、司法工作人员渎职犯罪侦查，通过检察建议帮助完善裁判规则和推动版权

---

① VOD 点歌系统是交互式视频点播技术在歌曲点唱领域的应用，目前被广泛应用于 KTV 等娱乐场所，它利用计算机网络，在服务器上存放歌曲，通过放置在 KTV 中的电脑终端完成点歌和放歌。其中，存放歌曲的服务器简称为"云曲库"。

治理工作。

📖 基本情况

清远市检察机关结合最高人民检察院开展的知识产权恶意诉讼专项监督工作,对辖区内KTV场所被诉侵犯著作权案件进行梳理,发现A(广州)文化传媒有限公司(以下简称"A公司")属于恶意诉讼,且构成虚假诉讼,依法开展监督工作。工作中检察机关发现A公司案件在著作权领域具有普遍性,遂根据A公司案件特征构建大数据法律监督模型。模型初步筛查出全国涉嫌恶意诉讼公司42家,其中涉嫌虚假诉讼公司6家(涉及案件25833件)。

📖 线索发现

清远市检察机关在工作中发现,2019年以来商业主体批量起诉KTV侵犯著作权案件呈爆发式增长。此类案件存在诸多异常点:原告公司成立时间短,案件数量多、分布广,涉案歌曲多为冷门歌曲,作品取得方式为继受取得而非创作原始取得,取得作品权属后短时间提起批量诉讼。此类案件极有可能系原告以获取非法或者不正当利益为目的而故意提起事实上和法律上无根据的恶意诉讼,且可能属于虚假诉讼。经使用裁判文书网对清远市辖区内起诉KTV侵犯著作权案件进行梳理,筛选出批量起诉原告公司十家。通过天眼查对十家公司诉讼情况查询,发现A公司自2021年开始至2023年6月28日,共起诉他人侵犯著作权案件4510件,其中2021年起诉630件,2022年起诉2823件,2023年起诉1057件,共有3351件案件在广东省内进行审理;58.5%的涉案案由为著作权权属、侵权纠纷。A公司音乐作品权属均是继受取得,怀疑系以恶意诉讼为目的而成立的公司。清远市检察机关抽调两级院知识产权办案骨干组成专案组,对案件开展深入调查。

📖 数据分析方法

数据来源

1. KTV 被诉裁判文书（源于裁判文书网、法院审判卷宗）；

2. 原告公司成立时间、诉讼情况、著作权来源（源于天眼查系统）；

3. 涉诉音乐作品及署名情况（源于裁判文书网或法院审判卷宗）；

4. 网络发表音乐作品（源于搜狐、QQ 音乐等网络音乐平台）。

数据分析关键词

以 KTV 为关键词，以著作权权属、侵权纠纷为案由，通过裁判文书网筛选出批量起诉 KTV 场所侵犯著作权的原告公司。依托天眼查系统查明涉案公司成立时间、诉讼情况（案由分布情况、案件数量）。通过批量诉讼原告公司裁判文书核查其著作权来源，即是否为继受取得。获取公司涉诉音乐作品的名称、署名。

数据分析步骤

第一步：筛选批量诉讼原告。以 KTV 为关键词，以著作权权属、侵权纠纷为案由，通过裁判文书网筛选辖区内类案裁判文书，以原告为要素进行排列，筛选出批量起诉 KTV 场所侵犯著作权的原告公司。

第二步：确定恶意诉讼公司。通过天眼查系统，查明批量起诉 KTV 场所侵犯著作权原告公司的成立时间、案由分布情况，筛选公司成立存续时间不满五年，涉案案由超过 50% 为著作权权属、侵权纠纷的公司。同步梳理批量起诉原告公司裁判文书，核查涉诉作品著作权权利来源，筛选权利来源为继受取得的公司。将两组数据进行比对，同时符合上述条件的，则判定为以诉讼为目的而成立的恶意诉讼公司。

第三步：确定虚假诉讼案件。获取恶意诉讼公司涉诉作品，根据署名原则，建立涉诉作品作者信息数据库一。根据音乐作品公开性特点，通过网络音乐平台以演唱者姓名、歌曲名称对涉诉音乐作品进行搜索，获取网络公开发表作品后，根据署名原则，建立涉诉作品作者信息数据库二。对涉诉作品作者信息数据库一和数据库二中的作品署名进行比对、碰撞，其中作品署名不一致的即为伪造权属虚假诉讼线索。

思维导图

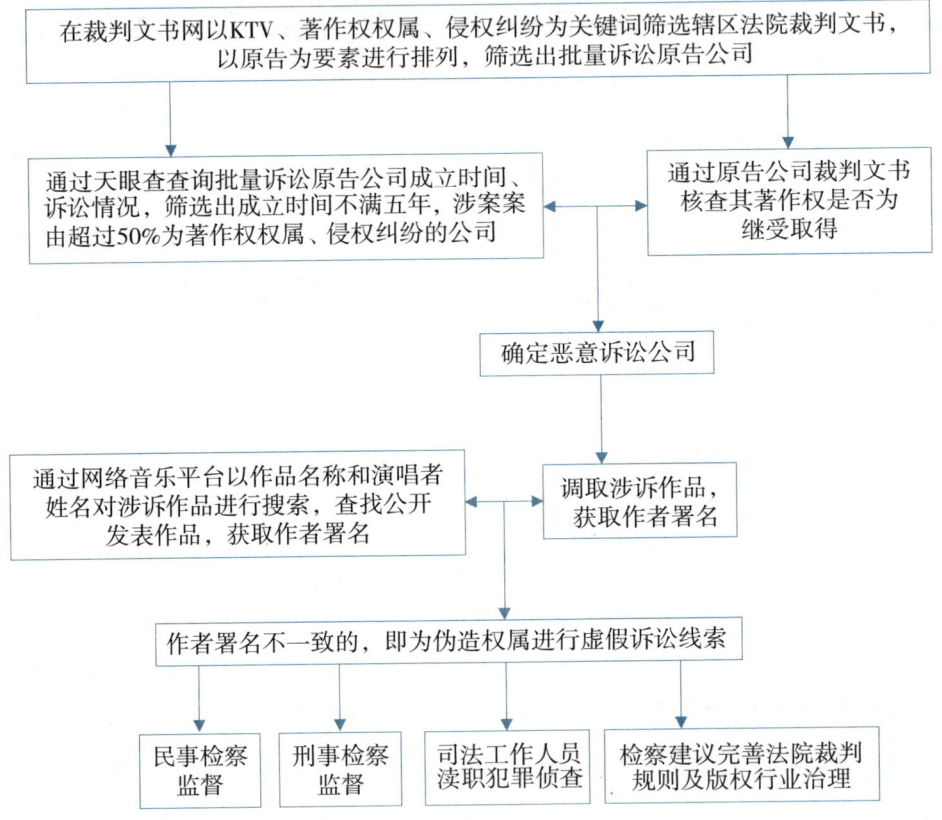

在裁判文书网以KTV、著作权权属、侵权纠纷为关键词筛选辖区法院裁判文书，以原告为要素进行排列，筛选出批量诉讼原告公司

通过天眼查查询批量诉讼原告公司成立时间、诉讼情况，筛选出成立时间不满五年，涉案案由超过50%为著作权权属、侵权纠纷的公司

通过原告公司裁判文书核查其著作权是否为继受取得

确定恶意诉讼公司

通过网络音乐平台以作品名称和演唱者姓名对涉诉作品进行搜索，查找公开发表作品，获取作者署名

调取涉诉作品，获取作者署名

作者署名不一致的，即为伪造权属进行虚假诉讼线索

民事检察监督　　刑事检察监督　　司法工作人员渎职犯罪侦查　　检察建议完善法院裁判规则及版权行业治理

📖 检察融合监督

民事检察监督

商业主体伪造权属证据、冒充权利人起诉KTV场所侵犯其著作权的，属于虚假诉讼，检察机关可依职权开展民事审判监督，向人民法院提出再审检察建议或提请上级检察机关启动抗诉程序。A公司在清远市

辖区内共有生效裁判 32 件，清城区检察院对其中 2 件发出再审检察建议，清城区法院均采纳进行再审；清远市检察院依法对 A 公司 3 件案件向清远市中级人民法院抗诉。经模型筛选，发现全国此类恶意诉讼公司线索 42 家，其中虚假诉讼公司 6 家，涉及案件 25833 件，清远市检察机关依法向广东省 13 个地市及全国 8 个省份进行民事监督线索移送。

刑事检察监督

清远市检察机关向公安机关移送 A 公司涉嫌侵犯著作权罪、虚假诉讼罪相关线索及证据，清远市公安局于 2023 年 5 月 11 日进行刑事立案；8 月 31 日，公安机关抓获 5 名犯罪嫌疑人；9 月 28 日，检察机关依法对 5 名犯罪嫌疑人批准逮捕。

📖 社会治理成效

为加强对音乐著作权领域恶意诉讼的打击力度，2023 年 4 月 26 日，清远市检察院会同市中级人民法院、相关行政管理部门签订《关于加强清远市知识产权协同保护的实施意见》，共同构建知识产权大保护格局。鉴于该模型监督规则明确，应用效果好，可推广、可复制性强，最高人民检察院将该模型向全国推广。

经检察机关监督，此类恶意诉讼现象已经得到遏制。根据中国音像著作权集体管理协会反馈，其 2023 年 1 月至 8 月代理的案件量同比下降 51.39%。在检察机关的推动下，人民法院正在对著作权案件裁判规则进行完善，国家版权局亦在完善著作权登记制度。

📖 法律法规依据

1.《中华人民共和国著作权法》第三条　本法所称的作品，是指文学、艺术和科学领域内具有独创性并能以一定形式表现的智力成果，包括：

（一）文字作品；

（二）口述作品；

（三）音乐、戏剧、曲艺、舞蹈、杂技艺术作品；

（四）美术、建筑作品；

（五）摄影作品；

（六）视听作品；

（七）工程设计图、产品设计图、地图、示意图等图形作品和模型作品；

（八）计算机软件；

（九）符合作品特征的其他智力成果。

第十条 著作权包括下列人身权和财产权：

（一）发表权，即决定作品是否公之于众的权利；

（二）署名权，即表明作者身份，在作品上署名的权利；

（三）修改权，即修改或者授权他人修改作品的权利；

（四）保护作品完整权，即保护作品不受歪曲、篡改的权利；

（五）复制权，即以印刷、复印、拓印、录音、录像、翻录、翻拍、数字化等方式将作品制作一份或者多份的权利；

（六）发行权，即以出售或者赠与方式向公众提供作品的原件或者复制件的权利；

（七）出租权，即有偿许可他人临时使用视听作品、计算机软件的原件或者复制件的权利，计算机软件不是出租的主要标的的除外；

（八）展览权，即公开陈列美术作品、摄影作品的原件或者复制件的权利；

（九）表演权，即公开表演作品，以及用各种手段公开播送作品的表演的权利；

（十）放映权，即通过放映机、幻灯机等技术设备公开再现美术、摄影、视听作品等的权利；

（十一）广播权，即以有线或者无线方式公开传播或者转播作品，以及通过扩音器或者其他传送符号、声音、图像的类似工具向公众传播广播的作品的权利，但不包括本款第十二项规定的权利；

（十二）信息网络传播权，即以有线或者无线方式向公众提供，使公众可以在其选定的时间和地点获得作品的权利；

（十三）摄制权，即以摄制视听作品的方法将作品固定在载体上的权利；

（十四）改编权，即改变作品，创作出具有独创性的新作品的权利；

（十五）翻译权，即将作品从一种语言文字转换成另一种语言文字的权利；

（十六）汇编权，即将作品或者作品的片段通过选择或者编排，汇集成新作品的权利；

（十七）应当由著作权人享有的其他权利。

著作权人可以许可他人行使前款第五项至第十七项规定的权利，并依照约定或者本法有关规定获得报酬。

著作权人可以全部或者部分转让本条第一款第五项至第十七项规定的权利，并依照约定或者本法有关规定获得报酬。

第十一条　著作权属于作者，本法另有规定的除外。

创作作品的自然人是作者。

由法人或者非法人组织主持，代表法人或者非法人组织意志创作，并由法人或者非法人组织承担责任的作品，法人或者非法人组织视为作者。

第十五条　汇编若干作品、作品的片段或者不构成作品的数据或者其他材料，对其内容的选择或者编排体现独创性的作品，为汇编作品，其著作权由汇编人享有，但行使著作权时，不得侵犯原作品的著作权。

第四十八条　电视台播放他人的视听作品、录像制品，应当取得视听作品著作权人或者录像制作者许可，并支付报酬；播放他人的录像制品，还应当取得著作权人许可，并支付报酬。

第四十九条　为保护著作权和与著作权有关的权利，权利人可以采取技术措施。

未经权利人许可，任何组织或者个人不得故意避开或者破坏技术措施，不得以避开或者破坏技术措施为目的制造、进口或者向公众提供有关装置或者部件，不得故意为他人避开或者破坏技术措施提供技术服务。但是，法律、行政法规规定可以避开的情形除外。

本法所称的技术措施，是指用于防止、限制未经权利人许可浏览、欣赏作品、表演、录音录像制品或者通过信息网络向公众提供作品、表演、录音录像制品的有效技术、装置或者部件。

2.《中华人民共和国民事诉讼法》第二百一十一条　当事人的申请符合下列情形之一的，人民法院应当再审：

（一）有新的证据，足以推翻原判决、裁定的；

（二）原判决、裁定认定基本事实缺乏证据证明的；

（三）原判决、裁定认定事实的主要证据是伪造的；

（四）原判决、裁定认定事实的主要证据未经质证的；

（五）对审理案件需要的主要证据，当事人因客观原因不能自行收集，书面申请人民法院调查收集，人民法院未调查收集的；

（六）原判决、裁定适用法律确有错误的；

（七）审判组织的组成不合法或者依法应当回避的审判人员没有回避的；

（八）无诉讼行为能力人未经法定代理人代为诉讼或者应当参加诉讼的当事人，因不能归责于本人或者其诉讼代理人的事由，未参加诉讼的；

（九）违反法律规定，剥夺当事人辩论权利的；

（十）未经传票传唤，缺席判决的；

（十一）原判决、裁定遗漏或者超出诉讼请求的；

（十二）据以作出原判决、裁定的法律文书被撤销或者变更的；

（十三）审判人员审理该案件时有贪污受贿，徇私舞弊，枉法裁判行为的。

3.《中华人民共和国刑法》第二百一十七条　以营利为目的，有下列侵犯著作权或者与著作权有关的权利的情形之一，违法所得数额较大或者有其他严重情节的，处三年以下有期徒刑，并处或者单处罚金；违法所得数额巨大或者有其他特别严重情节的，处三年以上十年以下有期徒刑，并处罚金：

（一）未经著作权人许可，复制发行、通过信息网络向公众传播其文字作品、音乐、美术、视听作品、计算机软件及法律、行政法规规定的其他作品的；

（二）出版他人享有专有出版权的图书的；

（三）未经录音录像制作者许可，复制发行、通过信息网络向公众传播其制作的录音录像的；

（四）未经表演者许可，复制发行录有其表演的录音录像制品，或者通过信息网络向公众传播其表演的；

（五）制作、出售假冒他人署名的美术作品的；

（六）未经著作权人或者与著作权有关的权利人许可，故意避开或者破坏权利人为其作品、录音录像制品等采取的保护著作权或者与著作权有关的权利的技术措施的。

第二百二十条　单位犯本节第二百一十三条至第二百一十九条规定之罪的，对单位判处罚金，并对其直接负责的主管人员和其他直接责任人员，依照本节各该条的规定处罚。

第三百零七条之一　以捏造的事实提起民事诉讼，妨害司法秩序或者严重侵害他人合法权益的，处三年以下有期徒刑、拘役或者管制，并处或者单处罚金；情节严重的，处三年以上七年以下有期徒刑，并处罚金。

单位犯前款罪的，对单位判处罚金，并对其直接负责的主管人员和其他直接责任人员，依照前款的规定处罚。

有第一款行为，非法占有他人财产或者逃避合法债务，又构成其他犯罪的，依照处罚较重的规定定罪从重处罚。

司法工作人员利用职权，与他人共同实施前三款行为的，从重处罚；同时构成其他犯罪的，依照处罚较重的规定定罪从重处罚。

第三百九十七条 国家机关工作人员滥用职权或者玩忽职守，致使公共财产、国家和人民利益遭受重大损失的，处三年以下有期徒刑或者拘役；情节特别严重的，处三年以上七年以下有期徒刑。本法另有规定的，依照规定。

国家机关工作人员徇私舞弊，犯前款罪的，处五年以下有期徒刑或者拘役；情节特别严重的，处五年以上十年以下有期徒刑。本法另有规定的，依照规定。

第三百九十九条 司法工作人员徇私枉法、徇情枉法，对明知是无罪的人而使他受追诉、对明知是有罪的人而故意包庇不使他受追诉，或者在刑事审判活动中故意违背事实和法律作枉法裁判的，处五年以下有期徒刑或者拘役；情节严重的，处五年以上十年以下有期徒刑；情节特别严重的，处十年以上有期徒刑。

在民事、行政审判活动中故意违背事实和法律作枉法裁判，情节严重的，处五年以下有期徒刑或者拘役；情节特别严重的，处五年以上十年以下有期徒刑。

在执行判决、裁定活动中，严重不负责任或者滥用职权，不依法采取诉讼保全措施、不履行法定执行职责，或者违法采取诉讼保全措施、强制执行措施，致使当事人或者其他人的利益遭受重大损失的，处五年以下有期徒刑或者拘役；致使当事人或者其他人的利益遭受特别重大损失的，处五年以上十年以下有期徒刑。

司法工作人员收受贿赂，有前三款行为的，同时又构成本法第三百八十五条规定之罪的，依照处罚较重的规定定罪处罚。

办案心得体会

2022 年 7 月 2 日,最高人民检察院印发《全国检察机关开展依法惩治知识产权恶意诉讼专项监督工作实施方案》,要求全国检察机关要精准梳理监督线索,以大数据为检察机关赋能,推动知识产权恶意诉讼专项监督工作落到实处。清远市检察机关抓落实、求变革,将数字检察"融合检察履职、融入办案日常、融通上下内外",探索出"能动履职出题、综合履职答卷、一体履职实施"独具特色的数字检察"清远样本",并将之运用于知识产权恶意诉讼监督工作,通过深入剖析个案构建了KTV 被诉侵犯著作权大数据法律监督模型,取得了较好的效果。

一、聚焦异常案件量,深入调查发现监督线索

清远市检察院知识产权办案组运用大数据对全市知识产权民事案件进行筛查,发现 2019 年至 2021 年全市 KTV 场所被诉侵犯著作权民事案件数量成倍增长,案件量增长异常。清远市检察机关通过裁判文书网收集全市 KTV 场所侵犯著作权民事案件裁判文书,经过分析后发现,此类案件特点十分鲜明:原告公司成立时间短,涉案音乐作品冷僻,作品著作权为继受取得,取证方式为公证取证,且均为批量诉讼。检察机关进一步分析法院判决后发现,法院对于作品权属未进行实质审查,仅根据出版物和作品著作权登记证书即推定著作权人,未对音乐作品内容进行审查。经与法院开展座谈,承办法官表示,由于涉案作品数量多、署名混乱,法院无法逐一核实真实权属,但根据优势证据原则,原告提交出版物和作品著作权登记证书已经完成举证责任,应当支持其诉讼请求。

市院知识产权办案组初步分析后认为,法院未对涉案作品进行实质审查,仅以出版物和登记证书即认定原告属于著作权人的推定存在严重漏洞。结合案件数量异常增长、短期密集批量起诉、涉案作品权属不明、原告无法提供转让合同等特点,该领域极有可能存在恶意诉讼甚至

虚假诉讼问题。鉴于案件属于新型、复杂案件，且影响较大，为确保办案效果，清远市检察院抽调两级院知识产权办案骨干成立专案组，进行深入调查。

二、充分运用大数据，快速筛查批量诉讼公司

专案组综合研判后认为，法官在个案办理中机械运用裁判规则，客观上为恶意诉讼提供了条件。而破解此类案件的关键在于，如何判定原告公司系恶意诉讼。经过对全国法院数千份类案裁判文书的深入分析，专案组认为，可以从公司成立时间、案由分布情况及著作权取得方式进行综合认定。若公司成立后通过继受取得获取音乐作品著作权，短期内发起批量诉讼，起诉对象为KTV场所，主要涉案案由为著作权权属、侵权纠纷，则可初步判定为以恶意诉讼为目的而成立的公司。

在传统办案模式下，上述工作需要办案人员进行人工调查核实，特别是对于异地注册的原告公司，需要异地调取工商登记信息、向法院调取卷宗核查公司案件数量等，耗时耗力且效率低下。在大数据的支撑下，检察机关仅需要碰撞裁判文书网和天眼查系统数据即可，大大提升了工作效率！专案组通过裁判文书网以KTV、著作权权属、侵权纠纷为关键词筛选法院裁判文书，以原告为要素进行排列，筛选出清远地区批量起诉KTV场所侵犯著作权的A公司等原告公司10家。再通过天眼查系统查询，10家原告公司近三年在全国起诉KTV侵犯著作权的案件数量竟高达10万件之多，其中A公司成立时间为2020年12月17日，两年内案件数量高达4000余件，58.5%的涉案案由为著作权权属、侵权纠纷，可能系以批量恶意诉讼为目的而成立的公司。

三、善用活用调查权，揭开"版权窃贼"真实面目

大数据锁定了A公司批量恶意诉讼线索，但是仅仅是批量恶意诉讼并不能直接作为法律监督的依据，检察机关需要进一步搜集A公司诉讼中的违法证据。专案组研判后认为需要核查两个关键问题：第一，KTV场所点

映的歌曲均来源于 VOD 云曲库，那么 A 公司的作品是如何进入云曲库的，是否为自导自演的碰瓷式维权？第二，A 公司所有作品均非原创，而是继受取得，其是否会冒充权利人进行虚假著作权登记和出版？

对于第一个问题，专案组前往 VOD 系统提供商公司进行调查取证，发现涉案的作品在 A 公司公证取证前均已经完成了系统入库，且签订了授权 KTV 场所免费使用的协议。换言之，被告 KTV 场所均有权使用涉案音乐作品，A 公司无权起诉其侵权，A 公司属于事实上和法律上无根据的恶意诉讼！

对于第二个问题，则需要借助于大数据解决。由于音乐作品的公开性特点，可以通过网络音乐平台搜索涉案作品与原告出版物作品进行署名比对，即可甄别出涉案作品权属是否存在造假。专案组依职权向清城区法院调取了 A 公司审判卷宗，围绕 A 公司提供的出版物作品，通过网络音乐平台以歌手、歌曲名称进行搜索、比对，发现 A 公司出版的 264 首作品存在问题作品 192 首。

为了进一步核实 A 公司涉案作品的权属，专案组通过中国音像著作权集体管理协会，直接联系真实权利人及 A 公司宣称的上游权利人公司。其中，26 首音乐作品的真实权利人出具声明表示未进行权利转让，上游权利人则出具声明表示其对于涉案作品均无著作权。至此，在大数据的支撑下，A 公司虚假诉讼的事实被确定。清远市检察机关依法对 A 公司民事生效裁判开展监督，同时将 A 公司涉嫌侵犯著作权罪、虚假诉讼罪相关线索及证据移送公安机关，清远市公安局于 2023 年 5 月 11 日进行刑事立案。

四、深化一体化履职，从一案办理到一域治理

A 公司虚假诉讼案并非个案，清远市检察机关通过构建大数据法律监督模型排查出全国恶意诉讼原告公司线索 42 家，初步调查确定属于虚假诉讼公司 6 家（涉及案件 25855 件），已通过最高人民检察院、广东省检察院将线索移送相关检察机关办理，从而实现了个案办理到类

案监督，同时也破解了困扰法院多年的难题，净化了版权市场。为此，中国音像著作权集体管理组织专门来信向清远市检察院表示感谢。感谢信中写道：……在此过程中，大量KTV经营者被判败诉、财产被执行，大量真实权利人的MV作品被下架删除，失去线下传播渠道，卡拉OK行业经营秩序受到严重影响。贵院在上述案件中充分利用大数据法律监督模型，敏锐发现案件问题，扎实开展监督工作，从商业维权主体使用作品的类型、权属出发，抽丝剥茧、去伪存真，厘清核心证据、还原事实真相。自贵院进行法律监督以来，涉案商业维权公司在全国范围内大规模撤诉，卡拉OK经营场所秩序得以净化，广大权利人的合法权益得以维护！

A公司虚假诉讼案同时暴露了著作权登记制度和法院裁判规则的漏洞。我国著作权登记仅进行形式审查，部分不法分子利用该漏洞将公有领域的作品甚至将他人作品通过著作权登记"窃为己有"。而人民法院在审理著作权纠纷案件时，并不注重审查作品的真实权属，从而为著作权领域虚假诉讼留下了可乘之机。对此，清远市检察机关充分利用检察一体化办案优势，及时向广东省检察院、最高人民检察院报告工作，一体推动人民法院完善裁判规则，避免司法被用作诉讼谋利的工具，节约司法资源；同时推动著作权登记制度完善，助力实现版权管理现代化。

案件承办人：

　　季焕爽　何海莹（广东省清远市人民检察院）

案例撰写人：

　　季焕爽　刘玉仙　袁泰芝　杜　思（广东省清远市人民检察院）

案例审核人：

　　乐上禹（广东省人民检察院）

"涉黑恶线索"类案监督

◇ 青海省人民检察院

📖 关键词

黑恶犯罪　线索筛查　立案监督　行业治理

📖 要旨

针对涉黑恶犯罪分子跨区域违法犯罪在司法实践中未能有效串并，可能存在"漏网之鱼"问题，检察机关主动运用大数据，对涉黑恶违法犯罪分子惯常实施的故意伤害等刑事案件及治安案件办案数据进行碰撞，及时发现可能存在的重点人员及职务犯罪监督线索，制发社会治理类检察建议，推动常态化扫黑除恶走深走实。

📖 基本情况

青海省检察机关依托全国检察业务应用系统和青海省公安机关执法办案信息系统，获取 2020 年以来检察机关已办结和正在办理的故意伤害、寻衅滋事、聚众斗殴、非法拘禁四类刑事案件（以下简称"四类刑事案件"）办案数据，以及公安机关长期立而不侦、久侦不结的"刑事挂案"和故意伤害、寻衅滋事、聚众斗殴、非法拘禁治安案件（以下简称"四类治安案件"）办案数据，采取横向比对、纵向串并的方式进行数据碰撞，进而发现类案监督线索。以线索反推社会综合治理短板和漏洞，分析研判黑恶势力滋生土壤和成因，从源头上杜绝黑恶势力死灰复燃、坐大成势。

📖 线索发现

2022年6月，河北唐山打人恶性案件发生后，青海省人民检察院党组高度重视，组织专人对该案涉案人员身份及行为特征分析研究，提炼到参与多起犯罪、涉嫌多个罪名等信息，从全国检察业务应用系统"四类刑事案件"中排查我省重点人员情况，并逐一分析研究，提取数据要素，建立监督模型雏形。后期将案件类型扩展至"四类治安案件"，进一步充实数据要素内容，完善数据要素类型，构建完整的监督模型。全省检察机关利用监督模型，全面排查类似唐山打人案中参与多起犯罪、涉嫌多个罪名，欺压百姓、为非作恶、称霸一方的涉黑恶人员线索和涉黑恶犯罪刑满释放人员再犯罪线索，以及涉黑恶犯罪作为普通犯罪甚至治安违法行为处理的职务犯罪线索，从中深挖隐藏的涉黑恶犯罪分子和黑恶势力"保护伞"。

📖 数据分析方法

数据来源

全省各级检察院通过"平台查询＋卷宗查阅"的方式，获取"四类刑事案件"和"四类治安案件"相关数据。一是通过访问查询检察业务应用系统数据库，导出全省检察机关2014年以来办理的"四类刑事案件"的案卡、文书等数据信息。二是通过对接查询公安机关执法办案系统，获取2020年以来"四类治安案件"和"刑事挂案"案件的案卡、案情摘要、侦查终结报告、起诉意见书等数据信息。三是通过调阅查询公安机关2020年以来"四类治安案件"行政处罚卷宗，摘录姓名、身份证号、案情等数据信息。

数据分析关键词

类案特征要素共计 441 个，主要包含以下两类：

姓名、年龄、身份证号、涉案罪名、拘留时间、入所出所时间、不批准逮捕时间、不起诉时间、变更强制措施时间、释放时间、行政处罚案由、前科劣迹、一人涉及多个罪名、两起以上事实等普遍性特征要素；是否涉黑涉恶、持械、棍棒、砍刀、纠集、威胁、暴力、统一着装、文身、砍头息等涉黑恶特征要素。

"四类刑事案件"逻辑规则：以 3 人以上犯罪、1 人涉及多个罪名为规则，对"四类刑事案件"进行筛查。

"四类治安案件"逻辑规则：以 3 人以上结伙或 1 人 3 次以上违法行为及不应当立案而立案、立案后不积极侦查、不批捕后长期搁置、"另案处理"等 4 类违法情形为规则，对"四类治安案件"进行筛查。

数据分析步骤

第一步：建立"四类刑事案件"数据表。省院读取检察业务应用系统数据库中审查逮捕、一审公诉、二审上诉等刑事案件信息，查询检索"四类刑事案件"，导出所筛案件名称、嫌疑人姓名、证件号码、案由案情等重点数据要素，形成"四类刑事案件"数据表，并从中总结、提炼类案特征要素、监督规则等。

第二步：建立"四类治安案件"数据表。各县区院依托侦查监督与协作配合办公室，对接公安机关执法办案信息系统数据库，查询"四类治安案件"案卡、文书等基本信息，摘录导出案件名称、嫌疑人姓名、证件号码、案由案情等重点数据要素，再通过调阅纸质卷宗，与系统案件进行横向比对、查漏补缺，最终形成"四类治安案件"数据表层报省院。对排查中发现的"刑事挂案"，摘录导出案件名称、嫌疑人姓名、证件号码、案由案情等重点数据要素，形成"刑事挂案"重点人员表层报省院，并同步开展集中清理。

第三步：开展"先分筛后串并"工作。省院对照数据分析关键词及逻辑规则，将全省"四类刑事案件"数据表与"四类治安案件"数据表先进行分别筛查，然后再进行串并碰撞，筛出全省范围内多次违法犯罪、跨区域违法犯罪及疑似涉黑恶重点人员线索。最后将筛选出的重点人员与"刑事挂案"重点人员表进行比对筛查，筛出可能存在的涉黑恶"保护伞"线索。

第四步：推送反查重点人员及"保护伞"线索。省院将筛出的多次、跨区域违法犯罪、疑似涉黑恶重点人员及"保护伞"线索，分地区推送至各市州院，由检察机关调阅纸质卷宗后，联合公安机关共同分析研判并作出相应处理：对多次行政处罚构成犯罪的人员，监督公安机关及时立案侦查；对尚不构成犯罪的人员，督促公安机关列为重点监管对象；对发现的涉黑恶"保护伞"线索，及时移送相关部门。

思维导图

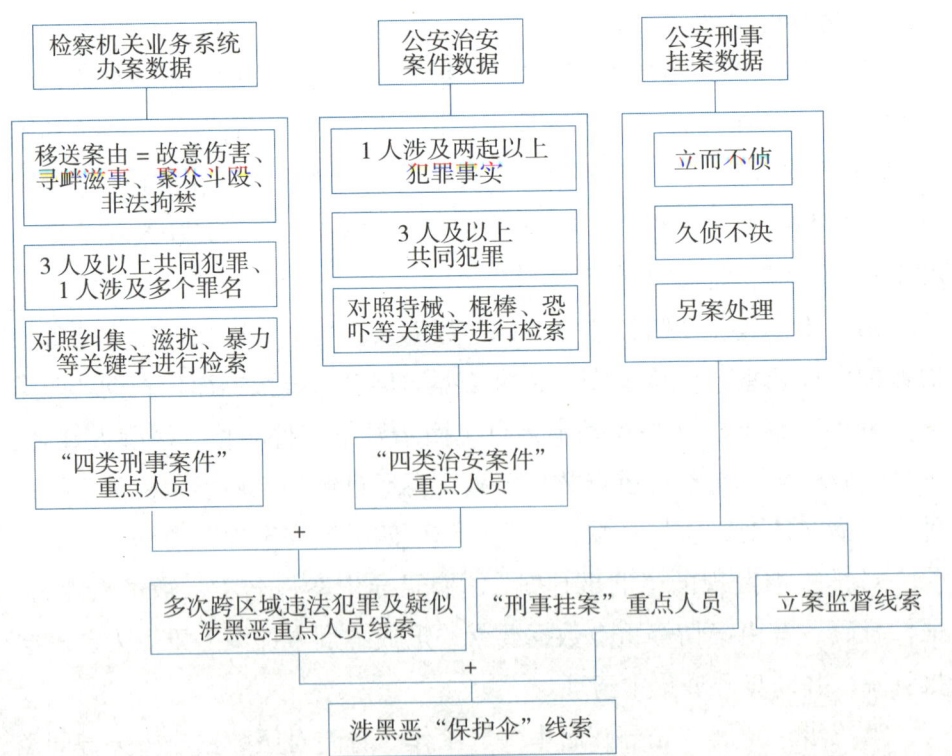

📖 检察融合监督

充分运用审查、调查、侦查"三查"融合理念，对类案监督中发现的各类问题区分情况依法处理。对发现的立案监督线索，及时开展立案监督；对发现的"刑事挂案"和"另案处理"案件，具备进一步侦查条件的，督促公安机关加快侦查进度，尽快侦查终结，无法继续侦查的，按照《青海省人民检察院关于刑事诉讼监督若干问题的规定（试行）》督促结案；对发现个案中存在执法司法不规范问题的，口头或书面提出纠正意见；对发现的类案或普遍存在的执法司法不规范问题以及行业治理漏洞，精准制发检察建议。同时加强与公安机关、纪检监察机关的协调配合，对发现刑满释放人员再犯罪和多次被治安处罚的重点人员，联合公安机关共同研判重点关注；对发现徇私舞弊、徇私枉法等职务犯罪线索，由省检察院扫黑办研判后，统一移送纪检监察机关或移交检察机关职务犯罪侦查部门处理。

📖 社会治理成效

全省检察机关运用监督模型的分析、挖掘功能，排查梳理各类案件4.4万余件，共发现受到多次行政处罚及刑事处罚的重点人员92人、立案监督线索74件、督促尽快结案"刑事挂案"321件、执法司法不规范问题线索129条、行业治理漏洞6个。

未雨绸缪，打早打小。坚持"是黑恶犯罪一个不放过、不是黑恶犯罪一个不凑数"原则，不断加强与公安机关的协作配合，精准管控具有涉黑恶犯罪趋势的重点人员。对发现的92名多次受到行政处罚及刑事处罚的重点人员，分地区推送至各市州院，由各市州院调阅纸质卷宗，联合公安机关共同分析研判，已将12人列为公安机关重点监管对象，做到防微杜渐、打早打小，绝不让黑恶势力坐大成势。

依法履职，规范司法。大数据监督模型一定程度上解决了困扰我省检察机关立案监督线索来源单一的问题，有效提升了法律监督质效。通过监督模型集中发现的 74 件立案监督线索，均要求公安机关说明立案或不立案理由，经审查，通知公安机关撤销案件 14 件，目前已全部撤案；通知公安机关立案 17 件，经公安机关初查后立案侦查 8 件，其中 4 件 7 人已作出有罪判决；对发现的 3000 多件"刑事挂案"，具备进一步侦查条件的，督促公安机关加快侦查进度尽快侦查终结，不具备侦查条件、无法继续侦查的 321 件，已全部督促结案。

诉源治理，堵塞漏洞。对暴露的鉴定程序不规范、证据提取不规范等 129 条执法司法不规范线索和治安管理、文化旅游等 6 个行业治理漏洞，深入分析研判、找准短板弱项，及时向公安、民政等部门制发针对性检察建议 35 份，并持续跟踪督促整改，整改回复率达 100%。其中发出的 10 份社会综合治理类检察建议，涵盖了 KTV、宾馆、夜市等与人民生活息息相关、易发生违法犯罪的特定场所整治，进一步铲除黑恶犯罪滋生土壤，实现"办理一案、治理一片"的社会效果。

📖 法律法规依据

1.《中华人民共和国刑法》第二百九十四条第一款、第三款　组织、领导黑社会性质的组织的，处七年以上有期徒刑，并处没收财产；积极参加的，处三年以上七年以下有期徒刑，可以并处罚金或者没收财产；其他参加的，处三年以下有期徒刑、拘役、管制或者剥夺政治权利，可以并处罚金。

国家机关工作人员包庇黑社会性质的组织，或者纵容黑社会性质的组织进行违法犯罪活动的，处五年以下有期徒刑；情节严重的，处五年以上有期徒刑。

2.《中华人民共和国刑事诉讼法》第一百一十三条　人民检察院认为公安机关对应当立案侦查的案件而不立案侦查的，或者被害人认为公安机关对应当立案侦查的案件而不立案侦查，向人民检察院提出的，人民检察院应当要求公安机关说明不立案的理由。人民检察院认为公安机关不立案理由不能成立的，应当通知公安机关立案，公安机关接到通知后应当立案。

3.《中华人民共和国反有组织犯罪法》第二条　本法所称有组织犯罪，是指《中华人民共和国刑法》第二百九十四条规定的组织、领导、参加黑社会性质组织犯罪，以及黑社会性质组织、恶势力组织实施的犯罪。

本法所称恶势力组织，是指经常纠集在一起，以暴力、威胁或者其他手段，在一定区域或者行业领域内多次实施违法犯罪活动，为非作恶，欺压群众，扰乱社会秩序、经济秩序，造成较为恶劣的社会影响，但尚未形成黑社会性质组织的犯罪组织……

第十四条　监察机关、人民法院、人民检察院、公安机关在办理案件中发现行业主管部门有组织犯罪预防和治理工作存在问题的，可以书面向相关行业主管部门提出意见建议。相关行业主管部门应当及时处理并书面反馈。

4.《人民检察院刑事诉讼规则》第五百五十七条　被害人及其法定代理人、近亲属或者行政执法机关，认为公安机关对其控告或者移送的案件应当立案侦查而不立案侦查，或者当事人认为公安机关不应当立案而立案，向人民检察院提出的，人民检察院应当受理并进行审查。

人民检察院发现公安机关可能存在应当立案侦查而不立案侦查情形的，应当依法进行审查……

第五百五十九条第一款　人民检察院经审查，认为需要公安机关说明不立案理由的，应当要求公安机关书面说明不立案的理由。

第五百六十一条第一款　公安机关说明不立案或者立案的理由后，人民检察院应当进行审查。认为公安机关不立案或者立案理由不能成立的，经检察长决定，应当通知公安机关立案或者撤销案件……

╱ 办案心得体会 ╱

　　为坚决贯彻落实中央、最高检和青海省委关于常态化扫黑除恶斗争的决策部署，全面推动常态化扫黑除恶斗争走深走实，青海省人民检察院充分发挥检察职能，聚焦涉黑恶重点人员，构建"涉黑恶线索"类案监督模型，全面排查、循线彻查涉黑恶违法犯罪分子和"保护伞"漏网之鱼，为维护我省社会和谐稳定，助力社会综合治理贡献了检察力量。

一、设计思路

　　青海省人民检察院以网络热点为镜鉴，部署开展惩治涉黑恶违法犯罪"回头看"专项行动，及时跟进唐山案件进展情况，以该案涉案人员为对象进行分析研判，发现社会面仍然可能存在涉黑恶违法犯罪分子，他们犯罪手段更加隐蔽难以发现，以普通侦查手段无法及时查获。另外，我省常态化扫黑除恶案件数量大幅下降，存在黑恶犯罪线索无法有效串并排查的情况。如需破解这些难题，就要采取一些特殊方法，省检察院扫黑办分析后决定以应用大数据为突破口，联合检察业务保障部共同制作大数据法律监督模型。

二、模型构建

　　省检察院成立由扫黑办、检察业务保障部、基层院业务骨干及系统开发工程师共 10 余人组成的建模小组，对涉及"四类案件"案卡信息进行分析研判，归纳提取检察机关捕诉案件、公安机关治安案件及"刑事挂案"中共有的关键词、数据要素、数据项等内容。依托检察业务应用系统，运用 SQL 语句查询数据库，对全省检察机关办理的 6000 余件刑事案件进行摸底筛查，从中排查出参与多起犯罪、涉嫌多个罪名及刑满释放人员再犯罪重点人员信息 425 条，并逐一分析研究，提取到案件被告人（犯罪嫌疑人）共有的 11 个监督规则，23 个数据项，109 个涉黑恶关键词，初步构建了监督模型的雏形。

在专项行动中，基层院检察人员充分发挥侦查监督与协作配合办公室职能，通过公安机关执法办案信息系统查询导出相关数据，对于部分只提供纸质卷宗的案件，采取人工摘抄重点数据要素，填录形成数据表格。省检察院汇总各地上报的数据表格，使用表格筛选、查重、数据比对等功能，提取治安案件的数据要素，对监督模型进行充实和完善，构建了拥有3大类监督方向，7类数据要素，24个监督点，61个数据项，100项监督规则，441个涉黑恶关键词的完整监督模型。

三、模型特色

1.监督模型是常态化扫黑除恶斗争的现实需要。随着扫黑除恶由专项斗争转为常态化，涉黑恶犯罪出现了一些新苗头，如组织形式的隐蔽化、涉及领域的多元化、行为手段的网络化等。针对常态化扫黑除恶斗争面临的新形势、发现的新问题、呈现的新特点，省检察院总结过往经验，不断尝试创新工作方式来开展工作，以大数据作为重要抓手，研发类案监督模型，让涉黑恶犯罪分子无所遁迹。

2.监督模型是深度挖掘内生数据价值的具体实践。无论是检察大数据，还是监督模型，最终落脚点都在数据，数据的大量积累才能实现真正意义上的"大数据"。自2014年以来，青海省检察机关共产生4.9万余件刑事案件数据，深度挖掘这些自有数据价值，从中提取数据要素，为建立监督模型打下基础，让内生数据成为打开大数据法律监督之门的钥匙。

3.监督模型是打防并举除恶务尽的有效举措。为实现黑恶必扫、除恶务尽的目标，本监督模型采取将公安机关执法办案信息系统案件与治安案件纸质卷宗之间进行比对分析的"横向比对"方式与以县域—市（州）域—省域进行碰撞分析的"纵向串并"方式相结合的形式，系统完整的开展串并比对筛查，从而精准实现从数万条数据信息中筛查出多次跨区域违法犯罪和疑似涉黑恶重点人员线索，有效阻止普通犯罪向有组织犯罪的发展态势。

四、推广前景

该模型在 2022 年全省检察机关惩治涉黑恶违法犯罪"回头看"专项行动中经过实践检验，极易推广使用。一是利于实现打早打小。模型应用有利于及早发现涉黑恶犯罪苗头性、倾向性问题，实现打早打小、露头就打，严防坐大成势的常态化扫黑除恶工作目标，切实增强人民群众的安全感、幸福感和获得感。二是数据来源简单。数据是监督模型的基础，而较为便捷的数据获取方式是本监督模型的亮点。模型应用的检察机关自身办案数据通过访问检察业务应用系统数据库即可获取，公安机关治安案件数据可利用侦查监督与协作配合办公室调取。三是操作模式便捷。通过运用数据表格的查重等功能，将本地区刑事案件与治安案件数据进行排查后，可筛出本地可能存在的跨区域违法犯罪重点人员、疑似涉黑恶重点人员及"保护伞"线索。四是易于推广使用。各地检察机关可以结合本地常态化扫黑除恶工作实际，简单修改即可开展检察大数据法律监督，无须单独研发软件。

案例撰写人：

　　杨富平（青海省人民检察院）

案例审核人：

　　党雪梅　曾有智　李昊德（青海省人民检察院）

外卖小哥利用跑腿平台漏洞
贩卖国家管制精神药品类案监督

◇ 上海市人民检察院　闵行区人民检察院

📖 关键词

外卖小哥　跑腿平台　国家管制精神药品　毒品犯罪

📖 要旨

从国家管制精神药品配药记录信息中，以姓名、药品名称等数据要素为特征，筛选出一定时间内配药量明显大于实际可服用量的人员信息名单，与本地跑腿平台外卖小哥身份信息碰撞，发现外卖人员超量配取国家管制精神药品涉毒犯罪线索。健全侦查监督与协作配合机制，通过提前介入引导侦查，夯实以药当毒的主观故意，严厉打击贩卖毒品犯罪。立足检察职能溯源治理，法治保障寄递新业态发展。

📖 基本情况

针对部分外卖小哥利用寄递新业态贩卖国家管制精神药品现象，上海市检察院将上海市禁毒智能化管理服务预警平台医保配药数据对接，与相关多家跑腿平台数据进行碰撞，筛选外卖人员超量配取国家管制精神药品的信息，从中发现毒品犯罪线索。目前共发现全量国家管制精神药品异常数据 10 万余条，已打击相关毒品犯罪 16 人。针对发现的问题，开展寄递新业态专项治理，向跑腿平台企业制发社会治理检察建议。

线索发现

闵行区检察院通过侦查监督与协作配合办公室，提前介入公安机关侦查的一起孙某某贩卖毒品案时，发现孙某某高频次在各大医院开具国家管制精神药品酒石酸唑吡坦（以下简称"思诺思"），已明显超过个人正常使用量，且其为某跑腿平台"外卖小哥"，涉嫌通过平台客户下单代配药后高价予以贩卖的犯罪行为。上海市检察院发现"外卖小哥"通过跑腿平台漏洞贩卖"思诺思"等国家管制精神药品，形成"代买—贩卖"成熟模式并有规模化趋势，系犯罪分子利用寄递渠道实施寄递毒品等违禁品犯罪的新型业态，严重扰乱社会公共管理秩序；且通过国家管制精神药品异常开药数据与跑腿平台外卖小哥信息数据碰撞，可以比对出跑腿小哥异常配药线索，海量的开药记录叠加平台订单，让数据进入可以人工审查的范围，建立监督模型具有可行性和必要性。

数据分析方法

数据来源

1. 国家管制精神药品配药异常数据〔源于上海市禁毒智能化管理服务预警平台（626 平台）〕；

2. C2C（即个人对个人电子商务模式）跑腿服务平台人员信息数据（源于跑腿服务平台）。

数据分析关键词

从国家管制精神药品配药数据分析，通过"姓名""药品名称"关键词筛选出同一患者国家管制精神药品配药记录。选取一定时间段，根据一天一粒或医嘱计算用药量，锁定累计配药总量明显大于最大用药量的异常人员。将异常人员信息以"姓名"为关键词与跑腿平台外卖小哥信息对比，碰撞出异常配药的平台外卖小哥名单。

数据分析步骤（以"思诺思"为例）

第一步：通过 626 平台医保数据中药品名称、姓名、医保卡号、身份证号码为字段要素，筛选出如"思诺思"国家管制精神药物的开配情况，对同一患者累计计算总量；

第二步：根据选取的时间段，计算最大用药量，一般正常服药量为 1 粒 / 天，锁定累计总量大于最大用药量的异常人员；

第三步：将异常配药人员信息与跑腿平台外卖信息碰撞，通过"姓名"筛选，确定异常配药外卖小哥，涉嫌贩卖毒品线索；

第四步：通过侦协办提前介入案件引导侦查、开展立案监督；通过制发检察建议等方式进行社会治理。

思维导图

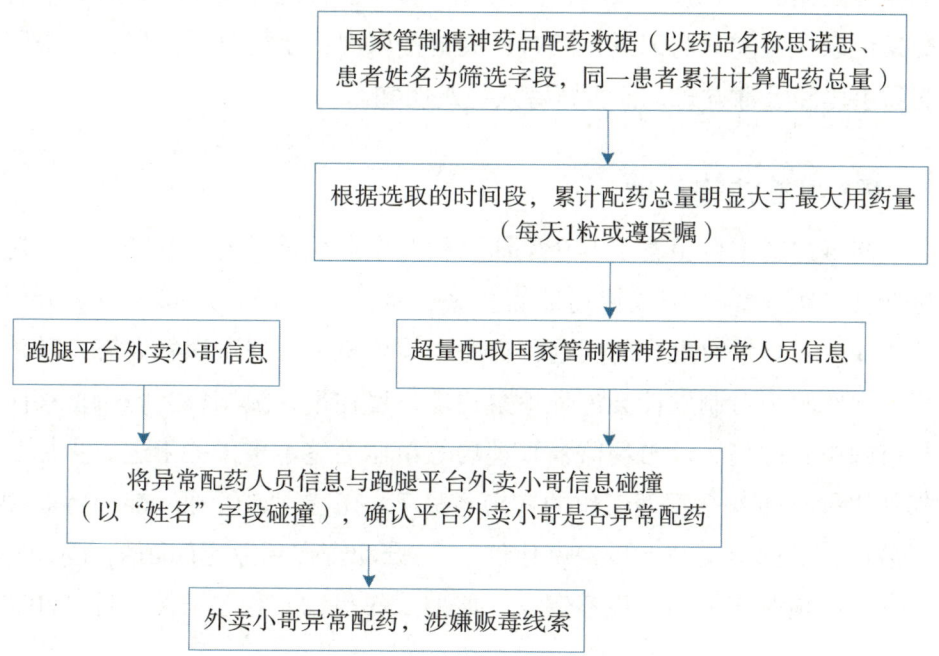

📖 检察融合监督

涉毒刑事案件监督

市、区检察院围绕寄递新业态 C2C 平台线上接单、线下交易、"代买—贩卖"同城配送和备货待贩的犯罪新模式，会同公安、禁毒等部门共同加强问题研判和依法打击，同时加强对寄递渠道违法犯罪线索收集、移送、立案监督力度，依托侦查监督与协作配合办公室，同步审查、同步监督、同步深挖犯罪、同步溯源治理，通过提前介入或立案监督等方式开展监督，提起公诉涉毒犯罪案件 15 件 16 人，其中获判三年以上有期徒刑 6 件 6 人。

厘清精神药品涉毒案件主客观认定难点

因精神药品具有药毒双重属性，检察机关充分发挥审前主导责任，认真研究、精准界定涉新业态毒品犯罪立案条件和证据标准，对偶尔代配精神药品的，不宜以贩毒行为论处。引导公安机关及时收集电商平台交易记录、医院开药记录，及时、规范提取涉案手机电子数据等，查明交易手段和贩毒方式，证实嫌疑人主观明知。

📖 社会治理成效

同城递送平台服务了群众生活，相关企业虽提供递送服务，从事递送业务，但未纳入邮政快递监管体系，加之交易隐蔽，成为不法分子的犯罪工具。针对发现的问题，上海市检察机关开展寄递新业态专项治理，向跑腿平台制发社会治理检察建议，堵住平台漏洞；上海市检察院与市邮政管理局、市市场监督管理局等单位会签本市《关于进一步加强邮件快件寄递安全管理工作的实施意见》，完善寄递管理，推动行业溯源治理，贯彻落实"七号检察建议"。《推动寄递新业态问题综合治理》入选最高检落实"七号检察建议"典型工作事例，相关案例入选"2022

年上海禁毒工作十大事件"。

📖 法律法规依据

1.《中华人民共和国刑法》第三百四十七条　走私、贩卖、运输、制造毒品，无论数量多少，都应当追究刑事责任，予以刑事处罚。

走私、贩卖、运输、制造毒品，有下列情形之一的，处十五年有期徒刑、无期徒刑或者死刑，并处没收财产：

（一）走私、贩卖、运输、制造鸦片一千克以上、海洛因或者甲基苯丙胺五十克以上或者其他毒品数量大的；

（二）走私、贩卖、运输、制造毒品集团的首要分子；

（三）武装掩护走私、贩卖、运输、制造毒品的；

（四）以暴力抗拒检查、拘留、逮捕，情节严重的；

（五）参与有组织的国际贩毒活动的。

走私、贩卖、运输、制造鸦片二百克以上不满一千克、海洛因或者甲基苯丙胺十克以上不满五十克或者其他毒品数量较大的，处七年以上有期徒刑，并处罚金。

走私、贩卖、运输、制造鸦片不满二百克、海洛因或者甲基苯丙胺不满十克或者其他少量毒品的，处三年以下有期徒刑、拘役或者管制，并处罚金；情节严重的，处三年以上七年以下有期徒刑，并处罚金。

单位犯第二款、第三款、第四款罪的，对单位判处罚金，并对其直接负责的主管人员和其他直接责任人员，依照各该款的规定处罚。

利用、教唆未成年人走私、贩卖、运输、制造毒品，或者向未成年人出售毒品的，从重处罚。

对多次走私、贩卖、运输、制造毒品，未经处理的，毒品数量累计计算。

2.《人民检察院检察建议工作规定》第十一条　人民检察院在办理案件中发现社会治理工作存在下列情形之一的，可以向有关单位和部门提出改进工作、完善治理的检察建议：

（一）涉案单位在预防违法犯罪方面制度不健全、不落实，管理不完善，存在违法犯罪隐患，需要及时消除的；

（二）一定时期某类违法犯罪案件多发、频发，或者已发生的案件暴露出明显的管理监督漏洞，需要督促行业主管部门加强和改进管理监督工作的；

（三）涉及一定群体的民间纠纷问题突出，可能导致发生群体性事件或者恶性案件，需要督促相关部门完善风险预警防范措施，加强调解疏导工作的；

（四）相关单位或者部门不依法及时履行职责，致使个人或者组织合法权益受到损害或者存在损害危险，需要及时整改消除的；

（五）需要给予有关涉案人员、责任人员或者组织行政处罚、政务处分、行业惩戒，或者需要追究有关责任人员的司法责任的；

（六）其他需要提出检察建议的情形。

办案心得体会

毒品犯罪一直是我国严厉打击的犯罪种类，技术的进步和数字经济结构的转变，滋生了新型犯罪手法，给犯罪结构及治理方式带来一定影响。犯罪分子借助互联网、移动支付等新技术、新手段，利用寄递新业态实施贩卖新型毒品犯罪活动，加大了对毒品犯罪的侦查难度。面对数字经济结构转变滋生的新业态、新手法、新型犯罪，大数据法律监督模型通过数字特征，以数据规律刻画行为人行为规律，输出类案监督线索，延伸类案社会治理监督成效，以高质量的检察履职服务保障数字经济转型升级。

一、个案办理发现问题，成立专班分析研判

上海市闵行区人民检察院通过侦查监督与协作配合办公室（以下简称"侦协办"），提前介入区公安分局一起贩卖毒品案件时，发现嫌疑人高频次在各大医院开具国家管制的精神药品"思诺思"，且身份为某电商平台"跑腿小哥"，涉嫌通过网上交易并提供跑腿服务的方式，进行接单代配、加价贩卖精神药品。后又办理了几起同一跑腿平台"跑腿小哥"贩卖精神药品案件，遂怀疑犯罪分子已形成利用寄递新业态 C2C 平台线上接单、线下交易、"代买—贩卖"的犯罪新模式。

如何将海量的开药记录叠加平台订单，让数据进入可以人工审查的范围，上海检察机关树立业务部门出题、数字检察建设答题的数字化思路，切实发挥数字技术对业务的支撑和推动作用，组建数字检察办案团队，由业务部门提要求，由技术部门配合协同发力，运用大数据办案思维，探究背后规律性、共性问题，总结归纳监督点和监督规则，发现通过国家管制精神药品异常开药数据与跑腿平台外卖小哥信息数据碰撞，可以比对出跑腿小哥异常配药线索，建立监督模型具有发现贩毒线索的可行性。

二、搜集整合数据线索，充分挖掘数据潜力

监督模型依赖于对数字特征的解读，对相关数据的串联，对犯罪构成异常数据的输出，以数据规律刻画行为人的行为规律，而这一切都离不开数据的全面、完整收集。经数字检察办案团队对个案犯罪特征的分析，该模型需要国家管制精神药品异常开药数据库与跑腿平台外卖小哥信息数据库。

梳理出所需数据及方向后就是数据的搜集工作，首先需要全市各大医院配取国家管制精神药品的配药记录，上海市禁毒委开发的上海市禁毒智能化管理服务预警平台（以下简称"626平台"）实现了配取国家管制精神药品数据的实时动态更新，平台涵盖了全量涉毒信息，上海市人

民检察院与市禁毒委沟通实现数据连通，制定《上海市人民检察院关于接入市禁毒智能化管理服务预警平台数据管理办法》，规范数据接入流程，在626平台直接设置检察端口，在确保数据安全稳定的前提下实时共享国家管制精神药品配取情况，充分发挥数据效能。其次，通过实地走访注册在上海市的跑腿平台公司，获取平台小哥订单信息。至此，模型构建所需的数据就全部完整搜集。

三、构建数字监督模型，输出案件监督线索

监督模型的重点在于通过将原本孤立的数据经过串联、碰撞，分析梳理出监督线索。树立"在办案中监督，在监督中办案"理念，运用数字技术让个案办理走向类案监督，通过个案背后的数据要素，分析研判后得出类案的共性特征，提炼出所需的数据及运行步骤，构建监督模型。模型所需两个数据库，配取国家管制精神药品数据库及C2C平台配药人员订单库，将两个数据库进行碰撞，就能识别出异常配药平台人员，进而对筛选出的异常配药人员进行人工审查，核实其贩卖毒品的主观明知，认定其是否构成贩卖毒品罪。

第一步，通过626平台医保数据中药品名称、姓名、医保卡号、身份证号码为要素，筛选出如思诺思、阿普唑仑等国家管制的精神药品的配药情况，对同一患者累计计算总量；第二步，根据选取的时间段，计算出最大用药量，锁定累计总量大于最大用药量的异常人员；第三步，将异常配药人员信息与跑腿平台订单信息碰撞，通过"姓名"进行筛选，确定异常配药外卖小哥。进而通过侦协办提前介入案件引导侦查、开展立案监督。

四、依托侦查协作机制，引导侦查打击犯罪

监督模型最终让异常监督数据进入可以由人工审查的范围，换言之，筛选出的数据并非是直接的成案线索，而是高度怀疑线索，需要后续的人工审查和侦查取证，这是由于案件需要证明犯罪嫌疑人的主观明

知故意，这不是仅有算法就可以解决，数据技术可以处理人工无法筛查的数据量，但法律监督最终仍要体现人的主体性，需要运用法律思维去判断处理。

针对涉新业态毒品犯罪案件立案条件和证据标准等难点问题，依托侦查协作机制安排专职联络检察官负责对取证工作跟踪落实，同步开展证据审查，在研究犯罪定性和证据要求后，针对骗配精神药品、先跑腿后贩卖、备货待贩的犯罪新特点，建议公安机关从以下四个方面开展侦查取证：一是完整调取在各大医院开具精神药品的明细；二是通过电商平台调取接单代配精神药品的订单记录；三是调取与购毒人员线下交易的聊天及转账记录，查证是否主观上明知购药系为吸毒，仍向购毒人员出售；四是查证购买者是否存在滥用精神药品情况，建议对经查证确属滥用精神药物的购毒人员依法作出行政处罚。对模型碰撞出 C2C 平台跑腿人员异常配药 20 余人，通过侦协办引导公安机关侦查取证，准确认定"药当毒用"的主观明知，精准打击贩卖时间长、多次贩卖、形成利益链条的犯罪嫌疑人，公诉 15 件 16 人，均被法院以贩卖毒品罪判处拘役五个月至有期徒刑三年四个月不等刑罚。

五、立足检察能动履职，精准开展诉源治理

数字检察的终点在于将监督工作引向社会治理，实现类案监督到社会治理的转变。个案或许是偶发，但类案的出现必定暴露出监管的缺失、制度或机制的缺位等漏洞，数字检察监督模型在输出批量线索的同时，也为特定领域的系统治理工作明确了方向，立足检察职能的"我管"，精准开展溯源治理，聚焦案件背后暴露出的监管盲区，以问题为导向，以检察建议为有力抓手，促进企业整改落实、促进行业建章立制。检察机关作为法治建设的重要力量，在做好检察本职工作的同时，还要能动履职、延伸监督触角，积极协同促进相关单位的"都管"。

依托模型所反映出的 C2C 寄递新业态风险点，制发检察建议书，提

出设置敏感词拦截违禁品下单、加强订单内容实质审核及运用大数据和监控技术手段核实从业人员身份信息等多项措施，并面向快递企业及行业监管部门进行公开宣告。对具有行业代表性的企业加大治理力度，通过业内企业座谈、检察建议公开宣告等方式，以案释法、以案说理、以案促治，促进领先企业率先规范自律，从而推进行业整体自律，保障行业健康发展；全市检察机关认真贯彻落实最高检"七号检察建议"，与邮政管理、市场管理、公安、禁毒等部门建立健全信息共享、线索移送、协同处置等工作机制，会签上海市《关于进一步加强邮件快件寄递安全管理工作的实施意见》，协同监管部门积极推动寄递行业溯源治理，集中整治"网络＋寄递"涉毒突出问题；联合行政执法机关强化行刑衔接，实现多部门数据共享，强化互联网交易领域关联寄递业务的安全监管，完善线上线下寄递行业日常监管、行业自律、信用惩戒、行政处罚相结合的全方位监管体系，共同推进行业治理；同时，注重发挥人大代表、政协委员的作用，邀请人大代表、政协委员参与专项整治，通过参加座谈、观摩检察建议公开宣告、听庭评议、"两会"期间提案等方式，共同提出《关于防范网络平台成为违禁品交易场所、促进同城寄递新业态健康发展的建议》，进一步助推C2C寄递新业态的立体化监管，以检察监督促融合监督、社会监督，引领社会法治共识。

案件承办人：

　　杨文艳　吴　潇　于　涵（上海市闵行区人民检察院）

案例撰写人：

　　杨文艳　吴　潇　于　涵（上海市闵行区人民检察院）

案例审核人：

　　张　曦（上海市人民检察院）

未成年人"笑气"滥用监管
融合履职类案监督

◇ 山东省龙口市人民检察院

📖 **关键词**

未成年人　"笑气"滥用　管理漏洞　融合履职　立法成果

📖 **要旨**

针对个案反映出的未成年人滥用"笑气"（化学名称一氧化二氮）苗头性问题，在加强个案研判、提炼规律的同时，对涉"笑气"刑事案件、行政处罚案件进行汇总分析，提取吸食主体、地点、运输方式等关键要素信息，进行数字画像，精准揭示"笑气"监管过程中的薄弱环节。在此基础上构建数字监督模型，挖掘"笑气"刑事案件下行、非法寄运、娱乐场所管理薄弱、管控级别低等突出问题，充分发挥融合履职优势，开展精准监督、分类治理，并将检察实践转化为立法成果，促进"笑气"合法规范管理使用，根治未成年人滥用问题。

📖 **基本情况**

龙口市检察院在办理一起涉未成年人的恶势力犯罪集团案件时发现，存在犯罪分子吸食"笑气"后对未成年女孩进行强奸、猥亵等侵害行为、利用"笑气"控制未成年人实施违法犯罪的情况。为了加大对未成年人权益的保护，龙口市检察院未检部门充分发挥一体化办案优势，通过"三查融合"，进一步查实了未成年人"笑气"滥用的损害事实及"笑气"监管存在漏洞，并以此为切口，总结此类案件特征，梳理归纳了"笑气"全链条监管要素，提取公安机关行政处罚、检察机关办案信息，应急管理局和交通运输局的涉"笑气"企业备案信息，"笑气"经营、使用、运输信息等基础数据，进行碰撞比对，获取异常信息，开展刑事诉讼监督、行政公益诉讼监督，并组织相关职能部门会签文件，堵塞管理漏洞。同时，通过向立法机关提出立法建议的方式，助推未成年人"笑气"滥用禁令入法。

📖 线索发现

2020 年，龙口市检察院在办理张某某等 11 人（其中 4 人作案时未成年）恶势力犯罪集团一案时发现，该案 9 项罪名中，非法经营罪、强奸罪、强制猥亵罪、组织未成年人进行违反治安管理活动罪、非法拘禁罪 5 项罪名与"笑气"相关。继该案后，龙口市检察院又发现多起刑事案件涉及"笑气"。涉"笑气"案件频发说明"笑气"滥用蔓延情况严重，且"笑气"吸食效果与毒品类似，价格低、易购买、难检测，已成为严重危害青少年身心健康的"毒气"，亟须通过大数据分析开展专项治理。

📖 数据分析方法

数据来源

1. "笑气"经营、使用企业备案信息（源于应急管理局）；

2. 备案的运输"笑气"企业、车辆信息（源于交通运输局）；

3. 备案经营、使用企业运输"笑气"数据（源于备案经营、使用企业）；

4. 备案运输企业的运输"笑气"信息（源于备案运输企业）；

5. "笑气"相关行政处罚筛查数据（源于公安机关）；

6. 移送审查起诉的非法经营"笑气"案件数据（源于检察业务应用系统）。

数据分析关键词

经大数据分析，社会层面存在"笑气"监管不力致青少年滥用问题，数据研判的关键词：一是经营数额超过 5 万元，违法所得 1 万元，因经营"笑气"被行政处罚超过 3 次；二是吸食地点为住宿、娱乐场所；三是吸食对象为未成年人；四是运输方式为物流、快递，运输车辆为无资质车辆。

数据分析步骤

第一步：到应急管理部门筛查具备"笑气"经营资质的企业，到企业调取运输"笑气"的数据。

第二步：到交通运输管理部门筛查具备"笑气"运输资质的企业、车辆，到企业调取运输"笑气"的数据。

第三步：到公安机关筛查涉"笑气"行政处罚案件数据。

第四步：在检察业务应用系统系统中筛查经营对象为"笑气"的非法经营案件数据。

第五步：将前四步信息关联，发现以下异常情形：

（1）在行政处罚案件数据中检索"数额 5 万元以上""违法所得 1 万元以上""因经营'笑气'被行政处罚 3 次以上"，筛查出可能涉嫌非法经营"笑气"的案件信息，与检察业务应用系统内的数据进行碰撞，获取涉嫌非法经营"笑气"未被及时依法处理的数据信息；

（2）将备案经营企业"笑气"运输数据与备案运输企业的运输数据相碰撞，获取合法企业中相关非法运输"笑气"的数据；将行政处罚信息中的运输数据与备案运输企业的运输数据相碰撞，获取通过非法途径运输"笑气"的数据，去重后取得所在市域内非法运输"笑气"的数据信息；

（3）行政处罚案件数据中检索"笑气"吸食地点为酒吧、休闲吧、KTV 等娱乐场所以及宾馆、酒店等住宿场所的数据信息；

（4）行政处罚案件数据中检索吸食主体为未成年人的数据信息。

第六步：对第五步筛查出的异常情形，进行人工核查，分情况进行处理：

（1）针对非法经营"笑气"未被及时处理的案件，事实清楚的，监督公安机关刑事立案；需要继续侦查的，向公安机关移送案件线索。

（2）针对快递、物流非法运输"笑气"的问题，无运输资质的企业、车辆从事"笑气"运输的问题以及娱乐、住宿场所非法容留他人吸食"笑气"的问题向邮政、交通、公安等相关职能部门制发行政公益诉讼诉前检察建议，建议依法处罚违规企业、个人，并进行专项整治，切断"笑气"非法流转的通道，不断压缩"笑气"滥用的生存空间。

（3）针对未成年人成为吸食"笑气"的重点人群问题，向教育部门制发社会治理检察建议，建议加大对于"笑气"致害性、违法性的宣传力度，让未成年人自觉远离"笑气"。

思维导图

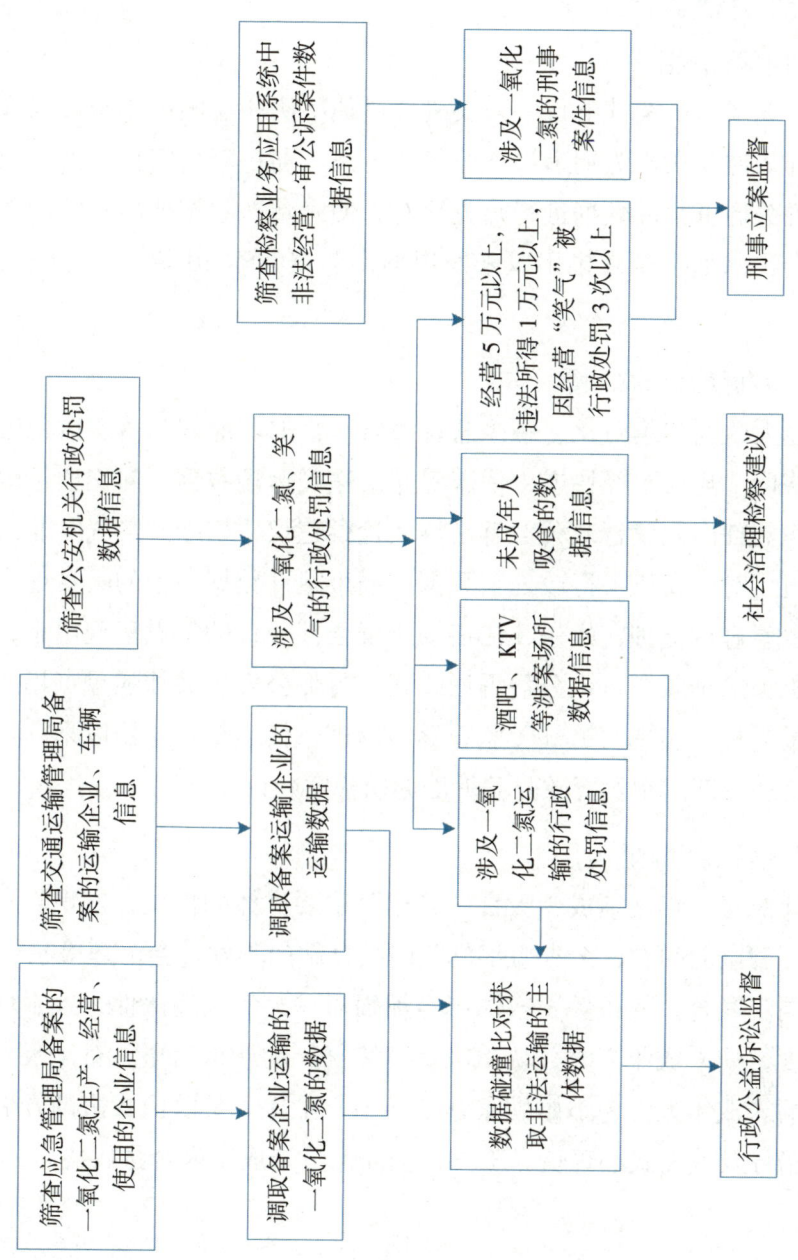

📖 检察融合监督

刑事检察监督

将发现刑事案件下行、公安机关久侦不决、遗漏犯罪嫌疑人或犯罪事实等案件线索作为刑事检察监督的重点，通过对公安行政处罚数据与检察机关刑事案件数据进行筛查比对，使隐藏在数据孤岛下的刑事监督线索浮出水面。全省推用以来发现刑事监督线索 30 条，监督公安立案 24 起。

公益诉讼检察监督

经大数据归集对比，碰撞监督线索，督促职能部门落实监督管理职责。获取"笑气"经快递、物流等非法途径运输数据，向交通运输、邮政等职能部门制发行政公益诉讼诉前检察建议，切断"笑气"非法流转的通道；对公安机关行政处罚数据、刑事案件数据当中的吸食地点、方式等要素进行梳理，娱乐、住宿场所聚会性吸食的特点呈现出来，获取公安机关怠于履职行政公益诉讼线索，督促公安机关加强重点场所、重点人员管控，实现"笑气"监管诉源治理。模型全省应用以来，共向公安、交通等部门制发行政公益诉讼诉前检察建议 47 份。

开展综合治理

针对青少年逐渐成为吸食"笑气"主要群体的情况，发现教育管理机制不健全的问题，全省检察机关向教育部门制发社会治理检察建议 23 份。同步联合公安机关、教体部门加强对"笑气"违法性、致害性的宣传力度，使未成年人充分认识吸食"笑气"的严重后果。对于吸食"笑气"的未成年人，邀请婚姻家庭指导中心工作人员阶段式协助开展家庭教育指导及戒瘾式心理疏导工作，全面保障未成年人合法权益。

📖 社会治理成效

会签管控办法。针对"笑气"存在监管盲区的现状,与交通、应急管理等6部门会签《一氧化二氮管控工作办法(试行)》,构建了"购、销、运、用"全方面监管、全过程留痕的"笑气"管控机制,从源头上切断了未成年滥用"笑气"的渠道。

层级接续治理。由于"笑气"不禁止个人购买,销售渠道多样、吸食地点隐蔽,导致"笑气"滥用屡禁不止。龙口市检察院、烟台市检察院、山东省检察院联合相关职能部门相继开展"笑气"专项整治活动,打掉涉多市"笑气"违法犯罪团伙1个,铲除"笑气"在生产、分装、销售、运输、吸食等各环节的黑色产业链,净化了未成年人的成长生活环境。

立法填补空白。把检察监督实践转化为立法成果,积极发挥检察机关在科学立法中的助推作用,逐级向山东省人大常委会提出立法修改建议,促成"禁止向未成年人提供、销售笑气"的条款被写入《山东省未成年人保护条例》,作为省级立法在全国范围内首次对此进行了规范,为"笑气"在全国范围内的管控升级提供山东样本。

📖 法律法规依据

1.《中华人民共和国刑法》第二百二十五条 违反国家规定,有下列非法经营行为之一,扰乱市场秩序,情节严重的,处五年以下有期徒刑或者拘役,并处或者单处违法所得一倍以上五倍以下罚金;情节特别严重的,处五年以上有期徒刑,并处违法所得一倍以上五倍以下罚金或者没收财产:

(一)未经许可经营法律、行政法规规定的专营、专卖物品或者其他限制买卖的物品的;

(二)买卖进出口许可证、进出口原产地证明以及其他法律、行政法规规定的经营许可证或者批准文件的；

（三）未经国家有关主管部门批准非法经营证券、期货、保险业务的，或者非法从事资金支付结算业务的；

（四）其他严重扰乱市场秩序的非法经营行为。

2.《中华人民共和国治安管理处罚法》第三十条　违反国家规定，制造、买卖、储存、运输、邮寄、携带、使用、提供、处置爆炸性、毒害性、放射性、腐蚀性物质或者传染病病原体等危险物质的，处十日以上十五日以下拘留；情节较轻的，处五日以上十日以下拘留。

3.《危险化学品安全管理条例》第五条　任何单位和个人不得生产、经营、使用国家禁止生产、经营、使用的危险化学品。

国家对危险化学品的使用有限制性规定的，任何单位和个人不得违反限制性规定使用危险化学品。

第六条　对危险化学品的生产、储存、使用、经营、运输实施安全监督管理的有关部门（以下统称负有危险化学品安全监督管理职责的部门），依照下列规定履行职责：

（一）安全生产监督管理部门负责危险化学品安全监督管理综合工作，组织确定、公布、调整危险化学品目录，对新建、改建、扩建生产、储存危险化学品（包括使用长输管道输送危险化学品，下同）的建设项目进行安全条件审查，核发危险化学品安全生产许可证、危险化学品安全使用许可证和危险化学品经营许可证，并负责危险化学品登记工作。

（二）公安机关负责危险化学品的公共安全管理，核发剧毒化学品购买许可证、剧毒化学品道路运输通行证，并负责危险化学品运输车辆的道路交通安全管理。

（三）质量监督检验检疫部门负责核发危险化学品及其包装物、容器（不包括储存危险化学品的固定式大型储罐，下同）生产企业的工业产品生产许可证，并依法对其产品质量实施监督，负责对进出口危险化学品及其包装实施检验。

（四）环境保护主管部门负责废弃危险化学品处置的监督管理，组织危险化学品的环境危害性鉴定和环境风险程度评估，确定实施重点环境管理的危险化学品，负责危险化学品环境管理登记和新化学物质环境管理登记；依照职责分工调查相关危险化学品环境污染事故和生态破坏事件，负责危险化学品事故现场的应急环境监测。

（五）交通运输主管部门负责危险化学品道路运输、水路运输的许可以及运输工具的安全管理，对危险化学品水路运输安全实施监督，负责危险化学品道路运输企业、水路运输企业驾驶人员、船员、装卸管理人员、押运人员、申报人员、集装箱装箱现场检查员的资格认定。铁路主管部门负责危险化学品铁路运输的安全管理，负责危险化学品铁路运输承运人、托运人的资质审批及其运输工具的安全管理。民用航空主管部门负责危险化学品航空运输以及航空运输企业及其运输工具的安全管理。

（六）卫生主管部门负责危险化学品毒性鉴定的管理，负责组织、协调危险化学品事故受伤人员的医疗卫生救援工作。

（七）工商行政管理部门依据有关部门的许可证件，核发危险化学品生产、储存、经营、运输企业营业执照，查处危险化学品经营企业违法采购危险化学品的行为。

（八）邮政管理部门负责依法查处寄递危险化学品的行为。

第三十五条 从事剧毒化学品、易制爆危险化学品经营的企业，应当向所在地设区的市级政府安全生产监督管理部门提出申请，从事其他危险化学品经营的企业，应当向所在地县级政府安全生产监督管理部门提出申请（有储存设施的，应当向所在地设区的市级政府安全生产监督管理部门提出申请）。

设区的市级政府安全生产监督管理部门和县级政府安全生产监督管理部门应当将其颁发危险化学品经营许可证的情况及时向同级环境保护

主管部门和公安机关通报。

申请人持危险化学品经营许可证向工商行政管理部门办理登记手续后,方可从事危险化学品经营活动。法律、行政法规或者国务院规定经营危险化学品还需要经其他有关部门许可的,申请人向工商行政管理部门办理登记手续时还应当持相应的许可证件。

第三十八条第三款 个人不得购买剧毒化学品(属于剧毒化学品的农药除外),易制爆危险化学品。

第四十条第二款 禁止向个人销售剧毒化学品(属于剧毒化学品的农药除外),易制爆危险化学品。

第四十一条 危险化学品生产企业、经营企业销售剧毒化学品、易制爆危险化学品,应当如实记录购买单位的名称、地址、经办人的姓名、身份证号码以及所购买的剧毒化学品、易制爆危险化学品的品种、数量、用途。销售记录以及经办人的身份证明复印件、相关许可证件复印件或者证明文件的保存期限不得少于 1 年。

剧毒化学品、易制爆危险化学品的销售企业、购买单位应当在销售、购买后 5 日内,将所销售、购买的剧毒化学品、易制爆危险化学品的品种、数量以及流向信息报所在地县级政府公安机关备案,并输入计算机系统。

第六十四条 托运人不得在托运的普通货物中夹带危险化学品,不得将危险化学品匿报或者谎报为普通货物托运。

任何单位和个人不得交寄危险化学品或者在邮件、快件内夹带危险化学品,不得将危险化学品匿报或者谎报为普通物品交寄。邮政企业、快递企业不得收寄危险化学品。

对涉嫌违反本条第一款、第二款规定的,交通运输主管部门、邮政管理部门可以依法开拆查验。

4.《最高人民检察院、公安部关于公安机关管辖的刑事案件立案追诉标准的规定(二)》第七十一条第十二款 违反国家规定,进行非法经营活动，扰乱市场秩序，涉嫌下列情形之一的，应予立案追诉：

……

（十二）从事其他非法经营活动，具有下列情形之一的：

（1）个人非法经营数额在五万元以上，或者违法所得数额在一万元以上的；

（2）单位非法经营数额在五十万元以上，或者违法所得数额在十万元以上的；

（3）虽未达到上述数额标准，但2年内因非法经营行为受过2次以上行政处罚，又从事同事非法经营行为的；

（4）其他情节严重的情形。

法律、司法解释对非法经营罪的立案追诉标准另有规定的，依照其规定。

5.《中华人民共和国邮政法》第二十四条　邮政企业收寄邮件和用户交寄邮件，应当遵守法律、行政法规以及国务院和国务院有关部门关于禁止寄递或者限制寄递物品的规定。

第二十五条　邮政企业应当依法建立并执行邮件收寄验视制度。

对信件以外的邮件，邮政企业收寄时应当当场验视内件。用户拒绝验视的，邮政企业不予收寄……

第二十六条　邮政企业发现邮件内夹带禁止寄递或者限制寄递的物品的，应当按照国家有关规定处理……

第七十五条　邮政企业、快递企业不建立或者不执行收件验视制度，或者违反法律、行政法规以及国务院和国务院有关部门关于禁止寄递或者限制寄递物品的规定收寄邮件、快件的，对邮政企业直接负责的主管人员和其他直接责任人员给予处分；对快递企业，邮政管理部门可以责令停业整顿直至吊销其快递业务经营许可证。

用户在邮件、快件中夹带禁止寄递或者限制寄递的物品，尚不构成犯罪的，依法给予治安管理处罚……

6.《娱乐场所管理条例》第十四条 娱乐场所及其从业人员不得实施下列行为，不得为进入娱乐场所的人员实施下列行为提供条件：（一）贩卖、提供毒品，或者组织、强迫、教唆、引诱、欺骗、容留他人吸食、注射毒品；（二）组织、强迫、引诱、容留、介绍他人卖淫、嫖娼；（三）制作、贩卖、传播淫秽物品；（四）提供或者从事以营利为目的的陪侍；（五）赌博；（六）从事邪教、迷信活动；（七）其他违法犯罪行为。

娱乐场所的从业人员不得吸食、注射毒品，不得卖淫、嫖娼；娱乐场所及其从业人员不得为进入娱乐场所的人员实施上述行为提供条件。

第二十二条 任何人不得非法携带枪支、弹药、管制器具或者携带爆炸性、易燃性、毒害性、放射性、腐蚀性等危险物品和传染病病原体进入娱乐场所。

迪斯科舞厅应当配备安全检查设备，对进入营业场所的人员进行安全检查。

第三十一条 娱乐场所应当建立巡查制度，发现娱乐场所内有违法犯罪活动的，应当立即向所在地县级公安部门、县级政府文化主管部门报告。

第四十三条 娱乐场所实施本条例第十四条禁止行为的，由县级公安部门没收违法所得和非法财物，责令停业整顿 3 个月至 6 个月；情节严重的，由原发证机关吊销娱乐经营许可证，对直接负责的主管人员和其他直接责任人员处 1 万元以上 2 万元以下的罚款。

第五十条 娱乐场所未按照本条例规定建立从业人员名簿、营业日志，或者发现违法犯罪行为未按照本条例规定报告的，由县级政府文化主管部门、县级公安部门依据法定职权责令改正，给予警告；情节严重的，责令停业整顿 1 个月至 3 个月。

第五十一条 娱乐场所未按照本条例规定悬挂警示标志、未成年人禁入或者限入标志的，由县级政府文化主管部门、县级公安部门依据法定职权责令改正，给予警告。

7.《旅馆业治安管理办法》第十一条　严禁旅客将易燃、易爆、剧毒、腐蚀性和放射性等危险物品带入旅馆。

第十二条　旅馆内，严禁卖淫、嫖宿、赌博、吸毒、传播淫秽物品等违法犯罪活动。

第十七条　违反本办法第六、十一、十二条规定的，依照《中华人民共和国治安管理处罚法》有关条款的规定，处罚有关人员；发生重大事故、造成严重后果构成犯罪的，依法追究刑事责任。

办案心得体会

"笑气"即一氧化二氮，在医学、食品加工等领域有广泛应用，属普通危险化学品管理范畴。因其吸食后可产生幻觉、欣快愉悦感等类毒品效果，且相较传统毒品而言价格低廉、易获取，成为备受吸毒人员青睐的毒品替代品，滥用现象日益严重。特别是在未成年群体中传播快，极易形成流行风靡之势；酒吧、KTV等对未成年人有较大吸引力的娱乐场所"笑气"泛滥，不法分子利用"笑气"侵害、控制未成年人案件频发。可以说，"笑气"滥用对未成年人身心健康发展已构成严重威胁，亟须深层整治。龙口市检察院搭建数字监督模型，挖掘出"笑气"刑事案件下行、非法寄运、娱乐场所管理薄弱、管控级别低等突出问题，在此基础上开展精准监督、分类治理，为促进"笑气"合法规范管理使用、根治未成年人滥用提供了解题思路。

一、如何运用大数据监督思维建立模型

一定意义上，刑事案件是某类社会治理问题的突出反映和终极形态。如果办案检察官在办理具体刑事案件时能够敏锐感知问题，摆脱个案思维，运用大数据监督思维挖掘、呈现深层次、系统性问题，进而实

现类案监督、精准监督，则检察监督力度、质效将大幅提升。特别是未成年人检察工作，以融合履职为基本要求，在此情况下要注重发挥刑事案件的"触角"作用，以大数据监督思维为保障，通过建立模型，一体输出类案监督线索、融合履职线索，提升监督能级。

（一）狠抓思维升级转型，用大数据监督思维武装头脑

实践中，办案检察官很容易在办案过程中注意到个案背后的问题，或者一段时间内办理某类案件较多，会形成一种感性认识。如果仅局限于个案思维，则个案办理结束即为终点，有关问题将继续沉于水面之下，越滚越大。因此，跳出个案思维，由感性的认识上升为理性的认知，由朴素的数据观上升为大数据监督思维，并能运用大数据监督思维重塑监督路径，将成为新时代检察监督工作提质增效的关键所在。龙口市检察院在办理张某某等人恶势力犯罪集团案件过程中发现，该案多起犯罪事实涉及"笑气"，如，张某某等人在其控制的酒吧、足疗店等娱乐场所非法经营"笑气"；吸食"笑气"后多次强奸、猥亵未成年女孩；强迫被强奸或威胁的女孩共同吸食"笑气"。"笑气"滥用对未成年人造成的危害引起办案检察官的关注。继该案后，龙口市检察院又相继受理多起与"笑气"相关的刑事案件，反映出"笑气"滥用已形成较为严重的社会治理问题，引起办案检察官的高度重视。为深层治理笑气"滥用"突出问题，办案检察官经研判后认为，应建立大数据监督模型，通过有关数据的碰撞比对，使模糊的问题清晰化，同时输出精准监督线索，以高质量检察监督促进系统化治理。至此，办案检察官完成了由个案发现现象、从多案感知问题、挖类案解决问题的思维升级过程。

（二）深度解析提取规律，明确建模思路

为有效指控犯罪，厘清"笑气"流通渠道，办案检察官对张某某等人恶势力犯罪集团案中"笑气"的吸食后果、来源、运输方式、销售方式等进行了详细分析和审查。一是查明"笑气"滥用后果。张某

某等人吸食"笑气"后精神亢奋、暴躁易怒，是其实施强奸、猥亵等违法犯罪行为不可忽视的诱因。多名嫌疑人吸食"笑气"后产生幻觉、形成依赖，因此被张某某控制从事违法犯罪活动。一名嫌疑人因吸食"笑气"，引发脊髓亚急性联合变性（笑气中毒），导致不能行走、大小便失禁。二是查明"笑气"的生产运输情况。龙口市本地并没有"笑气"生产企业，涉案的"笑气"为张某某等人从青岛、济南等地公司购进，通过物流运输到龙口后，使用普通厢式货车对各经营场所进行配送。三是查明"笑气"的经营使用情况。张某某等人在其经营的酒吧、足疗店等多家娱乐场所非法销售"笑气"，并容留购买人员在以上娱乐场所聚会式吸食"笑气"。通过对个案进行深度解析发现，"笑气"监管是一个涉及生产、运输、经营、使用等多领域多环节的复杂体系，各环节本身的管理短板、环节之间衔接不畅导致的监管盲区，是造成"笑气"滥用的突出原因。因此，应将"笑气"生产、运输、经营、使用等场景作为建立大数据监督模型的切入点和工作方向，建模思路得以明确。

（三）发挥融合履职优势，科学设计模型

从刑事案件中发现线索，但不囿于刑事监督。模型研创过程中牢固树立"四大检察"系统监督思维，综合运用"三查融合"手段，全面设计监督点，完善监督模型。龙口市检察院组建了由分管未检工作的副检察长任组长的"未检＋技术＋综合"一体化办案团队，先后到公安局、应急管理局、交通局、市场监督管理局、域内4家备案经营企业、1家运输企业进行实地走访调查，通过向工作人员询问情况、查阅台账、召开座谈会的方式，查清企业"笑气"经营模式及行政机关的监管范围、监管方式、监管重点。经调查，应急管理部门主要负责危险化学品安全监督管理综合工作，按职责核发危险化学品相关许可证；公安机关主要负责危险化学品的公共安全管理；交通运输主管部门主要负责危险化学品道路运输、水路运输的许可以及运输工具的安全管理；市场监督管理部门主要负责查处危险化学品经营企业违法采购危险化学品的行为；邮政管理部门主要负责依法查处寄递危险化学品的行为。由于各部门之间在实际监管过程中存在数据壁垒，多头管理反倒产生监管漏洞。应急管理局对其备案的企业未通知公安机关等部门，导致相关部门无法及时对备案企业进行监管；交通部门与邮政部门、寄递单位之间存在信息盲点，导致交通部门对违规运输"笑气"的监管力度不够；公安机关对办案中发现的通过物流行业违法寄递"笑气"的行为未及时通知邮政管理局、交通运输局等部门，导致上述部门未对违法行为进行行政处罚；公安机关在打击涉"笑气"类违法犯罪方面，因信息掌握不全面，出现刑事案件下行问题。根据调查结论，设计了对公安机关的刑事立案监督，对邮政、交通等部门的行政公益诉讼监督等监督点，使监督模型更加系统全面。

二、如何获取和使用数据

模型能否落地存活，数据是关键。龙口市检察院通过扎实工作，逐一克服了当前普遍存在的数据获取、分析等方面的突出问题，探索了有效的范式和路径。

（一）小切口按需多元获取数据

根据生产、运输、经营、使用的监督路径，结合实际进行研判，龙口市检察院确定了检察业务应用系统刑事案件数据，公安机关"山东公安执法综合应用平台"行政处罚数据，应急管理局登记数据，交通运输局登记数据，备案经营、使用企业信息，备案运输企业信息等6类数据源。检察业务应用系统数据为内部数据可直接获取，其余5类数据源根据情况采取多种方式进行获取。对于公安机关"山东公安执法综合应用平台"中涉"笑气"行政处罚数据，依托侦查监督与协作配合办公室获取；对于应急管理局的"笑气"生产经营企业备案登记数据、交通运输局的"笑气"运输企业备案登记数据，采用领导协调、联席会议等方式点对点获取；对于经营和使用企业的日常运营信息、运输企业的日常运营信息，采用实地走访调查的方式获取。由于切口小、数据需求精准，获取难度相对不大，最终6类数据源全部获取到位，为模型建成并发挥作用奠定了坚实基础。

（二）多维度灵活组合使用数据

一是针对漏犯漏罪，用数据显形。对"公安机关行政处罚数据"中的经营数额、违法所得及行政处罚次数进行筛选，以"数额5万元以上""违法所得1万元以上""因经营'笑气'被行政处罚3次以上"为筛选条件，得出可能存在非法经营的刑事案件下行线索，与"检察机关刑事案件数据"中已移送审查起诉的非法经营案件进行比对，去重后得出涉嫌非法经营罪线索，漏犯漏罪即浮出水面。

二是针对部门壁垒，让数据见面。首先，调取应急管理局备案的经营企业数据，分析得知龙口本地无备案的正规生产企业，有4家企业具有经营资质；其次，调取交通运输管理局备案的运输企业、车辆数据，分析得知龙口本地无一氧化二氮专运车辆；再次，调取经营企业、运输企业的日常运营数据，分析得知本地经营的笑气均由无资质车辆运输；最后，归集公安机关行政处罚数据中的运输信息，分析得知涉案笑气均为"物流寄递"形式非法流入，无登记、难溯源。让不同管理主体的数据见面，"笑气"生产、运输、经营等各环节得以完整串联，也揭示出龙口本地以运输环节的问题最为突出，带来安全隐患和监管困境。

三是针对类案特征，用数据画像。对公安机关行政处罚数据、检察机关刑事案件数据当中的吸食地点等要素进行梳理筛选，KTV、酒吧、足疗店等娱乐场所高频出现，占查处总数的34%；对吸食主体进行梳理筛选，按年龄归类，未成年人占比达11%，最小年龄12岁，低龄化趋势触目惊心。通过大数据的分析呈现，"笑气"滥用的低龄化、娱乐场所聚集性等特点被精准刻画，同时也揭示了相关环节管理薄弱的问题。

（三）全方位开展精准监督

基于大数据精准分析结论，可以有针对性地开展精准监督，促进"笑气"的合理规范管理使用，而不是"一刀切""一堵了之"。针对涉"笑气"刑事案件下行问题，监督公安机关立案；针对部分娱乐、住宿场所非法经营"笑气"、为未成年人吸食"笑气"提供便利条件等严重影响未成年人身心健康的情况，向公安机关制发公益诉讼诉前检察建议，建议加强对重点场所的监管检查；就大量"笑气"经寄递途径非法运输的情况，向公安、邮政、交通运输等职能部门制发行政公益诉讼诉前检察建议，建议依法处罚违规企业及个人，并成立危化品非法运输问题专项治理小组，针对危化品通过快递、物流流通问题进行专项整治，切断"笑气"等危化品非法流转的通道；就交通部门对备案危化品运输企业监管不到位，导致无运输资质的企业、车辆从事"笑气"运输问题，向交通运输部门制发公益诉讼诉前检察建议，建议交通部门强化对危化品运输企业的监管，及时帮助其办理相关运营资质，确保企业依法合规经营；就未成年人成为吸食"笑气"的重点人群问题，向教育部门制发社会治理检察建议，建议教育部门加大对于"笑气"致害性、违法性的宣传力度，帮助未成年人和家长树立正确理念，从根源上治理未成年人违规吸食"笑气"的问题。

三、如何深化社会治理

未成年人检察在办理案件时应坚持最有利于未成年人原则，强化融合履职理念，推动解决未成年人案件背后的深层次社会问题，从源头上消除危害未成年人身心健康的隐患。

（一）在立法层面，把检察实践转化为立法成果

法律监督是检察机关的立身之本，对办案过程中发现的法律、法规不健全的问题，检察机关要以更高站位、更宽视野，积极参与立法工

作，更优服务党和国家工作大局。2015年国家安监委、工信部、公安部等十部委将"笑气"纳入危险化学品的管理范畴（第2561项），但对个人购买"笑气"无禁止性规定。从实践看，未成年人能够相对容易地接触、购买到"笑气"，严重影响青少年的身心健康。"笑气"作为普通危化品管理已不能满足现实需求。检察机关积极参与立法，通过撰写调研报告、专题情况汇报等方式，逐级向山东省人大常委会提出"禁止向未成年人提供、销售笑气"的立法修改建议。2023年7月26日，山东省第十四届人民代表大会常务委员会第四次会议修订通过《山东省未成年人保护条例》，采纳了上述立法建议，作为省级立法在全国范围内首次对此进行了规范。条例第三十五条第八款明确规定："不得向未成年人提供、销售一氧化二氮（N_2O，俗称"笑气"）等危害未成年人人身安全和身心健康的危险化学品"。这一规定为未成年"笑气"监管提供了制度依据，是由检察监督实践转化而成的立法成果，为促进"笑气"在全国范围内的管控升级提供了山东样本。

（二）在执法层面，为加强管控探索有效机制

针对"笑气"监管过程中存在的难点和困境，龙口市检察院牵头公安、应急、交通运输等职能部门召开加强一氧化二氮管控的联席会议，听取各职能部门专家对于完善一氧化二氮管控的意见建议。对相关职能部门提出的"笑气"的管控级别较低，企业交易时无须记录交易者的信息，导致对"笑气"违法犯罪行为进行治理和打击时只能处理当前环节，无法追根溯源，同步处理其上下游人员的问题，龙口市检察院与交通、应急等6部门会签《一氧化二氮管控工作办法（试行）》，就交易主体对一氧化二氮生产、经营、流通、使用等过程中的权责进行规范，要求销售者应如实记录购买单位的名称、地址、经办人姓名、身份证号码以及数量、用途等内容，并及时向公安机关备案，实现"笑气"交易走向清晰、有据可查。

（三）在守法层面，抓好个体和社会两条线

一方面，针对"笑气"治理中发现的涉案未成年人家长存在不同程度的监护不力或不当监护等情况，龙口市检察院督促公安机关通过督促监护、家庭教育指导等方式，助力涉案未成年人家长依法履行监护责任，同时针对吸食"笑气"成瘾的未成年人，同步推出心理援助计划，帮助未成年人走出心理困境，重塑健康阳光心态。另一方面，统筹教育部门、学校、妇联、社工组织等各方力量，加大对"笑气"毒害未成年人问题的关注度，共建预防保护机制，共同营造良好的社会环境。

案件承办人：
    王仲瑶（山东省烟台市人民检察院）
    陈一梦（山东省龙口市人民检察院）

案例撰写人：
    王婷婷（山东省烟台市人民检察院）
    李美洁 周 朋 陈一梦（山东省龙口市人民检察院）

案例审核人：
    吴 军 李从强（山东省人民检察院）

虚增医用耗材骗保类案监督

◇ 浙江省嵊州市人民检察院

📖 关键词

医保诈骗　虚开增值税发票　医用耗材

📖 要旨

医保基金是人民群众的"保命钱"，嵊州市人民检察院（以下简称"嵊州市院"）转变以医保数据调查骗保行为的传统模式，通过解析、碰撞小微医用耗材销售公司和下游受票方医疗机构的税务数据、银行流水等，锁定虚开医用耗材销售公司和下游受票方骗保医疗机构，进一步确定以虚开增值税发票为基础进行医疗报销的，均为骗保行为，结合医疗报销数据，确定骗保金额等。

📖 基本情况

检察机关在打击以"引流"患者入院、虚增诊疗项目等方式骗取医保基金的过程中发现，除了常规骗保手段外，部分医疗机构还与医用耗材销售公司勾结，通过医用耗材销售公司虚开增值税发票的方式，在源头采购环节恶意虚增价格、数量，编造票据齐全、手续完备、出入库平衡的"完美包装"骗取医保，且该作案手段无法被医保部门"飞行检查"等事后监管有效发现并及时查处。嵊州市院抓住医疗耗材报销必须附有相应资质供货商开具的增值税发票的强制性规定，跨部门利用税务监管数据，以上游进销项总额严重失衡、存在虚开增值税发票重大嫌疑的医用耗材销售公司为突破口，揭开源头"虚开面纱"，批量锁定下游存在欺诈骗保重大嫌疑的受票方医疗机构。同时，以查实骗保医疗机构税务进项数据为基础，持续溯源更多虚开增值税的医用耗材销售公司，循环碰撞形成数字监督闭环，扩大监督范围，有效弥补税务监管"缺位"、医保监管"盲区"，保护人民群众"保命钱"。

📖 线索发现

2022 年 4 月，嵊州市院在办理某民营医院诈骗一案中发现，该医院自成立以来，将内设科室违法承包给个人经营，并实施"引流"患者入院、虚增诊疗项目等常规骗保行为。其间，承包人还私下采购低价医用耗材，在没有真实货物交易的情况下，通过医用耗材销售公司恶意抬高价格、虚增数量，后申请医保报销，累计套取医保金额共计 680 余万元。根据《医疗机构医用耗材管理办法（试行）》的有关规定，取消医用耗材加成，实施"零差率"销售。但部分定点医疗机构实际低价购进医用耗材，为了规避"零差率"强制规定，通过跨省异地具有医用耗材销售资质的公司虚开增值税发票的方式，恶意抬高医用耗材至医疗报销最高额；同时通过虚增医用耗材购进数量，来掩饰重复使用或者未实际使用耗材虚假报销问题。上述违法行为隐蔽性强，既能规避医保部门飞行检查等事后检查机制，也能利用税务监管数据未实现跨省互联互通的监管漏洞，规避税务部门监管。嵊州市院认为，随着对药品和医疗服务价格的监管日趋严格、透明程度逐年增加，医疗机构非法获利空间进一步压缩，医用耗材必然成为欺诈骗保的灰色地带，也是目前的"重灾区"。

📖 数据分析方法

数据来源

1.定点医疗机构名单（源于医保局）；

2.市场主体登记信息（源于企查查等）；

3.增值税底账数据，包括医用耗材销售公司进销项数据和民营医院增值税普通发票进项数据（源于税务局）；

4.银行交易流水（源于各银行机构）；

5.医疗报销数据（源于医保局）。

数据分析关键词

1.民营医院增值税普通发票进项数据

增值税发票包含增值税专用发票、增值税普通发票和增值税电子发票三大类，由于虚开医用耗材销售公司以赚取税点为主要目的，而增值税专用发票为 13% 的固定税率，所以绝大部分用于骗保的增值税发票往往集中在税率 1% 或者无税率的增值税普通发票部分，故重点应调取民营医院增值税普通发票数据。所需的字段包括发票号码、开票日期、购方识别号、购方名称、销方识别号、销方名称、货物或应税劳务、服务名称、规格型号、数量、单位、金额、税率、税额等（见表 1）。

表 1 民营医院增值税普通发票进项数据

发票号码	开票日期	销方识别号	销方名称	货物或应税劳务、服务名称	规格型号	单位	数量	单位（元）	金额（元）	税率	税额（元）
3925690	2021-12-29	91410728MA46	河南爱医康医疗器械有限公司	*医疗仪器器械*一次性使用双股7F	双股7F	包	1	277.227722772277228	277.23	0.01	2.77
3925690	2021-12-29	91410728MA46	河南爱医康医疗器械有限公司	*橡胶制品*加强型气管插管	7.0#	支	10	126.732673267326733	1267.33	0.01	12.67
3925690	2021-12-29	91410728MA46	河南爱医康医疗器械有限公司	*医药*一次性使用麻醉呼吸管成人普通带	支	20	34.653465346534653	693.07	0.01	6.93
3925690	2021-12-29	91410728MA46	河南爱医康医疗器械有限公司	*医疗仪器器械*一次性使用氧气切型	套	10	59.40594059405940	594.06	0.01	5.94
3925690	2021-12-29	91410728MA46	河南爱医康医疗器械有限公司	*医药*一次性使用手术衣	加强型	件	80	7.920792079207921	633.66	0.01	6.34
79258741	2021-12-27	9132120377542	泰州市泰达医疗器械有限公司	*橡胶制品*A型固定松票尺	A型固定松票尺	1000	0.594059405940594	594.06	0.01	5.94
3513522	2021-12-17	9133020014406	上药控股宁波药股份有限公司	*化学药品制剂*精蛋白人胰岛素 3ml:300单位(盒	-20	43.389380530973451	-867.79	0.13	-112.81
3513522	2021-12-17	9133020014406	上药控股宁波药股份有限公司	*化学药品制剂*甘精胰岛素注 3ml:300单位(盒	-30	163.185840707964602	-4895.58	0.13	-636.42
3513522	2021-12-17	9133020014406	上药控股宁波药股份有限公司	*化学药品制剂*门冬胰岛素注 3ml:300IU(特 支	-100	68.247787610619469	-6824.78	0.13	-887.22

数据获取途径：向当地税务部门调取 2021 年 1 月 1 日以来，有关民营医院所有增值税进项数据，但重点必须包含增值税普通发票进项数据。无须调取民营医院销项数据。

2. 市场主体登记信息

虚增医用耗材销售公司往往利用小微企业（批发业年营业收入5000万元以下，零售业年营收收入500万元以下）和部分医用耗材减免税的税收优惠政策，肆意虚开增值税发票赚取税点，牟取非法利益，故虚开医用耗材销售公司普遍具有注册资本较低以及注册多家公司达到虚开金额最大化的目的等特征。企业主体数据可通过企查查等第三方软件查询（见图1）。

工商信息　　文字介绍　导出数据　企查查

统一社会信用代码	91410728MA9GTL8Y2R	企业名称	河南佐德医疗器械有限公司		
法定代表人	苏 苏玲 关联企业 2	登记状态	存续（在营、开业、在册）	成立日期	2021-05-12
		注册资本	500万元人民币	实缴资本	2万元人民币
组织机构代码	MA9GTL8Y-2	工商注册号	410728000243459	纳税人识别号	91410728MA9GTL8Y2R
企业类型	有限责任公司（自然人独资）	营业期限	2021-05-12 至 无固定期限	纳税人资质	-
人员规模	-	参保人数	0（2022年报）	核准日期	2021-05-12
所属地区	河南省新乡市长垣市	登记机关	长垣市市场监督管理局	进出口企业代码	-
国标行业	医疗用品及器材批发(F5154)	英文名	Henan Zuoder Medical Instrument Co., Ltd.（自动翻译更新）		
注册地址	河南省新乡市长垣市满村万通商城B6-105 附近企业				
经营范围	一般项目：第一类医疗器械销售；第二类医疗器械销售；卫生用品和一次性使用医疗用品销售；医护人员防护用品批发；医用口罩批发；消毒剂销售（不含危险化学品）；橡胶制品销售；塑料制品销售；玻璃仪器销售；实验分析仪器销售；五金产品批发；照明器具销售；电子产品销售；仪器仪表销售；办公用品销售；计算机软硬件及辅助设备批发；模具销售；机械设备销售；日用百货销售；体育用品及器材批发；教学专用仪器销售；服装辅料销售；劳动保护用品销售；产业用纺织制成品销售；针纺织品及原料销售；纸制品销售；专用设备修理；医疗设备租赁；普通机械设备安装服务；健康咨询服务（不含诊疗服务）；养生保健服务（非医疗）；会议及展览服务；技术服务、技术开发、技术咨询、技术交流、技术转让、技术推广（除依法须经批准的项目外，凭营业执照依法自主开展经营活动）许可项目：第三类医疗器械经营（依法须经批准的项目，经相关部门批准后方可开展经营活动，具体经营项目以相关部门批准文件或许可证件为准）				

图1　注册资本在500万元以下小微医用耗材销售公司

3. 医用耗材销售公司进销项数据

医疗机构必须准备符合医疗报销规则的增值税发票，接受医保部门事后检查，故医用耗材购销必须附带增值税发票。通过分析医用耗材销售公司的增值税进销项数据，对于销项总额远高于进项总额的（系统默认差值在100万元以上的），即可初步判断为虚增医用耗材销售公司。医用耗材销售公司进销项数据主要分析的对象亦为低利率的增值税普通发票。所需的字段包括发票号码、开票日期、购方识别号、购方名称、销方识别号、销方名称、货物或应税劳务、服务名称、规格型号、数量、单位、金额、税率、税额等。

目前，该数据的获取有两种途径可供参考。一是依托欺诈骗保刑事案件，通过向虚增医用耗材销售公司所在地检察机关发异地协助调查函的方式，邀请当地检察机关予以配合调取相应的数据，或者邀请公安机关予以调取。二是依托检察公益诉讼，以本地疑似骗保机构为着力点，从公益诉讼办案角度，跨省调取上游医用耗材销售公司税务数据。

4.民营医院增值税普通发票进项数据

除了有针对性地解析医用耗材销售公司税务数据外，检察机关也可通过定向分析本地民营医院增值税普通发票，挖掘欺诈骗保违法线索，可对特定民营医院的增值税普通发票进项数据进行分类汇总，对发票金额较高且为跨省异地小微医用耗材销售公司的，便可大概率锁定为虚开公司，开展进一步调查核实工作。

5.涉案公司银行流水

调取银行流水的目的在于印证存在资金回流、流转资金与票面不符等异常情况，予以核实存在虚开增值税发票问题。需要先后调取虚开医用耗材机构和骗保医疗机构的对公账户银行流水，进一步核实资金回转个人账户有关银行流水。所需的字段因银行不同而有所区别，应包括交易日期、流水号、摘要、交易金额、账户余额、对方户名、对方账号、对手行名等。

6.医疗报销数据

进一步调查核实以虚开增值税发票为基础的医疗报销数据，按照医疗报销比例不同，即使是同一医用耗材，报销涉及的金额也会根据医疗报销比例的不同而有所区别，调取涉案骗保医疗机构的医疗报销数据，目的在于分类统计，最终确定医疗机构骗保金额。

数据分析步骤

第一步：筛选小微医用耗材销售公司范围。从企查查等平台及市场监督管理部门的数据内提取"经营范围内含医疗器械""注册资本为500

万元以下""具有医疗器械销售资质"等要素，筛查并建立小微医用耗材销售公司数据库。如果上述公司经分析确定为"关联企业"的，足以证实设立多个"关联企业"的目的在于规避年营收收入限额限制，便可确定为虚开公司。

第二步：筛查进销项严重失衡公司。调取上述公司增值税底账数据，通过分析进销项税务数据，以"进销项差值在100万元以上"的标准设置筛查阈值，锁定为进销项严重失衡企业，建立疑似医用耗材销售公司数据库。

第三步：追查购买方。对疑似医疗耗材虚开公司销项发票中的跨省受票方进行分析，与定点医疗机构数据进行碰撞，锁定筛选结果为"疑似骗保医疗机构"。

第四步：锁定违法行为。通过调取疑似医疗耗材虚开公司、疑似骗保医疗机构的银行流水，存在流转资金与票面不符、资金回流等异常情况的，确认存在虚开增值税发票行为，定性为医疗耗材虚开公司和骗保医疗机构，相关经手人锁定为具体实施犯罪的嫌疑人员。

第五步：形成监督闭环。通过调取"疑似骗保医疗机构"税务数据，对"供应商不同但单价相同""采购时间跨度长但单价始终相同""供应商为个体户的"等异常采购要素进行分析，挖掘更多疑似医疗耗材虚开公司，循环上述第二步至第四步。

第六步：确定骗保金额。通过调取骗保医疗机构医疗基金报销数据，筛查以虚开增值税发票为基础的报销数据，分类汇总统计最终欺诈骗保总金额。

思维导图

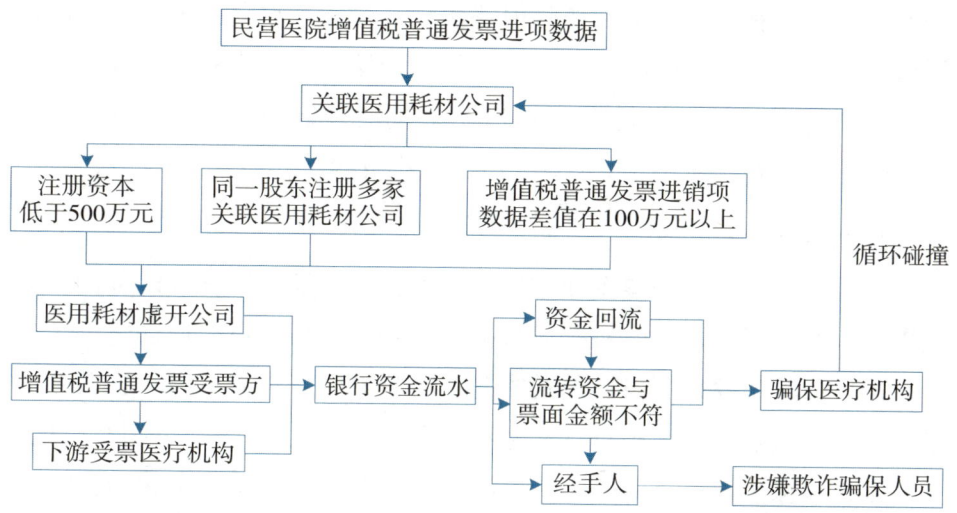

人工核查要点：一是必须要调取税率较低的增值税普通发票数据，仅增值税专用发票、电子发票数据一般不具备分析的价值。二是对于医用耗材销售公司经企查查等软件分析，如果相关人员名下存在多家医用耗材关联公司，且均为注册资本较低的小微企业的，即可判断该公司为虚开公司，从事虚开增值税发票非法业务。三是如果查实医用耗材销售公司为专门从事虚开业务的，下游受票医疗机构金额较大的，均可判断为骗保医疗机构。四是银行流水存在医疗机构打入虚增医用耗材销售公司对公账户后，会在近期内有资金转移的情况发生，需要通过对公账户，分析资金流水转移账户，进而调取转移账户的银行流水。五是涉嫌诈骗金额的确定，经与医保部门核实以及绍兴越城的判例来看，对于明确接收为虚假增值税发票的总金额，即可认定为诈骗的金额。

📖 检察融合监督

刑事检察监督

嵊州市院利用监督模型，深挖医用耗材虚开公司违法犯罪线索，并开展刑事立案监督，引导侦查机关以税务数据作为侦查突破口，厘清案件侦查思路，有力地打击欺诈骗保违法犯罪行为。目前已依法查处医用耗材虚开公司 3 家，以虚开增值税发票罪依法追究刑事犯罪 7 人，以诈骗罪打击欺诈骗保违法犯罪人员 11 人。同时，依托刑事案件办理，成功获取有关税务数据，为模型开发提供数据支撑。

公益诉讼检察监督

针对税务部门对小微企业增值税发票监管"缺位"和医疗部门事后监管"盲区"问题，检察机关发挥公益诉讼"督促之诉、协同之诉"优势，先后通过磋商、制发诉前检察建议等方式，督促有关行政机关依法履职，堵塞监管漏洞。根据现有数据，监督模型已确定医用耗材虚开公司 2 家，骗保医疗机构 23 家，涉及欺诈骗保累计金额 1076 余万元，已追回医保资金流失 700 余万元。

社会治理拓展

创新监管路径。监督模型以跨部门税务数据为切入口，打破了医保部门传统的监督方式，着眼于医疗机构通过虚开增值税发票，虚增价格、数量等犯罪手段，通过打通医保部门和税务部门监管数据，创新医保基金监管途径，实现监管卡口前移，切实解决医保事后监管"盲区"。

建立常态化监督机制。检察机关牵头税务、医保、卫健、市场监督等部门联合出台《关于成立嵊州市"虚增医用耗材骗保监督模型"工作专班的通知》，实现多部门之间数据互联互通，职能协作配合，助力多部门建立常态化进销项数据核查机制，探索开发发票数据关联平台，出台常态化的预警机制和线索交办机制，更好地实现数据共治、线索实时流转。

肃清行业乱象。目前，医用耗材市场鱼龙混杂，部分医用耗材销售公司的设立目的直指虚假开票业务，甚至出现地域化显著特征，逐渐成为医疗行业犯罪"温床"。该监督模型实现上下游的"全链条"式监督，从源头整治医疗行业非法采购行为，铲除欺诈骗保滋生土壤。

📖 法律法规依据

1.《医疗保障基金使用监督管理条例》第十五条第一款 定点医药机构及其工作人员应当执行实名就医和购药管理规定，核验参保人员医疗保障凭证，按照诊疗规范提供合理、必要的医药服务，向参保人员如实出具费用单据和相关资料，不得分解住院、挂床住院，不得违反诊疗规范过度诊疗、过度检查、分解处方、超量开药、重复开药，不得重复收费、超标准收费、分解项目收费，不得串换药品、医用耗材、诊疗项目和服务设施，不得诱导、协助他人冒名或者虚假就医、购药。

第十六条 定点医药机构应当按照规定保管财务账目、会计凭证、处方、病历、治疗检查记录、费用明细、药品和医用耗材出入库记录等资料，及时通过医疗保障信息系统全面准确传送医疗保障基金使用有关数据，向医疗保障行政部门报告医疗保障基金使用监督管理所需信息，向社会公开医药费用、费用结构等信息，接受社会监督。

第二十条 医疗保障经办机构、定点医药机构等单位及其工作人员和参保人员等人员不得通过伪造、变造、隐匿、涂改、销毁医学文书、医学证明、会计凭证、电子信息等有关资料，或者虚构医药服务项目等方式，骗取医疗保障基金。

第三十七条 医疗保障经办机构通过伪造、变造、隐匿、涂改、销毁医学文书、医学证明、会计凭证、电子信息等有关资料或者虚构医药服务项目等方式，骗取医疗保障基金支出的，由医疗保障行政部门责令退回，处骗取金额2倍以上5倍以下的罚款，对直接负责的主管人员和其他直接责任人员依法给予处分。

第四十条 定点医药机构通过下列方式骗取医疗保障基金支出的，由医疗保障行政部门责令退回，处骗取金额2倍以上5倍以下的罚款；责令定点医药机构暂停相关责任部门6个月以上1年以下涉及医疗保障基金使用的医药服务，直至由医疗保障经办机构解除服务协议；有执业资格的，由有关主管部门依法吊销执业资格：

（一）诱导、协助他人冒名或者虚假就医、购药，提供虚假证明材料，或者串通他人虚开费用单据；

（二）伪造、变造、隐匿、涂改、销毁医学文书、医学证明、会计凭证、电子信息等有关资料；

（三）虚构医药服务项目；

（四）其他骗取医疗保障基金支出的行为。

定点医药机构以骗取医疗保障基金为目的，实施了本条例第三十八条规定行为之一，造成医疗保障基金损失的，按照本条规定处理。

2.《中华人民共和国刑法》第二百六十六条　诈骗公私财物，数额较大的，处三年以下有期徒刑、拘役或者管制，并处或者单处罚金；数额巨大或者有其他严重情节的，处三年以上十年以下有期徒刑，并处罚金；数额特别巨大或者有其他特别严重情节的，处十年以上有期徒刑或者无期徒刑，并处罚金或者没收财产。本法另有规定的，依照规定。

办案心得体会

习近平总书记指出："要继续加大医保改革力度，常态化制度化开展药品集中带量采购，健全重特大疾病医疗保险和救助制度，深化医保基金监管制度改革，守好人民群众的'保命钱''救命钱'。"嵊州市院深入贯彻落实习近平新时代中国特色社会主义思想，以高度的政治自觉、法治自觉和检察自觉，聚焦医疗保障基金报销环节突出问题，坚持数字引领，切实破解行政机关数据壁垒，发挥跨部门、跨领域监管数据协同共治优势，以数字共治切实堵塞医用耗材领域监管漏洞，并释放数字检察叠加、倍增效应，持续扩大整治成效，形成长效机制。

一、如何发现医用耗材领域骗保行为

近年来，受新冠疫情影响，国家和地方政府在医疗领域投入大量资金，但在总体经济疲软的情况下，财政支出压力陡增，而医疗领域欺诈骗保违法行为突出，已经成为党委政府关切、人民群众关心的焦点、热点问题，诸多民营医院以"引流患者"、虚增诊疗项目等方式大量骗取医保基金，已经成为"潜规则"，依法严惩医疗领域欺诈骗保行为刻不容缓。2022年年初，绍兴市推广应用虚增诊疗项目型医保诈骗监督模型，嵊州市院根据统一部署要求，以"引流患者"为切入口，办理了一批刑事立案监督案件，有力地打击了嵊州本地民营医院骗保乱象。在刑事案件办理过程中，一个小"细节"引起了承办人员的高度重视，为什么一把进价只有1000元的手术刀头，居然可以向医疗基金申报10800元，医疗行业难道真的如此暴利吗？至此，医用耗材领域欺诈骗保问题进入了嵊州市院检察干警的视野。

带着疑问，嵊州市院走访了市医保局，得知三个结论，一是为了鼓励医用耗材生产企业投入研发资金，国家对于不同医用耗材只设置最高报销额，并且医疗报销的金额由设区的市一级的医保部门予以综合确定，即只要不超过医用耗材的最高报销额度，每一种医用耗材在各地的报销价格也各有迥异。二是医用耗材领域实现的是实施"零差率"销售的，即医用耗材报销金额为医院购买医用耗材的价格，在核实涉案医院提交的相关材料后，能够从医保部门证实，涉案的手术刀头报销的金额确实是10800元，且有相应的增值税发票能够予以印证。三是对于一般欺诈骗保行为，医保部门以事后监管为主，即通过调查核实医疗机构购货票据和出入库情况等方式，来确定医疗机构报销医保基金的真实性。

随后，嵊州市院通过民营医院手工台账和犯罪嫌疑人的供述，进一步核实手术刀头的实际购买价格为1000元，但犯罪嫌疑人拒不交代为何报销的金额为10800元，只是承认报销金额与实际购买金额不一致是行业潜规则。为此，嵊州市院可以十分确定手术刀头的实际购买金额，在排除涉案增值税发票本身为真票的前提下，唯一的问题就指向增值税

发票虚开行为，即实际低价购买医用耗材，而据以报销的增值税发票则是虚构的。经综合分析，嵊州市院认为虚开增值税发票行为只是作案的手段，核心是骗保医疗机构以虚开的增值税发票骗取医保基金。为此，嵊州市院除了立案监督民营医院骗保违法犯罪之外，还对医用耗材销售公司以虚开增值税发票罪予以立案监督。

二、剖析医用耗材领域存在的监管问题

嵊州市院经深入调查发现，以虚开增值税发票欺诈骗保，能够同时规避医保和税务部门的有效监管，隐蔽性极强，成为医疗行业灰色产业链，潜藏医保基金流失的巨大风险。

一是医保部门事后审查机制难以发现"骗保"行为。据了解，医疗耗材报销有严格的加价规定：早在 2005 年浙江省就出台了医疗机构按实际购进价格加最高不超过 5% 的差率作价，单件材料的加价金额不得超过 100 元的规定，2019 年起更是开始实行公立医院医用耗材"零差率"销售制度（医疗耗材不再赚取额外利润，报销价格即为其采购价），享受定点医保支付政策的民营医院同样需要遵守上述规定，不得加价销售医疗耗材。然而医保部门对于医疗耗材价格、数量的监管主要采用"待查制"，即医疗机构根据"实销实报"原则，在报销系统内手动填入医疗耗材的购买价格、型号、数量等基本信息，医保部门则按照医疗机构填录的购买价格和申报数量予以报销，并通过查票据、查出入库等事后监督机制进行核查。上述监管方式由于医保部门尚未拥有有效途径追溯医疗耗材的真实购买情况，只能依托医疗机构主动提供的票据进行事后监管，一旦医疗机构备好"虚开发票"待查，凭借医保部门现有的技术和手段，无法有效发现骗保行为。以嵊州市某民营医院为例，即使骗保医疗机构已经被刑事立案调查，在确有证据证实存在骗保行为的情况下，医保部门通过"飞行检查"等事后检查机制仍无法发现医疗机构骗保行为。经调查，该民营医院骨科科室仅 2021 年通过虚开增值税发票方式，

累计虚报医保基金共计 332 万元，占该医院全年获取医保基金的 12.3%，而全国数以万亿的医保基金支出，损失的金额之巨，难以想象。

二是医保、税务跨部门数据壁垒易产生监管盲区。医疗报销必须准备相应医疗耗材的增值税发票待查，增值税发票数据又是反映医疗机构医疗耗材真实购买情况的最好途径。然而由于税务部门和医保部门存在部门数据壁垒，医保部门只能依托增值税发票查验平台判断发票的真伪，但医疗耗材机构开具的增值税发票均能查验为真，故医保部门只能推定其为真实采购行为，没有能力和手段挖掘背后的"虚开"问题。由于通过虚开增值税发票对报销医疗耗材已经进行虚增单价、填补空缺等"包装"，已经补齐了医保部门事后检查等各项要素，最为常用的"飞行检查"等监管手段也无法及时发现类似违法行为。而税务部门作为增值税发票数据的主管部门，由于医保报销均采用事后报销规则，税务部门无法在采购环节即刻判断该笔交易是否用于医疗报销，无法事先进行有效"阻拦"。

三是税务跨区域，致使引发监管缺位。目前，税务监管数据尚未实现跨省互联互通，骗保医疗机构往往通过跨省异地医疗耗材公司虚开增值税发票的方式，规避医疗机构所在地税务部门的监管。部分公司甚至还利用小微企业外科和部分医疗耗材减免税的优惠政策，根据医疗机构提供的名称、型号、价格和数量等，肆意虚开增值税发票赚取税点，牟取非法利益，成为欺诈骗保的重要"源头"。而对于医疗耗材公司所在地税务部门而言，受税收、行业生态等诸多因素影响，监管存在"缺位"，对医疗耗材公司存在进项总额畸低但销项总额畸高的情形进行有效监管，导致虚开增值税发票违法行为猖獗。如江西某医疗器械公司，其进项总额仅 770 余万元，但销项金额却超过 2 亿元，如此巨大的进销项差额，税务部门却一直未予以调查核实，极易导致销售的超 2 亿元增值税发票可能成为定点医疗机构在骗取医保过程中的重要凭证。

三、如何开展调查核实工作

在明确部门医疗机构以虚开增值税发票的形式骗保的违法行为后，嵊州市院随即调取了涉案民营医院以及医用耗材销售公司的全部增值税发票数据进行解析，对骗保医疗机构和虚开医用耗材销售公司进行规律总结。从梳理虚开医用耗材销售公司增值税发票分析，特征如下：一是涉案公司年度增值税发票销项总金额往往控制在 500 万元以内；二是涉案公司进项数据偏低，一般都没有超过 50 万元，进销项金额差距明显；三是法定代表人可能存在同时注册多家医用耗材销售公司的情况。归纳总结涉案公司均为"空壳公司"，一般不具有实际医用耗材大量销售行为，公司抓住医用耗材领域普遍"潜规则"，以赚取税点为牟利目的，大量为下游骗保医疗机构虚假开具增值税发票。同时，从梳理骗保医疗机构增值税发票普通发票进项数据时发现规律特征如下：一是药品往往都是通过增值税专用发票开具，而医用耗材一般集中在增值税普通发票；二是分类汇总上游医用耗材销售公司，发现金额较高的往往为跨省异地公司，经企查查分析，上述企业均为有医用耗材销售资质的小微企业，大型民营医院跨省从异地小微企业每年采购金额高达数百万元，这本身就是一个最异常的情况。

在明确虚开增值税发票是医用耗材领域欺诈骗保的普遍作案手段后，为了证实虚开增值税发票行为，需要有涉案企业之间的资金回流予以印证，于是嵊州市院将调查方向转向了特定对象的银行流水情况。首先，嵊州市院调取了涉案骗保医疗机构对公账户资金流水，分别获取了骗保医疗机构的工资发放情况，对备注里注明为工资的，默认相关人员为骗保医疗机构的员工，其余经常出现的人员信息默认为关联人员，需要进一步印证资金从医疗耗材销售公司回流到与涉案骗保医疗机构有关的人员银行账户。其次，调取医用耗材销售公司的对公账户，能够快速锁定资金往往流向涉案医用耗材销售公司法定或者其他关系人的资金账户且较为统一，或统一集中在一张银行卡，或者有规律性地集中在多张卡。最后，根据虚开增值税发票所涉资金流水在账时间较短的规律特征（即医用耗材销售公司在收到虚开资金后，会在短时间内划转回骗保医疗机构），从医疗机构转出资金的时间开始，追踪该笔资金的去向，经调查发现嵊州市民营医院骗保案中资金的流向如下：骗保医疗机构对公账户—医用耗材销售公司对公账户—医用耗材销售公司法人代表或近亲属（对公账户资金经常转出出现人员）—骗保医疗机构员工账户。

嵊州市院遂根据税务、银行流水数据构建了大数据法律监督模型，一方面通过碰撞税务、市场主体等数据获得虚开医用耗材销售公司和骗保医疗机构清单；另一方面通过解析涉及医用耗材销售公司和骗保医疗机构的对公账户，自动筛选出需银行流水账户信息，辅助案件的顺利办理，最终锁定虚开增值税违法犯罪行为。监督模型还能通过海量数据的汇总，释放数据自动检索、碰撞功能，自动提取已经调取的底层数据，分别构建虚开医用耗材公司数据库、骗保医疗机构数据库以及涉案人员银行流水数据库，为延伸拓展，更大范围惩治医用耗材领域欺诈骗保行为夯实数据基础。

四、下一步工作打算

嵊州市院将加强与税务、医保、人行等部门合作，成立虚增医疗耗材骗保专项整治工作专班，在增值税数据方面实现充分共享，在银行流水分析等业务方面给予充分指导，在打击欺诈骗保违法行为方面形成合力，并根据工作进度，适时可将专班范围扩大到公安机关、卫健等部门，全方位、多角度严惩欺诈骗保违法犯罪行为。同时，建立虚开医疗器械公司黑名单管理机制，对涉案股东落实从业禁止制度，多部门共同建立虚增医疗耗材欺诈骗保风险预警机制，实时碰撞进入医疗报销的增值税发票开票方是否属于上述黑名单企业的，源头拦截虚增医疗耗材骗保行为，通过医保基金申报事前提醒等方式，实现医保基金事后监督向事前预警转变，提前阻断医保基金的流失，真正将数字检察转化为社会治理有效动能，切实保护人民群众"保命钱""救命钱"。

案件承办人：

　　黄宇峰　屠微娜　黄蒙瑶（浙江省嵊州市人民检察院）

案例撰写人：

　　温一浩　黄蒙瑶（浙江省嵊州市人民检察院）

案例审核人：

　　周小蔚（浙江省人民检察院）

非法采矿类案监督

◇ 浙江省嵊州市人民检察院

📖 **关键词**

矿产资源保护　　重型货车轨迹　　非法采矿

📖 **要旨**

物流是包括非法采矿在内等诸多涉重型货物运输无法回避的关键环节，嵊州市人民检察院（以下简称"嵊州市院"）通过解析重型货车（含牵引车，下同）轨迹数据，主动检索特定区域内曾停留的重型货车，并倒查涉案车辆来源或追踪去向，可视化展示涉案车辆来源或终点，辅助检察机关办理涉重型货车物流刑事、公益诉讼等案件。

📖 **基本情况**

非法采矿违法行为严重破坏生态环境，造成国家巨额矿产资源流失，损害国家利益和社会公共利益，但违法行为发现难、作案人员确定难、开采总量固定难，是长期以来困扰行政执法、刑事司法的"老大难"问题。检察机关作为社会公共利益的代表，坚持数字赋能，抓住矿产资源须经矿石加工场加工后销售，且运输车辆均为12吨以上重型货车的规律特征，设计研发非法采矿监督模型（以下简称"监督模型"）。该监督模型以重型货车轨迹数据为基础，实现"以点锁车、以车寻点"的监督路径，通过分析研判矿石加工场矿产资源的非法来源，批量锁定非法开采区域、作案车辆以及运输次数等，进而根据涉案车辆持续深挖其他非法矿石加工场，让非法采矿违法行为曝光在"大数据"下，强力震慑违法犯罪行为，保护国有矿产资源安全。

📖 线索发现

2021 年 7 月，吴某等人在浦口街道三塘村胡公庙自然村原砖场地块开设砂石洗筛场。9 月 30 日至 12 月 30 日期间，吴某等人未经批准，非法开采嵊州市棠头溪村桃花渡地块砂石资源，经洗筛后对外销售。本案中，违法人员采取先挖优质毛砂后填入渣土的方式，大量盗掘矿产资源，违法行为隐蔽性极强，打击难度极大，国有矿产资源严重流失。

📖 数据分析方法

数据来源

1. 重型货车轨迹数据（源于交通运输部门）；
2. 卫星遥感数据（源于中国科学院空天信息创新研究院）；
3. 经依法审批的矿山企业信息（源于自然资源和规划部门）；
4. 矿石加工场所具体位置（源于自然资源和规划部门）。

数据分析关键词

一是通过检索矿石加工场内重型货车轨迹数据，可锁定为该加工场提供运输服务的重型货车，通过倒查上述车辆轨迹数据，可有效锁定矿产资源的来源点，对于来源点未经依法审批的，且卫星地图显示涉案区域为山林、耕地或者河流附近等矿产资源较为丰富区域的，确定存在非法采矿巨大嫌疑。

二是通过检索非法采矿区域内曾经停留的重型货车，能够锁定为非法采矿提供运输服务的重型货车，并通过重型货车轨迹数据能够追查矿产资源的非法去向，有效锁定矿石加工场等收赃场所。

数据分析步骤

公益诉讼类案线索挖掘

第一步：在新增矿石加工场模块输入具体经纬度，自动生成直径为300米的新砂石加工点（可手工调节范围），如图1所示。

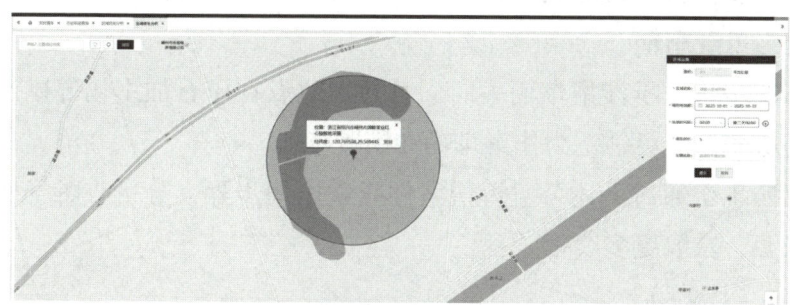

图 1　选定检索区域和时间

第二步：选择需要检索的时间范围，如图1所示。

第三步：经 T+1 天时间后台运算，获得矿产资源具体来源分布图，如图2所示。

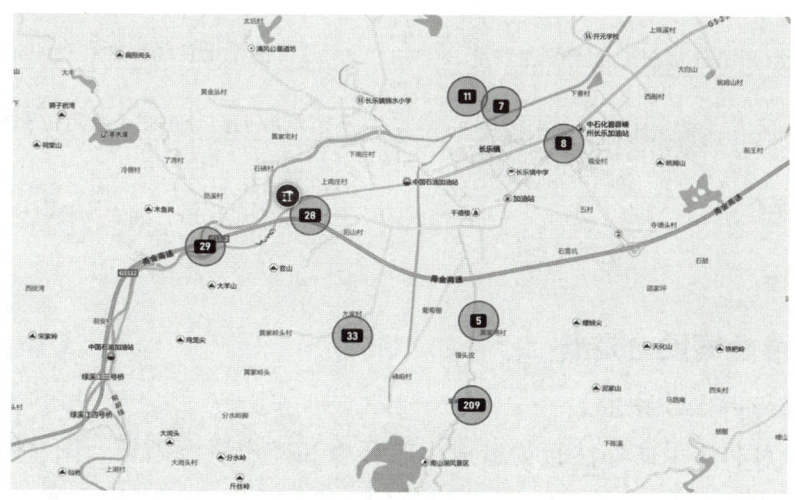

图 2　矿产资源来源图

第四步：经过人工比对卫星地图，对来源点为未经审批且在耕地、山林或河流附近的，锁定为非法采矿点位，开展法律监督工作。

非法采矿个案辅助办理

第一步：通过"电子围栏"技术，检索具体时间段内在非法采矿区域内出现的重型货车。

第二步：将出现时间异常（深夜凌晨时间段）且频率较高的重型货车确定为可疑车辆。

第三步：分析涉案车辆去向，对卸货地点在矿石加工场等矿产资源需求场所的，即可锁定为作案车辆和销赃场所。

第四步：通过上述公益诉讼案件线索挖掘步骤，分析收赃场所矿产资源来源，获取更多线索。

思维导图

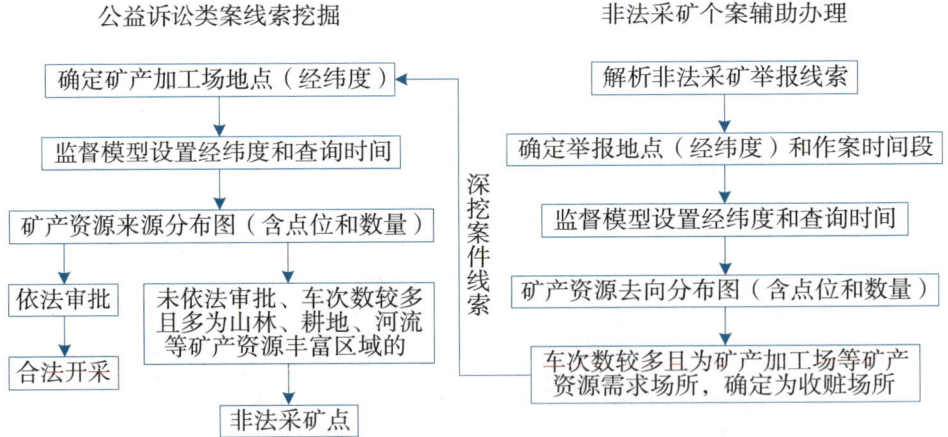

📖 检察融合监督

公益诉讼检察监督

针对非法采矿违法行为造成生态环境和矿产资源破坏、国有财产流失，损害国家利益和社会公共利益的情况，嵊州市院坚持审查、调查、侦查"三查"融合理念，利用监督模型倒查矿石加工场矿产资源来源，定向深挖非法采矿违法行为线索，有力破解非法采矿违法行为发现难、调查难、取证难的监管难题，为源头规范砂石资源市场提供数据支撑。通过履行检察公益诉讼职能，先后办理 6 起非法采矿行政、民事公益诉讼，主动移送行政机关非法采矿违法线索 30 余件，督促有关行政机关依法履职，助力挽回国家矿产资源流失 1650 余万元，切实保护国家矿产资源。利用该模型办理的浙江省嵊州市人民检察院督促保护矿产资源行政公益诉讼案获评最高检督促整治非法采矿检察公益诉讼典型案例。

刑事检察监督

针对因非法采矿数量无法核实，检察机关利用监督模型，精准分析非法采矿具体数量，对于监督模型统计非法采矿数量达到刑事犯罪标准的，切实发挥检察一体化优势，要求行政机关予以移送犯罪线索，公安机关不立案的，检察机关依法开展刑事立案监督工作，并履行刑事逮捕、审查起诉职能，目前已刑事立案监督 3 人，打击违法犯罪 12 人，已有 7 人获有罪判决，切实发挥检察机关在刑事诉讼中的主导责任，有力震慑非法采矿违法犯罪行为。

职务犯罪线索移送

对个别干部存在以权谋私、包庇纵容等问题，嵊州市院切实加强与纪委监委的沟通联系，携手打击非法采矿背后的职务犯罪，及时移送"保护伞"线索。嵊州市纪委监委执纪问责党员干部违规违纪 8 人次。

📖 社会治理成效

嵊州市院联合市公安局、市交通运输局、自然资源和规划局联合出台《关于非法采矿数字"智治"的意见》，进一步明晰部门职责，实现数据协同、模型共享，破解非法采矿领域行政执法、刑事司法难题，形成长效监管机制，实现非法采矿领域数字"智治"，为严厉打击、整治非法采矿乱象提供了数字检察治理方案，切实维护国家矿产资源安全。此外，嵊州市院还不断延伸拓展监督模型适用场景，成功办理了多起非法倾倒渣土公益诉讼案件，在危险驾驶、盗窃等刑事案件办理过程中，也积极应用监督模型，破解涉物流运输行政执法、刑事司法难题，更好地担起检察官在刑事诉讼中的主导责任，引导公安机关侦查，提升刑事案件办理质效，取得了积极成效。

📖 法律法规依据

1.**《道路运输车辆动态监督管理办法》第二条**　道路运输车辆安装、使用具有行驶记录功能的卫星定位装置（以下简称卫星定位装置）以及相关安全监督管理活动，适用本办法。

第三条　本办法所称道路运输车辆，包括用于公路营运的载客汽车、危险货物运输车辆、半挂牵引车以及重型载货汽车（总质量为12吨及以上的普通货运车辆）。

第十一条第一款　旅游客车、包车客车、三类以上班线客车和危险货物运输车辆在出厂前应当安装符合标准的卫星定位装置。重型载货汽车和半挂牵引车在出厂前应当安装符合标准的卫星定位装置，并接入全国道路货运车辆公共监管与服务平台（以下简称道路货运车辆公共平台）。

第十二条　道路运输经营者应当选购安装符合标准的卫星定位装置的车辆，并接入符合要求的监控平台。

第二十六条　道路运输经营者应当确保卫星定位装置正常使用，保持车辆运行实时在线。

卫星定位装置出现故障不能保持在线的道路运输车辆，道路运输经营者不得安排其从事道路运输经营活动。

第二十七条　任何单位和个人不得破坏卫星定位装置以及恶意人为

干扰、屏蔽卫星定位装置信号，不得篡改卫星定位装置数据。

第三十四条 道路运输管理机构对未按照要求安装卫星定位装置，或者已安装卫星定位装置但未能在联网联控系统（重型载货汽车和半挂牵引车未能在道路货运车辆公共平台）正常显示的车辆，不予发放或者审验《道路运输证》。

第三十六条 违反本办法的规定，道路运输经营者使用卫星定位装置不能保持在线的运输车辆从事经营活动的，由县级以上道路运输管理机构对其进行教育并责令改正，拒不改正或者改正后再次发生同类违反规定情形的，处200元以上800元以下罚款。

2.《中华人民共和国矿产资源法》第十七条 国家对国家规划矿区、对国民经济具有重要价值的矿区和国家规定实行保护性开采的特定矿种，实行有计划的开采；未经国务院有关主管部门批准，任何单位和个人不得开采。

第三十九条第一款 违反本法规定，未取得采矿许可证擅自采矿的，擅自进入国家规划矿区、对国民经济具有重要价值的矿区范围采矿的，擅自开采国家规定实行保护性开采的特定矿种的，责令停止开采、赔偿损失，没收采出的矿产品和违法所得，可以并处罚款；拒不停止开采，造成矿产资源破坏的，依照刑法有关规定对直接责任人员追究刑事责任。

办案心得体会

近年来，嵊州市院始终深入贯彻"检察大数据战略"，坚持"个案办理—类案监督—社会治理"理念，以数字赋能新时代法律监督，努力践行"业务主导、数据整合、技术支撑、重在应用"的数字检察工作模式，将数字检察作为破解社会治理深层次问题的利器，助推省域治理体系和治理能力现代化。

一、为什么要关注非法采矿问题

嵊州市境内山地丘陵的面积比较多，而且河网密集，带来了丰富的矿产资源，而非法采矿问题猖獗，成为党委关切、人民关注的重点、热点问题。一直以来，由于缺乏行之有效的监管手段，非法采矿违法行为发现难、调查难、查处难，成为长期困扰行政执法、刑事司法的"老大难"问题。

首先，非法采矿违法行为隐蔽，造成国家矿产资源严重流失。常见的非法采矿行为主要有以下三种：一是直接开挖山体的，该种破坏山体的违法行为从外观上来讲较为明显，能够被人民群众或有关部门及时发现，但由于违法行为发生地较为隐蔽，一旦没有现场查处，就无法找到具体行政相对人，大概率也会不了了之。二是非法开采河沙，由于砂石资源在河床里被非法盗挖，该行为不仅违法行为隐蔽，数量也无法评估，即使现场抓获，可能通过卡口、视频等数据，花费大量时间精力，能够查实的数量有限，打击效果不明显。三是目前比较常见的"边挖边填"式，渣土车带一车的渣土过去，然后当场挖走一车砂石，现场直接用带来的渣土补上被挖的窟窿，这种违法行为更加隐蔽，而且行政相对人获得了两笔违法所得，一笔是渣土处理费，另一笔是倒卖矿产资源的非法获利，这种违法行为隐蔽性更强、打击难度更大。

其次，行政机关传统调查方法受限，无法查处违法行为。行政机关一般仅对能够查实行政相对人的才立案调查，绝大多数违法行为无法查实人员身份的，即使明显有矿产资源流失情况存在的，仍不予立案调查，导致国有矿产资源流失。行政机关的调查手段仅限于第三方评估和询问笔录，前者只有非法采矿区域裸露在外且地形被严重破坏的，才能邀请第三方作出相应的评估报告；而行政机关由于缺乏必要的强制措施，以询问笔录为主的调查方式难以查明事实，致使非法采矿人员最终愿意主动承认的矿产资源总价值肯定是 10 万元（非法采矿构罪标准）以内，愿意接受行政处罚，逃避刑事责任，导致行政机关被迫接受"以罚代刑"情况的发生。行政机关有且只有在符合查实具体行政相对人且具有第三方评估报告非法开采数量，价格评估中心鉴定达到刑事犯罪标准等诸多硬性标准的情况下，才会将有关非法采矿刑事犯罪线索移送公安机关处理。

最后，由于时间跨度大导致证据灭失，阻碍刑事案件的顺利办理。由于公安机关在违法所得认定方面均以实际获利为准，但行政机关在委托鉴定、调查取证等方面已经花费了大量时间精力，导致卡口信息、视频监控的证据已经灭失。公安机关在接收线索后，想要找到矿产资源的去向，调查核实非法获利金额，可谓是难上加难，部分涉刑事犯罪案件只能回流至行政机关做行政处罚处理。

综上所述，行政机关现场查获非法采矿行政相对人的数量有限，在缺乏有效调查手段的情况下，绝大多数非法采矿案件均以行政处罚结案，移送到刑事打击并且能够真正成案的案件少之又少，在违法行为被发现概率较低且绝大多数能够以行政处罚结案的前提下，违法成本较低，违法行为较为猖獗。

二、为什么会联想到应用车辆轨迹

在研究分析大量非法采矿公益诉讼案件后，嵊州市院认为虽然非法采矿违法行为隐蔽性较强，但是物流运输是必不可少的关键环节，矿产资源从非法采矿区域必然需要使用类似渣土车等大型货车进行运输，如果使用小型车辆运输会大幅增加运输的趟数，违法行为持续的时间会被大幅延长，被人发现、举报的概率也会相应地大幅提高。违法成本相对较高。所以，嵊州市院紧紧抓住运输矿产资源车辆均为大型货车的规律特征，根据《道路运输车辆动态监督管理办法》关于 12 吨以上重型货车必须强制安装并正常运行卫星定位装置的有关规定，且车辆轨迹数据都是留痕的，只要利用我们设想的"电子围栏"（即圈定特定范围进行数据解析）技术，在海量车辆轨迹数据中挖掘出特定区域（即非法采矿区域）内活动的大型车辆信息，而且涉案的非法采矿区域具有一定的隐蔽性，地理位置一般较为偏僻，长期大概率出现重载货车的可能性极低，只要在特定区域内出现的次数足够频繁，即能锁定该车为嫌疑车辆。于是，嵊州市院跟交通运输部授权轨迹采集、使用的第三方公司合作，设计研发了监督模型。

三、监督模型助力个案突破

应该要怎么挖掘从事非法运输的车辆呢？带着这些不确定的因素，我们想到了使用"电子围栏"技术，就是从海量车辆轨迹数据中筛查出在非法采矿区域内活动的重型货车。以嵊州市吴某非法采矿案为例，首先，利用监督模型对涉案的位于浦口街道桃花渡地块进行了"电子围栏"，选定涉案时间范围为 2021 年 9 月 30 日至 12 月 31 日，选定的地理区域范围为桃花渡地块，随即经监督模型检索，在该时间段内出现在该位置的重载货车有三辆，分别为浙 DT6807、浙 DU0282、浙 DU4452，以及车辆停留的时间等信息。其次，初步查看上述三辆车离开非法采矿区域后的去向，如第一次长时间停留位置在沙场等矿产资源加工或者其他将矿产资源作为重要原材料的企业的（如混凝土公司），即可判断矿产资源的合理非法去向，并且对该三辆车同时做初步判断，轨迹能够完全重复的，该卸货点为矿产资源的销赃点更加确信。再次，通过调查涉案车辆锁定帮助从事矿产资源运输活动、运输的车次数、确定每车运输的重量和委托运输的人员信息等证据，为下一步调查矿石加工场接收的总量提供支撑。最后，进一步对矿石加工场负责人开展询问调查，基于车辆轨迹客观性证据和驾驶员的笔录，固定好实际接收的数量和非法采矿的实际获利人员等。从利润分层来看，矿石加工场负责人肯定有非法利润空间，即使不是非法采矿的具体实施人员，也是主要的销赃场所。

在固定证据的前提下，即可通过检察公益诉讼向有关行政机关发出诉前检察建议，构成刑事犯罪的，同时要求行政机关予以移送违法犯罪线索，刑事部门可根据公安机关是否立案的情况，视公安机关不予立案情况，开展刑事立案监督工作，融合监督、一体化严惩非法采矿刑事违法犯罪。

四、监督模型实现类案监督

嵊州市院在突破个案，验证监督模型的可行性后，尝试深挖类案线索，但由于非法采矿违法行为偶发性、突发性和不确定性较强，不具有明显的规律特征，仅仅依靠群众举报线索，只能做到个案整治，难以实现类案监督的积极成效。随后，在分析研判其他举报线索过程中，我们发现所有的涉案车辆从举报点出发，最终的去向都集中在了矿石加工场。经进一步分析，矿产资源的初步形态要么为大型块状岩石或者是带有淤泥的砂石，均须经过破碎或者筛洗才能对外销售、投入使用，并且矿石加工场具有占地面积广、投入资金大的特征，无法隐蔽作业，极易被行政机关发现，且通过卫星图像也能予以初步锁定。于是嵊州市院对矿石加工场矿产资源的来源渠道是否合法产生了巨大疑问，遂利用车辆轨迹倒查主要来源，发现除了部分来自依法审批的矿山企业之外，绝大多数的矿产资源来源却高度异常，根据卫星地图分析，异常来源点主要分布在山林、耕地和河流区域，初步分析对应的分别为非法开采山体、非法取土和河道挖沙，对之前的举报线索进行归纳总结并反查来源，发现举报地点同样集中在山林、耕地和河道等异常区域，能够与我们的设想形成很好的印证。为此，嵊州市院以矿石加工场为核心，进一步完善监督模型类案线索挖掘机制，通过倒查矿石加工厂非法来源，成功办理了另外多起非法采矿公益诉讼案件，实现了类案线索的挖掘。

五、如何应用监督模型

针对车辆轨迹数据体量较大，存在数据获取难、分析难等实际困境，嵊州市院与有关部门沟通协作，争取技术支撑，基本上能够实现对全国范围内，固定点位六个月以内的重型货车轨迹数据的分析。经过与技术团队的深入合作，监督模型的使用更趋简易操作，只须圈定范围和选定检索时间，通过T+2时间运算，即可获得该加工点矿产资源的来源点位，并提供卫星地图予以初步分析，对于分析且碰撞自规部门数据后确定为非法采矿点位的，还可导出涉案车辆以及停留时间等车辆数据，辅助案件办理。

六、监督模型的探索延伸

嵊州市院充分挖掘重型货车轨迹数据应用场景，除了赖以开发的非法采矿应用场景以外，已经延伸拓展到打击非法倾倒渣土违法行为，服务盗窃案中大型货物去向、危险驾驶案中使用普通货车运输危险化学品等，均取得了实实在在的成效。

一是精准打击非法倾倒渣土违法行为。随着城市建设的大范围推进，产生大量渣土渣泥等固体废物，随之而来的是将固体废物倾倒至农用地、林地等，破坏生态环境。嵊州市院利用监督模型，对非法倾倒点进行"电子围栏"，锁定非法倾倒车辆信息，并通过车辆轨迹数据，分析研判渣土产生地。在依法严惩本地非法倾倒渣土违法行为的前提下，建议相关部门将上游企业非法处置渣土行为移送属地行政机关依法进行处理。

二是助力打击普通重型货车运输危化品违法行为。在物流行业竞争日益激烈的前提下，危化品经销商为了牟取不法利益，降低运输成本，招揽普通重型货车为其提供运输服务。实践中，运输介质可以通过鉴定的方式确定为危化品，但是一旦驾驶员不予承认运输货物为危化品的，缺乏主观故意，公安机关就不予打击。嵊州市院通过车辆轨迹信息，分析研判该重型货车为上游危化品生产企业提供运输服务的次数以及该车辆其他物流运输停留点的分析，如果能够判断装卸货企业集中在危化品生产、经营、储存企业的,即可锁定该车辆可能长期从事利用普通重载货车运输危化品的违法行为,在大量事实前面,驾驶员即使不予承认,也能够推定其主观存在故意,切实维护物流运输行业正常经营秩序。

三是助力大型赃物追赃挽回。由于大型赃物需要重型货车进行转移,可以利用监督模型来追查赃物的去向。嵊州市院在办理一起盗窃国有电缆线案件中,利用监督模型,分析研判嵊州本地赃物窝藏点在案发后三天内的重型货车停留数据,并定向分析上述车辆的去向,最终锁定一家位于某地的铜制品生产企业,助力公安机关追查电缆线去向,挽回国有财产流失。

四是推动形成轨迹监管闭环。监督模型最大的漏洞在于可能存在人为破坏重型货车卫星定位装置的可能,导致从事违法行为的车辆轨迹缺失,进而无法利用监督模型予以分析研判。为此,嵊州市院利用逆向思维,对于正常运行中的重型货车应当具有轨迹数据的规律特征,定期调取嵊州市内某些路段的卡口数据,证实上述车辆处于运行状态,但如果上述12吨以上重载货车在车辆轨迹数据库里相同时间段内无轨迹数据的,足以证实无轨迹数据的重型货车的卫星定位装置已经被人为破坏;进一步将卡口的经纬度与同时段的重型货车、危化品车辆位置进行比对,存在巨大差距的,足以证实车辆的卫星定位装置存在定位错误问题;如车辆轨迹数据库的数据长期未发生移动的,则证实该卫星定位装置被人为拆除后一直处于通电状态,故意逃避有关部门监管。下一步,嵊州市院将切实加强与公安交警、交通运输部门沟通联系,将上述车辆纳入黑名单管理,现场发现一辆查处一辆,予以切实规范卫星定位装置运行情况,从物流端铲除违法犯罪滋生土壤。

七、技术实现

由于全国重型货车的轨迹数据量超过10PB,检察机关既无硬件设施能够存储海量数据,也没有相应的算力能够支撑起相应数据的获取,当然在数据安全方面也会存在一定的风险。所以，我们跟第三方技术团队合作，量身定做大数据法律监督模型，通过隐私计算的方式，将其嵌入全国重型货车车辆轨迹数据库。检察机关只需在监督模型上操作，即可获得相应的数据运算结果，并不需要检察机关自身存储海量数据以及运算数据。检察机关并不需要本地部署任何硬件设施，依托第三方提供服务的方式即可获取我们想要的数据。我们还进一步打算设置个案查询的方式，由各地检察机关提供需要检索的矿石加工场或其他需要调查车辆轨迹的区域，监督模型将以专案服务的方式，提供特定账户，登录后可直接显示该区域内车辆的来源或者去向，并提供涉及车辆在该时间段内的所有轨迹数据，实现以专用账户服务个案，确保整体数据的安全性和防范办案风险。

案件承办人：

温一浩　徐山峻（浙江省嵊州市人民检察院）

案例撰写人：

温一浩（浙江省嵊州市人民检察院）

案例审核人：

周小蔚（浙江省人民检察院）

后　记

  2022 年 6 月全国数字检察工作会议后，各地认真贯彻落实数字检察战略，积极构建"业务主导、数据整合、技术支撑、重在应用"数字检察工作模式。一年多的时间，数字检察工作在全国"遍地开花"，数字赋能法律监督的作用初步显现。截至目前，全国检察机关研发运用的模型已达千余个，利用模型挖掘线索 62.1 万余条，监督成案 13.8 万余件，挽回各项经济损失 108 亿余元，一批社会问题得到治理，初步产生"数字赋能监督，监督促进治理"的规模效应。

  2023 年为深化数字检察战略，加快推进数字检察工作，最高检举办大数据法律监督模型竞赛，各省共申报参赛模型 568 个。这些模型立足检察机关法律监督职能定位，围绕国家和社会热点、执法司法突出问题、社会治理薄弱地带和公共利益保护缺位等方面的普遍性、深层次问题，覆盖四大检察。经过初赛、复赛，评选出一、二、三等奖共计 69 个模型。其中 19 个一等奖模型在最高检机关现场演示汇报，并通过视频形式向全国四级检察机关进行了汇报展示。

  竞赛结束后，为充分发挥获奖模型示范引领作用，指导全国检察机关数字检察工作走深走实，最高检数字检察工作领导小组办公室组织编写了本书。编委会综合考虑模型推广价值、履职内容和应用效果，择优汇编了 31 个大数据法律监督模型，从要旨、数据分析方法、线索筛查、融合监督、治理成效、心得体会等各个方面进行了详细解读，力求通过指引能够让大家对监督模型有全面、系统、深入的了解，能够尽快结合本地实际部署应用。入选模型创建单位高度重视，对文稿进行反复修改完善，最高检数字检察工作领导小组办公室指定专人进行审核，检察出版社多次就书名、封面、版式、内容进行沟通，大家的共同努力，保证了本书高效、高质量出版发行，在此一并表示感谢！

"万里征程风正劲，千钧重任再扬帆"。数字检察作为一项全新的开创性工作，虽然还面临诸多困难和挑战，但数字化时代已经来临，作为推进检察工作现代化的重要引擎，数字检察未来可期，大有可为！我们一起努力，为全面建成社会主义现代化强国贡献更多检察力量！